厚德博學
經濟匡時

匡时 投资学系列

投资项目管理

简德三 主编

上海财经大学出版社

图书在版编目(CIP)数据

投资项目管理/简德三主编. —上海:上海财经大学出版社,2019.8
(匡时·投资学系列)
ISBN 978-7-5642-3307-5/F·3307

Ⅰ.①投… Ⅱ.①简… Ⅲ.①投资项目-项目管理-高等学校-教材
Ⅳ.①F830.593

中国版本图书馆 CIP 数据核字(2019)第 142832 号

责任编辑:石兴凤
封面设计:张克瑶
版式设计:朱静怡

投资项目管理

著 作 者:简德三　主编
出版发行:上海财经大学出版社有限公司
地　　址:上海市中山北一路 369 号(邮编 200083)
网　　址:http://www.sufep.com
经　　销:全国新华书店
印刷装订:上海华业装潢印刷厂有限公司
开　　本:787mm×1092mm　1/16
印　　张:23
字　　数:449 千字
版　　次:2019 年 8 月第 1 版
印　　次:2023 年 5 月第 2 次印刷
定　　价:68.00 元

前言

项目管理作为管理学的一个分支及专门学科和一种特定的管理方法最早出现在20世纪50～60年代的美国，是伴随着实施与管理大型项目的需要而产生的。项目管理从产生到现在，经过几十年的发展与实践，已逐步总结出一套较为完整而系统的理论、原则与方法体系。但随着经济的不断发展，项目种类的增多与规模的不断壮大，如何进行科学、有效的项目管理，以提高资源的配置效率与项目的经济效果，更好地实现项目的预期目标，仍然是项目相关利益主体非常关注的一个现实问题。

投资项目是实业投资对象的总称，作为项目群体中的一个非常重要的组成部分及表现形式，作为政府投资、企业(公司)投资的主要载体，有着与非投资项目明显不同的独特性与重要性。投资项目的结果直接关系到一个单位、部门、地区，甚至一个国家的发展速度与综合实力，直接关系到能否更好地满足人们不断增长的美好生活的需要。为此，将现代项目管理的理论与方法应用于我国投资项目的全过程乃至全生命周期，以提高其管理水平与资源配置效率及更好地实现投资目标，从而更好地提升项目投资效率的做法是一种客观要求，有其内在的必然性与现实的紧迫性。

本书是一本从管理角度来研究问题的投资项目管理教材，主要可作为投资学、房地产开发与管理专业及其相关专业本科生及其研究生学习之用，也可供投资项目管理实践中的管理者及其他相关人员参考使用。

本书是在原有的《工程项目管理》教材的基础上重新修订而成，对原有内容作了一些调整与删减，并更新了部分章节内容，力求使其更贴合于项目管理理论的发展与实践的需要。全书共分为十一章，由简德三担任主编，具体编写分工如下：简德三与尹蓉、杭祥、郭煜辰、崔岚岚、马国臣、吴子秀、袁晓波等共同编写了第一、四、五、六、八章，与徐郁茜、钟希敏、金碧慧、刘一男、王悦等编写了第二、三、十章，与井赛、苑孜怡、祁琦、陶熠瑶、周悦瑞、简意绪等共同编写了第七、九、十一章，与尹蓉、杭祥、马无疆等共同编写了各章的小结及复习思考题，全书由简德三负责统稿、定稿。

本书在写作过程中力求吸收国内外最新的项目管理理论与研究成果，在内容上力求做到先进性与实用性、理论性与实践性的有机结合。但由于投资项目管理的实践活动在不断地发展变化，项目管理也仍是一门发展中的学科，且限于编者的水平，书中难免存在诸多不妥之处，恳请同行与读者不吝批评与指正。本书在编写过程中参考了国内外较多专家、学者的著作，在此一并致以诚挚的谢意！

简德三

2019 年 3 月

目 录

前言 / 1

第一章 总论 / 1
第一节 投资项目概述 / 1
第二节 投资项目管理概述 / 10
第三节 投资项目管理的基本原理与模式 / 21
第四节 投资项目管理的发展趋势 / 25
本章小结 / 29
复习思考题 / 30

第二章 投资项目管理组织 / 31
第一节 投资项目相关利益主体 / 31
第二节 投资项目管理组织概述 / 32
第三节 投资项目管理组织结构的确定 / 35
第四节 投资项目管理组织结构的基本形式 / 39
第五节 项目团队与项目经理 / 44
本章小结 / 50
复习思考题 / 51

第三章 投资项目的范围管理 / 53
第一节 投资项目范围管理概述 / 53
第二节 投资项目范围的确认 / 65
第三节 投资项目范围的变更控制 / 67
本章小结 / 70
复习思考题 / 71

第四章　投资项目计划管理　/ 72
第一节　投资项目计划管理概述　/ 72
第二节　投资项目计划编制的过程和内容　/ 77
第三节　计划中的任务确定　/ 87
第四节　网络计划技术在计划中的应用　/ 89

本章小结　/ 91

复习思考题　/ 92

第五章　投资项目的招投标管理　/ 93
第一节　投资项目招投标管理概述　/ 93
第二节　投资项目招标　/ 96
第三节　投资项目投标　/ 109
第四节　投资项目的开标、评标和定标　/ 113
第五节　投标决策与策略　/ 125

本章小结　/ 132

复习思考题　/ 133

第六章　投资项目进度管理　/ 135
第一节　投资项目进度管理概述　/ 135
第二节　网络计划方法　/ 141
第三节　投资项目进度计划的其他编制方法　/ 161
第四节　投资项目网络计划的优化　/ 167
第五节　投资项目进度控制　/ 174

本章小结　/ 182

复习思考题　/ 183

第七章　投资项目成本管理　/ 185
第一节　投资项目成本管理概述　/ 185
第二节　投资项目费用估算　/ 194
第三节　投资项目费用计划　/ 204
第四节　投资项目费用控制　/ 212

本章小结　/ 230

复习思考题　/ 231

第八章　投资项目质量管理　/ 234
第一节　投资项目质量管理概述　/ 234
第二节　投资项目各阶段的质量管理　/ 247
第三节　投资项目质量管理的方法　/ 256
第四节　全面质量管理与质量持续改进　/ 270
本章小结　/ 274
复习思考题　/ 275

第九章　投资项目合同管理　/ 276
第一节　投资项目合同概述　/ 276
第二节　投资项目合同的分类与选择　/ 283
第三节　投资项目的合同管理　/ 287
第四节　投资项目合同的签订与履行　/ 291
第五节　投资项目合同的索赔管理　/ 301
本章小结　/ 304
复习思考题　/ 305

第十章　投资项目的风险管理　/ 307
第一节　投资项目风险管理概述　/ 307
第二节　投资项目风险分析方法　/ 311
第三节　投资项目的风险处理　/ 317
本章小结　/ 320
复习思考题　/ 320

第十一章　投资项目的竣工验收与总结评价　/ 322
第一节　投资项目验收概述　/ 322
第二节　投资项目验收的依据与标准　/ 327
第三节　投资项目验收的组织与流程　/ 329
第四节　投资项目的移交与回访保修　/ 332
第五节　投资项目的总结评价　/ 340
本章小结　/ 357
复习思考题　/ 358

参考文献　/ 359

第一章 总 论

项目与投资如今与我们的工作和生活息息相关,是现实社会中普遍存在的经济活动。作为实业投资的对象,投资项目是社会经济生活中极其普遍和非常重要的项目类型。投资项目管理是项目管理工作中的一个极其重要的组成部分,是指项目管理者为了使项目取得成功(实现预期的功能和质量、时限及费用预算),在投资项目中用系统的观念、理论和方法,进行全面、科学、目标明确的管理,发挥计划职能、组织职能、控制职能、协调职能、监督职能的作用。其管理对象是各类投资项目,既可以是建设项目或工程项目,又可以是设计项目和施工项目等。

第一节 投资项目概述

一、项目概述

(一)项目的含义

对于什么是项目,项目具有哪些特征,目前国内外理论界的认识并不完全一致,存在着多种解释,具体有:

(1)美国的项目管理权威机构——美国项目管理协会(The Official Project Management Institute USA,PMI)在其《项目管理知识体系》(*Project Body of Knowledge*)文献中称,"项目是可以按照明确的起点和目标进行的任务,现实中多数项目目标的完成都有明确的资源约束",是一种被承办的旨在创造某种独特的产品或服务的临时性任务。

(2)西方权威性的管理学辞书《管理百科全书》对项目的解释是:项目是一个用于达到某一目标的组织单元,这个目标是遵守预算限额,依照预定的性能规定,准时成功地完成一件开发性的产品和任务。

(3)德国国家标准 DIN69901 认为,项目在总体上符合如下条件的唯一性任务:具有预定的目标;具有时间、财务、人力和其他限制条件;具有专门的组织。

(4)美国较权威的项目管理教材——《项目管理———一种计划、进度规划和控制的系统方法》中对项目的界定是:"项目可以被视为具有下列特征的任何系列活动或任务:有确定的起点和终点;有一个明确的目的及详细的目标规定;有资金限定(如可能);需要资源(如货币、人员、设备)。"

(5)美国著名的《管理手册》认为,项目是有明确的目标、时间规划和预算约束的复杂活动,其特征包括:为达到一定的目标,有明确的时间和预算约束的复杂活动;是实现一定目标的过程;是一项独特的活动,不是完全重复以前的任何活动;超越了传统的组织界限,需要通常是不同组织经过众多方面相互协作才能实现;有确定的寿命周期,通常包括以下六个阶段:构想、界定、设计、开发或者建造、应用、后评价。

从上述解释中,一般认为,作为项目应具有两大基本特征:一是主观方面的特征,即项目是作为一定的管理主体的被管理对象和管理手段而存在的;二是客观方面的特征,即项目在客观上必须具备单次性任务(活动)的属性。基于这一认识,项目可以定义为:项目是在一定的约束条件下,具有特定目标的一次性任务。

项目的两大基本特征是一个项目存在的充分必要条件。首先,从客观特征方面看,只有被管理的对象具有单次性任务这一基本属性时,我们在主观上才有可能把它作为一个项目来管理,如:一栋大楼的施工任务可以作为一个项目进行组织管理;而我国目前的经济体制改革是一个不断深化的探索过程,不是单次性任务,因而不能作为一个项目来组织管理。其次,从主观特征方面看,即使被管理对象在客观上具备了一次性属性,是否要作为一个项目来管理还取决于管理主体的主观意愿,即只有当某一单次性任务作为一个项目有助于管理者有效地实现任务的目标时,可作为项目来管理,否则不必作为项目来管理。一般来说,具有下列特点的单次性任务应作为项目进行组织管理:

①需要投入的资金或其他资源量较大,其中包括投入的劳动力较多及物资设备较多。

②任务成果的价值影响较大。

③对时间或质量的约束性条件的规定非常严格。

④任务比较复杂,涉及面广。

⑤具有典型意义的任务。

(二)项目的特征

从上述项目的含义及基本特征,我们可以概括出项目的一般特征:

1. 单次性

单次性是项目与其他重复性运行或操作工作最大的区别。项目有明确的起点和终点,没有可以完全照搬的先例,也不会有完全相同的复制。项目的其他属性也是从这一主要的特征衍生出来的。

2. 独特性

每个项目都是独特的,或者其提供的产品或服务有自身的特点;或者其提供的产品或服务与其他项目类似,然而其时间和地点、内部和外部的环境、自然和社会条件有别于其他项目,因此项目产生的过程总是独一无二的。

3. 目标的确定性

项目必须有确定的目标:

(1)时间性目标,如在规定的时段内或规定的时点之前完成;

(2)成果性目标,如提供某种规定的产品或服务;

(3)约束性目标,如不超过规定的资源限制;

(4)其他需满足的要求,包括必须满足的要求和尽量满足的要求。

目标的确定性允许有一个变动的幅度,也就是可以修改。不过一旦项目的目标发生实质性变化,它就不再是原来的项目了,而将产生一个新的项目。

4. 活动的整体性

项目中的一切活动都是相关联的,构成一个整体。多余的活动是不必要的,缺少某些活动必将损害项目目标的实现。

5. 组织的临时性和开放性

项目班子在项目的全过程中,其人数、成员、职责是不断地变化的。某些项目班子的成员是借调来的,项目终结时解散,人员要转移。参与项目的组织往往有多个,甚至几十个或更多,它们通过协议或合同以及其他的社会关系组织到一起,在不同时段不同程度地介入项目活动。可以说,项目组织没有严格的边界,是临时性的和开放性的。这一点与一般企业、事业单位和政府机构组织很不一样。

6. 成果的不可挽回性

项目的一次性属性决定了项目不同于其他事情,可以试做,做坏了可以重来;也不同于生产批量产品,合格率达到 99.99% 是很好的了。项目在一定的条件下启动,一旦失败,就永远失去了重新进行原项目的机会。项目相对于运作有较大的不确定性和风险。

(三)项目周期

项目生命周期是一个项目从概念的提出到完成所需经过的所有阶段。所有项目都可分成若干阶段,且所有项目无论大小,都有一个类似的生命周期结构。项目的生命周期描述了项目从开始到结束所经历的各个阶段,最一般的划分是将项目分为识别需求、提出解决方案、执行项目和结束项目四个阶段。实际工作中根据不同领域或不同方法再进行具体的划分。例如，按照软件开发项目划分为需求分析、系统设计、系统开发、系统测试、运行维护几个阶段，而在建筑业中一般将项目分成立项决策、计划和设计、建设、移交和运行等阶段。

1. 项目生命周期的划分

对于项目来说，从厂商来看，项目是从接到合同开始到完成规定的工作结束；但如果从客户角度看，项目是从确认有需求开始，到使用项目的成果实现商务目标结束，生命周期的跨度要比前者大。因为项目的根本目标是满足客户的需求，所以按后者划分比较有益，对项目管理成功也大有帮助。

(1) 识别需求。当需求被客户确定时，项目就产生了。这个阶段的主要任务是确认需求，分析投资收益比，研究项目的可行性，分析厂商所应具备的条件。商务上这个阶段以客户提出明确的需求建议书为结束标志。这个阶段尽管可以由客户单独完成，但如果厂商介入，则非常有利：一方面，可了解客户真正需要什么；另一方面，早期的交流可建立良好的客户关系，为后续的投标和合同奠定基础。

(2) 提出解决方案。主要由各厂商向客户提交标书、介绍解决方案。这个阶段是赢得项目的关键，公司既要展示实力，又要合理报价。如果竞标成功，则签订合同，厂商开始承担项目成败的责任。这个阶段容易出的问题是：因看不见最终产品，销售人员可以"随便说"，甚至过度承诺（因为不用他们去执行），由此会给公司造成损失。改正的方法是：一方面，在合同中明确定义项目的目标和工作范围；另一方面，在公司建立合同审核机制。

(3) 执行项目。从公司角度来看这才是项目的开始。这个阶段项目经理和项目组将代表公司完全承担合同规定的任务。一般需要细化目标，制订工作计划，协调人力和其他资源；定期监控进展，分析项目偏差，采取必要的措施以实现目标。因为项目具有不确定性，所以项目监控显得非常重要，特别是有众多项目同时运行的公司，必须建立公司一级的监控体系，跟踪项目的运行状态。

(4) 结束项目。结束项目主要包括移交工作成果，帮助客户实现商务目标；系统交接给维护人员；结清各种款项。完成这些工作后一般进行项目评估。评估可以请客户参加，让其表达意见，并争取下一个商业机会，或请求将项目作为灯塔，向其他客户展示。最后，举行庆祝仪式，让项目成员释放心理压力、享受成果。

在上述项目生命周期中存在两次责任转移：第一次是在签订合同时，标志着项目成败的责任已经由客户转移给承约方；第二次是交付产品时，标志着承约方完成任务，开始由客户承担实现商务目标的责任。第一次责任转移时清晰定义产品或服务、工作范围非常重要，因为它关系到第二次的责任转移即项目任务的完成及项目目标的实现。

2. 项目生命周期中的几个重要概念

项目生命周期中有三个与时间相关的重要概念：检查点（Check Point）、里程碑（Mile Stone）和基线（Base Line），描述了在什么时候（When）对项目进行什么样的控制。

(1)检查点。检查点是指在规定的时间间隔内对项目进行检查，比较实际与计划之间的差异，并根据差异进行调整。可将检查点看作一个固定"采样"时点，而时间间隔根据项目周期长短不同而不同，频度过小，会失去意义；频度过大，会增加管理成本。常见的间隔是每周一次，项目经理需要召开例会并上交周报。

(2)里程碑。里程碑是指完成阶段性工作的标志，不同类型的项目其里程碑不同。里程碑在项目管理中具有重要意义，我们用一个例子说明：情况一：你让一个程序员一周内编写一个模块，前3天你们可能都挺悠闲，可后2天就得拼命加班编程序，而到周末时又发现系统有错误和遗漏，必须修改和返工，于是周末又得加班。情况二：实际上你有另一种选择，即周一与程序员一起列出所有需求，并请业务员评审，这时就可能发现遗漏需要及时修改；周二要求程序员完成模块设计并由你确认，如果没有大问题，周三、周四就可让程序员编程。同时自己准备测试案例，周五完成测试；一般经过需求、设计确认，如果程序员合格，则不会有太大的问题，周末就可以休息了。

第二种方式增加了"需求"和"设计"两个里程碑，这看似增加了额外工作，但其实有很大意义：首先，对一些复杂的项目，需要逐步逼近目标，里程碑产出的中间"交付物"是每一步逼近的结果，也是控制的对象。如果没有里程碑，中间想知道"他们做得怎么样了"是很困难的。其次，可以降低项目风险。通过早期评审可以提前发现需求和设计中的问题，降低后期修改和返工的可能性。另外，还可根据每个阶段的产出结果分期确认收入，避免血本无归。最后，一般人在工作时都有"前松后紧"的习惯，而里程碑强制规定在某段时间做什么，从而合理地分配工作，细化管理的力度。

(3)基线。基线是指一个（或一组）配置项在项目生命周期的不同时间点上通过正式评审而进入正式受控的一种状态。基线其实是一些重要的里程碑，但相关交付物要通过正式评审并作为后续工作的基准和出发点。基线一旦建立后变化需要受控制。

综上所述，项目生命周期可以分成识别需求、提出解决方案、执行项目和结束项目四个阶段。项目存在两次责任转移，所以开始前要明确定义的工作范围。项目应该在检查点进行检查，比较实际和计划的差异并进行调整；通过设定里程碑渐近目标、增强控制、降低风险；而基线是重要的里程碑，交付物应通过评审并开始受控。

(四)项目阶段

项目是由一系列的阶段组成的。为了便于对项目全生命周期进行更为有效的控制与管理,便于更好地明确项目工作人员的责权利关系,在项目管理的实践中,一般可以根据实际情况的需要将项目划分为如下不同的工作阶段。

1. 项目的定义与决策阶段

在这一阶段中,人们提出一个项目的提案,并对项目提案进行必要的机遇与需求分析和识别,然后提出具体的项目策划书。在项目策划书或项目提案获得通过以后,需要进一步开展不同详细程度的项目可行性分析,最终做出项目方案的抉择和项目的决策。

2. 项目的规划和设计阶段

在这一阶段中,人们首先要为已经决策要实施的项目编制各种各样的计划(针对整个项目的时间进度计划、成本计划、质量计划、资源计划和集成计划等)。同时,还需要进行必要的项目设计工作,以全面设计和界定项目,以及项目各阶段所需要开展的工作,提出有关项目产出物的全面要求和规定。

3. 项目的实施与控制阶段

在这一阶段中,按照项目的规划与计划开始项目的实施。在项目实施的同时,要开展各种各样的控制工作,以保证项目实施的结果与项目设计、计划的要求和目标相一致。

4. 项目的完成与交付阶段

项目还需要经过一个完成与交付的工作阶段才能够真正结束。在项目的完成与交付阶段,人们要对照项目定义和决策阶段提出的项目目标和项目计划与设计阶段所提出的各种项目要求,首先由项目团队全面检验项目的整个工作和项目的产出物,然后由项目团队向项目的业主或用户进行验收和移交工作,直至项目的业主或用户最终接受了项目的整个工作和工作结果,项目才算最终结束。

二、投资及投资项目概述

(一)投资概述

1. 投资的含义

投资是指特定经济主体为了获取预期收益或使资金增值,在一定时期内向一定领域投放足够数额的资金或资产的货币等价物的经济行为。

2. 投资的类别

投资可以按其性质、运用形式和投入行为的程度、期限、用途等进行分类。

(1)投资按其性质的不同,可分为固定资产投资、无形资产投资和流动资金。固定资产投资是指固定资产的再生产,即建设和形成固定资产的资金。用于购买和形成无形资产的费用支出就称为无形资产投资。流动资金是指在生产过程中垫支在流动资产上的资金。

(2)投资按其运用形式和投入行为的程度不同,可分为直接投资和间接投资。直接投资是指投资者直接将货币资金投入到投资项目及资产中,并拥有被投资对象的经营控制权的投资。直接投资的实质是资金所有者和使用者、资产所有权与经营权的统一。间接投资是指投资者以其货币资金购买金融资产即有价证券,以期获取一定收益的投资。这种投资一般也可称为证券投资。其实质是资金所有者与使用者、资产所有权与经营权的分离与解体。

(3)投资按其投资期限的长短,可分为长期投资和短期投资。长期投资是指投资者的投资回收期限在一年以上的投资以及购入的在一年内不能变现或不准备变现的证券等的投资。短期投资则是指投资者以暂时闲余的资金购买能够随时变现、回收的有价证券以及不超过一年的其他性质的投资。这类投资属于流动资产类。

(4)投资按其用途的不同,可分为生产性投资和非生产性投资。生产性投资是指投入到生产、建设等物质领域中的投资,其直接成果是货币资金转化为生产性资产。非生产性投资是指投入到非物质生产领域中的投资,其成果是转化为非生产性资产,主要用于满足人们的物质文化生活需要。

(二)投资项目概述

对于投资项目的定义,国内外也有多种解释。一般认为,投资项目是指在规定期限内为完成某项开发目标(或一组开发目标)而规划和实施的活动、政策、机构以及其他各方面所构成的独立整体。同时,在社会经济生活中,投资项目是项目的一个极其重要的组成部分,是实业投资对象的总称。它一般是指按一定的预定目标(时间、进度、费用)实施的、具有投资属性的单次性活动或任务,在现实中表现为以形成固定资产为主要目标的建设项目。

而建设项目一般指具有设计任务书和总体设计,经济上实行独立核算,行政上具有独立的组织形式的基本建设单位,是按一个总体设计组织施工,建成后具有完整的系统,可以独立地形成生产能力或者使用价值的建设工程,一般以一个企业(或联合企业)、事业单位或独立工程作为一个建设项目。建设项目具有如下基本特征:

(1)在一个总体设计或初步设计范围内,由一个或若干个互相有内在联系的单项工程所组成,建设中实行统一核算、统一管理。

(2)在一定的约束条件下,以形成固定资产为特定目标。约束条件有时间约束即有建设工期目标,资源约束即有投资总量目标,质量约束即一个建设项目都有预期的生产能力(如公路的通行能力)、技术水平(如使用功能的强度、平整度、抗滑能力等)或使用效益目标。

(3)需要遵循必要的建设程序和特定的建设过程,即一个建设项目从提出建设的设想、建议、方案选择、评估、决策、勘察、设计、施工一直到竣工、投入使用,均有一个有序的全过程。

(4)按照特定的任务,具有一次性特点的组织形式。其表现是投资的一次性投入,建设地点一次性固定,设计单一,施工单件。

(5)具有投资限额标准,即只有达到一定限额投资的才作为建设项目,不满限额标准的称为零星固定资产购置。

另外,有关工程项目的定义也比较多。一般认为工程项目是以工程建设为载体的项目,是作为被管理对象的一次性工程建设任务。它以建筑物或构筑物为目标产出物,需要支付一定的费用,按照一定的程序在一定的时间内完成,并应符合质量要求。也有人认为工程项目又称单项工程,是指具有独立存在意义的一个完整工程,它是由许多单位工程组成的综合体。还有学者认为工程项目是指建设领域中的项目,一般是指为特定的目的而进行投资建设并含有一定建筑或建筑安装投资的建设项目[①]。例如:建造一定生产能力的流水线;建设一定生产能力的工厂或车间、一定长度和等级的公路、一定规模的医院或文化娱乐设施、一定规模的住宅小区、一定规模的发电厂;航天载人工程及我国准备实施的"嫦娥奔月"计划的研究与实施等。

(三)投资项目的特征

投资项目作为项目的一种普遍存在形式,除具有项目的一般特征外,还具有如下特征:

1. 固定性

投资项目具有不可移动性。投资项目都含有一定量的建筑或建筑安装投资,必须在固定的地点进行。投资项目的固定性决定了投资项目在其实施过程中要受到项目所在地的资源条件及各种因素的限制或制约。

2. 不可逆转性

投资项目的不可逆转性又称投资项目的连续性。它是指投资项目一旦实施,除非受意外因素的影响,否则就必须连续地进行下去而不能间断,其一旦完成,就很难推倒重来,否则会造成较大的损失。

3. 建设的长期性

投资项目从提出到完成一般要经历多个工作阶段,如规划设计、准备、施工、竣工投产等,且每个阶段都要经过一个较为复杂的过程,需要延续一段时间,所以投资项目建设的整个过程往往需要较长的一个时期。一般来说,规模适中的投资项目需要

[①] 全国咨询工程师(投资)职业资格考试参考教材编写委员会编著:《工程项目组织与管理》,中国计划出版社 2017 年版。

2～5年时间,而一些规模宏大的项目,可能需要十几年甚至更长的时间,如三峡工程、南水北调工程等。

4. 风险性

与一般项目不同,由于投资项目具有投资额大、建设周期长、不可移动性及地域性等特点,所以在投资项目建设过程中,在市场条件下会有很多不确定的因素影响项目,且在不同的阶段及建设的每一个环节都存在着激烈的市场竞争,如建设地点的选择、设计施工的招标等,也就是说,投资项目不可避免地存在着风险。

(四) 投资项目的过程

过程是将输入转化为输出的一组彼此相关的资源和活动。投资项目的每一个阶段都包含启动、计划、实施和控制、总结四大过程,每一个过程都有从输入到输出的彼此相关的资源和活动。一般来说,投资项目主要包括如下几个过程:

1. 项目策划书编制过程

投资项目策划书的编制过程是对项目的机会进行初步选择,完成项目初步可行性研究方案的编写,然后上报主管部门(政府、投资者、开发商)进行评价和审批,作出是否采纳该项目策划书的决策,以便开展下一步工作。

2. 可行性研究报告编制过程

如果项目策划书获得批准,则表示机会研究和初步可行性研究报告完成,然后就可以进行可行性研究的立项。由于可行性研究是一项时间较长、协作较多、需要认证操作的过程,故应事先编制计划(大纲),以便按步骤进行研究。

进行可行性研究时,先进行调查研究以掌握可靠的依据,然后按步骤进行研究和论证,最后根据可行性研究的结果和可行性研究报告大纲编写可行性研究报告,报送决策单位(批准项目策划书或建议书的单位)进行分析和评估,得出是否可行的结论。如果可行,则可做出立项建设的决策并批复,项目正式立项。

3. 设计编制过程

设计工作阶段的工作是在项目立项的基础上进行的。项目立项既是可行性研究阶段的总结,又是设计阶段的启动。设计工作阶段包括投资勘察工作和设计工作。两项工作都要首先进行招标,优选勘察单位和设计单位,并与中标单位签订合同。

勘察工作包括收集已有资料、现场踏勘、编制勘察纲要、测绘、勘探、测试、室内实验、分析资料;在勘察的过程中,还要进行管理,以保证进度、质量、安全、费用目标的实现。

设计工作分为两个或三个阶段:两阶段设计包括初步设计和施工图设计;三阶段设计包括初步设计、技术设计和施工图设计。国际上,又把施工图设计归入施工准备阶段。设计工作包括参加投资项目决策、编制阶段设计文件、移交设计文件、进行设计交底、变更洽商、配合施工、参加验收、进行结算和总结。

4. 准备过程

设计文件提出后,建设单位便可进行投资项目的施工招标,优选施工单位。施工单位为了投出具有竞争力的招标文件,且满足招标文件的要求,必须编制施工项目管理规划大纲,进行认真规划。在这个基础上进行招标,如果中标,便与招标单位签订施工合同。建设准备工作比较复杂,难度较大,时间较长,交叉环节也多,因此,建设单位应编写建设准备工作计划,施工单位应当编制施工准备工作计划。然后建设单位与施工单位配合,按计划进行调查研究,编制施工图设计文件和施工项目管理实施规划,进行工地、物资、人力资源、技术、实验、生活、作业条件等准备工作。当准备工作就绪、具备开工条件以后,便可提出开工报告或申领施工许可证,报请政府主管部门批准开工。

5. 实施过程

接到批准的开工报告或领到施工许可证以后,施工单位便可合法地进行开工。为了施工顺利进行,施工单位必须编制施工管理实施规划并进行详细安排,委派项目经理,成立项目经理部,签订项目管理目标责任书等。正式实施时,既要按施工工艺要求搞好施工作业,又要搞好项目管理,使进度、质量、安全、成本目标得到控制,现场管理、合同管理、信息管理、生产要素管理、组织协调能有效支持目标控制。合同任务完成后,编写过程验收报告,申请进行竣工验收。

6. 竣工验收交付使用过程

施工单位提出验收报告的同时应进行竣工验收策划,启动竣工验收工作。为了使竣工验收工作顺利进行,应编制竣工收尾与验收计划,按计划进行收尾、验收、整理资料、结算。最后,进行投资移交、档案移交、竣工决算,并进行全面总结。

第二节 投资项目管理概述

一、项目管理及项目管理学概述

(一)项目管理的含义及其发展历史

1. 项目管理的含义

关于项目管理的含义,国内外也有多种不同的解释,但其基本内容大致相同。以下是几种有关项目管理概念的解释:

项目管理是通过项目经理和项目组织的努力,运用系统理论和方法对项目及其资源进行计划、组织、协调、控制,旨在实现项目特定目标的管理方法体系[①]。

项目管理是指一定的主体,为了实现其预期目标,利用各种有效的手段,对项目周期各阶段工作进行计划、组织、协调、指挥、控制等各项活动的总称[②]。即此种观点认为:项目管理是指一种管理活动,是一种极具特色的管理活动,是一种有意识地按照项目的特点和规律对项目进行组织管理的活动。它与传统的一次性管理(企业管理、专业化管理等)活动有着本质的区别。

项目管理作为现代经济制度发展到一定阶段的产物,不论作何种解释,一般应该包括如下几方面的内容:

(1)项目管理是一种管理活动或管理方法体系。项目管理是一种管理活动或管理方法体系,即项目管理是一种传统公认的管理模式。项目管理从20世纪50年代末期诞生以来,一直就是作为一种客观实践活动而存在的。它是在长期管理项目的实践、经验及研究的基础上总结而成,并不断发展完善的一种理论方法与体系。项目管理作为一种管理方法体系,在不同的国家、行业以及其自身的不同发展阶段,无论在组织结构、内容上,还是在技术、手段上,都存在着一定的区别。

(2)项目管理的对象与目标。在项目管理实践活动中,项目管理的主体是管理者,而客体则是项目。项目管理的对象是项目,即一系列单次性的活动与任务。而项目管理的目标则是指通过运用科学的项目管理方法,更好地实现项目的预定目标。

(3)项目管理的任务与职能。项目管理的职能与管理的职能一致,即是对组织的资源及项目实施过程中的各项活动进行计划、组织、协调、指挥、控制等,而项目管理的任务则是对项目及其资源进行计划、组织、协调、控制。

(4)项目管理的执行者。项目管理职能主要是由项目经理执行的。在规模适中的项目中,项目管理一般是由项目经理带领少量专职项目管理人员完成,而项目组织中的其他人员,包括技术人员与非技术人员负责完成项目任务或工作,并接受管理。

(5)项目管理应运用系统理论。项目在实施过程中,实现项目目标的责任与权力往往被集中到一个人即项目经理或一个小组身上。一般来说,由于项目任务是分别由不同的人去执行与完成的,所以项目管理要求将这些任务和人员集中在一起,将其当作一个系统与整体对待,以便更好地实现项目的最终目标,也就是说,需要采取系统的观点来管理项目。

2. 项目管理过程

一个项目的全生命周期或每一个项目阶段都需要有一个相对应的项目管理过程,

[①] 毕星、翟丽:《项目管理》,复旦大学出版社2000年版,第8页。
[②] 张仲敏、王天锡等:《投资项目决策与业务管理全书》,新华出版社1996年版,第1151页。

一般地,项目的管理过程由以下五个不同的过程构成。

(1)起始过程。此过程包括:定义一个项目阶段的工作与活动、决策一个项目或项目阶段的起始与否,以及决定是否将一个项目或项目阶段继续进行下去等工作。

(2)计划过程。此过程包括:拟定、编制和修订一个项目或项目阶段的工作目标、工作计划方案、资源供应计划、成本预算、计划应急措施等方面的工作。

(3)实施过程。此过程包括:组织和协调人力资源和其他资源,组织和协调各项任务与工作,激励项目团队完成既定的工作计划,生成项目产出物等方面的工作。

(4)控制过程。此过程包括:制定标准、监督和测量项目工作的实际情况、分析差异和问题、采取纠偏措施等管理工作和活动。这些都是保障项目目标得以实现,防止偏差积累而造成项目失败的管理工作和活动。

(5)结束过程。此过程包括:制定一个项目或项目阶段的移交与接受条件,项目或项目阶段成果的移交,从而使项目顺利结束的管理工作和活动。

3. 项目管理的发展历史

项目管理通常被认为是第二次世界大战的产物(如美国研制原子弹的曼哈顿计划)。总体上看,其发展大致经历了以下四个阶段:

(1)近代项目管理的萌芽。在20世纪四五十年代主要应用于国防和军工项目。美国把研制第一颗原子弹的任务作为一个项目来管理,命名"曼哈顿计划"。美国退伍将军莱斯利·R.格罗夫斯(L. R. GROVES)后来写了一本会议录《现在可以说了》(*Now it can be told*:*The story of the Manhattan Project*),详细记载了这个项目的经过。

(2)近代项目管理的成熟。20世纪50年代后期,美国出现了关键路径法(CPM)和计划评审技术(PERT)。项目管理的突破性成就出现在50年代。1957年,美国的路易斯维化工厂,由于生产过程的要求,必须昼夜连续运行。因此,每年都不得不安排一定的时间,停下生产线进行全面检修。过去的检修时间一般为125小时。后来,它们把检修流程精细分解,竟然发现,在整个检修过程中所经过的不同路线上的总时间是不一样的。缩短最长路线上工序的工期,就能够缩短整个检修的时间。他们经过反复优化,最后只用了78个小时就完成了检修,节省时间达到38%,当年产生效益达100多万美元。这就是至今项目管理工作者还在应用的著名的时间管理技术"关键路径法",简称CPM。就在这一方法发明一年后,美国海军开始研制北极星导弹,这是一个军用项目,技术新,项目巨大,据说当时美国有1/3的科学家都参与了这项工作。管理如此庞大的尖端项目难度是可想而知了。而当时的项目组织者想出了一个方法:为每个任务估计一个悲观的、一个乐观的和一个最可能情况下的工期,在关键路径法技术的基础上,用"三值加权"方法进行计划编排,最后竟然只用了4年的时间就完成了预定6年完成的项目,节省时间33%以上。20世纪60年代,这类方法在耗资400亿美元的"阿波罗"载人登月计划中应用,取得巨大成功。此时,项目管理有了科学的系统方法。现在,CPM和PERT常被称为项目管理的常规"武器"和经典手段。当时主要运用于军事工业和建筑业,项目管理的任务主要是项目的执行。1965年,以欧洲国家为主的国际项目管理协会(International Project Management Association,IPMA)在瑞士成立。

(3)项目管理的传播和现代化。1969年,美国成立了一个国际性组织PMI(Project Management Institute),即美国项目管理学会。它是一个有着近5万名会员的国际性学会,是项目管理专业领域中最大的由研究人员、学者、顾问和经理组成的全球性专业组织。这个组织的出现极大地推动了项目管理的发展。随后PMI一直致力于项目管理领域的研究工作,1976年,PMI提出了制定项目管理标准的设想。经过近10年的努力,于1987年推出了项目管理知识体系指南(Project Management Body of Knowledge,PMBOK)。这是项目管理领域的又一个里程碑。因此,项目管理专家们把80年代以前的称为"传统的项目管理"阶段,把80年代以后的称为"新的项目管理"阶段。这个知识体系把项目管理归纳为范围管理、时间管理、费用管理、质量管理、人力资源管理、风险管理、采购管理、沟通管理和整合管理九大知识领域。PMBOK又分别于1996年和2000年进行了两次修订,使该体系更加成熟和完整。20世纪70～80年代,项目管理理论迅速传遍世界其他各国,当时,我国的CPM为统筹法(这是华罗庚教授首先将其介绍到国内时,根据其核心思想为它取的名称)。项目管理从美国最初的军事项目和宇航项目很快扩展到各种类型的民用项目,其特点是面向市场迎接竞争。项目管理除了计划和协调外,对采购、合同、进度、费用、质量、风险等给予了更多重视,初步形成了现代项目管理的框架。

(4)现代项目管理的新发展。进入20世纪90年代,尤其是进入21世纪之后,项目管理有了新的进展。随着信息系统工程、网络工程、软件工程、大型建设工程以及高科技项目的研究与开发项目管理新领域的出现,促使项目管理在理论和方法等方面不断地发展和现代化,使得现代项目管理在这一时期获得了快速的发展和长足的进步。同时,项目管理的应用领域在这一时期也迅速扩展到社会生产与生活的各个领域和各行各业,而且项目管理在企业的战略发展中的作用越来越重要。为了在迅猛变化、急剧竞争的市场中迎接经济全球化、一体化的挑战,项目管理更加注重人的因素、注重顾客、注重柔性管理、注重适度管理等,力求在变革中生存和发展。在这个阶段,应用领域进一步扩大,尤其在新兴产业中得到了迅速的发展,比如通信、软件、信息、金融、医药等现代项目管理的任务已不仅仅是执行任务,而且还要开发项目和经营项目,以及为经营项目完成后形成的设施、产品和其他成果提供必要的条件。

现代项目管理在这一阶段的高速发展主要表现在两个方面：其一是项目管理的职业化发展，其二是项目管理的学术性发展。在职业化发展方面，这一阶段的项目管理逐步分工细化，形成了一系列的项目管理的专门职业。例如，专业项目经理、造价工程师、建立工程师、营造师等。同时，在这一阶段还诞生了一系列的项目管理职业资格认证体系。例如，美国项目管理协会（PMI）和国际项目管理协会（IPMA）主办的项目管理专业人员职业资格认证，美国造价工程师协会（Association of American Cost Engineers，AACE）主办的造价工程师资格认证。英国皇家特许测量师协会（Royal Institute of Chartered Surveyor，RICS）主持的工料测量师、营造师资格认证等。这些工作极大地推动了项目管理职业的细分和职业化的发展。例如，国际项目管理协会（IPMA）开展的项目管理专业人员资格认证就分为 A、B、C、D 四个级别，其中，A 级是工程主任级证书，B 级为项目经理级证书，C 级为项目管理工程师级证书，D 级为项目管理技术员级证书，对不同资格证书的要求也各异，获得证书者分别可负责大项目或国际项目、一般项目、一般项目的主要工作和一般项目工作的管理；虽然这些项目管理人员资格认证的侧重点有所不同、方法有所不同，但是都为推进项目管理的职业化发展做出了很大的贡献。现在，项目经理不再被认为是项目的执行者，他们已经拥有了正式的职位和更大的权利与责任。他们不仅要负责实施项目，而且要参与项目决策，要与项目业主/客户一起高效率地工作，全面开展项目管理，并且要对项目的经济财务结果负责。现在的项目经理已经成为真正的项目负责人和企业中的重要岗位，并且是一项非常热门的职业。

现代项目管理阶段在项目管理的学术发展方面主要体现在项目管理专业教育体系的建立和项目管理理论与方法的研究方面。在现代项目管理阶段，国际上有许多大学相继建立和完善了项目管理专业的本科生和研究生教育体系，美国的大学不但设立了项目管理的硕士学位，而且这种硕士学位大有取代工商管理硕士（MBA）专业学位的趋势。在这一阶段有许多项目管理的研究机构先后建立了起来，这些研究机构、大学、国际和各国的项目管理专业协会以及一些大型企业共同开展了大量的项目管理理论与方法的研究，并取得了丰硕的成果。像美国项目管理协会（PMI）、美国造价工程师协会（AACE）等组织提出的项目管理知识体系（Project Management Body of Knowledge）、项目全面造价管理（Total Cost Management）、项目风险造价管理、已获价值管理（Earned Value Management）、项目合作伙伴式管理（Partnering Management）等都是在这一阶段创立和发展起来的。通过这一阶段的学术发展，现代项目管理在项目的范围管理、时间管理、成本管理、质量管理、人力资源管理、沟通管理、采购管理、风险管理和集成管理等方面已经形成了专门的理论和方法体系。另外，在这一阶段，国际标准化组织（ISO）还以美国项目管理协会（PMI）的项目管理知识体系指南

(Guide to Project Management Body of Knowledge)等文件为框架，制定了关于现代项目管理的标准(ISO 10006)。所有这些现代项目管理在职业化和学术性方面的发展，使得项目管理的理论和方法取得了长足的进步。

(二)项目管理学

项目管理学是管理学的一个分支，是一门新兴学科，是以项目为对象，研究项目管理理论和方法的学科。项目管理可以简单地理解为对项目所进行的管理。虽然管理是一种非常古老的活动，可以说是伴随着人类社会的产生而产生的，但现代管理活动与学科却是近百年的产物。管理理论的形成主要经历了四个阶段：

1. 第一阶段是从19世纪末到20世纪初形成的所谓"古典管理理论"或"传统管理理论"，其代表人物主要有美国的泰勒、法国的法约尔、德国的韦伯等

(1)科学管理。弗莱德里克·泰勒，"科学管理之父"，把管理看作科学并且强调管理者作用的第一人。其在代表作《科学管理原理》中认为管理就是通过科学的操作、定额、组织等手段，来提高劳动生产率，是把组织的物质资源或技术力量同人力资源结合起来，以实现组织目标的过程。

(2)一般管理。亨利·法约尔，"管理理论之父"，其代表作为《工业管理和一般管理》。法约尔以企业整体作为研究对象，认为管理理论是经过普遍经验检验并得到论证的一套有关原则、标准、方法、程序等内容的完整体系。因此，管理理论和方法不仅适用于企业，也适用于军政机关和社会团体，这正是法约尔一般管理理论的基石。法约尔的贡献在于三个方面：从经营职能中独立出管理活动；强调教育的必要性；提出管理活动所需的五大职能和十四条管理原则。法约尔认为管理是普遍存在的一种单独活动，有自己的一套知识体系，由各种职能构成，管理是管理者通过完成各种职能来实现目标的一个过程。法约尔将管理活动分为计划、组织、指挥、协调、控制五大职能。法约尔的一般管理理论是古典管理思想的重要代表，后来成为管理过程学派的理论基础，也是以后各种管理理论和管理实践的重要依据，对管理理论的发展和企业管理的历程均有着深刻的影响，其中某些原则甚至以"公理"的形式为人们接受和使用。法约尔是行政管理的奠基人。法约尔认为管理包含五大要素，即计划、组织、指挥、协调、控制。这种将管理按其活动的功能进行划分的方法，被称为管理职能说而被许多管理学著作所引用。

(3)行政组织管理。马克斯·韦伯，"组织理论之父"，他在代表作《社会组织与经济组织理论》中认为管理是指以知识为依据来进行控制，领导者应有能力胜任，管理的重要工作是建立和落实一种理想的组织模式。韦伯认为，组织概念的本质在于存在一套支配行为的特殊规则，任何组织都必须以某种形式的权力作为基础。

2. 第二阶段是20世纪20年代开始形成的"行为科学"或"人际关系"理论，其代

表人物有美国的梅奥·罗特利斯伯格、马斯洛、赫茨伯格、麦格雷戈等。

行为科学理论主要是应用心理学、社会学的方法对管理活动进行分析研究。其中,最有代表性的成果有美国著名的"霍桑试验"。根据此试验得出的结论与管理原理主要包括：

(1)工人是"社会人",是复杂的社会系统的成员,而不是单纯追求经济利益的"经济人"。为此,在管理上,不能把工人像机器一样管理,而必须进行有人性的管理。

(2)企业中除"正式组织"之外,还存在着"非正式组织",必须充分利用其力量。

(3)新型的领导能力在于通过职工满足度的提高而提升职工的士气与积极性,从而达到提高生产率的目的。行为科学管理理论中的许多内容被广泛应用到现代管理实践活动中,并对现代管理思想产生了重大影响。

3. 第三阶段是在古典理论和行为科学理论出现之后,特别是在第二次世界大战以后发展起来的现代管理理论

现代管理理论主要包括管理过程学派、经验主义学派、社会系统学派、决策理论学派、系统管理学派、管理科学学派等。其中,管理过程学派的重要代表人物哈罗德·孔茨认为管理就是设计和保持一种良好的环境,使人在群体里高效率地完成既定目标,为此,每个管理人员都需要执行计划、组织、人事、领导与控制的职能。经济主义学派的大师德鲁克在其著作《管理——任务、责任、实践》一书中明确提出管理是一种实践,其本质不在于"知"而在于"行";其验证不在于逻辑,而在于成果;其唯一的权威就是成就;管理是一种工作,所以它有特定的技巧、特定的工具、特定的方法。决策理论学派创始人之一、1978年诺贝尔经济学奖获得者西蒙认为,管理就是决策,决策贯穿于管理的全部过程。

4. 第四阶段是20世纪70年代后发展起来的当代管理理论

(1)战略管理。20世纪70年代以后,由于国际环境的剧变,尤其是石油危机对国际环境产生了重要的影响。这时的管理理论以战略管理为主,研究企业组织与环境的关系,重点研究企业如何适应充满危机和动荡的环境的不断变化。迈克尔·波特所著的《竞争战略》把战略管理的理论推向高峰,强调通过对产业演进的说明和各种基本产业环境的分析,得出不同的战略决策。

(2)企业再造。该理论始于20世纪80年代,创始人是原美国麻省理工学院教授迈克尔·哈默与詹姆斯·钱皮,他们认为企业应以工作流程为中心,重新设计企业的经营、管理及运作方式,进行所谓的"再造工程"。美国企业从80年代起开始了大规模的企业重组革命,日本企业也于90年代开始进行所谓的第二次管理革命,这十几年间,企业管理经历着前所未有的、类似脱胎换骨的变革。

(3)学习型组织。20世纪80年代末以来,信息化和全球化浪潮迅速席卷全球,顾

客的个性化、消费的多元化决定了企业必须适应不断变化的消费者的需要,在全球市场上争得顾客的信任,才有生存和发展的可能。这一时代,管理理论研究主要针对学习型组织而展开。彼得·圣吉在所著的《第五项修炼》中更是明确指出企业唯一持久的竞争优势源于比竞争对手学得更快更好的能力,学习型组织是人们从工作中获得生命意义、实现共同愿景和获取竞争优势的组织蓝图。

二、投资项目管理概述

(一)投资项目管理的概念

投资项目管理是按客观经济规律对投资项目建设全过程进行有效的计划、组织、控制、协调的系统管理活动。

投资项目管理的目标是运用各种知识、技能、手段和方法去满足或超出投资项目各利害关系者的要求与期望。为此,在投资项目管理过程中,需要理解如下五个层面的内容:一是投资项目具有哪些利害关系者;二是它们具有哪些方面的要求与期望;三是它们在每一个方面的要求与期望是什么;四是这些要求和期望具有什么样的冲突;五是要运用各种知识、技能、手段和方法协调这些冲突并力求满足或超出它们的要求与期望。

从内容上看,它是投资项目建设全过程或全生命周期的管理,即从项目建议书、可行性研究、设计、投资实施到竣工投产全过程的管理。任何一个投资项目都有其自身的生命周期,它的投资建设都需要一个过程,这个过程是分阶段进行的。这不是由人们主观臆造出来的,而是项目建设的客观要求。新中国成立70年来的项目建设实践证明,项目建设程序是对项目建设全过程的科学反映和总结,凡是能按建设程序组织项目建设活动,就能取得好的投资效果。因此,项目管理不只是某一阶段的管理,而应是项目建设全过程或全生命周期的管理,并且要按项目建设程序来管理。

从性质上看,项目管理是固定资产投资管理的微观基础,其性质属于投资管理范畴。投资项目建设是利用投资完成具有一定生产能力或使用功能的建筑产品的过程,是国民经济发展计划的具体化,是固定资产再生产的一种具体形式。它通过项目的建成投产使垫付出去的资金回收并获得增值。项目管理属于固定资产投资管理的范畴,又由于它不是以投资为直接对象,而是以项目为直接对象的一种纵向管理,因此,项目管理是固定资产投资管理的微观基础。

(二)投资项目管理的类型

从不同角度可将项目管理分为不同的类型。

1. 按管理层次划分

按项目管理层次可分为宏观项目管理和微观项目管理。宏观项目管理是指政府

(中央政府和地方政府)作为主体对项目活动进行的项目管理。这种管理一般不是以某一具体的项目为对象,而是以某一类或某一地区的项目为对象;其目标也不是项目的微观效益,而是国家或地区的整体综合效益。宏观项目管理的手段有行政手段、法律手段和经济手段等,主要包括:项目相关产业法规政策的制定,项目相关的财、税、金融法规政策的制定,项目资源要素市场的调控,项目程序及规范的制定与实施,项目过程的监督检查等。而微观项目管理是指项目法人或其他参与主体对项目活动的管理,其手段主要是各种微观的经济法律规范和项目管理技术。一般意义上的项目管理,即指微观项目管理。

2. 按管理范围和内涵不同划分

按投资项目管理范围和内涵不同分为广义的项目管理和狭义的项目管理。广义的项目管理包括从项目投资意向、项目建议书、可行性研究、建设准备、设计、施工、竣工验收到项目后评估全过程的管理。狭义的项目管理指从项目正式立项开始,即从项目可行性研究报告批准后到项目竣工验收、项目后评估全过程的管理。

3. 按管理主体不同划分

一项投资的建设,涉及不同的管理主体,如项目法人、项目使用者、项目设计单位、施工单位、生产厂商、监理单位等。从管理主体看,各实施单位在各阶段的任务、目的、内容不同,也就构成了项目管理的不同类型,概括起来大致有以下几种:

(1)建设单位的项目管理。建设单位的项目管理是指由项目法人或委托人对项目建设全过程的监督与管理。按项目法人责任制的规定,新上项目的项目建议书被批准后,由投资方派代表,组建项目法人筹备组,具体负责项目法人的筹建工作,等项目可行性研究报告批准后,正式成立项目法人,由项目法人对项目的策划、融资、建设实施、生产经营、债务偿还、资产的增值保值,实行全过程负责,依照国家有关规定对建设项目的建设资金、建设工期、投资质量、生产安全等进行严格管理。

项目法人可聘任项目总经理或其他高级管理人员,由项目总经理组织编制项目初步设计文件、组织设计、施工、材料设备采购的招标工作,组织投资建设实施,负责控制项目投资费用、工期和质量,对项目建设各参与单位的业务进行监督和管理。项目总经理可由项目董事会成员兼任或由董事会聘任。

项目总经理及其管理班子应具有丰富的项目管理经验,具备承担所任职工作的条件,从性质上讲是代表项目法人,行使项目管理职权的。因此,项目法人和项目总经理对项目建设活动的组织管理构成了建设单位的项目管理(也称建设项目管理)。

(2)监理方的项目管理。较长时间以来,中国的投资建设项目组织方式一直采用项目指挥部制或建设单位自营自管制。由于投资项目的一次性特征,使这种管理组织方式往往有很大的局限性,因此,结合中国国情并参照国外投资项目的管理方式,从

1988年7月开始进行的建设监理制试点现在已全面推行并纳入法制化轨道。社会监理单位是依法成立的、独立的、智力密集型经济实体,接受业主的委托,对项目建设过程及参与各方的行为进行监督、协调和控制,以保证项目按规定的工期、投资、质量目标顺利建成。社会监理是对投资项目建设过程实施的监督管理,类似于国外CM项目管理模式,属监理方的项目管理。

(3)承包方的项目管理。作为承包方,采用的承发包方式不同,项目管理的含义也不同。

①总承包方的项目管理。在设计施工连贯式总承包的情况下,业主在项目决策之后通过招标择优选定的总承包单位全面负责投资项目的实施过程,直至最终交付质量标准和使用功能均符合合同规定的投资产品,因此,总承包方的项目管理是贯穿于项目实施全过程的管理,既包括设计阶段,也包括施工安装阶段。其性质是以全面履行投资总承包合同为约束条件,依靠自身的技术和管理优势,通过优化设计、合理选择施工方案,在规定的时间内按质按量地全面完成投资项目的承建任务。

②设计方的项目管理。设计单位受业主委托承担投资项目的设计任务,以合同所界定的工作目标及其责任义务作为设计管理的对象,通常简称设计项目管理。换言之,设计项目管理也就是设计单位为履行投资设计合同和实现设计单位经营方针目标而进行的设计管理。尽管其地位、作用和利益追求与项目业主不同,但它也是建设工程设计阶段项目管理的重要方面。只有通过设计合同,依靠设计方的自主项目管理才能贯彻业主的建设意图和实施设计阶段的投资、质量和进度控制。

③施工方的项目管理。施工单位通过工程施工投标取得工程施工承包合同,并以施工合同所界定的投资范围组织项目管理,简称施工项目管理。从完整的意义上说,这种施工项目应该指施工总承包的投资项目,包括其中的土建过程施工和设备安装过程施工。目前,中国建筑施工企业实行施工项目管理的基本概念是指:施工企业为履行投资承包合同和落实企业经营目标,在项目经理负责制的条件下,依靠企业的技术和管理的综合实力,对施工全过程进行计划、组织、指挥、协调和监督控制的系统管理活动。项目经理的责任目标体系包括工期(Time limit for a project)、成本(Cost)、投资施工质量(Quality)、安全和现场标准化(Safety),简称TCQS目标体系。显然这一目标体系,既与投资项目的总目标相联系,又带有很强的施工企业项目管理的自主性特征。

④供应方的项目管理。从建设项目管理的系统分析角度看,物资供应工作也是投资项目实施的一个子系统,它有明确的任务和目标、制约条件以及与项目实施子系统的内在联系。因此,制造厂、供应商同样可以将加工生产制造和供应合同所界定的任务作为项目进行目标管理和控制,以适应建设项目总目标控制的要求。

(三)投资项目管理的主要任务内容

投资项目管理可从不同的分析、研究角度得出不同的任务内容,具体有:

1. 依据管理职能的角度划分

项目管理包括项目计划、组织、人事安排、控制、协调五个方面的内容,具体为:项目计划是项目全部活动的基础和依据,包括各种预测、决策、规划和准备工作;项目组织是指项目组织体系的建立、项目管理机构及部门的设置、管理人员的配备、责权利划分、组织更新调整等;项目人事安排是指项目各种责任人的选用、考核评价、激励及安排等;项目控制是指项目检查监督、信息反馈、调整修正等;项目协调是指项目调度、内外人际关系的协调、项目资源的总体平衡与调整等。

2. 依据项目活动的全过程划分

项目管理包括项目的定义与决策、项目的规划与设计、项目的招投标、项目实施、项目终结与后评价等几方面的内容,具体为:项目决策是指从项目意向开始到项目立项的全部活动,主要包括项目预测与决策;项目规划与设计,即需组织有关部门、人员进行市场调查,并在市场预测的基础上作出可行性研究,通过对多个可行方案进行比较选择,确定最好的投资项目实施方案;项目招标与投标的管理,随着项目管理体制的健全与完善,项目的设计、施工与资产设备的采购都需采用招标与投标的形式,以选择合适的中标者,因此,做好招标、开标、评标、决标的组织及管理工作,是项目管理的重要任务之一;项目实施的管理,是指在项目实施过程中,通过编制各类计划(资金筹资计划和使用计划)和技术经济标准(概算与预算定额),对项目实施中的工期、费用、质量等进行控制,确保项目目标的实现;项目终结与后评价是指项目的各种收尾工作及完成效果的评价工作。

3. 依据项目投入资源要素的角度划分

项目管理包括项目资金财务管理、项目人事劳动管理、项目材料设备管理、项目技术管理、项目信息管理、项目合同管理等内容,具体为:项目资金财务管理,包括项目投资预算、资金筹措及财务成本管理等;项目人事劳动管理,包括项目技术管理人员和劳务人员的招聘、组织考核、评价激励等;项目材料设备管理,包括项目材料设备的采购、保管及成本控制等;项目技术管理,包括项目技术的开发、引进、使用、更新等;项目信息管理,包括项目信息的收集、整理加工、传送、应用等,即需明确参加项目建设、管理机构之间信息的传递方式、时间和内容,确定信息收集和做好信息反馈的处理方法与手段;项目合同管理,在项目的组织实施过程中,项目投资者不可避免地要与材料供应者、施工者等有业务往来,因此,编制合同文件,参与合同谈判,合同的签订与修改,正确处理合同的纠纷,明确责任与义务等也是项目管理中的内容之一。

4. 依据项目目标约束性的角度划分

项目管理包括项目进度管理、项目成本管理、项目质量管理,具体为:项目进度管理,包括项目进度规划、进度检查监督、进度控制等;项目成本管理,包括项目成本预测、项目成本计划、项目成本分析与控制、项目财务管理等;项目质量管理,包括项目质量规划、质量保证体系的建立、质量检查监督、项目质量分析与控制等。

虽然可以从不同的角度对项目管理活动进行划分,但其管理内容的实质是完全相同的,即无论是从任何一种角度出发,还是几种角度的结合,都可以从不同的侧面阐述项目管理的内容。

第三节　投资项目管理的基本原理与模式

一、投资项目管理的基本原理

投资项目管理的基本原理主要包括目标的系统管理、过程控制管理和信息技术管理。

(一)目标的系统管理

目标的系统管理就是将整个项目的工作任务和目标作为一个完整的系统来加以统筹管理。系统管理包括两个方面:一是确定投资项目的总目标,采用工作分解结构方法将总目标层层分解成若干个子目标和可执行目标,并将它们落实到投资项目建设周期的各个阶段和各个责任人,建立由上而下、由整体到局部的目标控制系统。二是要做好整个系统中各类目标(如质量目标、费用目标、进度目标、节能目标等)的协调平衡和各分项目标的衔接与协作工作,使整个系统有序进行,从而保证总目标的顺利实现。

1. 投资项目目标

投资项目目标是指实施一个投资项目所要达到的预期结果。一般要求这种预期结果必须明确、可行、具体和可以度量,并需在投资方与业主、承包商之间达成一致。一旦投资项目目标得以确立,一般不允许在投资项目实施中仍存在目标的不确定性和对目标做过多、过大的修改等情形。当然,投资项目目标的设立应满足如下条件:

(1)目标应是具体的,具有可评估性和可量化性,不应含混不清;

(2)目标应与上级目标(有时也可指公司与企业目标)一致;

(3)在可能时,应以可交付成果的形式对目标进行说明,如评估报告、设计图纸等;

(4)目标是可以理解的,即必须让其他人清楚知道努力的方向;

(5)目标是现实的,即应该去做的事情;

(6)目标应具有时间性,如果目标没有时间限制,则可能永远也无法达到;

(7)目标是可以达到的,虽然需要努力并应承担一定的风险;

(8)目标的可授权性和可分割性,即每个目标都可进行分割并授权给具体的人来负责;

(9)目标应具有层次性,即每一个大的目标下面应具有可细分的小的目标与子目标。

投资项目具有多目标性,即投资项目是一个多目标系统,虽然不同目标之间可能相互冲突和相互矛盾,但它们之间是对立统一的,处于一个矛盾的统一体中,因此,必须在多个目标之间找到平衡点。完成投资项目的过程就是多目标协调一致的过程,这种协调包括同一层次的多个目标之间的横向协调、总目标与子目标之间的纵向协调,以及投资项目目标与组织之间的协调等。

2. 目标系统

投资项目目标系统的建立,主要包括投资项目构思、识别需求、提出投资项目目标和建立目标系统等工作。

任何一个投资项目都是从构思开始的,政府、部门或企业为实现其发展战略都可能需要建造一定数量的投资项目,这就是投资项目的构思。在投资项目构思的基础上,需要对投资项目投资方的具体需求进行识别和评价,从而形成理性的目标概念,使投资方的需求更加合理化的过程就称为识别需求。然后通过对投资项目本身和投资项目环境的分析,确定符合实际情况的需求目标,最终建立目标系统。投资项目目标系统表现为可分解的层次结构,即可将投资项目的总目标分解成子目标,再将子目标分解成可执行的第三级目标,如此一直分解下去,形成具有层次性的目标结构。投资项目的目标系统至少由系统目标、子目标和可执行目标三个层次组成。其中,系统目标即为投资项目的总目标,通常可分为功能目标、技术目标、经济目标、社会目标、节能目标和环境生态目标等;子目标是由系统目标分解而成,仅适用于投资项目的某一方面;可执行目标也称为可操作目标,用于确定投资项目的详细构成。

3. 目标管理

目标管理技术是一种将目标系统中的各级目标与实现目标的具体计划相联系的一种管理方法。从这一角度来看,投资项目管理实际上就是一种目标管理。

投资项目目标管理方法就是要求每一个投资项目管理小组或管理团队的工作人员必须明确投资项目目标,将实现个人目标作为实现总目标的重要组成部分和保证。

投资项目实行目标管理具有如下好处:

(1)目标管理的系统性将项目目标与企业目标及个人目标等有机地结合在一起,从而使每个成员明确自己在实现投资项目目标中的不可或缺性,有利于增强责任感。

(2)可最大限度地调动项目团队成员的积极性和主观能动性,这是因为,明确的个人目标在满足投资项目目标要求的同时,也满足了实现个人价值的需要,是一种有效的激励机制。

(二)过程控制管理

1. 过程控制的含义

控制论是由美国数学家、电气工程学家诺伯特·维纳在1948年创立。作为20世纪重大科学成就的控制论,打破了自然科学与社会科学、投资技术与生物技术的界限,并于20世纪60年代后被广泛应用于管理学领域,其思想和方法已经渗透到几乎所有的自然科学和社会科学领域。

在任何管理系统中,控制的目标始终是尽量保证目标和计划的顺利实现。一般地,控制过程主要包括确定标准、衡量成效和采取纠偏措施三个基本步骤。

对投资项目而言,无论是总目标还是各项子目标的实现都有一个从投入到产出成果实现目标的过程,这就要求利用过程控制的原理,通过工作流(或业务流)对实现目标的过程及相关资源和投入过程进行动态管理,预先安排好过程与步骤、流程、控制方法以及资源需求,规定好组织内各部门之间的关键活动的衔接,及时测量、统计关键活动的成果并反馈,不断改进,从而达到更有效地使用资源,在满足客户要求的前提下,既节约和降低成本,也保证了质量和进度。

2. 过程管理的基本方法

过程管理一般均采用国际通行的PDCA(Plan—Do—Check—Act)循环方法。

(1)计划(Plan)。即为完成项目目标而编制的一个可操作的运转程序和作业计划。

(2)实施(Do)。实施过程就是将规划设计付诸实践的过程,是资源投入到成果实现的过程。在这个过程中,投资项目管理者必须对存在于投资项目中的各种技术和组织界面进行管理,并做好记录,包括人力和其他资源的投入、活动过程,成果的评审及确认等的记录。

(3)检查(Check)。在这一阶段主要是通过对进展情况进行不断的监测与分析,以防质量不合格,预防工期拖延、费用超支,确保投资项目目标的实现。

(4)处理(Act)。处理措施包含两个方面:一方面是客观情况发生变化,必须采取必要的措施调整计划,特别是变更影响到项目的费用、进度、质量等方面,必须做出相应的变更;另一方面是通过分析发现管理工作中存在的缺陷,则应提出改进的措施,从而使管理工作得到持续改进。

需要说明的是,在过程管理中,PDCA是处于不断循环中的,其管理工作是一个持续改进的过程。

(三)信息技术管理

运用信息技术对投资项目进行管理,已经成为提高项目技术水平与管理水平的重要手段和标志。这是因为:第一,投资项目管理是一个复杂的系统工程,对投资建设的全过程实行动态、量化和科学的系统管理与控制,涉及的因素很多,需要快速处理大量的数据,这需要依靠计算机和信息技术等现代化工具和手段进行处理;第二,项目管理是一个复杂的过程网络,要在项目的策划与实施过程中,对项目的相关资源、各项工作流程和管理目标进行系统整合,以实现项目管理效益的最大化,也必须依靠计算机和信息技术;第三,投资数据库和管理数据库是投资项目管理的基础,而这些数据的收集、建立、维护与更新都需要依靠计算机和信息技术。

二、投资项目管理的模式

几十年来的项目管理实践,使得现实中形成了多种投资项目管理模式,且这些模式也在不断地得到创新和发展。下面仅介绍几种通行的投资项目管理模式。

(一)建设单位自行组织管理机构进行管理

在较长的一段时期里,我国建设项目的管理多采用这种模式,即由建设单位组建基建办、筹建办、指挥部等进行管理。这种临时组建的投资项目管理小组,在项目完成后即告任务结束,就地解散。

(二)委托咨询公司协助业主进行项目管理

这种投资项目管理模式是国际上最为通用的一种模式,如世界银行、亚洲开发银行贷款的投资项目、采用国际咨询工程师联合会(FIDIC)《施工合同条件》和《生产设备和设计——施工合同条件》的投资项目均采用这种模式。在这种模式下,业主委托咨询工程师进行项目前期的各项工作,如机会研究、初步可行性研究、可行性研究等,在投资项目决策后再进行设计,随后通过招投标选择承包商。

这种模式的有利之处在于:一方面,由长期从事投资项目咨询和管理工作的中介机构接受委托并协助业主进行项目管理,有利于保证质量、进度和降低费用;另一方面,因该模式长期地、广泛地被采用,所以管理方法比较成熟,项目管理较易获得成功。

(三)设计—采购—建造(EPC)交钥匙模式

EPC 是英文 Engineering—Procurement—Construction 的缩写,它被称为交钥匙模式。这种模式在项目决策后,从设计开始,经过招标,委托一家投资公司对设计—采购—建造进行总承包。在这种模式下,按照承包合同规定的固定总价或可调总价方式,由投资公司负责对投资项目的进度、质量、费用及安全进行管理与控制,并按合同约定完成投资项目。

(四)由专业机构进行项目管理

由项目业主委托专业机构(咨询公司或项目管理公司)代表业主进行项目管理是国际投资项目管理的一种新趋势。由于专业机构具有丰富的项目管理经验,采用这种方式不仅可大大减轻业主的负担,而且还可以取得良好的投资经济效果。这种方式主要有两种:

1. 代理管理

这种方式是指按照合同约定,由受托人代表业主进行项目的全过程管理。

2. 项目管理承包

项目管理承包也称 PMC(Project Management Contractor)方式,是由业主聘请管理承包商为业主代表,对项目进行集成化管理。这种管理方式主要可分为两个阶段:一是在项目决策阶段,项目管理承包单位代表业主对项目前期阶段的工作进行管理,并负责最终确定项目的总承包商。二是在项目的实施阶段,由中标的总承包商负责项目的建造工作,而 PMC 则代表业主负责全部项目的管理协调和监理,直到项目完成。

第四节 投资项目管理的发展趋势

一、我国投资项目管理的现状

我国的项目管理实践活动及研究工作起步比较晚。20 世纪 60 年代初期,华罗庚教授引进和推广了网络计划技术,并结合我国"统筹兼顾,全面安排"的指导思想,将这一技术称为"统筹法"。当时华罗庚组织并带领小分队深入重点工程项目中进行推广应用,取得了良好的经济效益。我国项目管理学科的发展就是起源于华罗庚推广"统筹法"的结果,中国项目管理学科体系也是因统筹法的应用而逐渐形成的。20 世纪 80 年代,随着现代化管理方法在我国的推广应用,进一步促进了统筹法在项目管理过程中的应用。此时,项目管理有了科学的系统方法,但当时主要应用于国防和建筑业,项目管理的任务主要强调的是项目在进度、费用与质量三个目标的实现上。

1982 年,在我国利用世界银行贷款建设的鲁布革水电站饮水导流工程中,日本建筑企业运用项目管理方法对这一投资项目的施工进行了有效的管理,缩短了工期,降低了造价,取得了明显的经济效益。这给当时我国的整个投资建设领域带来了很大的冲击,让人们确实看到了项目管理技术的作用。从这时起,国内一些高校及专家、学者开始开展项目管理的教育与研究。如天津大学率先向本校学生开设了项目管理课程,并于1988年出版了《工程建设项目管理》；石油大学翻译出版了R·J.格雷厄姆的《项目管理组织与组织行为》一书；上海财经大学于20世纪80年代中期在投资经济管理本科专业开设了"建设项目管理"课程，随后开设了"投资项目管理"等课程。与此同时，我国也开始了应用项目管理的实践。1987年，原国家计委等五部委联合发出通知，确定了一批试点企业和建设项目，要求试行采用项目管理。基于鲁布革项目的经验，1987年，原国家计委、建设部等有关部门联合发出通知在一批试点企业和建设单位要求采用项目管理施工法，并开始建立中国的项目经理认证制度。1991年，建设部进一步提出把试点工作转变为全行业推进的综合改革，全面推广项目管理和项目经理负责制。比如在二滩水电站、三峡水利枢纽建设和其他大型工程建设中都采用了项目管理这一有效手段，并取得了良好的效果。20世纪90年代初，在西北工业大学等单位的倡导下成立了我国第一个跨学科的项目管理专业学术组织——中国优选法统筹法与经济数学研究会项目管理研究委员会(Project Management Research Committee China，PMRC)。PMRC的成立是中国项目管理学科体系开始走向成熟的标志。PMRC自成立至今，做了大量的开创性工作，为推动我国项目管理事业的发展和学科体系的建立，为促进我国项目管理与国际项目管理专业领域的沟通与交流起了积极的作用，特别是在推进我国项目管理专业化与国际化发展方面，起到了非常重要的作用。2000年1月1日开始，我国正式实施全国人大通过的《中华人民共和国招标投标法》。这个法律涉及项目管理的诸多方面，为我国项目管理的健康发展提供了法律保障。另外，从2001年起，我国鉴于项目管理方面人才的奇缺，为了加强项目管理人才的培养，推出了项目管理职称系列。同时，针对投资项目管理而相继推出了资格认证系列。截至目前，许多行业也纷纷成立了相应的项目管理组织，如中国建筑业协会工程项目管理委员会、中国国际工程咨询协会项目管理工作委员会、中国工程咨询协会项目管理指导工作委员会等都是中国项目管理学科得到发展与应用的体现。

现代项目与项目管理是扩展了的广义概念，项目管理更加面向市场和竞争、注重人的因素、注重顾客、注重柔性管理、强调适度管理，是一套具有完整的理论和方法基础的学科体系。项目管理知识体系(Project Management Body of Knowledge，简称PMBOK)的概念是在项目管理学科和专业发展进程中由美国项目管理学会首先提出来的，这一专门术语是指项目管理专业领域中知识的总和。PMRC于2001年在其成立10周年之际也正式推出了《中国项目管理知识体系》(C-PMBOK)。

从华罗庚引进统筹法以来的50多年来，中国项目管理无论从学科体系上还是实践应用上都取得了突飞猛进的发展，归纳起来，主要表现在如下几个方面：

(一)中国项目管理学科体系的成熟

在项目管理的应用实践中，项目管理工作者们感觉到，虽然从事的项目类型不同，但是仍有一些共同之处，因此就自发组织起来共同探讨这些共性主题，如项目管理过程中的范围管理、时间管理、费用管理、质量管理、人力资源管理、沟通管理、风险管理、采购管理及综合管理等，这些领域的综合就形成了 PMBOK。1987 年，PMI 公布了全球第一个 PMBOK，1996 年及 2000 年又两度进行了完善。国际项目管理协会(IPMA)在 PMBOK 方面也做出了卓有成效的工作，IPMA 从 1987 年就着手进行"项目管理人员能力基准"的开发，在 1999 年正式推出了 ICB，即 IPMA Competency Baseline，在这个能力基准中 IPMA 把个人能力划分为 42 个要素，其中，28 个核心要素、14 个附加要素，当然还有关于个人素质的 8 大特征及总体印象的 10 个方面。

基于以上两个方面的发展，PMRC 建立了适合我国国情的中国项目管理知识体系(Chinese Project Management Body of Knowledge，简称为 C-PMBOK)。C-PMBOK 的研究工作开始于 1993 年，在 2001 年 5 月正式推出了《中国项目管理知识体系》，并建立了符合中国国情的《国际项目管理专业资质认证标准》(C-NCB)，C-PMBOK&C-NCB 的建立标志着中国项目管理学科体系的成熟。

与其他国家的 PMBOK 相比较，C-PMBOK 的突出特点是以生命周期为主线，以模块化的形式来描述项目管理所涉及的主要工作及其知识领域。基于这一编写思路，C-PMBOK 将项目管理的知识领域共分为 88 个模块。由于 C-PMBOK 模块结构的特点，使其具有了各种知识组合的可能性，特别是对于结合行业领域和特殊项目管理领域知识体系的构架非常实用。

(二)项目管理应用领域的多元化发展

建筑工程和国防工程是我国最早应用项目管理的行业领域。然而，随着科技的发展、市场竞争的激烈，项目管理的应用已经渗透到各行各业，软件、信息、机械、文化、石化、钢铁等各种领域的企业更多地采用项目管理的模式，且服务业成为项目管理发展的新兴领域。项目的概念在原有工程项目的领域有了新的含义，一切皆项目，按项目进行管理成为各类企业和各行各业发展的共识。

(三)项目管理的规范化与制度化发展

一方面，为了适应日益交往的国际需要，中国必须遵守通用的国际项目管理规范，像国际承包中必须遵守的 FIDIC 条款及各种通用的项目管理模式；另一方面，中国项目管理的应用也促使中国政府出台相应的制度和规范，像建设部关于项目经理资质的要求以及关于建设工程项目管理规范的颁布等都是规范化和制度化的体现。不同的行业领域都相应地出台了项目管理规范，招投标法规的实施、全生命周期管理的应用大大促进了中国项目管理的规范化发展。

(四)学历教育与非学历教育竞相发展

项目管理学科发展与其他管理学科发展的最大特点是其应用层面上的差异，项目经理与项目管理人员更多的是从事各行各业技术的骨干,在项目管理中的作用越来越重要。项目经理通常要花5~10年的时间,甚至需要付出昂贵的代价后,才能成为一名合格的管理者。基于这一现实及项目对企业发展的重要性,因此项目管理的非学历教育走在了学历教育的前面,在中国这一现象尤为突出,目前各种类型的项目管理培训班随处可见。这一非学历教育的发展极大地促进了学历教育的发展,教育部先后在多所高校推进了项目管理本科的教育及管理工程的专业硕士学位教育,项目管理方向的硕士和博士在多所高校已经设立。

虽然通过几十年的努力,我国在投资项目管理方面取得了一定的成绩,但我们也应该清醒地看到,在项目管理这个领域,我们与西方发达国家相比还有相当的差距,其具体表现在以下几个方面:(1)没有一个自始至终贯穿项目建设全过程的企业性经济管理组织。(2)法律、法规还有待完善,没有一个在项目管理专业和行业范围的指导性实施准则。(3)不重视项目的可行性研究。盲目投资,造成巨大的经济损失,为以后的投资事故埋下了祸根。(4)项目管理人员素质还有待提高。目前,我国项目管理人才培养和资质认定工作多偏重于承包商和监理工程师方面,忽视了对业主项目管理人员的培训、考核和资质认定。

二、我国投资项目管理的发展趋势

随着投资项目管理理论及知识体系的逐渐完善,现今的投资项目管理出现了一些新的发展趋势。如投资项目全生命周期管理(Lifecycle Management),即为建设一个满足功能需求和经济上合理可行的投资项目,对其从前期规划直至投资项目报废的寿命的全过程进行策划、协调和控制,以使该项目在预定的期限内,在计划的投资范围内按预定的性能顺利地完成投资建设任务。投资项目管理的集成化,即利用项目管理的系统方法、模型、工具对投资项目的相关资源进行整合,并达到投资项目设定的具体目标和投资效益最大化的过程;投资项目协作及投资项目总控(主要包括费用控制、进度控制、质量控制、合同控制和资源控制等)等概念的出现,计算机、信息技术及网络技术在投资项目管理中的应用已越来越广泛。具体来说,我国的项目管理发展主要呈现如下趋势:

(一)项目管理的国际化趋势

随着我国新一轮改革开放的逐步深入,中国经济日益深刻地融入全球市场,在我国跨国公司和项目越来越多。我国许多项目要通过国际招标,咨询BOT(Build-Operate-Transfer)方式运作。我国企业在海外投资和经营的项目也在增加。项目管理的国际化正形成趋势潮流。一方面,随着我国的行业壁垒减少,国内市场国际化,外国企业必定利用其在资本、技术、管理、人才、服务等方面的优势,挤占我国国内市场,尤其是投资项目总承包市场。另一方面,随着我国综合国力的不断增强,我国从事国际投资承包的企业也会越来越多,参与度会越来越高,竞争力会越来越强。项目管理国际化趋势还表现在:国际项目管理协会发挥更大的作用,国家间的学术交流日益频繁。

(二)项目管理的信息化趋势

伴随着互联网已走进千家万户及大数据时代的到来,人工智能的应用范围也越来越广泛,项目管理的信息化已成必然趋势。项目管理越来越依赖于人工智能及电脑手段,其竞争从某种意义上讲已成为信息战。目前,西方发达国家的一些项目管理公司开始实现了项目管理网络化、虚拟化。另外,许多项目管理公司开始大量使用项目管理软件进行项目管理,同时还从事项目管理软件的开发研究工作。这表明21世纪的项目管理必将成为信息化管理。

本章小结

项目是指在一定的约束条件下,具有特定目标的一次性任务。项目具有单次性、独特性、成果的不可挽回性、组织的临时性和开放性、活动的整体性、目标的确定性等一般特征。

项目具有运行周期和生命周期,即它包括识别需求、提出解决方案、执行项目、结束项目四个基本周期。在现实生活中,投资项目是作为项目组成中一个极其重要的组成部分而存在的,并广泛存在于各行各业中。投资项目是项目中的一个极其重要的组成部分,是实业投资对象的总称。它是指按一定的预定目标(时间、进度、费用)实施的、具有投资属性的单次性活动或任务,在现实中表现为以形成固定资产为主要目标的建设项目。投资项目具有固定性或地域性、建设周期长、风险性和不可逆转性等特点。投资项目的运行过程主要包括项目策划书编制、可靠性研究报告编制、设计编制、建设准备、建设实施、竣工验收交付使用等几个大的过程。投资项目的建设周期则是指从投资项目提出到完成所必须经历的各工作阶段按客观的先后顺序进行的循环,它主要包括策划与决策阶段、准备阶段、实施阶段、竣工验收与总结评价阶段。

项目管理是指一定的主体,为了实现其预期目标,利用各种有效的手段,对项目周期各阶段工作进行计划、组织、协调、指挥、控制等各项活动的总称。而项目管理学作为一门新兴学科,是研究项目管理理论与方法的学科。投资项目管理是按客观经济规律对投资项目建设全过程进行有效的计划、组织、控制、协调的系统管理活动。投资项目管理从不同角度来看,可分为不同的管理类型。如按项目管理层次可分为宏观项目管理和微观项目管理;按投资项目管理范围和内涵不同分为广义的项目管理和狭义的项目管理;按管理主体不同划分可分为建设单位的项目管理、监理方的项目管理和承包方的项目管理。当然,项目管理从管理职能角度、项目活动的全过程、投入资源要素和项目目标约束性等研究角度来看也具有不同的任务内容。

投资项目管理的基本原理主要包括目标的系统管理、过程控制管理及信息技术管理。所谓目标的系统管理,就是将整个项目的工作任务和目标作为一个完整的系统来加以统筹管理。它主要包括确定投资项目目标、建立目标系统和目标管理等内容。这是由于投资项目具有鲜明的系统特征，所以就要求项目管理者必须树立系统观念，即应强调全局，考虑投资项目的整体需要进行整体管理；强调目标，把目标作为系统，在整体目标优化的前提下进行系统的目标管理；系统观念强调相关性，把各个组成部分的相互联系和相互制约关系作为投资项目运行与管理。而过程控制管理的基本方法主要包括计划、实施、检查和处理四个循环的阶段。

投资项目的管理模式主要包括建设单位自行组织管理机构进行管理、委托咨询公司协助业主进行项目管理、设计—采购—建造交钥匙模式、由专业机构进行项目管理(项目管理承包)等。

复习思考题

一、名词解释

项目　投资项目　项目管理　投资项目管理　投资项目周期　投资项目目标　目标的系统管理

二、简答题

1. 简述项目的概念及其一般特征。
2. 简述投资项目的性质与内容。
3. 简述投资项目建设周期的主要阶段及主要内容。
4. 简述项目管理的主要工作内容。
5. 简述投资项目过程。
6. 简述投资项目管理的基本原理。
7. 简述投资项目管理的基本模式。

第二章 投资项目管理组织

一个项目要想成功,顺利地完成预定的目标,需要项目团队紧密的分工协作与合理有序的管理组织体系。项目管理组织是项目成功的关键,是确保项目各项工作顺利、高效进行的必要前提。组织作为管理的一个基本职能,主要可以解决两个问题,即确定项目与企业或公司的关系与确定项目内部的组成。由于项目中生产要素的结合处在一个不断变化的过程中,所以项目的组织管理是一个动态的管理过程。它不但贯穿于管理活动的全过程和所有方面,而且其本身也具有系统性和寿命周期性。

第一节 投资项目相关利益主体

一、投资项目主要的相关利益主体

利益相关者分析(Stakeholder Analysis)用于分析与客户利益相关的所有组织及个人,帮助客户在制定战略时分清重大利益相关者对于战略的影响。它也可以应用于项目管理过程中。项目交付成果可能会影响某人或组织,同时这些人或组织会采取相应的行动来影响项目的推进。项目管理中利益相关者分析的目的就是找出这些人或组织,制定沟通策略,从而使其利于项目的推进。

一个投资项目的实施会涉及许多组织、群体或个人的利益,这些组织、群体或个人都是这一项目的相关利益主体或相关利益者。在项目管理的实践中,一个项目的主要相关利益主体通常包括下述几个方面:

(1)项目的业主。即项目的投资人和所有者、项目的责任主体及最终决策者。

(2)项目的客户。即使用项目成果的个人或组织。

(3)项目经理。即负责管理整个项目的个人。一个项目的领导者、组织者、管理者和项目管理决策的制定者,也是项目重大决策的执行者。

(4)项目实施组织与项目团队。即完成一个投资项目主要工作的组织或团队,一个投资项目可能会涉及多个项目实施组织或团队。

(5)项目团队。即从事项目全部或部分工作的组织或群体,是由一组个体或几组个体作为成员,为实现项目的一个或多个目标而协同工作的群体。

(6)项目的其他相关利益主体。即项目的供应商、贷款银行、政府主管部门,项目直接或间接涉及的市民、街道、社区、公共社团等。

二、项目相关利益主体之间的利益关系

(一)项目业主与项目实施组织之间的利益关系

两者的利益关系中相互依存的一面是项目业主与项目的实施组织最终形成一种委托和受托,或委托与代理的关系。但是双方的利益有一定的对立性和冲突,如果处理不好会给项目的成功带来许多不利的影响。这种利益冲突一般需要按照互利的原则,通过友好协商,最终达成项目合同的方法解决。

(二)项目实施组织与项目其他相关利益主体之间的利益关系

现代项目管理的实践证明,不同项目相关利益主体之间的利益冲突和目标差异应该以对各方负责的方式,通过采用合作伙伴式管理(Partnering Management)和其他的问题解决方案予以解决。

第二节 投资项目管理组织概述

一、组织的含义

组织作为管理的一个重要职能,其一般概念有广义与狭义之分。从广义上说,组织是指由诸多要素按照一定的方式相互联系起来的系统。从狭义上说,组织就是指人们为实现一定的目标,互相协作结合而成的集体或团体。其管理学的定义为:组织就是在一定的环境中,为实现某种共同的目标,按照一定的结构形式、活动规律结合起来的,具有特定功能的开放系统。简单来说,组织是两个以上的人、目标和特定的人际关系构成的群体。组织作为一种有意识形成的职务或岗位的结构,其目的主要是在处理好人、财、物之间关系的基础上促进目标的顺利实现,即要使组织活动有效地进行,就需要建立合理的组织结构。

二、投资项目组织设立的原则

投资项目组织是指投资项目的管理者按一定的规则,将投资项目建设过程中各生

产要素结合起来的形式,是由不同部门、不同专业人员所组成的一个工作集体。

投资项目管理者应根据投资项目的要求,建立起合理的项目组织结构,开展正常的组织管理活动。当然,由于在投资项目建设过程中,其生产要素的相互结合总处于一种不断变化的过程中,故投资项目的组织是一个动态的管理过程。它不但贯穿于投资项目建设及其管理活动的全过程和所有方面,而且还会随着管理者的意愿及影响因素的变化而变化。就投资项目这种单次性活动或任务的组织而言,客观上也存在着组织设计、组织确定、组织运行、组织更新和组织终结或解散的循环过程,因此,要使组织活动有效地进行,就需要建立起合理的组织结构。

一般地,在建立项目组织结构时,必须坚持以下几条基本原则:第一,组织结构必须与项目的目标和计划相适应,即项目的目标和计划是组织结构设立的基本出发点。第二,必须根据项目工作的性质与需要来设计组织结构,即不论是组织整体、部门的设置、岗位的设计,管理跨度与层次的安排,还是需要的工作人员的条件、数量,都必须十分明确而有针对性,不能盲目照搬、机械地模仿。第三,必须保证决策与指挥的统一,也就是说,项目组织要确定合理的管理跨度与管理层次,进行合理的位置安排,使项目管理者能够担负起责任,并在其权责范围内具有权威性,保持相应的、独立的决策权与指挥权而不受干扰。第四,必须有利于项目全过程的控制及管理活动的正常开展。这一点也要求项目组织注意处理好管理跨度与管理层次的关系,而不至于使管理权限过于集中或分散失控。因为只有合理的管理跨度与管理层次才能有助于实现有效的控制,而有效的控制才能有助于项目目标的顺利完成。第五,必须有利于创造一个人尽其才、物尽其用的良好环境。这就要求项目组织在设计项目管理者及工作人员的职位时,必须考虑进行适当的分权。恰当的分工,有利于发挥每个人的专长,最大限度地调动其主观能动性与创造性。第六,项目组织须与项目的性质和规模相适应。现实中,因项目性质不同而造成项目组织形式不同的例子比比皆是,这是因为,项目的性质决定了项目目标和管理手段,而项目目标及管理手段则直接影响着管理的组织形式,而项目规模则在一定程度上决定了项目管理的跨度与层次。

三、影响投资项目组织结构的因素

投资项目在组织与实施过程中不可避免地将与项目内外的许多方面发生各种各样的联系或关系,因此,能否处理好这些关系,将直接影响到项目实施的效率及顺利完成。一般地,对投资项目组织形式有影响的因素主要可分为两大类:一类来自项目外部,一类来自项目内部。

(一)来自项目外部的因素

(1)国际通行的项目管理方法与惯例;

(2)国家经济管理环境和与投资项目相关的管理体制与政策;

(3)项目的经济合同关系与形式;

(4)项目管理的范围,项目的性质、种类、规模及对社会经济生活的影响程度;

(5)项目与外部各单位之间的工作关系。

(二)来自项目内部的因素

(1)公司的组织管理模式与制度;

(2)公司的项目管理方式;

(3)公司内领导层及各部门之间的运作方式;

(4)公司内对项目运作的理念与企业文化。

四、投资项目管理组织的作用

项目管理组织的根本作用主要是保证项目目标的实现,其具体作用主要表现为如下几个方面:

(一)合理的管理组织可以提高项目团队的工作效率

一般来说,由于项目的性质、特点及规模等的不同,项目管理组织可以采取不同的形式。而对于某一投资项目来说,在某一特定的项目环境下采取不同的项目组织形式,对项目团队的工作效率会有不同的结果。合理、高效的管理组织将更有利于提高和调动项目团队成员的积极性,减少不必要的决策、沟通层次,从而提高项目团队的工作效率。

(二)合理的管理组织利于项目目标的分解完成

任何一个投资项目的目标都是由不同的子目标构成的。合理的管理组织可使项目目标得到合理的分解,使各组织单元的目标与项目总目标之间相互有机地协调起来,从而保障项目目标的最终实现。

(三)合理的项目管理组织可以优化资源配置

项目组织的确定是在结合并考虑项目自身的特点、项目承担单位的情况等各方面因素后确定的,因而它可在保证承担单位的总体效益和保证项目委托方利益之间做出平衡,从而有利于各种资源的优化配置与利用,避免资源的浪费。

(四)有利于项目工作的管理

科学、合理的项目管理组织是在对项目的组织形式、权力机构、组织层次等方面进行深入研究的基础上,对相互的责任、权利与义务等进行合理的分配与协调,从而为项目管理者指挥、协调各方面工作都创造了良好的组织条件。

(五)有利于项目内外关系的协调

投资项目的开展往往需要协调大量的内外关系。合理的项目管理组织将有利于明确组织内部的相互关系,确定协调工作的分工职责与工作内容,这将保证项目高效地进行信息交换,从而有利于投资项目在相对和谐的环境中开展。

第三节 投资项目管理组织结构的确定

一、投资项目管理组织构成

在项目的组织构成方面,需要注意处理好两个关系:一是管理层次与管理跨度的关系;二是部门职能与部门划分的关系。

(一)管理层次与管理跨度

1. 管理层次

所谓管理层次,是指从公司最高层管理者到最底层工作人员之间的管理阶层的细分。按从上到下的顺序,它通常可分为决策层、协调层、执行层和操作层。决策层是指管理目标与计划的制定者阶层;协调层是决策层的参谋与咨询层;执行层是指直接调动和安排项目活动、组织落实项目计划的阶层;操作层是指从事和完成具体项目任务的阶层。

对具体项目而言,其管理层次的多少不是绝对的,但管理层次过多对项目的影响却是显而易见的,即它产生信息流通障碍,导致决策效率与工作效率低下。

2. 管理跨度

管理跨度是指一名管理人员所直接管理下级的人数。由于人的精力与能力是有限的,故一个管理者所能直接有效地指挥下级的人数也是有限的,虽然其也存在着弹性,即能力强与精力旺盛的管理者其管理跨度可以相对大一些;反之,管理跨度则应小一些。另外,管理跨度的大小还取决于需要协调的工作量,为此,对于不同层次的管理、不同类型的事务,其管理跨度是不同的。

3. 管理层次与管理跨度的关系

一般来说,管理层次与管理跨度是相互矛盾的,即管理层次过多势必要缩小管理跨度,同样,管理跨度增大,也会减少管理层次。为此,如何平衡管理跨度与管理层次之间的关系,进而使决策与管理效率高效,是组织结构设置中应注意与考虑的一个重要问题。

(二)部门职能与部门划分

1. 部门划分

部门划分是指在项目管理机构中设立多少部门和设立哪些部门。部门过多将会赞成资源浪费和工作效率低下,部门太少也会出现部门内部事务太多,部门管理困难等问题。

2. 部门职能的确定

部门职能是指部门所应负责的工作与事务范围。部门负责的工作与事务太少,部门将人浮于事,影响工作效率与作风;而如果职能过多,则会使部门的工作人员疲于忙碌,进而影响工作质量。

3. 部门职能与部门划分的关系

依前所述,很容易理解,如果部门过多,则每一个部门的职能就会减少;反之,则每一个部门的职能就会增加,所以应重点处理好部门职能与部门的数量关系。另外,如何合理地划分部门与设定部门职能也是紧密联系着的,即如果部门划分得科学、合理,则各部门之间的职能分工就容易合理设定;反之,将会增加部门的数量,易造成管理上的混乱。

二、组织结构确定的依据与原则

(一)管理组织结构确定的依据

一般地,在确定投资项目管理组织结构时,应以如下几点作为依据:

1. 项目自身的特点

每一个项目都有其各自的特性,不同的项目规模、项目目标、工作内容、完成时间、工作性质等决定着项目的组织形式。例如,对于工作量少、时间短、要求不高的项目可采用职能式的组织结构;而对于工作量大、建设周期长的项目则可采用项目式的组织结构。

2. 承担项目的公司的管理水平与管理要求

公司的管理水平与对项目管理的要求直接影响着项目组织结构的选择。例如,公司对项目采用组织结构的具体而明确的规定,对项目团队财力管理的规定等,都对项目管理组织形式的确定有着重要影响。但需要说明的是,从理论上说,无论公司如何规定,项目组织结构形式的确定均有其客观必然性,不随规定与要求的不同而不同。

3. 委托方的要求

为了更好地完成项目任务,有时委托方对项目的具体工作提出了较为具体的要求,如指定要采用何种方式,要与哪些公司合作,希望有哪些人员参加等。这些要求的满足,在一定程度上加大了组织形式确定的约束性。

4. 项目的资源情况

在投资项目中,为了实施与完成项目,必须要消耗一定种类与一定数量的资源。项目资源主要包括信息资源、人力资源、时间资源及资金资源等。对于一个已拥有较多信息资源、人力资源、时间资源,而资金资源相对不足的项目来说,采用职能式的组织结构或矩阵式的组织结构较为适宜;反之,则宜采用项目式的组织结构。

5. 国家的相关法律规范与政策

应该说,国家关于项目方面的管理规定、管理体制及政策有时也会对项目的组织结构形式有着一定的影响。例如,对新设项目法人的投资项目的组织机构必须符合国家关于法人治理结构的要求,在代理招标的项目中,投资项目管理的组织设置与关系的确定要能满足招投标法对招标有关文件严格保密的要求等。

(二)管理组织结构确定的原则

项目管理组织结构形式的确定主要应遵循如下原则:

1. 工作整体效率原则

项目组织形式是为项目整体运作而服务的,确定合适的组织结构形式的目的是为了能够优质、高效地完成项目的整体任务与目标。

2. 用户至上原则

用户至上原则要求在设计组织结构时,应充分考虑委托方在项目时间、质量、工作方式及内容等方面的要求。

3. 权职(责)一致原则

权职(责)一致原则是指在项目组织结构设置时,各组织单元的职责与权力必须一致、对等。这是因为,有职无权会使组织单元的工作任务无法完成,组织设立的目标无法实现;而有权无职也会使一些组织单元滥用职权,出现对项目过错与问题又不负责任的现象。

4. 协作与分工统一的原则

这一原则要求在项目组织设立过程中,须考虑各组织单元之间的联系,它们之间是相互依存的,而不是孤立的,是既有分工又有协作的。

5. 跨度与层次合理的原则

跨度与层次是一对矛盾的统一体,如何使二者之间的关系合理化是组织设计时应考虑的一个重要问题。一般来说,管理的跨度以 3～8 个为宜,管理的层次以不超过 6 个为宜。

6. 具体、灵活的原则

任何一种组织方式都不是一成不变的。不同的项目对应着不同的组织形式,即使是同一个项目,由于情况发生变化,也可能出现在不同的时间段上采用不同的组织形式。因此,一个项目应采用哪种管理组织形式,应具体问题具体分析,做到灵活机动。

三、管理组织的建立步骤

(一)确定合理的项目目标

一个项目的目标可以是多方面的,如规模上的、质量方面的、时间进度方面的、成本费用方面的、效益方面的、内容方面的、节能方面的、环境生态方面的等,也可以是其中的一个方面或几个方面。这就要求项目的完成方应在同委托方充分讨论协商一致的基础上明确地界定一个合理、科学的项目目标,并以此作为项目开展工作的前提与基础,作为确定组织形式与机构的基础。

(二)确定项目工作内容

在确定合理的项目目标的同时,项目工作内容也应得到相应的确认,这将使项目工作更具针对性。确定项目的具体工作内容,一般是围绕项目工作目标与任务的分解而进行的。

(三)确定组织目标和组织工作内容

在项目工作内容确定后,则面临这样一个问题,即在项目工作内容中,要弄清楚哪些是项目组织的工作内容。这是因为不是所有的项目目标都是项目组织所必须达到的,也不是所有的工作内容都是项目组织所必须完成的。

(四)组织结构设计

项目组织结构设计就是根据项目的特点和项目内外部环境,选择一种适合项目工作开展的管理组织形式。本阶段的具体工作包括组织形式、组织层次、各层次的组织单元、相互关系框架等。

(五)工作岗位与工作职责确定

工作岗位确定的原则是以事定岗,并要求岗位的确定能满足项目组织目标的要求。岗位的划分在考虑其相对独立性的同时,也要考虑合理性与完成的可能性。在岗位确定后,就要相应地确定各岗位的工作职责。总的工作职责应能满足项目工作内容的需要,并做到权责一致。

(六)人员配置

以事设岗、以岗定人是项目组织结构设置中的一项重要原则。在项目人员配备时,要做到人员精干,以事选人。

(七)工作流程与信息流程

在组织形式确定后,总的工作流程虽然基本明确了,但具体的工作流程与相互之间的信息流程则要在工作岗位与工作职责明确后才能确定下来。工作流程与信息流程的确定不能只停留在口头上,而应落实在书面文件上,并取得团队内部的认识,才得以实施。

（八）制定考核标准

为保证项目目标的最终实现及工作内容的最后完成，必须对组织内各岗位制定考核标准，包括考核内容、考核时间、考核形式、考核的奖罚标准等。

第四节　投资项目管理组织结构的基本形式

目前，国内外投资项目管理组织结构的基本形式主要有职能式组织结构、项目式组织结构及矩阵式组织结构三大类。

一、职能式组织结构

层次化的职能式组织结构是当今世界上最基本的也是最为普遍的组织形式。它是一个金字塔形的结构，即高层管理者位于金字塔的顶部，而中层和低层管理者则沿着塔顶向下分布。公司的运营活动按照职能划分部门，而项目则直接依其职能归属于所在的职能部门，作为职能部门的一部分，其具体组织结构可见图2—1。

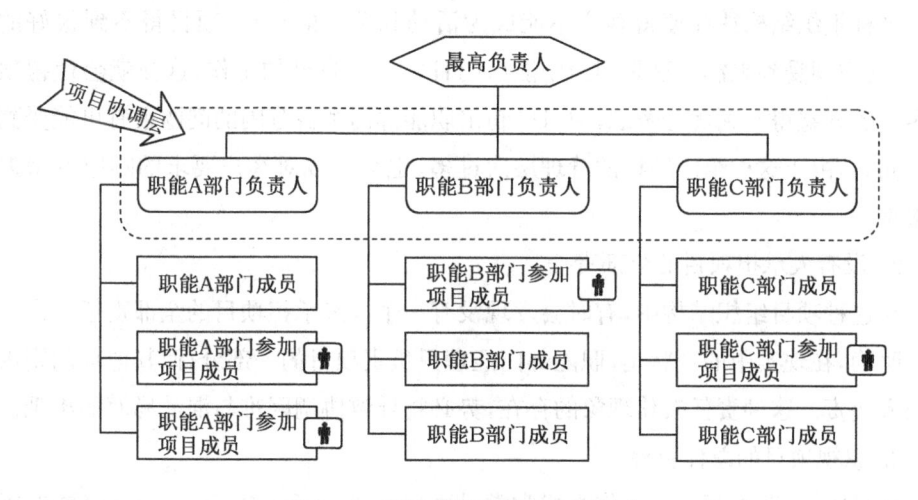

图2—1　职能式项目组织结构形式

（一）职能式组织结构的优点

直接以公司或企业的某一职能部门作为项目的行政上级，这种做法的有利之处在于：

1. 在人员的使用上具有较大的灵活性

这是因为，只要选择了一个合适的职能部门作为项目的上级，这个职能部门就可以为项目提供它所需要的专业技术人员，并且能够集中相同专业的人才，进行专业化的管理,使他们充分发挥各自的专长。这些人员可以被临时调配给项目组,等所应做的工作完成后,又可以回到他们原来的日常工作中。

2. 易于交流知识与经验

同一部门的专业人员在一起工作时,由于他们之间相互熟悉,这样更易于交流知识和经验,也可使项目获得部门内所有的知识与技术的支持,对创造性地解决项目的技术问题非常有帮助。

3. 为专业人员提供一条正常的晋升途径

成功的项目虽然可以给参与者带来荣誉与成就感,但参与者在专业上的提升与进步还需要有一个相对固定的职能部门做保证。

4. 项目团队各成员无后顾之忧

这是由于各项目成员都来自职能部门,在项目开展期间这些成员的所属关系没有发生变化,不会在将来项目结束时为他们的去向担忧,因而能客观地为项目去考虑,踏实地去工作。

(二)职能式组织结构的缺点

1. 项目得不到优先对待

这种组织结构往往使得客户不能成为活动和关心的焦点,项目得不到很好的支持,发展空间受到限制。这是因为职能部门日常有其自己的工作,这样就会使得项目及客户的利益得不到优先考虑,项目中超出职能部门利益范围的问题很有可能受到冷落。同时,由于这种组织结构的管理层次过多,也会造成对客户要求的响应变得迟缓与艰难。

2. 没有人承担项目的全部责任

在这种项目组织结构中,有时会发现没有一个人来承担项目的全部责任。由于责任不明确,在现实中的现状是,职能部门经理只负责项目的一部分,而其他部门则由另外的人负责。这种责任淡化现象的存在,势必将导致协调困难与混乱局面的出现。

3. 忽视项目的总体目标

这是因为,职能部门的工作方式常常是面向本部门活动的,而一个项目要取得成功,其采取的工作方式必须是面向问题的;另外,不同的职能部门有着不同的业务目标,这也会造成其过多地强调本部门的业务,而忽视项目的总体目标。

4. 调配人员的工作积极性不高

临时调配给项目的工作人员,其积极性与工作热情往往不高。这是因为,项目往往不被看作是他们的主要工作,甚至有些人会将项目任务视为额外的负担。

5. 项目管理没有正式的权威性

由于项目团队成员分散于各职能部门,团队成员受职能部门与项目团队的双重领导,而相对于职能部门来说,项目团队的约束显得苍白无力。

二、项目式组织结构

项目式组织结构是一种与职能式组织结构截然不同的组织结构。在这种组织结构形式下,项目是从公司组织中分离出来,作为一个独立的单元而存在的,有技术人员和管理人员,其具体组织结构可参见图 2—2。

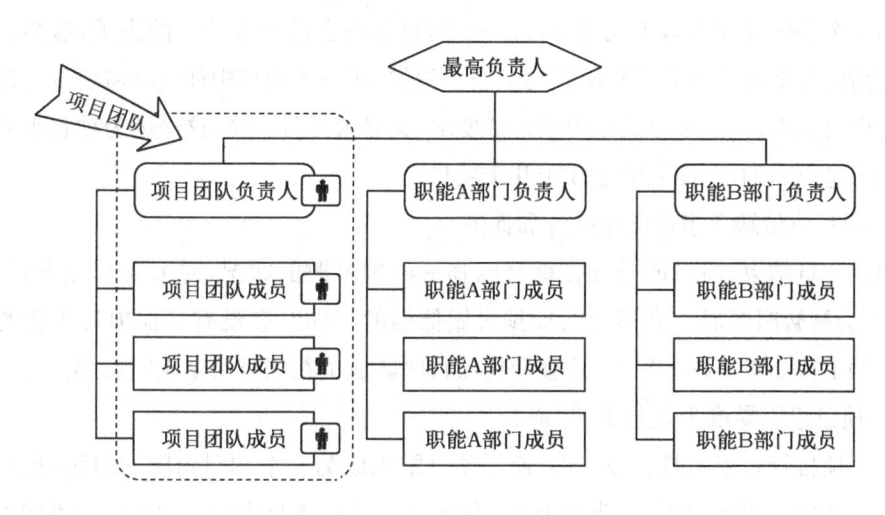

图 2—2 项目式组织结构

(一)项目式组织结构的优点

1. 项目存在全权负责人

在这种组织结构中,项目经理对项目全权负责,直接领导项目组的所有成员,是项目真正的领导人。他可以全身心地投入项目工作中去,可以调用整个组织内部或外部的资源用于项目。另外,权力的集中也可使决策的速度得以加快,整个项目组织对客户的需求和领导的意图能作出更快、及时的响应。

2. 沟通简洁、迅速

项目从职能部门中分离出来,便利项目的沟通途径简洁。项目经理可以避开职能部门直接与公司最高管理层进行沟通,这样一方面提高了沟通的速度与效率,另一方面也避免了沟通中可能出现的差错。

3. 项目目标单一

在项目式组织结构中,项目的目标是单一的,项目组成员能够明确理解并集中精力去完成项目目标,从而使得团队精神得以充分发挥。

4. 命令协调一致

在项目式组织结构中,每一个成员只有一个上司,避免了多重领导无所适从局面的出现。

5. 项目管理相对简单

这是因为在这种组织结构中,专职人员较多,管理知识与管理经验较为丰富,这样使得项目的费用、质量和进度等控制变得更为简单易行。

(二)项目式组织结构的缺点

1. 会造成资源设施的重复配置与浪费

当一个公司存在着多个项目时,每一个项目都有自己一套独立的班子,这会造成人员、设施、技术及设备的重复配置与浪费。例如,在一个项目中往往不需要专门设置一个人事负责人,但按项目式组织结构的要求,又必须设置一个,这是因为项目组的成员基本上是全职的,不能同时兼职于几个项目。

2. 项目成员缺乏事业的连续性和保障

项目一旦结束,项目成员往往就会面临一种被解散的状况,对未来会充满疑虑。如,会不会被暂时解雇？会不会被安排去做低档的工作？有没有其他项目工作的机会？新的工作前景怎样？等等,这会使得项目团队成员在项目后期无归属感。

3. 项目组织易成为企业中的"企业"

由于项目管理组织具有独立性,使得项目组织成为一个相对封闭的组织,也易使项目组织产生小团体的观念,造成企业的管理与决策在项目组织中的执行与贯彻可能会遇到阻碍。

三、矩阵式组织结构

项目的职能式组织结构和项目式组织结构各有其优点,同时也存在着不足之处。要解决这些问题,就需要在职能式的长期目标和项目式的短期目标之间找到一种适宜的平衡点。矩阵式组织结构正是为了最大限度地发挥项目式和职能式组织结构的优势,尽量避免其不足之处而产生的一种组织方式。也就是说,职能式组织和项目式组织是两种极端的情况,而矩阵式是职能式和项目式两者的结合,即它在职能式组织结构的垂直层次上,叠加了项目式的水平结构。矩阵式组织结构形式如图 2—3 所示。

作为职能式组织结构和项目式组织结构的结合,矩阵式组织结构可采取多种形式,这取决于它偏向于哪种形式。一般地,矩阵式组织结构可分为强矩阵(类似于项目式组织结构)、弱矩阵(类似于职能式组织结构)、平衡矩阵(介于强弱矩阵之间)三种形式。所谓强矩阵式组织结构比较接近于项目式组织结构,但区别在于项目并不是从公司组织中分离出来作为独立单元的。在这种形式中,项目一般有着数量较多的全职人员,也有一些兼职人员。这些人员根据项目的需要,全职或兼职为项目工作。另外,项目经理的权限一般比较大,由他们决定做什么,什么时候做,而职能部门经理则决定哪

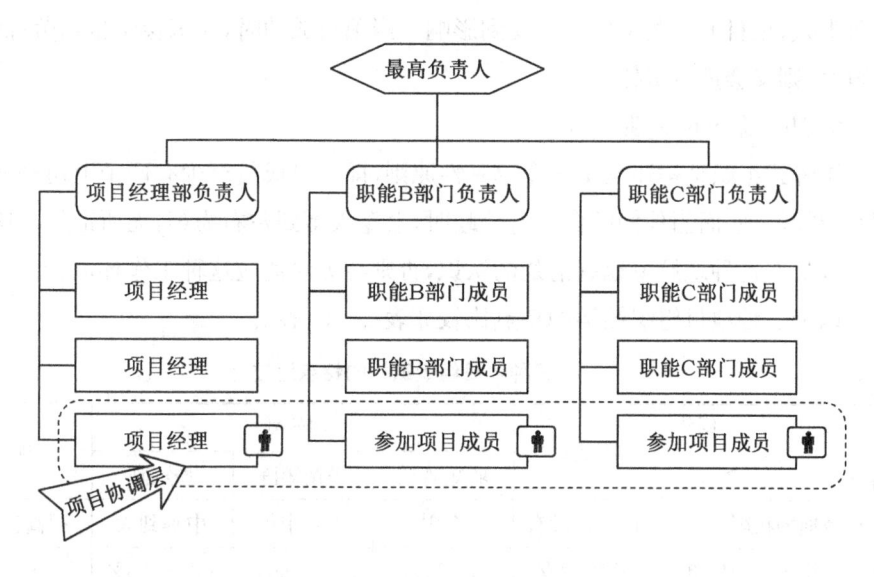

图 2—3 矩阵式项目组织结构

些人员要派做项目,要采用哪些技术。而弱矩阵是一种更接近于职能式组织结构的组织形式。在这种形式中,项目可能只有一个全职人员,即项目经理。项目组成员不是从职能部门直接调派过来,而是利用他们在职能部门为项目服务。项目所需要的设备资源及服务均可由相应的职能部门提供。

(一)矩阵式组织结构的优点

1. 项目是工作的焦点

在矩阵式组织结构中,有专门的人即项目经理负责管理整个项目,负责在规定的时间及经费预算范围内完成项目的所有工作,也就是说,矩阵式组织结构具有项目式组织结构的长处。

2. 资源的平衡与统筹使用

当有多个项目同时进行时,公司可以根据项目需要及具体情况,平衡资源的分配与使用,以确保各个项目都能完成各自的进度、费用及质量要求。另外,公司还可以在人员及进度上统筹安排,优化整个系统的效率,而不会出现牺牲其他项目去满足个别项目要求的情况。

(二)矩阵式组织结构的缺点

矩阵式组织结构既有突出的优点,也存在明显的缺点:

1. 项目无明确的负责人

在职能式组织结构中,职能部门经理是项目的决策者;在项目式组织结构中,项目经理是项目的权力中心;而在矩阵式组织结构中,权力是均衡的。由于没有明确的项目负责人,项目的一些工作就会受到影响。当项目成功时,大家会争抢功劳;而当项目失败时,则又会逃避责任。

2. 违反命令单一性原则

矩阵式组织结构违反了命令单一性原则,即项目成员至少有两个上司——项目经理和职能经理,而当他们的命令有分歧时,会令人感到左右为难,无所适从。这就要求项目成员对这种尴尬境地有清楚的认识,否则会无法适应这种工作环境。

以上三种项目组织结构的特点比较如表2—1所示。

表 2—1　　　　　　　　三种项目组织结构的特点比较

组织 特点	职能式	矩 阵 式			项目式
		弱矩阵式	平衡矩阵	强矩阵	
项目经理的权限	很小或没有	有限	小到中等	中等到大	很高甚至全权
全职工作人员的比例	几乎没有	0~25%	15%~60%	50%~95%	85%~100%
项目经理的任务	兼职	兼职	全职	全职	全职
项目经理的常用名称	项目协调员	项目协调员	项目经理	项目经理	项目经理
项目管理行政人员	兼职	兼职	兼职	全职	全职

第五节　项目团队与项目经理

一、项目团队概述

(一)项目团队的定义与特性

1. 项目团队的定义

项目的目标及工作是由具体的项目组织团队及其工作人员来实施并完成的,项目团队是项目组织的具体表现形式及其结果。项目团队是由一组个体成员为实现一个具体项目的目标而组建的协同工作队伍。按照现代项目管理的观点,项目团队是指项目的中心管理小组,是由一群人集合而成并被看作一个组,他们共同承担项目目标的责任,兼职或者全职向项目经理进行汇报,听从项目经理的命令,服从项目经理的领导与指挥。

2. 项目团队的特性

(1)目的性。项目团队的使命就是完成某项特定的任务,实现项目的既定目标,满足客户的需求。此外,项目利益相关者的需求具有多样性的特征,因此,项目团队的目标也具有多元性。

(2)临时性。项目团队是依项目组建而存在的,为此它有明确的生命周期,随着项目的产生而产生,随项目任务的完成而结束、解散,是一种临时性的组织。

(3)层次性。项目团队由项目工作人员、项目管理人员和项目经理构成。

(4)项目团队强调团队精神。团队精神是项目团队存在的基础与前提,与项目团队整体工作效率呈正向关系,是项目顺利完成与预期目标实现的关键因素。

(5)差异性。不同组织中的项目团队具有不同的人员构成、不同的稳定性和不同的责权利构成。

(6)项目团队还具有渐进性和灵活性。项目团队的工作绩效是不断向前的、递增的;项目团队的灵活性表现为项目团队的组合及其成员的增减具有灵活性。

(二)项目团队的创建与发展

任何项目团队的建设和发展都需要经历形成阶段、震荡阶段、规范阶段和辉煌或表现阶段这样四个阶段。在项目团队的各阶段,其团队特征也各不相同。

1. 形成(forming)阶段

形成阶段是项目团队的初创和组建阶段。在这个阶段团队成员的情绪特点包括激动、怀疑、焦急和犹豫,在心理上处于一种极不稳定的阶段。在这一阶段,项目组成员刚刚开始在一起工作,总体上有积极的愿望急于开始工作,但对自己的职责及其他成员的角色都不是很了解,他们会有很多的疑问,并不断摸索以确定何种行为能够被接受。在这一阶段,项目经理需要进行团队的指导和构建工作,并应向项目组成员宣传项目目标,为他们描绘未来的美好前景及项目成功所能带来的效益,公布项目的工作范围、质量标准、预算和进度计划的标准和限制,使每个成员对项目目标有全面、深入的了解,并建立起共同的愿景。同时,还需要明确每个项目团队成员的角色、主要任务和要求,帮助他们更好地理解所承担的任务,与项目团队成员共同讨论项目团队的组成、工作方式、管理方式、一些方针政策,以便取得一致意见,保证今后工作的顺利开展。

2. 震荡(storming)阶段

震荡阶段是团队内激烈冲突的阶段。这一阶段,团队成员情绪的特点包括紧张、易受挫折、不满、对立和抵制。随着工作的开展,各方面的问题会逐渐暴露。成员们可能会发现,现实与理想不一致,任务繁重而且困难重重,成本或进度限制太过紧张,工作中可能与某个成员合作不愉快。这些都会导致冲突产生、士气低落。在这一阶段,项目经理需要利用这一时机,创造一个理解和支持的环境,允许成员表达不满或他们所关注的问题,接受及容忍成员的任何不满;做好导向工作,努力解决问题、矛盾;协调关系,消除团队中的各种消极因素;依靠团队成员共同解决问题,共同决策。

3. 规范(norming)阶段

在这一阶段,团队将逐渐趋于规范。这一阶段团队成员的情绪特点包括信任、合作、忠诚和满意。团队成员经过震荡阶段逐渐冷静下来,相互之间开始表现出理解、关心和友爱,亲密的团队关系开始形成,同时,团队开始表现出凝聚力。另外,团队成员通过一段时间的工作,开始熟悉工作程序和标准的操作方法,对新制度也开始逐步熟悉和适应,新的行为规范得到确立并为团队成员所遵守。在这一阶段,项目经理应尽量减少指导性工作,给予团队成员更多的支持和帮助;在确立团队规范的同时,要鼓励成员的个性发挥;培育团队文化,注重培养成员对团队的认同感、归属感,努力营造出相互协作、互相帮助、互相关爱、努力奉献的精神氛围。同时,还应该对项目团队成员所取得的进步予以表扬,积极支持项目团队成员的各种建议和参与,努力地去规范整个团队的行为和全体团队成员的行为。

4. 辉煌或表现(performing)阶段

在这一阶段,团队的结构完全功能化并得到认可,内部致力于从相互了解和理解到共同完成当前工作。这一阶段成员的情绪特点包括开放、坦诚、依赖、团队的集体感和荣誉感。团队成员一方面积极工作,为实现项目目标而努力;另一方面成员之间能够开放、坦诚、及时地进行沟通,互相帮助,共同解决工作中遇到的困难和问题,提升了工作效率和满意度。在这一阶段,项目经理工作的重点应是授予团队成员更大的权力,尽量发挥成员的潜力;帮助团队执行项目计划,集中精力了解和掌握有关成本、进度、工作范围的具体完成情况,以保证项目目标得以实现;做好对团队成员的培训工作,帮助他们获得职业上的成长和发展;对团队成员的工作绩效作出客观的评价,表彰先进,并采取适当的方式给予激励;努力帮助项目团队完成项目计划,实现项目的目标。

(三)团队精神的内涵及其影响因素

1. 内涵

团队精神是大局意识、协作精神和服务精神的集中体现,核心是协同合作,反映的是个体利益和整体利益的统一,并进而保证组织的高效率运转。团队精神的内涵具体可以表述为:(1)高度的相互信任,(2)相互依赖性,(3)统一的共同目标,(4)全面的互助合作,(5)平等的关系与积极地参与,(6)自我激励和自我约束。

团队精神的形成并不要求团队成员过分牺牲自我;相反,挥洒个性、表现特长保证了成员共同完成任务目标,而明确的协作意愿和协作方式则产生了真正的内心动力。团队精神是组织文化的一部分,良好的管理可以通过合适的组织形态将每个人安排至合适的岗位,充分发挥集体的潜能。如果没有正确的管理文化,没有良好的从业心态和奉献精神,就不会有团队精神。

建设高效项目团队的最终目的是提高团队的工作效率,项目团队的工作效率依赖于团队精神,依赖于团队的士气和合作共事的关系,依赖于成员的专业知识和掌握的技术,依赖于团队的业务目标和交付成果,依赖于团队解决问题和制定决策的程度。高效项目团队必定能在领导、创新、质量、成本、服务、生产等方面取得竞争优势,必定能以最佳的资源组合和最优的投入取得最大的产出。加强团队领导,鼓舞团队士气,支持队员学习专业知识与技术,鼓励队员在共同价值观的激励下去达成目标,依靠团队的聪明才智和力量去制订项目计划、指导项目决策、平衡项目冲突、解决项目问题,是项目成果取得高效的必由之路。

2. 影响因素

(1)项目团队成员的个性。项目团队成员个性的挥洒是团队精神的基础。团队业绩从根本上说,首先来自团队成员个人的成果,其次来自集体成果。团队所依赖的是个体成员的共同贡献而得到实实在在的集体成果。这里恰恰不要求团队成员都牺牲自我去完成同一件事情,而要求团队成员都发挥自我作用去做好这一件事情。就是说,团队效率的培养和团队精神的形成,其基础是尊重个人的兴趣和成就。设置不同的岗位,选拔不同的人才,给予不同的待遇、培养和肯定,让每一个成员都拥有特长和表现特长,这样的氛围越浓厚越好。

(2)项目团队成员的协同合作。项目团队成员的协同合作是团队精神的核心。社会学实验表明,两个人以团队的方式相互协作、优势互补,其工作绩效明显优于两个人单独工作时绩效的总和。团队精神强调的不仅仅是一般意义上的合作与齐心协力,它要求发挥团队的优势,其核心在于大家在工作中加强沟通,利用个性和能力差异,在团结协作中实现优势互补,发挥积极的协同效应,带来"1+1>2"的绩效。因此,共同完成目标任务的保证,就在于团队成员才能上的互补,在于发挥每个人的特长,并注重流程,使之产生协同效应。

(3)项目团队的团结互助。项目团队成员之间的团结互助是团队精神的最高境界。全体成员的向心力、凝聚力是从松散的个人集合走向团队最重要的标志。在这里,有一个共同的目标并鼓励所有成员为之奋斗固然是重要的,但是,向心力、凝聚力来自团队成员自觉的内心动力,来自共同的价值观,很难想象在没有展示自我机会的团队里能形成真正的向心力;同样也很难想象,在没有明确的协作意愿和协作方式下能形成真正的凝聚力。

(4)项目团队成员的奉献精神。项目团队成员的奉献精神是团队精神的外在形式与具体体现。团队总是有着明确的目标,实现这些目标不可能总是一帆风顺的。因此,具有团队精神的人,总是以一种强烈的责任感,充满活力和热情,为了确保完成团队赋予的使命,和同事一起,乐于奉献、积极进取、创造性地工作。在团队成员对团队事务的态度上,团队精神表现为团队成员在自己的岗位上"尽心尽力","主动"为了整体的和谐而甘当配角,"自愿"为团队的利益而放弃个人利益。

二、项目经理概述

(一)项目经理的职责

项目经理(Project Manager),从职业角度,是指企业建立以项目经理责任制为核心,对项目实行质量、安全、进度、成本管理的责任保证体系和全面提高项目管理水平设立的重要管理岗位。项目经理负责处理所有事务性质的工作,是为项目的成功策划和执行负总责的人。项目经理是项目团队的领导者,项目经理的首要职责是在预算范围内按时优质地领导项目小组完成全部项目工作内容,并使客户满意。为此项目经理必须在一系列的项目计划、组织和控制活动中做好领导工作,从而实现项目目标。项目经理的角色与职责主要表现为:(1)项目的领导者与决策人;(2)项目的计划者与分析师;(3)项目的组织者与合作者;(4)项目的控制者与评价者;(5)项目利益的协调人与促进者。

(二)项目经理的素质及技能要求

"素质"一般泛指构成人的品德、知识、才能和体格诸要素的状态。"技能"指掌握并能运用专门技术的能力,即技术、能力。对于一个成功的项目,项目经理是不可或缺的重要因素。而项目经理的素质与技能如何又决定了其管理的水平。项目经理应具有何种基本素质及技能是由其工作性质决定的。项目管理如前所述是一项非常复杂的工作,涉及面广,不确定性因素多,因此要求项目经理应具备以下几方面的基本素质与技能:

1. 项目经理的概念性技能

项目领导工作包括有效的沟通和有效的激励,要使项目团队成员齐心协力地工作,实现项目目标,必须进行有效的领导。

(1)分析问题的能力。要求项目经理在对待问题时将问题系统地组织起来,对事物的各个方面和不同特征进行系统的比较,认识到事物或问题在出现或发生时间上的先后次序,在面临多项选择的情况下,通过理性分析来判断每项选择的重要性和成功的可能性以决定取舍和执行的次序,以及对前因后果进行线性分析的能力等。

(2)正确决策的能力。决策能力是决策者所具有的参与决策活动、进行方案选择的技能和本领。决策能力是一个多层面的能力体系,项目经理应该具有:①基本能力。它是进行决策活动应具备的起码的技能和本领,像人的正常体力、学习能力、思维能力、认识能力、语言表达能力就属这一类。②专业能力。它是使决策工作能达到预定目的、取得一定成效而需要的技能和本领,像决断能力、分析能力、综合能力、判断能力、组织能力、指挥能力、控制能力等就属这一类。

(3)解决问题的能力。项目经理应具有较好的能准确运用观念、规则、一定的程序方法等对客观问题进行分析并提出解决方案的能力。

（4）灵活应变的能力。项目经理应在项目管理过程中，在外界事物发生改变时，能灵活应对，做出及时的反应、正确的决策。每个项目均具有其独特之处，而且在实施过程中都可能发生千变万化的情况，因此项目的管理是一个动态的管理，这就要求项目经理必须具有灵活应变的能力，才能对各种不利的情况迅速做出反应，并着手解决。若没有灵活应变的能力，则必然会束手无策，不能做出正确的判断及采取合适的应变策略，最终会导致项目进展受阻，无法将项目继续施展下去。

2. 项目经理的人际关系能力

（1）沟通交流能力。一个项目经理，一定要是一个良好的沟通者，他需要与项目组织成员、承包商、项目业主以及相关的各方面进行沟通。只有通过有效的沟通，才能了解和掌握各方面的情况，及时地发现潜在的问题，征求到改进工作的建议，协调各方面的关系。项目经理在口头沟通方面必须具备"听"和"说"两个方面的能力。项目经理在书面沟通方面需要具备能够读懂，并会使用各种书面文件的能力。而交流能力则要求项目经理具有倾听、劝告和理解他人行为的能力，也就是和其他人之间的友好的人际关系。强势领导必将制约企业的发展。项目经理只有具备足够的交流能力，才能与下属、上级进行平等的交流，特别是与下属的交流更显重要，因为群众的声音是来自最基层、最原始的声音，特别是群众的反对声音。一个项目经理如果没有对下属职工的意见进行足够的分析、理解，那他的管理必然是强权管理，也必将引起职工的不满，其后果将是不言而喻的。

（2）激励能力。项目经理必须具有深入了解和正确认识项目团队成员各种需求的能力。项目经理要能够正确选择激励手段，制定出合理的奖惩制度，适时地采用奖惩和其他一些激励措施。

（3）影响他人行为的能力。运用职权去影响他人行为的能力，运用个人权力去影响他人行为的能力，主要是对项目组成员产生影响的能力。项目经理除要拥有其他员工视为重要的特殊知识和正确的、合法的发布命令之外，还需要适当引导项目组成员的个人后期工作任务，授权他人自由使用资金，提高员工的职位，增加员工的工资报酬，对成员施加或导致其受到惩罚，并利用员工对某项具体工作的热爱产生相应的激励措施。

（4）人际交往能力。与项目业主、项目客户、项目的其他相关利益者以及项目团队的全体成员打交道的人际关系交往能力。

（5）处理矛盾和冲突的能力。项目管理中自始至终存在着矛盾冲突，在项目的各层次和全过程中都会产生矛盾冲突，项目经理经常要处理项目运行中产生的各种矛盾冲突，特别是在组织机构重新组合和多个项目都在争取共享有限资源的情况下，矛盾冲突尤为突出。这些矛盾冲突主要可能来自:①进度方面的矛盾。即围绕完成项目的时间,各项活动顺序安排等方面存在的不一致。②资源分配方面的矛盾。要保证项目完成,项目组织与职能部门之间、项目之间及项目组织内部会针对资源分配发生不一致。③人力方面的矛盾。对所需人才分配方面的不一致。④技术方面的矛盾。关于技术观点、技术替代方案方面的不一致。⑤行政方面的矛盾。职责、职权、各部门之间的关系方面存在的不一致。⑥成本费用方面的矛盾。对项目各组成部分的成本估计不同。⑦个性方面的矛盾。项目组成员在个人价值、认知态度等方面的不同。

对于冲突必须有正确的态度,从前述冲突来源可以看出,项目工作中的冲突是必然存在的,有不同意见是正常的,冲突也有有利的一面,它可以让人们有机会获得新的信息,迫使人们寻求新的方法,制定更好的问题解决方案。作为项目经理应认识到在项目工作过程中冲突必然产生,处理得好,冲突将有利于团队建设,但处理得不好,也可能带来不利的影响,可能破坏沟通、破坏团结、降低信任度。布莱克(Blake)、穆顿(Mouton)等研究认为处理冲突有如下5种方法:①回避。这一方法就是卷入冲突的人们采取回避的方式避免发生实际或潜在的争端。例如,如果某个人与另一个人的意见不同,那么第二个人只需沉默就可以了,但这种方法会使冲突积聚起来,并在以后逐步升级。②强制。强制就是强调和突出一种观点而否定其他观点。用这种方法处理冲突会导致人们产生怨恨心理,恶化工作气氛。③缓和。就是尽力在冲突中找出意见一致的方面,最大可能地忽视差异,尽量不讨论激化矛盾的话题。尽管这一方法能缓和冲突,但并没有将问题解决。④妥协(折中)。就是寻求一个调和折中的方案。⑤合作、正视和解决。每个人都以积极的态度对待冲突,并愿意就面临的冲突广泛交换意见,把冲突与矛盾都暴露出来,尽力找出最好、最全面的解决方案。这是处理冲突最好的方法,但需要有一个良好的团队文化,只有项目组成员之间的关系是友善的,相互以诚相待,以工作为重,才能做到。

本章小结

组织是管理的一个重要职能,其一般概念有广义与狭义之分。从广义上说,组织是指由诸多要素按照一定的方式相互联系起来的系统。从狭义上说,组织就是指人们为实现一定的目标,互相协作结合而成的集体或团体。其管理学的定义为:组织就是在一定的环境中,为实现某种共同的目标,按照一定的结构形式、活动规律结合起来的,具有特定功能的开放系统。投资项目组织是指投资项目的管理者按一定的规则,将投资项目建设过程中各生产要素结合起来的形式,是由不同部门、不同专业人员所组成的一个工作集体。投资项目管理者应根据投资项目的要求,建立起合理的项目组织结构,开展正常的组织管理活动。在建立项目组织结构时,必须坚持与项目的目标和计划相适应、必须根据项目工作的性质与需要、必须保证决策与指挥的统一、必须有利于项目全过程的控制及管理活动的正常开展、必须有利于创造一个物尽其用及人尽其才的良好环境、必须与项目的性质和规模相适应等几条最基本的原则。影响投资项目组织结构的因素主要有来自项目内部与来自项目外部两大类。

合理的项目管理组织有利于提高项目团队的工作效率,有利于项目目标的分解完成,有利于优化资源配置、避免资源浪费,有利于项目工作的管理及项目内外关系的协调。

投资项目管理组织的构成主要应处理好两个方面的关系:一是管理层次与管理跨度的关系;二是部门职能与部门划分的关系。

投资项目组织结构的确定须遵循工作整体效率、用户至上、权职一致、协作与分工统一、跨度与层次合理、具体灵活等原则。管理组织的建立步骤一般包括确定合理的项目目标、确定项目工作内容、确定组织目标与组织工作内容、组织结构设计、工作岗位与工作职责确定、人员配置、工作流程与信息流程、制定考核标准等。

投资项目管理组织结构主要包括职能式组织结构、项目式组织结构和矩阵式组织结构三种基本形式。其中,职能式组织结构是最基本的也是应用最为普遍的形式。这种组织结构直接将项目置于公司的职能部门之下,由职能部门负责项目的实施,一般适用于一些中小项目。它一般包括在人员的使用上具有较大的灵活性、易于交流知识与经验、为专业人员提供一条正常的晋升途径、项目团队各成员无后顾之忧等优点,也存在着项目得不到优先对待、没有人承担项目的全部责任、忽视项目的总体目标、调配人员的工作积极性不高、项目管理没有正式的权威性等缺点。项目式组织结构是指将项目的组织形式独立于公司职能部门之外,直接由项目团队负责项目的相关事务。这种组织结构形式具有项目存在全权负责人,沟通简洁、迅速,项目目标单一,命令协调一致,项目管理相对简单等优点,同时也存在着会造成资源设施的重复配置与浪费、项目成员缺乏事业上的连续性和保障、项目组织易成为企业中的"企业"等缺点。而矩阵式组织结构是介于职能式组织结构与项目式组织结构之间的一种管理组织模式。它主要是为了弥补职能式组织结构与项目式组织结构的不足,并发挥它们的长处而设计出来的一种模式。它主要可分为强矩阵、弱矩阵及平衡矩阵三种形式。矩阵式组织结构除兼有项目式组织结构与职能式组织结构的优点外,同时也存在着项目无明确的负责人、违反命令单一性原则等明显的缺点。

项目团队是由一组个体成员为实现一个具体项目的目标而组建的协同工作队伍。它的形成需要经历形成阶段、震荡阶段、规范阶段、辉煌或表现阶段。项目团队注重团队精神及互助合作。一个好的项目团队需要一位强有力的领导者即项目经理。项目经理应该具备必要的素质及技能。项目经理的首要职责是在预算范围内按时优质地领导项目小组完成全部项目工作内容,并使客户满意。为此项目经理必须在一系列的项目计划、组织和控制活动中做好领导工作,从而实现项目目标。

复习思考题

一、名词解释

组织　投资项目组织　管理层次　管理跨度　职能式组织结构　项目式组织结构　矩阵式组织结构　项目团队　团队精神

二、简答题

1. 简述项目组织建立的原则。
2. 简述项目组织的作用。
3. 简述投资项目组织的环境因素。
4. 简述管理层次与管理跨度的关系。
5. 简述部门职能与部门划分的关系。
6. 简述管理组织结构确定的依据。
7. 简述投资项目管理组织结构确定的原则。
8. 简述管理组织建立的步骤。
9. 简述职能式组织结构的优、缺点。
10. 简述项目式组织结构的优、缺点。
11. 简述矩阵式组织结构的优、缺点。
12. 简述职能式组织结构、项目式组织结构、矩阵式组织结构各自的特点。
13. 简述项目团队的特点及创建与发展阶段的内容。
14. 简述项目团队精神的内涵及影响因素。
15. 简述项目经理的素质及技能要求。
16. 简述项目的相关利益主体。

第三章 投资项目的范围管理

要顺利地完成项目的预期目标,如果仅靠组织的保证及计划的管理是远远不够的。这是因为项目目标是由具体的工作构成的,所以就必须弄清楚项目应该做什么,明确其应包含的所有工作内容和需要完成的工作,并以此作为项目开展工作的依据之一,而这正是项目范围及其管理所要解决的问题。投资项目范围管理是投资项目管理中不可或缺的内容,是保质保量完成项目任务以及工作的必要基础及前提。通过对投资项目的范围进行管理,主要可避免在项目实施过程中出现多做或少做项目工作的现象,从而确保项目完成且只需完成规定要做的工作。

第一节 投资项目范围管理概述

一、投资项目范围管理定义

(一)投资项目范围的含义

"范围"既可以指项目的"产品范围",即项目业主/客户对于项目最终产品或服务所要求达到的特色和功能,也可以指项目的"工作范围",即项目团队为完成项目目标(提交项目业主/客户指定的服务和作业)所需完成的所有工作。若无特别说明,本章内容的项目范围一般指项目的工作范围。

投资项目范围是指实现投资项目预定目标所需完成的所有工作或任务。确定投资项目范围就是要为投资项目界定一个界限,划定哪些工作是属于投资项目应该做的,哪些工作不应该包括在项目之内,从而定义管理的边界,确定投资项目的目标与主要的可交付成果。简单地说,投资项目范围的定义就是要说明投资项目应该做什么,怎样做才能完成项目的预定目标。投资项目范围一般应包括如下两方面的含义:一是投资项目总体要求,包括性质和使用功能;二是实施并完成该投资项目而必须做的具体工作。

(二)投资项目范围管理的概念

投资项目范围管理是指确保项目完成全部规定要做的工作,而且仅仅完成规定要做的工作,从而成功地达到项目目标的管理过程,即在满足投资项目使用功能的条件下,对项目应该包括哪些具体的工作进行定义和控制。投资项目范围管理的内容主要包括投资项目范围定义、项目范围确认和范围的变更控制三方面内容。

由于投资项目可具体划分为策划与决策阶段、准备阶段、实施阶段及竣工验收和总结评价阶段,因此,范围管理在投资项目建设周期的各个阶段中的具体内容是不相同的。

二、投资项目范围定义概述

(一)投资项目范围定义的概念及目的

1. 投资项目范围定义的概念

所谓投资项目范围定义,是指将项目的可交付成果(或是指一个主要的子项目)划分为较小的、更易管理的多个单元。

2. 投资项目范围定义的目的

确定了项目范围也就定义了投资项目的工作边界,也就明确了项目的目标和主要的可交付成果。恰当的工作范围定义是项目成功的关键;反之,则可能由于工作内容不明,而造成任务频繁地变更,导致项目费用超支、项目竣工时间延长、生产效率降低等后果,为此,对项目的工作范围的定义就显得十分重要。具体地,对投资项目进行范围定义主要有如下目的:

(1)提高费用、时间和资源估算的准确性,更易于明确地制定项目目标。这是因为,要对投资项目所需的时间、费用和资源进行更为准确的估算,其前提就在于要弄清项目所应完成和必须完成的工作内容,而投资项目范围定义的意义就在于它明确了项目的具体工作内容。

(2)确定在履行合同义务期间对投资进行测量和控制的基准,如划分的独立单元要便于进行测量,目的是可及时计算已发生的投资费用。投资项目范围既为投资项目计划提供基础,也为投资项目进度计划和控制确定了基准。

(3)明确划分各部门、各部分的权力和责任,便于清楚地分派任务。准确界定投资项目的范围对项目成功非常重要。如果项目的范围界定不合理,则有可能造成项目费用的提高或进度的延长,这是因为项目范围的合理确定与否会导致意外的变更,影响项目的实施节奏与完成时间,从而影响劳动生产率及项目成员的积极性。

3. 投资项目范围说明书

确定投资项目范围,其结果就是要编写出正式的投资项目范围说明书,并以此作为投资项目决策的基础。一般来说,投资项目范围说明书应该包括如下几方面的内容:

(1)投资项目的必要性与合理性说明,即必要性解释为什么要进行或实施这一投资项目,而合理性则解释实施这一项目所获取的预期效益情况。

(2)投资项目的目标,即确定项目成功所必须满足的某些数量标准或量化指标。对于投资项目来说,项目目标至少应包括项目的费用、项目的时间进度、应达到的技术性能标准或质量标准。

(3)投资项目的可交付成果。投资项目的可交付成果主要包括可投产运营的各类建筑物、构筑物,各种技术资料和图纸及其他各类产品与服务。

另外,项目范围说明书主要有如下几方面的作用:

(1)形成投资项目的基本框架,使项目业主或项目管理者能够系统地分析项目关键问题及项目形成中的相互作用要素,使得项目的有关利益人员在项目实施前就能对项目的基本内容和阶段达成一致。

(2)形成项目结果核对清单。它作为项目评估的一个工具,在项目终止后或项目总结评价报告完成以前,以此作为评价项目成败的判据。

(3)可以作为项目在整个寿命期内监督和评价项目实施情况的背景文件,作为项目有关计划的基础性说明文件。

(二)投资项目范围定义的依据

1. 投资项目概况

投资项目概况是定义项目范围的主要依据,其主要描述拟建项目所具有的性质和规模等总体情况,项目建成后所具有的使用功能,项目主要的组成部分或单元,如生产工艺、办公、仓储、厂内运输等。

2. 项目的约束条件

项目的约束条件是指限制或影响项目管理者做出决策的各种因素,一般包括项目内部的制约因素和项目外部的制约因素。例如:预算费用是一种内部约束,项目管理者必须在预算范围内决定项目的工作范围、职工的招聘与培训和项目的实施进度;而国家的政策法规是来自项目外部的制约因素,如有关合同规定会对项目范围定义产生较大的影响。

3. 项目的阶段性成果

项目的一些阶段性成果也可能会对项目的范围定义产生影响,如项目建议书会对项目的可行性研究报告的内容产生影响,而可行性研究的成果则会对投资项目的设计产生影响,而投资项目的设计则会对投资项目的预算及时间安排产生影响等。

4. 历史资料

借鉴其他相同或类似项目范围定义方面的成功经验，可使项目提高工作效率，避免再犯类似错误，如那些已完成的投资项目在进行范围定义方面存在立脚点的错误、发生的遗漏以及造成的后果等资料，都会对本项目的范围定义产生一定的影响。

三、投资项目范围定义的方法

在现实中，一般采用工作分解结构（WBS）对投资项目的范围进行定义。

（一）工作分解结构的含义、编制方法及作用

1. 工作分解结构的含义

工作分解结构（Work Breakdown Structure，WBS）是将项目的各项内容按其相关关系逐层进行分解，直到工作内容单一、便于组织管理工作单元为止，并把各单项工作在整个项目中的地位、构成直观地表示出来，以便更有效地计划、组织、控制项目整体实施的一种方法。工作分解是项目范围管理中一项非常重要的工作，它在很大程度上决定项目能否成功。如果项目工作分解得不好，在实施的过程中难免要进行修改，可能会打乱项目的进程，带来工作返工、时间延误、费用增加等问题。工作分解结构是一种层次化的树状结构，是将项目按一定的方法划分为更易管理的项目单元，通过控制这些单元的费用、进度和质量目标，使它们之间的关系协调一致，从而达到控制整个项目目标的目的。如对大型投资项目，在实施阶段的工作内容相当多，其工作结构通常可以分解为六级：一级为投资项目；二级为单项工程；三级为单位工程；四级为活动或任务；五级为工作包；六级为工作单元。

WBS作为将工作分成小的要素的一个媒介物，把项目分解成更小、更易于管理和控制的单元，为对每个主要和细微的需要解释的活动提供了更大的可能性。图3-1是对WBS从上到下的分解过程的一个形象的认识，是按照其内在结构或实施过程的顺序逐层分解而形成的结构示意图。

下面对图3-1作简单说明：

第一层次项目，是指完成项目包含的工作的总和，由一组项目组成。所有与项目管理相关的活动和成本的总和等于总项目。但每个项目也可分解为任务，所有的任务的总和加起来又等于所有项目的总和，反过来项目又组成了总项目。这种分解方法只是为了便于控制。

第二层次是项目主要可交付成果，而非全部成果。主要成果应该包括里程碑，还可以有对项目具有较大影响的其他可交付成果。这一层的主要可交付成果的选择因项目工作范围的特点不同而相区别，还可以从项目的功能和组成部分的相对独立性的角度来区别，其选择的原则是便于管理。

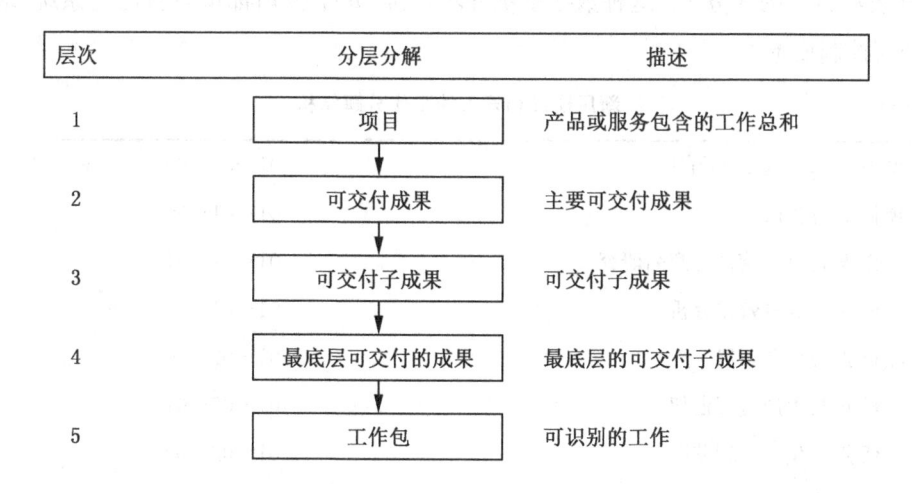

层次	分层分解	描述
1	项目	产品或服务包含的工作总和
2	可交付成果	主要可交付成果
3	可交付子成果	可交付子成果
4	最底层可交付的成果	最底层的可交付子成果
5	工作包	可识别的工作

资料来源:许成绩:《现代项目管理教程》,中国宇航出版社 2003 年版,第 112 页。

图 3—1　工作分解结构的分层分解

第三层次是可交付子成果。选择原则与上一层类似,根据完成成果的活动构成的特点,如可从时间和活动等角度进行,每个分解单元选择的角度可以有所区别。下面的分层也类似。这一工作要直到可交付的子成果小到管理的最低层次为止。分解中应尽量减少结构的层次,层次太多不易有效管理,而且应注意层次衔接自然。

第四层次是最低管理层的可交付成果,是指最底层的可交付子成果,是可交付子成果的具体分解与组成部分。

第五层次是工作包。工作包是 WBS 结构底层管理所需的最低层次的信息,是项目的最小可控单元。在这一层次上,应该能够满足用户对交流或监控的需要,这是项目经理与项目团队人员管理项目所要求的最低层次。工作包是短期任务,可能包含不同的工作种类,有明确的终点和起点,消耗一定的资源,占用一定的成本。每个工作包都是一个控制点,其管理者有责任关注,按照技术说明在预算内按期完成。理想的工作包的持续时间通常为 80 小时或小于 2~4 周,但这对大项目几乎不可能。太长的工作包应设置定时的检查或监测点,期望进度问题可以在不太长的时间内被发现。

工作包具有如下特征:代表工作执行层的工作单位;将分派到同一个职能组的工作包与其他工作包清晰地区分开来;包含明确定义的、代表完工的起止日期;根据货币、工时或其他可预测单位编制预算;为最小化工作过程缩短工作执行时间。

下面再举一个工作分解结构的例子。表 3—1 是一个简单的工作分解结构,并带有与之相适应的数字编码系统。第一个数字代表总项目(用 01 表示),第二个数字表示项目,第三个数字表示任务。所以,01—02—00 代表投资 01 种的项目 2,01—02—

03代表项目2的任务3。这种数字系统并不标准,每个公司都可有自己的系统,取决于如何控制成本。

表3—1　　　　　　　　　　　新厂建设和开工的工作分解结构

大型项目:新厂建设与开工	01—00—00
项目1:分析研究	01—01—00
任务1:市场营销与产品研究	01—01—01
任务2:成本效益分析	01—01—02
项目2:设计和布局	01—02—00
任务1:生产过程框架	01—02—01
任务2:生产过程蓝图	01—02—02
项目3:安装	01—03—00
任务1:装配	01—03—01
任务2:启动	01—03—02
任务3:检测与运行	01—03—03
项目4:大型项目支持	01—04—00
任务1:管理	01—04—01
任务2:原材料采购	01—04—02

资料来源:哈罗德·科兹纳著、杨爱华等译:《项目管理:计划、进度和控制的系统方法》(第7版),电子工业出版社2002年版。

工作分解结构的编制并不容易,WBS作为一种沟通工具,为管理层提供详细的信息。如果该结构不包含足够的层次,活动的组合就很困难;如果层次太多,则所有项目、任务等都要进行相同层次的分析,重复工作多。每个主要的工作要素都应该进行自我分解。同时,WBS还建立了成本控制所需的网络数。

2.WBS的编制方法

制定工作分解结构的方法多种多样,主要有类比法、自上而下法、自下而上法和使用指导方针等。

(1)类比法。类比法就是以一个类似项目的WBS模板为基础,制定本项目的工作分解结构。例如,A公司是一个大型建筑企业,曾设计建造了不少大楼,因此,它在接受新的任务时,可以参考以前的工作分解结构资料,做出新任务的WBS。

(2)自上而下法。自上而下法常常被视为构建WBS的常规方法,即从项目最大的单位开始,逐步将它们分解成下一级的多个子项。这个过程就是要不断增加级数,细化工作任务。对项目经理来说,可以说这是最佳方法,因为它具有广泛的技术知识和对项目的整体视角。

(3)自下而上法。自下而上法是要让团队成员从一开始就尽可能地确定有关的各项具体任务,然后将各项具体任务进行整合,并归集到一个整体活动或 WBS 的上一级内容中去。用这种方法,不是开始就考察 WBS 制定的指导方针或是参考其他项目的 WBS,而是尽可能详细地列出哪些项目团队成员认为完成项目需要做的任务。在列出任务清单后,就开始对所有工作进行分类,以便于将这些详细的工作归入上一级的大项目中。

自下而上法一般都很费时,但这种方法对于 WBS 的创建来说,效果特别好。项目经理经常对那些全新系统或方法的项目采用这种方法,或者用该法来促进全员参与或项目团队的协作。

(4)使用指导方针。如果存在 WBS 的指导方针,就必须遵循,如美国国防部的许多项目都要求承包商按照国防部提供的 WBS 模板提交他们的项目建议书。这些项目建议书必须包括针对 WBS 中每一项任务的成本估算,既有明细估算项,也有归总估算项。项目整体的成本估算必须通过归总 WBS 底层各项任务成本而得到。当国防部有关人员对成本计划进行评审时,他们必须将承包商的成本估算和国防部的成本估算进行对比,如果某项 WBS 工料成本有很大的出入,一般就意味着对要做的工作任务还没分解清楚。

3. 工作分解结构的作用

(1)将整个项目划分为相对独立的、易于管理的、较小的项目单元(也可称为工作单元或活动)。

(2)将这些工作单元或活动与组织机构相联系,将完成每一工作单元或活动的责任赋予具体的组织或个人,以便于确定组织或个人的目标。

(3)对每一工作单元或活动做出较为详细的时间与费用估计,并在合理分配资源的基础上形成进度目标和费用目标。

(4)可以将项目的每一工作单元或活动与公司的财务账目相联系,及时地进行财务分析。

(5)确定项目需要完成的工作内容、质量标准和各项工作单元或活动的顺序。

(6)估计项目全过程所需的人财物消耗。

(7)可与网络计划技术共同使用,以规划网络图的形态。

(二)WBS 的编制程序

1. 先明确并识别出项目的各主要组成部分,即明确项目的主要交付成果

一般来说,项目的主要组成部分包括项目的可交付成果和项目管理本身,这一步需要解答的问题是:要实现项目的目标需要完成哪些主要工作?通常来说,项目的主

要工作是指贯穿项目始终的工作,它在项目分解结构中被列在第二层次。

2. 确定每个可交付成果的详细程度

即要确定每个可交付成果的详细程度是否已经达到了足以编制对其进行恰当的成本和历时估算。"恰当"的含义可能会随着项目的进程而发生某种程度的变化,因为对于将来产生的一项可交付成果进行分解也许是不大可能的。对每个可交付成果,如果已经足够详细,则进入第四步,否则接着进行第三步。这表明不同的可交付成果将有不同的分解层次。

3. 确定工作包

工作包应当用切实的、可验证的结果来描述,以便于进行绩效测量。与主要的可交付成果一样,工作包的定义应该根据项目工作实际上是如何组织和完成的。切实、可验证的结果既可包括产品,又可包括服务。这一步要解决的问题是:如何完成上述各组成部分,有哪些更具体的工作要求。对于各组成部分的更小的构成部分,应该说明需要取得哪些可以核实的成果以及完成这些更小组成部分的先后顺序。

4. 核实分解的正确性

需要回答下列问题:(1)最底层工作对项目分解来说是否是必需的而且是充分的?如果不是,则必须修改组成元素,一般通过添加、删除或重新定义进行;(2)每项的定义是否清晰、完整?如果不完整,描述则需要修改或扩展;(3)每项是否都能够恰当地编制进度和预算?是否能够分配到接受职责并能够圆满完成这项工作的具体组织单元?如果不能,则需要作必要的修改,以便于提供合适的管理控制。

由于项目工作是一项综合的系统投资,所以每个工作单元的分解都需要事先予以分析和判断,特别是一些界面多的工作,这样可避免在工作中产生混乱并提高整体的工作效率。

工作单位的划分,应当使从属部分的最后结果完整无缺地分派给现有的组织单位。各种划分,应当尽量减少经过组织界限所需要的协调工作,而且简单、明确。

工作单元最后分解出来的要素应当非常具体,使做此项目工作的人十分清楚这项工作的内容和要求。

(三)建立工作分解结构的步骤

建立工作分解结构是根据项目的具体内容将项目(或系统,有时一个项目也可看作一个系统)分解为一些子项目或组成单元。这些子项目或组成单元是一系列既相互关联,同时又相互独立的单项工程、单位工程、分部工程或分项工程。相互关联是指这些工作单元同属于一个项目,在工作顺序的安排上有先后之分;而相对独立则是指这些工作可单独进行组织、实施与管理,即在管理和实施期间是相对独立的。

工作分解结构包括项目所要实施的全部工作。建立工作分解结构就是将项目实施的过程、项目的目标或成果与项目组织有机地结合起来。工作分解结构划分的内容与详细程度应视项目的性质、规模及具体要求而定。

一般地,建立工作分解结构的具体步骤如下:

(1)确定项目总目标,即根据项目的技术规范和项目合同的具体要求,确定最终完成项目需要达到的总体目标。

(2)确定项目目标层次,即确定工作分解结构的详细程度(或称 WBS 的层数)。

(3)划分项目建设阶段,即将项目建设的全过程划分成不同的、相对独立的若干个工作阶段,如决策阶段、招标阶段、设计阶段、施工阶段等。

(4)建立项目组织结构。项目组织结构中应包括参与项目的所有组织及人员,以及项目范围中的各个关键人物。

(5)确定项目的组成结构。根据项目的总目标和阶段性目标,将项目的最终成果和阶段性成果进行分解,列出达到这些目标所需的硬件(如机器设备、各种设施或结构)和软件(如信息资料或服务)。它实际上是对子项目或项目的组成部分进一步分解所形成的结构图表,其主要技术是按投资内容进行分解。这一过程的主要内容包括:①识别项目的主要组成部分。它可从两个方面考虑:一是可作为独立的交付成果,一是便于实际管理。独立的可交付成果是指其具有相对独立性,一旦完成,即可移交使用或投产运营而发挥效益。因此,在确定各个可交付成果(或子项目)的开始或完成时间时,应注意在可行的情况下先完成的可交付成果(或子项目)应能独立地发挥效益。②确定该级别的每一个单元是否可"恰当"地估算费用和工期。在这里,"恰当"的含义主要是指不同的单元可以有不同的分解级别。③识别每一可交付成果的组成单元。这些单元在完成后可产生切实的、有形的成果,以便实施进度测量。④验证分解的正确性。要验证分解的正确性,一般可通过如下问题进行:目前所分解的层次对完成所分解的单元是否很必要?是否足够详细?如果不是,则必须修改组成单元;是否清晰和完整地定义了每一个事项?如果不是,则必须修改有关工作描述并增加描述内容;是否能恰当地确定每个事项的起止时间和进行费用估算?每个事项是否分派给某个部门、小组或个人?他们是否愿意承担完成该事项的全部责任?如果不是,则应做出修改以进行有效的管理控制。

(6)建立编码体系。以公司现有的财务图表为基础,建立项目工作分解结构的编码体系。

(7)建立工作分解结构。将上述(3)至(6)步结合在一起,即形成了工作分解结构。

(8)编制总体网络计划。根据工作分解结构的第二或第三层,编制项目总体网络计划。总体网络计划可以再利用计划的一般技术(如关键线路法)进行细化。总体网络计划确定了项目的总进度目标和关键子目标。在项目实施过程中,项目总体网络计划用于向项目的高级管理层报告项目的进展状况,即完成进度目标的情况。

(9)建立职能矩阵。分析工作分解结构中各个子系统或单元与组织机构之间的关系,用以明确组织机构内各部门应负责完成的项目子系统或项目单元,并建立项目系统的责任矩阵。

(10)建立项目财务图表。将工作分解结构中的每一个项目单元进行编码,形成项目结构的编码系统。此编码系统与项目的财务编码系统相结合,即可对项目实施财务管理,制作各种财务图表,建立费用目标。

(11)编制关键线路网络计划。通过上述10个步骤,即可形成一个完整的工作分解结构。它是制订详细的网络计划的基础,因为工作分解结构本身不涉及项目的具体工作、工作时间的估计、资源使用以及各项工作之间的逻辑关系,所以项目的进度控制还必须使用详细的网络计划。详细的网络计划一般采用关键路线法编制,它是对工作分解结构中的项目单元做进一步细分后产生的,可用于直接控制生产或施工活动。详细的网络计划确立了各项工作的进度目标。

(12)建立工作顺序系统。根据工作分解结构和职能矩阵,建立项目的工作顺序系统,以明确各职能部门所负责的项目子系统或项目单元何时开始、何时结束,同时也可明确项目子系统或项目单元之间的前后衔接关系。

(13)建立报告和控制系统。根据项目的整体要求、工作分解结构以及总体和详细的网络计划,即可建立项目的报告体系和控制系统,以核实项目的执行情况。

(四)WBS 的优点

1. 能够为工作定义提供更有效的控制

一般地,好的项目管理有以下几个原则性要求:通过设施的结构优化分解来进行管理;关注结果即实现什么,而不是怎样实现;通过工作分解结构,技术和人员、系统和组织之间可以平衡结果;等等。工作分解结构恰好满足了这三个原则的要求。以一个结构化的方式来定义工作可以保证得到更好的结果。通过可交付成果来进行工作定义,在项目向前进行时,只有那些对生产设施有必要的工作才做,因此计划也变得更加固定。在环境不断变化的情况下,项目所需的工作可能会发生变化,但不管怎么变化,一定要对最终结果有益。

2. 把工作分配到相应的工作包中

WBS 中的工作包是自然的,因为 WBS 的目的是生产产品,在分配责任的同时也相应地授权于每个产品或服务的单独的部门。如果工作只是在一个详细的层次上定义,并汇集成工作包,那么这个工作包就不是自然的,项目经理只能每天忙于告诉人们一些技术和方法,而不是让他们自己独立去完成工作。

3. 便于找到控制的最佳层次

在较低的层次上进行控制可能意味着在控制上所花的时间要比完成工作所需的时间更多,而在较高层次上进行控制则可能意味着有些重要情况在我们疏忽时会被漏掉。而通过 WBS,我们可以找到控制的最佳层次。

4. 有助于控制风险

在实际项目中,WBS 的分解层次可根据风险水平来确定。将项目划分到每个单元风险都相对较低的状况,便于在较小的范围内控制风险,减少损失。

5. 是信息沟通的基础

规模大的投资项目,一般会涉及大量的资源,涉及许多部门及企业、供应商、承包商等,有时还会有政府部门的高技术投入或资金投入,因此,需要的综合信息和信息沟通的数量往往相当大。一些大项目涉及巨资并历时若干年,所以项目开始进行时设想的项目环境会随着项目的进展而发生较大的变化,即项目早期阶段的不确定性。这就要求所有的相关集团要有一个共同的信息基础及一种各相关集团或用户从项目一开始到完成都能用来沟通信息的工具。这些集团包括业主、供应商、承包商、分包商、项目管理人员、设计人员及政府各有关部门等。一个涉及恰当的工作分解结构将能够使得这些集团或用户有一个较精确的信息沟通连接器,成为一种相互交流的共同基础。运用工作分解结构作为基础来编制预算、进度和描述项目的其他方面,能够使所有的与项目有关的人员和集团都明了为完成项目所需的各项工作以及项目的进展情况。

6. 为系统综合与控制提供了有效手段

一般地,典型的项目控制系统包括进度、费用、会计等不同的子系统。这些子系统在某种程度上是相互独立的,但是各子系统之间的信息转移是不可缺少的,必须将这些子系统很好地综合起来,才能够真正达到项目管控的目的。而工作分解结构的应用可以提供一个这样的手段。

(五) 运用 WBS 应注意的问题

对于实际中的投资项目,特别是规模相对较大的项目,在进行工作分解时,有下面几点需要注意:

(1) 项目经理和项目的工作人员要善于将项目按照产品或服务的结构进行划分以及按照项目组织的责任进行划分等有机结合起来。

(2) 对于项目最底层的工作要非常具体,而且要完整无缺地分配给项目内外的不同个人或者组织,以便于明确各个工作块之间的界面,并促进各工作块的负责人都能明确自己的具体任务、努力的目标和承担的责任。同时,工作如果划分具体,也便于项目的管理人员对项目的执行情况进行监督和业绩考核。

(3) 实际上,进行逐层分解项目或其主要的可交付成果的过程,也就是给项目的组织人员分派各自的角色和任务的过程。

(4)对于最底层的工作块,一般要有全面、详细和明确的文字说明。因为,对于项目,特别是规模较大的项目来说,或许会有许多的工作块,所以,常常需要把所有的工作块的文字说明汇集到一起,编成一个项目工作分解汇总文件,具体可包括工作包描述以及计划编制信息,如进度计划、成本预算和人员安排,以便于在需要时随时查阅。

(5)并不是工作分解结构中所有的分支都必须分解到同一水平。任何分支最底层的细目称作工作包。工作包是完成一项具体工作所要求的一个特定的、可确定的、可交付的及独立的工作单元,需为项目提供充分而合适的管理信息。任何项目也并不是只有唯一正确的工作分解结构,如同一项目按照产品的组成部分或更具体的生产过程分解就能做出两种不同的工作分解结构。

四、投资项目范围定义的成果

(一)工作分解结构

工作分解结构是按项目的可交付成果对项目进行分解,它组织和定义了投资项目的全部范围,即未包括在工作分解结构中的工作则不属于该项目的工作范围。工作分解结构中的级别越低,对项目可交付成果的描述就越详细。

(二)更新描述工作范围的文件

1. 工作大纲

工作大纲(Terms Of Reference,TOR)是项目业主(投资者)详细说明其要求被聘请的咨询投资师完成的咨询服务内容的说明文件,是咨询服务招标文件中的重要内容之一。它一般包括如下主要内容:投资项目概述、投资项目目标、咨询服务的范围、人员培训、工作进度与报告、业主为咨询者提供的资料、服务、辅助人员及设施等。

2. 咨询服务技术建议书

咨询服务技术建议书是咨询公司根据招标文件的要求,对实施和完成 TOR 中所规定的咨询服务内容所采用的技术、组织等措施进行详细说明的技术建议文件。下面主要以世界银行的相关文件为例,说明咨询服务技术建议书的内容。

《世界银行技术建议书标准格式》(1997年7月,2002年3月修订)的内容如下:(1)技术建议递交格式;(2)公司参考信息;(3)对 TOR 和要求业主提供的资料、服务、设施的解释和建议;(4)实施咨询服务的方法和工作计划描述;(5)咨询服务的团队组成和任务分配;(6)拟派专业人员的简历;(7)专业人员时间安排表;(8)工作进度计划。

3. 咨询服务合同附件——服务描述

在双方签订咨询服务合同前,项目业主和咨询公司双方就具体的服务内容进行协商并达成一致意见。服务描述是咨询服务合同文件的一项重要内容,作为附件列入双方签订的咨询服务合同。该附件应详细描述将由咨询公司提供的全部服务、各项任务完成的日期、不同任务执行的地点以及将由业主批准的特别任务等。

第二节 投资项目范围的确认

范围确认是项目业主正式接收项目工作成果的过程。在此过程中,要求对项目在执行过程中完成的各项工作进行及时的检查,保证准确地、满意地完成合同规定的全部工作。如果项目提前终止,范围确认过程也应该确定和正式记录项目完成的实际水平和程度。当然,需要指出和说明的是,范围确认不同于质量控制,只表示业主是否接收完成的工作成果。

一、范围确认的依据

范围确认的依据主要有完成的工作成果、有关的项目文件、第三方的评估报告及工作分解结构。

(一)完成的工作成果

实施项目计划的内容之一是收集有关已完成的工作信息,并将这些信息编入项目进度报告中。完成工作的信息表明哪些可交付成果已经完成,哪些还未完成,达到质量标准的程度和已发生费用大小等。在投资项目建设周期的不同阶段,工作成果有不同的表现形式,具体如下:

(1)在项目策划和决策阶段,已形成的项目建议书、可行性研究报告是已完成的工作成果。

(2)在项目准备阶段,工作成果主要包括初步设计图纸、项目实施的整体规划、项目采购计划、项目的招标文件、详细的设计图纸等。

(3)在项目实施阶段,承包商建造完成的土建工程、电气工程、给排水工程以及已安装的生产设备等为阶段性的工作成果,整个项目的交付使用则是承包商最终的工作成果。

(4)在项目的总结评价阶段,工作成果主要包括项目自评报告和后评估报告。

(二)有关的项目文件

用于描述项目阶段成果的文件必须随时可以得到并能用于对所完成的投资进行检查与考核。这些文件主要是指双方签订的项目合同,包括项目计划、规范、技术文件、图纸等。

(三)第三方的评估报告

第三方的评估报告是按照我国投资项目建设程序的有关规定,由具有独立法人资格和相应资质的实体或相应的机构,对项目产生的工作成果进行独立评价后做出的评估报告,如在项目决策阶段视需要对可行性研究报告所做的项目评估报告。

(四)工作分解结构

工作分解结构方法定义了项目的工作范围,因此,很自然地是确认项目工作范围的依据。

二、范围确认的方法

范围确认的主要方法是对所完成的工作成果的数量和质量进行检查与考核,它通常包括如下三个步骤:

(一)测试

即借助于投资计量的各种手段对已完成的工作进行测量和试验。

(二)比较分析

比较分析就是将测试的结果与合同规定的测试标准进行对比分析,以判断其是否符合合同要求。

(三)处理

即决定被检查和考核的工作成果是否可以接收,是否可以开始下一道工作,如果不予接收,应采取的补救措施等。

三、范围确认的结果

范围确认产生的结果就是对已完成的成果的正式接收。在投资项目建设的不同阶段,其正式接收的工作成果是不同的。

(一)项目策划和决策阶段

在项目策划和决策阶段,范围确认的结果是接收项目建议书、初步可行性研究报告、可行性研究报告。

(二)项目准备阶段

在项目准备阶段,范围确认的结果是接收设计图纸、项目总体计划、项目的招标文件等。

(三)项目实施阶段

在项目实施阶段,范围确认的结果是接收施工单位完成的实体成果,如土建投资生产设施和设备等。

(四)项目总结评价阶段

在项目的总结评价阶段,范围确认的结果是接收竣工图纸、各种实测的统计资料及项目后评估报告。

第三节 投资项目范围的变更控制

在投资项目实施过程中,项目合同赋予业主有权在合同范围内对投资建设内容进行变更,这是一种惯例。这种变更可能增加合同工作,也可从合同中删去某些工作,或对某些工作进行修改变动,或改变施工方式方法,或改变业主提供的材料和设施数量及规格等。

项目范围变更是项目变更的一个方面,是指在实施合同期间发生的项目工作范围的改变。项目条件和环境的变化会使项目范围发生变动,并造成项目工期、成本或质量等的改变,所以必须对项目范围变动进行严格的控制,这方面的工作主要包括:(1)分析和确定影响项目范围变动的因素和环境条件;(2)管理和控制那些能够引起项目范围变动的因素和条件;(3)分析和确认各方面提出的项目变动要求的合理性和可行性;(4)分析和确认项目范围变动是否已实际发生,以及这些变动的风险和内容;(5)当项目范围变动发生时,对其进行管理和控制,设法使这些变动朝有益的方向发展,努力消除项目范围变动的不利影响。应该说明的是,项目范围变更控制应与其他的控制过程(如费用控制、进度控制、质量控制等)有机地结合起来,只有这样,才能取得更好的控制效果。

一、范围变更控制的依据

(一)工作范围描述

工作范围描述是项目合同的主要内容之一。它详细描述了完成投资项目需要实施的全部工作。

(二)技术规范和图纸

技术规范规定了提供服务方在履行合同义务期间必须遵守的国家和行业标准以及项目业主的其他技术要求。技术规范优先于图纸,即当二者发生矛盾时,应以技术规范规定的内容为准。

(三)变更令

形成正式变更令的第一步是提出变更申请。变更申请可以以多种形式发生,如口头的或书面的、直接的或间接的、合法的命令或业主的自主决定等。变更令可能涉及要求扩大或缩小项目的工作范围。在现实中,发生变更情况主要是由下列原因造成的:

(1)外界的因素,如政府法令法规的变化;

(2)在定义项目范围方面发生错误或遗漏；

(3)增值变化，如在一个投资项目的施工中，利用最新的施工技术或方法可降低成本，而这种技术在定义项目范围时还未出现。

(四)投资项目进度计划

投资项目进度计划既定义了投资项目的范围基准，也描述了各项工作的逻辑关系和持续时间。当投资项目范围发生变更时，势必会对进度计划产生影响。

(五)进度报告

进度报告记录并提供了项目范围执行状态的信息。例如，项目完成了多少中间成果，还有哪些没有完成。进度报告还可以对可能在未来引起不利影响的潜在问题向项目管理者发出警示信息。

二、项目工作范围变更控制系统

工作范围变更控制系统规定了项目工作范围变更应遵循的一般程序，是整个项目变更控制系统中的一个组成部分。下面仅以土木工程施工合同(项目参与方包括业主、咨询工程师和承包商三方)为例阐述工作范围变更程序。

(一)变更申请

业主、咨询工程师和承包商均可对合同工作范围提出变更申请。其中，业主提出变更通常是为了提高项目的使用功能和质量；咨询工程师提出变更申请，多数情况下是发现设计中存在某些缺陷而需要对原有的设计进行修改；而承包商提出变更申请主要是考虑便于施工，同时也考虑在至少满足项目现有功能的前提下，可降低费用和缩短工期。承包商提出变更申请，除需说明变更原因外，还须说明变更对项目产生的影响。

(二)审查和批准变更

对工作范围的任何变更，咨询工程师必须与项目业主进行充分协商，在达成一致意见的前提下，由咨询工程师发出正式变更令。

(三)编制变更文件和发布变更令

变更文件一般由变更令和变更令附件构成。

1. 变更令

变更令一般包括如下内容：

(1)变更令编号和签发变更令的日期；

(2)项目名称和合同号；

(3)产生变更的原因和详细的变更内容说明：

①依据合同的何种条款发出变更令；

②变更工作是在接到变更令后立即开始实施,还是在确定变更工作的费用后实施;

③承包商应在多长期限内对变更工作提出增加费用或延长工期的请求;

④变更工作的具体内容和变更令附件。

在变更令中,变更费用是变更工作中最敏感的内容。承包商总希望在变更工作开始前即能确定变更费用额,而业主希望先实施变更工作,然后双方协商确定变更工作的费用,其主要目的是不希望因此而拖延工期。

(4)先前变更产生的累计费用额,此次变更增加或减少的费用额,累计总变更费用额。

(5)业主名称、业主授权代表签字。

(6)咨询工程师名称、咨询工程师授权代表签字。

(7)承包商名称、承包商授权代表签字。

2. 变更令附件

变更令附件一般包括变更工作的投资量表、单价表、设计资料、设计图纸和其他与变更工作相关的文件。

(四)承包商向咨询工程师发出对变更工作要求额外支付的意向通知

我国《建设工程施工合同示范文本》关于变更估价的规定为:"承包人在工程变更确定后 14 天内,提出变更工程价款的报告,经工程师确认后调整合同价款……。""承包人在双方确定变更后 14 天内不向工程师提出变更工程价款的报告时,视为该项变更不涉及合同价款的变更。"因此,承包商提出变更投资价款的报告是开始变更估价的前提条件。

按照 FIDIC 合同条件,必须在发出下列通知之一后,才进行变更工作的估价,否则不予估价:

(1)由承包商将其对变更工作索取额外费用或变更费率和价格的意图通告咨询工程师。

(2)由咨询工程师将其改变费率和价格的意图通知承包商。

(五)变更工作的估价

1. 工程施工承包合同中确定变更工作费率(单价)或价格程序

(1)若咨询工程师认为适当,则应以合同中规定的费率和价格进行变更工作的估价。

(2)若合同中未包括适用于该变更工作的费率与价格,则应在合理的范围内使用合同中的费率与价格作为估价的基础。

(3)若咨询工程师认为合同中没有适用于该变更工作的费率与价格,则在与业主和承包商进行适当的协商后,由咨询工程师和承包商商定合适的费率与价格。

(4)若双方在协商后仍未达成一致意见,则咨询工程师应确定他认为适当的费率和价格,并通知承包商,同时一并将一份副本呈交业主。

在费率与价格最终确定之前,咨询工程师应确定暂行费率和价格,以便有可能作为暂付款,在当月签发的支付证书中支付给承包商。

2. 确定变更工作价格时应注意的问题

(1)当合同中规定以多于一种货币进行支付时,应说明以不同货币进行支付的比例与数量;

(2)变更工作的价格调整。在确定变更工作的费率与价格时,应考虑按合同中规定的条件进行价格调整。

(六)变更工作的实施和费用支付

如果承包商已按咨询工程师的指令实施变更工作,咨询工程师应将已完成的变更工作或部分完成的变更工作的费用,加到合同总价中,同时列入当月的支付证书中支付给承包商。

本章小结

项目"范围"既可以指项目的"产品范围",即项目业主/客户对于项目最终产品或服务所要求达到的特色和功能,也可以指项目的"工作范围",即项目团队为完成项目目标(提交项目业主/客户指定的服务和作业)所需完成的所有工作。本章所讲述的范围管理主要是指工作范围管理。投资项目范围管理的内容主要包括投资项目范围定义、项目范围确认和范围的变更控制三方面内容。

投资项目范围定义是将项目的可交付成果划分为较小的、更易管理的多个单元。项目范围定义的方法主要是采用工作分解结构。

工作分解结构是将项目的各项内容按其相关关系逐层进行分解,直到工作内容单一、便于组织管理工作单元为止,并把各单项工作在整个项目中的地位、构成直观地表示出来,以便更有效地计划、组织、控制项目整体实施的一种方法。目前它是项目管理领域用来确定项目任务和人员配备的主要方法。通过工作分解可以明确各分部的目标和责任,简化项目的控制,提高项目运作的效率。在运用WBS对投资项目进行分解时,一般应遵循如下步骤:确定项目总目标,确定项目目标层次,划分项目建设阶段,建立项目组织结构,确定项目的组成结构,建立编码体系,建立工作分解结构,编制总体网络计划,建立职能矩阵和项目财务图表,编制关键线路网络计划,建立工作顺序系统,建立报告和控制系统等。

制定工作分解结构的方法多种多样,主要有类比法、自上而下法、自下而上法和使用指导方针等。

在通过工作分解结构完成对项目范围定义后,即可形成项目范围定义成果。项目范围定义的成果主要包括工作分解结构、更新描述工作范围的文件(包括工作大纲、咨询服务技术建议书及咨询服务合同附件——服务描述)。而项目业主正式接收项目工作成果的过程则被认为是项目范围确认。

在项目实施期间,不可避免地会遇到范围的变更。范围变更须以工作范围描述、技术规范和图纸、变更令、投资项目进度计划和进度报告等作为依据。而对工作范围变更进行管理主要是通过项目工作范围变更控制系统进行的。

项目工作范围变更控制系统主要包括变更申请、审查和批准变更、编制变更文件和发布变更令、承包商向咨询工程师发出对变更工作要求额外支付的意向通知、变更工作的估价、变更工作的实施和费用支付等程序内容。

复习思考题

一、名词解释
投资项目范围　投资项目范围管理　投资项目范围定义　工作分解结构

二、简答题
1. 简述投资项目范围定义的目的。
2. 简述投资项目范围说明书的主要内容及作用。
3. 简述建立工作分解结构的步骤。
4. 简述工作分解结构的方法。
5. 简述投资项目范围定义的成果。
6. 简述投资项目范围变更控制的依据。
7. 简述项目工作范围变更控制系统的主要内容。
8. 简述项目工作范围变更控制系统的基本步骤。

第四章 投资项目计划管理

项目的成败,不仅取决于有效的管理,也取决于项目的全面计划。美国政府的调查统计表明,由于计划不当造成的项目失败数占项目失败总数的一半以上,项目计划的重要性由此可见一斑。制订计划有助于高层管理部门与项目经理、职能经理、项目组成员及项目委托人、承包商之间的相互交流和沟通,是进行各方面沟通的最有效工具;有助于项目各项工作的顺利实施与进行,使得整个项目都始终处于可控状态。项目管理泰斗科兹纳更是一针见血地指出:不做计划的好处,就是不用成天煎熬地监控计划的执行情况,直接面临突如其来的失败与痛苦。同时,有一句管理的格言是"计划好工作,再按计划做好",这些都说明了项目计划的重要性。

第一节 投资项目计划管理概述

一、计划、项目计划与投资项目计划

(一)计划

计划是指一个组织为实现的一定目的或目标,通过分析自己所处的环境和对未来科学地预测而制定的一种行动方案。计划是管理的首要职能,是管理工作的开始。在一个组织里,制订计划无非要解决如下三个问题,即确定组织的目标、达成目标行动的先后次序、确定行动的资源分配比例。

因此,制订计划就是按照既定目标,确定具体的行动方案,并对资源进行合理分配的综合管理过程。具体而言,就是通过对过去和现在、内部和外部的相关资源进行分析和比较,以对未来可能的发展进行评估和预测,最终获得一个有关行动方案的建议书——计划书,并将其作为组织实施行动的基础。计划通常是在对各种方案进行优选比较后,最终形成的一个可行的、最优的方案。

(二)项目计划

项目计划是根据对未来的项目决策,项目执行机构选择制定包括项目目标、工程标准、项目预算、实施程序及实施方案等的活动。在一个具体的项目环境中,它可以说是预先确定的行动纲领。制订项目计划旨在消除或减少不确定性;改善经营效率;对项目目标有更好的理解及为项目监控提供依据。在立项以后,项目成败关键在于项目经理,因此,他必须参与从研究到实施全过程的决策。项目计划主要有以下几个方面的工作内容:项目目标的确立、实施方案的制定、预算的编制、预测的进行、人员的组织、政策的确立、执行程序的安排及标准的选用。项目计划应既有系统性又有灵活性。项目计划是项目管理过程的基本组成部分,它是项目团队成员根据项目目标的规定,对项目实施工作进行的各项活动做出的周密安排。任何项目管理都是从制订项目计划开始。项目计划是项目管理的最基础的工作,是有效协调项目工作与项目资源调配的基础性工具,是推动项目工作顺利进行的最重要的工具。它系统地确定项目的任务、任务进度和完成任务所需的资源等。因此,也可以认为,项目计划是为了完成项目的预定目标而进行的系统安排任务的一系列过程。

项目计划是项目实施的基础。在项目的实践中,项目计划是最先发生并处于首要地位,引导项目各管理职能的实现,是项目管理活动的首要环节,起着掌控全局的作用。项目计划是项目实施和完成的依据,项目计划的质量好坏是决定项目成败、优劣的关键因素。

(三)投资项目计划

投资项目计划是投资项目实施过程中进行各种筹划、安排的总称,是对项目实施过程的具体设计。它是投资项目过程中的一个极为重要的环节,也是项目管理的重要组成部分。它对投资项目的总体目标进行规划,对投资项目实施的各项活动进行周密的安排,系统地确定项目的任务、综合进度和完成项目所需的资源等。如对投资项目的可行性研究与论证、项目的选址、勘察设计、建筑施工、设备安装、竣工验收和投产运行等全过程的人力、物力、财力和组织的内外关系进行有计划、有步骤、高效率的规划、组织、指导和控制,从而使投资项目在合理的工期内低成本、高质量地完成。

二、计划管理的目的和作用

(一)编制投资项目计划的目的

编制投资项目计划是为了便于高层管理人员与项目经理、职能经理、项目团队成员及项目委托人、承包商之间的交流沟通,计划是沟通的最有效工具。因此,在某种程度上可以说,计划是为了方便项目被协商、交流和控制所设计的。具体来说,投资项目计划的目的主要表现在如下几个方面:

(1)确定并描述为实现投资项目预定目标所必须完成的各项任务(活动、工作)及其范围;

(2)确定完成项目各项任务(活动)的负责人;

(3)制定各项任务(活动)的时间进度表;

(4)阐明被动完成每项任务(活动)所必需的资源量;

(5)确定每项任务(活动)的费用预算。

(二)投资项目计划的作用

对投资项目而言,由于它涉及面较广,实施时间长,投资建造的程序或步骤较多,所以要使各项工作得以协调顺利地进行,要协调好各工作的衔接与人员的安排及资源的调配,尤其应做好项目计划工作。也就是说,投资项目计划对投资项目管理及其目标的实现有着更为重要的影响与作用。具体来说,投资项目计划的作用主要表现在如下几个方面:

(1)在投资项目的总目标确定后,通过计划可以分析研究总目标能否实现,总目标确定的费用、工期、功能要求是否能得到保证,是否平衡。如果发现不平衡或不能实现,则必须修改目标和技术设计,甚至可能取消项目。因此计划又是对项目目标、技术设计更为详细的论证。

(2)通过计划对投资项目目标进行分解,落实责任体系,并通过具体地、周密地安排投资活动,保证投资的顺利实施和目标的实现。同时从计划的结果中选出衡量实施状况的指标,将其分解作为各级组织的责任,所以说计划既是对总目标实现方法、措施和过程的安排,又是许多更细、更具体的目标的组合。

(3)计划是实施的依据和指南。通过计划及科学地组织和安排,可以保证有秩序地施工。通过计划能合理地、科学地协调各工种、各单位、各部门之间的关系,能充分利用时间和空间,可以进行各种技术经济比较和优化,提高项目的整体效益。同时计划确定项目实施工作规范,经批准后就作为项目实施工作大纲。实施必须按计划执行,并以计划作为控制依据,监督、跟踪和诊断实际实施状态,做出调整的措施。最后它又作为评价和检验实施状况的尺度,由于项目是一次性的、唯一的,所以与企业计划相比,项目的成果难以评价,实施成果只能与自己的计划比,与目标比,而不能与其他项目比或与上年度比。这样也使得项目计划工作十分重要,同时又富于挑战性。

(4)计划可以提高工作效率,节省时间,降低项目实施过程中工作的盲目性与无序性,从而可以有效地降低风险程度。

(5)业主和项目的其他相关利益者需要了解和控制投资,需要计划的信息以及计划和实际比较的信息,作为项目阶段决策和安排资金及后期生产准备的依据。特别对于风险大、要求复杂的投资项目,必须对每一步做出总结和阶段决策,以及下一步的精细计划。

三、投资项目计划管理的主要任务

(1)依据国家的法律、法规和相关条例,通过市场预测和可行性研究,使投资项目的目标符合国民经济的总体发展目标,并获得良好的经济效益、社会效益和环境生态效益。

(2)在广泛收集资料的基础上,运用科学的预测方法,通过计划的编制,使投资项目的各项工作得以统筹安排、综合平衡、优化组合;制定有效的措施,在项目计划的指导下协调、按部就班地进行,充分发掘和发挥人力、物力和财力的使用效率,实现项目的预期目标。

(3)根据项目计划对计划实施过程中产生的问题进行检查、控制、调节和统计分析,以揭露矛盾、解决问题、总结经验教训、反馈信息,达到优化管理、提高效率的目的。

四、投资项目计划管理的特点

(一)计划的被动性

投资项目管理的对象大多是一些实际的建筑产品,而建筑产品在某种意义上是以销定产的,是在确定了使用者之后才开始建设的。投资项目计划管理工作是随着项目的确立而展开的,很多的外部因素直接影响着项目计划的编制。特别是对实行招投标管理制度之下的投资项目,中标与否,对项目实施方的计划管理影响很大。这种计划管理的被动性无疑加大了管理的难度。

(二)计划具有较大的弹性

在投资项目运行过程中,由于项目的复杂性,不可预见的因素太多,再加上建筑施工点多、线长、面广,施工条件的变化以及设计中的不可预见因素,影响着投资项目的计划管理。因此,计划必须留有余地。但是,余地太大,可变性强的计划并不是好计划,这种计划不仅会产生预期的效果,失去对投资施工的指导和控制功能,而且会浪费组织的资源。所以,怎样把握计划弹性的程度就成了计划制订的关键。

此外,投资项目施工明显的季节性也是要求计划制订必须具有弹性的一个原因。由于季节性因素的存在,投资的开工、竣工,此起彼伏,难以组织均衡施工、连续施工。因此,投资项目必须统筹安排,充分考虑主、客观因素,做到综合平衡。

五、投资项目计划制订应注意的问题

虽然不同的项目面临着不同的环境,有着不同的要求,但是每一个项目都是在一定的时间、一定的资源约束下执行的,制订计划就是要建立一个有效的监督和控制系

统。一般来说,在项目计划制订过程中必须清楚六个基本问题,即项目要做什么、怎样做、谁去做、什么时候做、什么地方做及花多少钱。具体来说:

(1)何事(建设目标):要完成何事这一问题是项目主管和项目组成员在检查项目建设目标时要问的;

(2)怎样做(工作分解与分析,主要通过工作分解结构图来完成):建设目标是要通过制定工作分解结构图来实现的,该图是确定项目范围所必需的,是必须完成的各项任务的一张清单;

(3)何人(人员安排及使用计划):讨论谁做什么事的问题,并把机构有关单位负责何项工作较详细地具体化到分解结构图中去;

(4)何时(进度分析):计划工作更进了一步,讨论每项工作需要多长时间及在何时实施、何时完成,每项工作需要哪些资源等问题;

(5)何地:计划中应明确项目的投资建设地点;

(6)多少钱(预算):实施这一项目需要耗费的资源与成本费用。

对于投资项目而言,由于其较其他项目具有一定的特殊性,因此,除在考虑以上几个基本问题之外,还必须注意处理好以下问题:

(1)要意识到计划的重要性和首要性。投资项目在实施之前必须要制订切实可行的计划。那些缺乏合理的计划的项目肯定会返工,这不仅会浪费很多的时间和资金,甚至会导致项目失败。

(2)计划必须从整体上考虑问题。投资项目计划具有系统性和整体性,各个项目的承接、时间和资源的合理协调在计划中应有所体现,以便项目的每一个阶段在计划中均能找到依据。

(3)计划的范围界定要适当。项目计划如果只包括细枝末节的东西,就会超出项目经理的控制范围,使其无所适从;但如果包括的细节太少,计划过粗,就不可能取得对项目比较精确的估计。

(4)计划要考虑风险因素。编制投资项目计划必须考虑潜在的风险,如果在计划中忽视了风险,没有对潜在风险采取一定的预防措施,那么在实施过程中,项目失败的可能性将会增大。

(5)项目计划的制订需要项目实施人员的参与。项目具体实施工作的人员最了解各项具体活动,而且让他们参与计划的制订,能够调动他们在计划执行中的积极性,有助于项目很好地完成。

(6)计划要具有可操作性。如果人们在执行以前就有了较好的理解,那么很多工作就能提前准备;如果人们理解不当,就会增加实际执行中沟通的难度,有可能延缓工作的进度,甚至可能导致项目无法实现预期目标。

第二节 投资项目计划编制的过程和内容

一、计划编制的原则和要求

(一)计划编制的原则

项目计划作为项目管理的重要阶段,在项目中起承上启下的作用,因此在制定过程中要按照项目总目标、总计划进行详细计划。计划文件经批准后作为项目的工作指南。要使项目目标得以顺利地实现,必须在明确项目目标的基础上综合分析与考虑影响项目的内、外部因素,并应结合项目的整体性要求,权衡利弊,扬长避短,因此,在项目计划制订过程中一般应遵循以下六个原则:

1. 目的性

任何项目都有一个或几个确定的目标,以实现特定的功能、作用和任务,而任何项目计划的制定正是围绕项目目标的实现展开的并服务于项目的目标的。在制订计划时,首先必须分析目标,弄清任务,因此项目计划具有目的性。

2. 系统性

项目计划本身是一个系统,由一系列子计划组成,各个子计划不是孤立存在的,彼此之间相对独立,又紧密相关,从而使制定出的项目计划也具有系统的目的性、相关性、层次性、适应性、整体性等基本特征,使项目计划形成有机协调的整体。

3. 经济性

项目计划的目标不仅要求项目有较高的效率,而且要有较高的效益,所以在计划中必须提出多种方案进行优化分析。

4. 动态性

这是由项目的寿命周期所决定的。一个项目的寿命周期短则数月,长则数年,在此期间,项目环境常处于变化之中,使计划的实施会偏离项目基准计划,因此,项目计划要随着环境和条件的变化而不断地调整和修改,以保证完成项目目标,这就要求项目计划要有动态性,以适应不断变化的环境。

5. 相关性

项目计划是一个系统的整体,构成项目计划的任何子计划的变化都会影响到其他子计划的制订和执行,进而最终影响到项目计划的正常实施。制订项目计划要充分考虑各子计划间的相关性。

6. 职能性

项目计划的制订和实施不是以某个组织或部门内的机构设置为依据,也不是以自身的利益及要求为出发点,而是以项目和项目管理的总体及职能为出发点,涉及项目管理的各个部门和机构。

(二)计划编制的要求

根据以上对投资项目计划特点和编制原则的分析,对项目计划的编制有以下特殊要求:

1. 目的性要求

是为保证总目标的实现而做的各种计划安排,所以目标是计划的灵魂,计划必须符合项目的总目标,受目标的约束与控制。因此,计划者必须首先详细分析目标,明确任务。如果对目标和任务理解不当,必然会导致计划的失败。如对一个投资的承包商、供应商来说,必须弄清楚招标文件和合同文件的内容,正确、全面地理解业主的要求。

2. 实际可行性要求

计划必须符合实际,并具有可行性。这就要求计划在编制过程中应考虑项目实施条件、影响项目环境与变化的因素,并适时对项目基准计划进行调整与完善;否则,这种计划将是一种僵硬的、不切实际的计划。实际工作中计划的失误通常是由于计划工作者缺乏工作经验,不了解实际情况,而又不与实际工作者沟通导致的。符合实际必须做到以下方面:

(1)符合环境条件。项目的建设受环境的制约,因此,计划必须考虑到环境的因素,如场地的限制、当地的气候条件、当地市场的供应能力、运输条件等。同时最大限度地利用当地已有的资源条件,如当地的人力、市场、自然资源、现存的建筑物、基础设施等,以求达到更经济的效果。因此,大量的环境调查并充分利用调查结果,是正确制订计划的前提条件。

(2)体现项目本身的客观规律性。按投资规模、复杂程度、质量水平、投资自身的逻辑性和规律性制订计划,不能过于强调压缩工期和降低费用。

计划编制是应充分借鉴以往同类投资项目的经验和资料,最好选择结构特点、技术、性质、地区、时间较近的同类投资项目,掌握该投资的信息,同时了解该投资中的特殊问题,如失误、技术难点、重点、不正常状况等方面的经验教训。

(3)反映投资各参与者的实际情况。它主要包括:①业主的支付能力、设备供应能力、管理和协调能力。项目管理者在制订总体计划时通常要与业主商讨确定。②承包商的施工能力、劳动供应能力、设备装备水平、生产效率和管理水平、对投资的熟悉程度、以往投资的经验等。③设计单位、供应商、分包商等的能力。

因此,项目管理者制订计划时必须与承包商、投资小组、供应商、分包商等沟通,征求其意见,共同安排工作过程,确定工作持续时间,商定计划的一些细节问题,切不可闭门造车。实践证明,由实施者来制订计划会更有效。如果变动实施者,则要分析原计划的可行性。

3. 经济性要求

项目计划的目标不仅要求项目有较高的效率(进度快),而且要求有较高的整体经济效益,即费用省、收益高,同时要求项目在财务上平衡(即资金平衡)。这不仅是项目计划的要求,也是项目计划的内容。一个好的计划必须建立在完成项目任务的最好的方法上,所以在计划中必须提出多种方案,进行技术经济分析,可以采用价值分析、费用/效用比较、活动分析、工期—费用优化、资源平衡等方法进行优化。

4. 全面性要求

要使项目顺利实施,必须安排各方面的工作,提供各种保证。项目的计划必须包括项目实施的每个方面和各种要素,在内容上必须周密。项目实施需要各项目参加者、各专业、所有的资源、所有的投资活动在时间和空间上协调。因此,一般的建设投资项目计划应包括:

(1)通过结构分解得到的所有项目单元;

(2)项目单元的每个方面,如质量、数量、实施方案、工序安排、成本计划、工期安排;

(3)项目的全过程安排,在项目初期即应计划项目的全过程;

(4)项目参加团队;

(5)项目所需资源或条件,如资金、人力、材料、设备、仓储、运输、临时设施和工作面等的安排,而且要反映在项目实施过程中上述各因素的动态变化情况。

这样项目计划就形成了一个非常周密的、多维的计划系统。

5. 弹性要求

项目计划是在项目目标、实施方案、以往的经验、环境现状以及对未来合理的预期的基础上建立的,所以计划的人为因素较强。实际工作中计划受到许多方面的干扰,需要改变或调整:

(1)由于市场、环境、气候等因素的变化,原来的决策可能不符合实际,必须做出调整;

(2)投资者情况的变化,如产生新的主意、新的要求;

(3)其他方面的干扰,如政府部门的干预、新的法律的颁布;

(4)可能存在的计划、设计的漏洞、错误或矛盾,投资量的增减和方案的变更,以及由于投资质量不合格引起的返工,这些变化均会使项目正常的实施过程受到影响或损害。这就要求项目计划在实施过程中必须不停地调整,使项目的实施不断地适应新的情况,适应外部环境的变化,所以对环境要有适当的预测,以加强风险管理。

按弹性要求,计划不要做得太细,否则容易使下级丧失创造力和主动精神。同时,计划必须留有余地,例如,工期安排中必须考虑正常的阴雨天,费用计划中必须考虑正常的通货膨胀的影响等。

在安排计划及管理系统设计时都要考虑到弹性要求,考虑到特殊情况和风险发生的备用方案,考虑排除干扰、改善生产条件、提高劳动效率的方案,工期、费用、材料数量都留有余地。当然这会造成一定的浪费。

机动资源一般由上层管理者控制,不随任务下达;否则,会被下层实施者在没有干扰或问题的情况下用光;或者会使下层管理者产生还有多余资源未用的想法而不去积极追求更高的经济效益,而妨碍投资效益的提高。

6. 详细程度要求

项目计划不可太细。太细,则会束缚基层活力的发挥,造成信息处理量增大,计划费用增加,而使执行和变更的难度加大。但如果太粗又达不到指导实际工作,进行跟踪和诊断的要求,容易造成混乱。所以编制详细的进度计划和实施方案就成为承包商的责任,而负责项目管理的咨询投资师只能"同意"承包商的方案。计划的详细程度通常与以下几个因素有关:

(1)项目设计的深度。计划是为了解决投资技术系统的实施问题,所以它必须与项目技术设计的深度相适应。在项目初期就希望做出详细的计划,是超前的计划行为,不可能获得适用的、科学的计划。

(2)项目结构的分解程度。计划的许多内容是落实在相关的项目单元上的,所以计划与项目结构分解相协调。

(3)计划与项目组织相协调。不同的组织层次要求制订不同的计划,有不同的计划深度和详细程度。例如,企业经理只掌握项目的总体计划;而项目经理则应制订全面的、较细的项目计划;投资小组掌握相关投资活动的操作计划;职能部门仅掌握相关专业的工作计划。

(4)投资的复杂程度。对有新工艺、不熟悉、技术密集的部分投资应详细计划。

7. 风险性要求

计划中必须包括相应的风险分析的内容,对可能发生的困难、问题和干扰做出预测,并提出预防措施。

8. 严格性与严肃性要求

计划做好后,它作为目标的分解,作为各参加单位的工作责任,应落实到各部门或单位,形成承诺。例如,各承包商应该按计划的时间、工作量和质量完成投资,供应商应承诺及时供应,业主应承诺提供各种施工条件,如场地、图纸,项目经理负责提供必要的实施条件和管理服务,这样计划才有保证。

二、计划编制的步骤

(一)收集和整理有关信息

有效的项目计划取决于相关信息的质量,应通过正式的、非正式的各种渠道收集有关的历史资料、政府文件,搜集有关的政治、经济、法律、技术方面的信息,召开专家会议,对于与编制计划有关的问题进行分析预测。对信息的收集和整理应尽可能做到及时、全面、准确。

(二)进行项目目标与环境分析

根据得到的信息,首先明确项目的投资额、工期或质量等,并在识别项目目标时,明确目标之间的关系,在确认其关系后,需要对目标进行排序,分清主次。项目的目标,最好能被量化。不能量化的目标,应找到与其相关的量化指标或标准;同时对目标确定出合理的置信水平和置信区间,以确立对项目的评判标准。此外,还应从政策、法律、自然条件、施工条件等方面对项目的环境进行分析和评估。

(三)工作说明

工作说明是对项目目标所进行的工作和活动的描述。通常情况下,在项目的目标确立以后,必须列举实现这些目标的工作,说明这些工作的内容、要求和进行程序,并按一定的格式写出,就称为工作说明。

(四)工作结构分解

就是将项目的各项内容按其相关关系逐层进行分解,并把各单项工作在整个项目中的地位、相互关系直观地表现出来,以便更有效地计划、组织、控制项目的整体。它是项目计划和控制的基础,其目的是为项目各方从整体上了解自己承担的工作与全局的关系。

(五)编制线性责任图

把工作分解结构与组织机构相对照,就会形成线性责任图。线性责任图的编制将所分解的工作落实到具体的部门、班组或个人,并明确表示出各部门与这项工作的关系,在其中所担的责任和所处的地位,便于分工负责和监督管理。

(六)绘制逻辑关系图

在将一个项目的总体任务分解成许多具体工作的基础上,按其实施的先后顺序和衔接关系画出各项工作的关系图就叫逻辑关系图。其与工作结构分解的具体操作技巧将在下一节进行论述。

三、投资项目计划的内容

(一)投资项目总体计划的编制内容

构成项目计划的文件众多,计划的过程和表达形式对于不同的项目或不同的组织部门有所区别,但一般应包括以下几方面的内容:

1. 总则

(1)项目背景、投资概况的简要描述;

(2)项目的目标、性质、范围;

(3)项目环境的描述及其与项目的关系;

(4)权利、责任、义务和奖罚办法;

(5)项目投资规定(所采用的规范、标准等);

(6)项目管理机构的简要说明;

(7)项目进度的主要控制点;

(8)特殊说明(当不同的文件发生矛盾时)。

2. 项目的目标和基本原则

(1)详细说明项目的总目标和基本原则;

(2)项目的组织形式确立原则;

(3)业主参与的范围;

(4)与其他方面的关系(银行、运输供货商、中央政府、承包商、地方政府等);

(5)质量衡量标准、语言的规定;

(6)其他特殊事项的规定,如设计变更、图纸修改等。

3. 项目实施总方案

(1)技术方案(工艺、工程设计、实施方案、技术措施等);

(2)管理方案(承发包形式、采购、运输、实施管理、成本控制等)。

4. 合同形式

(1)合同类型和选择;

(2)承包商的选择(业主方面的要求);

(3)咨询方式;

(4)合同双方的联系方式;

(5)业主方面提供的资源;

(6)项目复查、审核、付款的手续;

(7)特殊管理的规定;

(8)移交的方式、规定和进度安排。

5. 进度计划

(1)说明并列举各项进度安排,说明各关键工作;

(2)各项工作的执行者做出其完成工作的时间估计;

(3)以(1)、(2)为依据制定的项目的总进度计划;

(4)各级管理人员的签字。

6. 资源使用

(1)资源分类(资金、设备、材料、人员等)及数量、质量要求;

(2)预算;

(3)成本监督、控制的方法与程序。

7. 人事安排和组织机构

(1)人员培训和补充;

(2)人事制度、法律、政策;

(3)安全保障;

(4)组织机构的人员设计,权责分工;

(5)人员流动的对策。

8. 监督、控制与评价

(1)监督、控制的内容范围;

(2)通信方式(电报、电话、传真、网络等);

(3)文件、信息收集、整理和管理;

(4)评价方法、指标。

9. 潜在的问题

(1)列举可能发生的意外事故,障碍因素分析,自然条件、资源短缺,分包商破产,技术失败等;

(2)应急计划。

以上为项目计划的基本内容,更详细的分类计划,如预算、进度计划等是由相应的职能部门做出的。

(二)投资项目的分项计划

项目计划按职能部门分工不同,形成下列分项计划:

1. 人力及组织计划

人力及组织计划说明谁对工作分解结构的各个部分负责,以及他们之间的相互关系。计划可能采取一种显示授权和联络路线的框形图解方式(即组织图表),或者是一系列包括通报职责和权力的说明方式。在实践中是将这两种方式综合运用。特别是在大的、独特的项目中,项目人员以及其他与项目有联系的人员间的关系是无先例可循的,需要经常进行有意义的协商,以获得执行人力和组织计划所需的人员保证。项目经理可以拟定项目对这类协调进行初步计划,内容包括对每一分项工作的初步人力估算。制订项目人力及组织计划是需要时间的,应当在项目的成本估算及进度表中加以保证。

项目的组织计划一般包括组织机构设计与权责分配计划、生产人员的组织计划、协作计划、规章制度的建立计划和管理信息系统的计划。

2. 质量控制计划

质量控制计划是针对项目实施质量管理的文件,包含一切保证项目将产生良好产品的方案。制订计划时,应首先确立项目的总体质量目标,然后根据目标制定从施工准备到竣工交付各阶段的质量管理要求,注意在全过程中应形成和保存施工技术资料。它表明在进行检验时,由谁检验、检验什么以及何时检验和需要什么资源。它的范围可以说是用一双训练有素的眼睛,在产品出门以前检验产品的质量,一直到对所干的每一项工作进行精心和彻底的检验与测试。

全体项目人员应该熟知质量控制计划。如果某人负责质量保证,那么他应该在制订这一计划时,适当地与那些检验者以及项目经理等进行沟通,使任何人都有思想准备。质量计划发布后所有的项目参与人员都应关切实施,以保证实现预期的目标。

3. 设备及材料计划

设备及材料计划是指对完成项目所需的物质资源的规划。计划首先要列出需要物品的目录、需要日期、建议供货商,以及包括获得报价单的时间、采购时间和必要时办理海关手续等所必须提前的时间。而后应用这种信息以及本单位采购工作经验来规定具体的工作步骤,并确定和计算采购项目所需的每件设备、材料以及包括管道及电气线路等必需的物质设施的采购方针和策略、顺序和责任、数量和质量及到货日期与地点,以满足投资施工、设备安装和试运行的需要。

各分项工作的领导者应当根据总计划,制定各自相应的设备及材料计划。项目经理要检查这些计划,以保证整个项目目标,特别是进度目标得以实现。设备及材料供应的提前时间不适当,往往会造成施工的延期或占用施工场地,造成成本增加。

4. 成本控制计划

成本控制计划确定了完成项目所需要的成本和费用,并结合进度安排,获得描述成本—时间关系的项目费用基准,并以费用基准作为度量和监控项目执行过程中费用支出的主要依据和标准,从而以最低的成本达到项目目标。

成本计划一般包括以下几个方面:

(1)各工作单元的成本计划;

(2)项目"时间—计划成本"曲线和项目的成本模型;

(3) 项目现金流计划；

(4) 项目筹资计划。

5. 进度控制计划

进度计划是根据实际条件和合同要求，以拟建项目的竣工投产或交付使用时间为目标，按照合理的顺序安排实施的日程。根据投资项目的特点，进度计划实质是以逻辑关系图的形式反映的在项目工期和预算允许的范围内对人、物的时间安排。通过这一计划，可以对项目实施更好的管理。编制进度计划时，必须考虑和解决局部和整体、当前和长远及各个局部之间的关系，以确保投资项目各阶段都能按计划顺利完成。

依据各时期进度控制的需要，进度计划一般包括总进度计划、设计工作进度计划、设备供应进度计划、施工进度计划、竣工验收和试生产计划等。随着项目实施工作的逐步展开，实际进度与计划进度就会出现一定的差距。因此，要定期检查实际进度和计划进度的差距，并且要预测有关活动的发展速度。为完成所定工期、成本和质量目标，需要修改原来的计划和调整有关活动的速度。

在进度计划中，要确定应该监督哪些工作，何时监督，谁去监督，用什么方法收集和处理信息，怎样按时检查工作进展情况和采取何种调整措施，并把这些控制工作所需的组织机构、时间和物资、技术资源等列入项目总计划中。

6. 报表计划

项目经理在项目实施过程中自始至终要了解工作进展情况及存在的问题，以便预测今后的发展趋势和寻找解决问题的方法，而客户要知道进行的情况。因此，每一个项目都需要一个通报计划，以确定谁向谁报告、报告什么、报告时间，以及这一信息传播到多广的范围。为了尽可能有效地做出总的投资报告，内部报告应当与给客户的报告相一致。信息应当详细，尽可能为多个使用者服务，而不需重新计算和重新整理。满足客户需要是最重要的，对报告的要求应当优先于对内部的要求。与其他分计划的情况相同，报告的时间和资源必须在总的投资计划内安排保证。

报表可以采用表格形式，也可以采用简报或一般的报告形式。

7. 应急计划

由于投资项目实施中不确定性因素很多，项目计划与实际不符是经常发生的，因此，项目经理在制订计划时就要保持一定的弹性，预留一定的活动空间，在工期和预算方面也要留有余地，以备应急之需。这种难以预料的需要称作"意外需要"，而且这些需要又是无法预先确定的。然而，这种需要并不包括那些预先能够估计到的困难。

"意外需要"在开始制定项目时就应当考虑到。不管是工期的宽限期或资金的富余量，都是一种储备，是为了解决不可预料的事件发生而造成额外消耗用的，是属于管理上的储备量，除项目经理外，其他人不可动用。

储备通常有两种：一是业主的储备；一是项目经理的储备。有经验的项目经理往往要准备一套全面的应急计划，预先估计各种可能发生的不测事件，并准备应急行动方案以及相应的时间和资金。

8. 竣工验收计划

它是根据承包合同中对投资竣工日期的总要求而制定的投资验收、移交计划，其中明确了投资验收的时间、依据、标准、程序及向业主移交的日期等内容，是竣工验收的指导性文件。

四、计划的协调

一个科学的、可行的计划不仅在内容上要完整、周密，而且要协调。计划的协调包括许多内容，最重要的而且容易出问题的是不同计划者、不同层次之间的协调。由于项目单元（单项工程、单位工程、专业工作）由不同的人承担，而且它们之间都是合同关系，所以在委托任务时应注意：

(1) 按照总体计划、目标和任务起草招标文件、签订合同。业主应把承包商的计划体系纳入自己的计划体系中，总承包商也应把分包商的计划纳入其计划体系。

(2) 投标人的投标书后面所列的计划（实施方案、工期安排、承包人的项目组织）也属于合同的一部分，应纳入整个项目的计划中。

(3) 注意合同之间的协调，即设计合同、土建承包合同、供应合同、安装合同、项目监理合同之间在责权利关系、工作的安排、时间的安排上应协调。如某工程设备供应合同签订时未注意到总体计划、土建合同和安装合同之间的协调，项目刚开工生产，设备就到场，由于土建尚未完成，无法安装。供应比实际需要提前一年多，不仅造成资金积压，而且占用现场仓库，增加保管费，使设备闲置，造成损失；况且设备尚未安装更不用说运行，保修期就已过，如果有问题也无法向供应商索赔，这属于计划的严重失调。

(4) 不同层次的计划协调。计划逐渐细化、深入，并由上层向下层发展，所以就要形成一个上下协调的过程，既要保证上层计划对下层计划的控制，下层计划又要保证上层计划的落实。

(5) 专业之间的协调。在项目中由于计划常常掌握在不同的人手中或由不同的工种完成，如进度计划、成本计划、供应计划、财务计划都由不同的人完成，要加强中间协调无论在计划阶段或实施阶段，必须经常举行协调会议。例如，由于资金无法保证，必须放慢进度；由于运输力量不足、供应不能保证，因而投资实施进度不能保证等。

第三节 计划中的任务确定

一、工作说明

工作说明(SOW)是对实现项目目标所进行的工作或活动的狭义描述。一般来说,在项目目标确定之后,需列举实现这些目标的工作和任务,说明这些工作或任务的内容、要求和工作的程序,这些内容按一定的格式写出,称为工作说明(SOW)。

SOW 一般是在用户群的帮助下由承包商或委托的项目监理机构根据业主的要求进行编制,然后取得业主的认可。

通常来说,明细表和里程碑进度计划是工作说明的两个必不可少的部分。

明细表是单独作为工作说明的一部分而独立说明或确认的。明细表用于工时、设备和材料的估计。明细表的微小变化可能会引起成本的很大变动。另一方面,明细表也是确保下游客户不会有意外的需要,并且应用最新修订版本,因为客户通常会雇用外面的人员来评价技术建议书,以确保明细表应用正确。

里程碑进度计划是用来说明各重大事件发生顺序和时间的。它是划分项目阶段的标志,表示项目从一个阶段进入另一个阶段,工作内容发生变化。它一般包括下列信息:项目开始日期、终止日期、其他重大事件如大楼的封顶及资料项(交付和报告)。其他主要的里程碑如评审会、购买、试验也应加以确认。因为资料项经常容易被忽略,所以为资料项编制单独的进度计划也是可行的。

二、工作分解结构

具体可参见本书第三章的相关内容,在此不再详述。

三、责任矩阵图

工作分解结构图一旦完成之后,这时就有必要将它与有关组织机构图加以对照,用工作分解结构来安排有关组织机构当众分配任务和落实责任,这就构成了责任图,或者称为责任矩阵图即 LRC 图,如图 4-1 所示。

工作部门（或个人） 工作分解结构	项目经理	土地总工	机电总工	总会计师	工管处	计划处	财务处	机电设备处	合同处	设计院	咨询专家	电力司	××部	××公司	××局	××公司
设计	○	○	○	○						△	○	□	○		□	□
招投标	○	○	○	○		○	○			△		○	○		□	□
施工准备	△	○	□	□						○		○			☆	□
采购	○	○	○	○				△								
施工	○	△	○	□	○			○				○			△	△
项目管理	△	○	○	○	○	○	○	○		○					□	□

注：△—负责、○—辅助、□—通知、○—审批、☆—承包。

图 4—1　责任矩阵图

责任图将分解的工作落实到有关部门或个人，并明确表示有关部门或个人对组织工作的关系、责任、地位等，同时责任图还能够系统地阐述项目组织内组织与组织之间、个人与个人之间的相互关系，以及组织或个人在整个系统中的地位和职责，由此组织或个人就能够充分认识到在与他人的配合中应承担的责任，从而能够充分、全面地认识到自己的全部责任。总之，责任图是以表格的形式表示完成工作分解结构中工作单元的个人责任的方法。

用来表示工作任务参与性的符号有多种形式，如数字、字母或几何图形等。图4—1是用符号表示的，还可以用其他的，常用的8种角色和代码如下：

X—执行工作；

D—单独或决定性决策；

P—部分或参与决策；

S—控制进度；

T—需要培训工作；

C—必须咨询的；

I—必须通报的；

A—可以提建议的。

如果用符号表示，示例如下：

△—负责、○—审批、○—辅助、☆—承包、□—通知等。

在制作责任图的过程中应结合实际需要来确定。责任图有助于每个人了解自己的责任，并使得自己对在整个项目中的地位有一个全面的了解，因此，责任图是一个非常有用的工具。

第四节　网络计划技术在计划中的应用

一、网络基础

(一)网络技术发展简史

网络图是网络技术的核心。它是用网络的形式表达组成一个投资项目的各项工作(活动)之间的相互衔接、相互依赖、相互制约的逻辑关系的图形,利用网络图可对项目进行分析计算、控制、优化,使其达到项目的目标。

1956 年,美国杜邦化学公司创立了网络技术中的第一种方法——关键线路法(Critical Path Method,CPM),用于施工计划设计。1958 年,美国海军特种计划局在研制北极星导弹过程中创立了"计划评审技术"(Project Evaluation and Review Technique,PERT),提高了计划工作的工作效率。CPM 和 PERT 是网络计划技术中最基本的方法。这两种方法的出现,立即引起了世界各国管理者的重视,使之在较短的时间里得到了广泛的传播与应用,已应用到生产实践的各个领域中。网络计划技术作为一门成熟的管理技术,在计算机技术的支持下必将得到进一步的发展及更为广泛的应用。

关键线路法根据绘制方法的不同,可以分为两种:箭线图(ADM)和前导图(PDM)。箭线图法又称为双代号网络图法,它是以箭线表示活动而以带编号的节点连接活动,活动间可以有一种逻辑关系,结束—开始型逻辑关系。在箭线图中,有一些实际的逻辑关系无法表示,所以在箭线图中需要引入虚工作的概念。前导图法又称为单代号网络图法,它是以节点表示活动而以节点间的连线表示活动间的逻辑关系,活动间可以有四种逻辑关系:结束—开始、结束—结束、开始—开始和开始—结束。

自 20 世纪 60 年代起出现了三种网络技术:

1. 节点式网络模型(或前导图)

我国称单代号网络图,它以一个节点表示一项活动(而 CPM 和 PERT 都是以一条箭线表示一项活动,我国称为箭线式网络图,或叫双代号网络图),比箭线法有较大的改进,可表达搭接逻辑关系。

2. 搭接网络(OLN)

它可以较好地表达搭接关系,进一步扩大了网络技术的应用范围。

3. 资源优化和成本优化网络

该种网络的主要优点是能对投资项目进行资源和成本优化。

以上网络技术都是研究确定型问题的,当未来的活动呈现"模糊"或"不确定"时,便不适用。同时投资实践要求利用网络技术改善资源分配、缩短工期、降低造价、减少风险、实现目标优化,于是又提出了一系列新的网络技术。

1966年,普利茨克尔提出"图示评审技术"(Graphical Evaluation Review Techniques,GERT),这是一种随机网络技术,在GERT网络中可以含有不同逻辑特征的节点,节点引出端允许多种概率分支,还允许有回路和自循环,这使它从一般投资领域进入研究开发领域,从一次性投资进入成批生产过程,并广泛用于随机系统。

1972年,莫埃勒尔研制出"风险评审技术"(Venture Evaluation Review Technique,VERT),该技术能统筹考虑"时间和/或费用,和/或运行效果"。1979～1981年,莫埃勒尔和边格曼又合作研制出"模拟决策网络技术VERT-3",改进了网络模拟中的数学函数,使网络中的时间、费用、运行效果能以各种方式激发、传递、停止、转换,使VERT-3不仅能分析完成计划的程度,并能显示关键线路和可优化的线路,以及成功的可能性和失败的风险程度,因此,在处理风险决策问题上获得了极大的成功。

(二)两种主要的网络分析技术

1. 计划评审技术(PERT)

计划评审技术是项目网络分析的重要方法。此方法是用概率方法通过估算各工序活动的期望完工时间来估算整个项目期望完成时间的一种活动日程进度安排的控制技术。

计划评审技术包括以下基本内容:

(1)选择具体的、可鉴别的事件。这些事件是取得项目成功所必然发生的事件。

(2)安排这些事件的顺序,确定事件间的相互独立性,绘制项目网络图。

(3)在不确定性条件下估算完成这些事件所需要的时间。

(4)建立一种分析或评价程序来加工和处理有关数据。

(5)建立信息渠道,评价实际结果数据和调整数据。

(6)利用电子数据加工设备来进行分析操作。

这一系统的终极产品是关于整个项目的阶段性总结评价报告。

当一个项目内的各项活动以及活动之间的相互关系确定以后,便可以绘制一张网络图。在网络图绘制结束以后,需要对每一项活动所需要的时间期限进行评价。也就是说,要求项目管理人员采取不确定三点预估方法确定每项活动所需时间,再使用系统方法计算出日程进度的期望值。

所谓三点预估是指对各项活动的最短、最长和最可能时间做出乐观、悲观和最可能时间这三种估算(具体可见本书第六章 投资项目进度管理的有关内容)。

2. 关键线路分析(CPM)

网络分析中另一著名的方法是关键线路分析。一个项目无论大小，都有开始和结束时间。将开始的第一项活动与结束时的最后一项活动连接起来，便构成了项目实施需要经过的路径。但是一个项目一般要由许多活动构成，由于项目活动或工序之间的依赖关系和相互交错性质，使得所构成的项目实施的路径可能有很多条。每条路径有一与之相关的时间，它是该路径上所有活动需要时间的总和。

关键线路的定义是，在诸多网络路径中，总时间最长的路径。同时，关键线路上所需的时间是想能够完成的最少时间。前一句话说明关键线路是项目各项活动完成的时间总期限；后一句话说明了关键线路所体现的时间与成本之间的关系。关键线路应该体现以时间为单位的最佳成本。

关键线路之所以被称作"关键"，是因为位于关键线路上的所有活动都是关键性的活动，即如果位于关键性线路上的活动有一项迟误就会影响整个项目的完成日期。不在关键线路上的活动统称为非关键性活动。非关键性活动可以有松弛时间，这种松弛时间就是在不影响项目如期完成的情况下，该活动能够推迟的时间。而在关键线路上的活动是没有松弛时间可言的。

通过对计划评审技术和关键线路分析的介绍得知，计划评审技术是通过概率统计，确定项目的期望完成时间。关键线路分析是根据给出和确定的项目活动事件确定经济有效的项目最佳实施路线。因此，从项目执行的时间和成本整体来看，计划评审技术是确定适合的关键路线的基础。或者说，如果要提高关键的合理性，则离不开计划评审技术的应用。

二、项目网络图概述

为了清楚描述项目各活动之间的关系，运用一定的符号来画网络图将是一种可行的方法。绘制项目网络图通常有两种方法：顺序图法和箭线图法（ADM）。顺序图法用节点表示活动，用箭线表示活动之间的关系；箭线图法用箭线表示活动，用节点表示活动之间的关系。从节点数目来区分，顺序图法用一个节点、一个编号表示一项活动，也称作单代号法；箭线图用两个节点、两个编号表示活动，也可称作双代号法。关于网络图具体可参见本书第六章投资项目进度管理的相关内容。

本章小结

计划是指一个组织为实现的一定目的或目标，通过分析自己所处的环境和对未来科学地预测而制定的一种行动方案。计划是管理的首要职能，是管理工作的开始。制订计划就是按照既定目标,确定具体的行动方案,并对资源进行合理分配的综合管理过程。良好的计划可以节省项目所需的资源,缩短项目的执行时间,规避风险,是项目目标得以实现、项目各项工作得以顺利实施的基础性工具。

投资项目计划是实施过程中进行各种筹划、安排的总称,是对项目实施过程的具体设计。它是投资项目过程中的一个极为重要的环节,也是投资项目管理的重要组成部分。投资项目计划主要包括总体计划和分项计划的编制,其中,投资项目的分项计划包括人力及组织计划、质量控制计划、设备及材料计划、成本控制计划、进度控制计划、报表计划、竣工验收计划及应急计划8个分项计划。

投资项目计划的编制必须遵循一定的步骤与要求,按照一定的原则来进行。项目计划的编制大致可分为收集和整理有关信息、进行项目目标与环境分析、工作说明、工作结构分解、编制线性责任图、绘制逻辑关系图六个步骤。项目计划的编制主要应遵循统一性和灵活性相结合的原则、预见性和现实性相结合的原则、系统性和综合性相结合的原则等。项目计划编制主要有目的性、实际可行性、经济性、全面性、弹性、详细程度、风险性、严格性与严肃性等要求。

投资项目计划管理是指对投资项目计划工作的统筹与安排,是项目计划合理性、可操作性及切实可行的重要保证。工作分解结构与网络技术是计划管理中两种非常重要的技术。

投资项目计划中的任务确定主要是通过工作说明、工作分解结构及责任矩阵图等进行的。工作说明是对实现项目目标所进行的工作或活动的狭义描述。通常来说,明细表和里程碑进度计划是工作说明的两个必不可少的部分;而将工作分解结构图与有关组织机构图加以对照,用于项目组织中分配任务和落实责任,就构成了责任矩阵图。

网络计划技术起源于国防科研领域,后在一般投资项目管理中得到广泛应用。网络计划技术是项目管理中进行资源、成本和时间优化的重要工具。合理、完备的网络图是项目控制的根据,也是在原目标前提下对项目计划调整变动的依据。

复习思考题

一、名词解释

项目计划　投资项目计划　工作说明　责任矩阵图

二、简答题

1. 简述投资项目计划的作用。
2. 简述投资项目计划管理的主要特点。
3. 简述投资项目管理计划编制的原则与程序。
4. 简述投资项目计划编制的要求。
5. 简述投资项目分项计划及其主要内容。
6. 简述工作说明的内容。
7. 简述网络分析的两种主要技术。

第五章　投资项目的招投标管理

投资项目具有建设周期长、实施的工作量大、涉及面广等特点,且在有些阶段对专业技术的要求也非常高,为此,要顺利地完成投资项目的各项工作与任务,就应该通过招标与投标的方式来选择合格的机构与单位,来承担投资项目全过程及各阶段的建设任务。也就是说,只有以市场规则运作,通过招投标方式,才能有效地保证项目按预期目标进行。投资项目的招投标管理是顺利完成项目全部工作任务的必要前提。

第一节　投资项目招投标管理概述

一、招投标概述

(一)招投标的定义

招投标是由招标人和投标人经过要约、承诺、择优选定,最终形成协议和合同关系的平等主体之间的一种交易方式,是"法人"之间达成有偿、具有约束力的法律行为。

招标与投标是国际上普遍应用的、有组织的一种市场采购行为,是在投资项目、货物及服务中广泛使用的一种买卖交易方式。

投资项目招标是指投资项目的投资商或者开发商根据拟建投资项目的工期、质量和投资额等经济技术要求,邀请有资格和能力的企业参加投标,从中择优选取承担可行性研究方案论证、勘察设计、投资施工、材料及设备采购、销售以及项目融资等人、物的承包单位。

投资项目投标是指经过审查具有投标资格的投标单位,以同意招标文件所提出的条件为前提,经过广泛的市场调查掌握一定的信息,并结合自身的经营目标及能力等情况,以投标竞争的方式获取投资建设任务的过程。

招标与投标是投资项目实施中选择承包单位最普遍、最重要的方式。

(二)招投标的原则

招投标活动应当遵循公开、公平、公正和诚实信用的原则。

依法必须进行招标的活动项目,其招标投标活动不受地区或者部门的限制。任何单位和个人不得违法限制或者排斥本地区、本系统以外的法人或者其他组织参加投标,不得以任何方式非法干涉招标投标活动。同时招标投标活动及其当事人应当接受依法实施的监督。

1. 公开原则

所谓公开,是指招标活动的信息要公开,包括招标公告、资格预审公告。招标邀请书应载明能基本满足潜在投标人决定是否参加投标竞争所需的信息。按照招标公告或招标邀请书载明的时间和地点,向有意参加的投标商、供应商提供招标文件。开标程序要公开,评标的标准和程序要公开,中标的结果要公开。

2. 公平与公正原则

对招标人来说,就是要严格按照公开的招标条件和程序办事,同等地对待每一个投标竞争者。例如,招标人应向所有投标人提供相同的招标信息;对所有投标人的资格预审、评标使用相同的标准和程序,不得向任何投标人泄露标底或其他可能妨碍公平竞争的信息。投标人不得向招标人及其工作人员采取行贿、提供回扣或给予其他好处等不正当竞争手段。

3. 诚实信用原则

诚实信用原则是指招投标当事人应以诚实、善意的态度行使权利、履行义务,以维护双方的利益平衡,以及自身利益与社会利益的平衡。从这一原则出发,《中华人民共和国招投标法》规定了不得规避招标、串通投标、泄漏标底、骗取中标等诸多义务,要求当事人遵守,并规定了相应的罚则。

二、投资项目招标与投资建设程序

(一)投资项目招标的范围

《中华人民共和国招投标法》(以下简称《招投标法》,1998年8月30日经九届全国人大常委会审议通过,于2000年1月1日实施,并于2017年12月27日第十二届全国人民代表大会常务委员会第三十一次会议《关于修改〈中华人民共和国招标投标法〉修正》)规定:在中华人民共和国境内进行工程建设项目的勘察、设计、施工、监理以及与工程建设有关的重要设备、材料的采购,必须进行招标。具体来说,在我国境内进行下列工程建设项目必须进行招标:

(1)大型基础设施、公用事业等关系社会公共利益、公众安全的项目。

基础设施项目主要是指为国民经济生产过程提供基本条件的项目,主要包括能源、交通运输、邮电通信、水利、城市设施、环境与资源保护设施等。公用事业项目是指为满足生产和生活需要而提供的具有公共用途服务的项目，如供水、供电、供热、供气、科技、教育、文化、体育、卫生、社会福利等。

(2)全部或部分使用国有资金投资或者国家融资的项目。

(3)使用国际组织或者外国政府贷款、援助资金的项目。

投资项目招标，既可以全过程招标，也可以是阶段性招标；既可以是整个投资项目的招标，也可以是某一单项或单位工程的招标。全过程招标，是指对包括可行性研究、勘察设计、材料设备采购、建筑安装施工以及销售等工作内容在内的招标；阶段性招标则是只包括某一方面内容工作，即阶段性建设任务的招标。此外，在投资项目的建筑安装施工阶段，还可根据承包内容的不同，分为包工包料、包工不包料、包工部分包料等方式。

(二)投资项目招投标与投资建设程序的关系

投资建设程序可分为前期阶段、实施阶段、使用阶段。前期阶段的主要工作有项目建议书、投资可行性研究等；实施阶段有设计(初步设计、技术设计、施工图设计)、施工、竣工验收等工作；使用阶段有养护、维修、管理及投资后评价工作。

招标与投标设计投资的决策阶段有勘察设计、投资施工、建设监理、材料和设备的采购供应等许多方面。

投资项目建设程序与各阶段招标、投标的关系如图5-1所示。

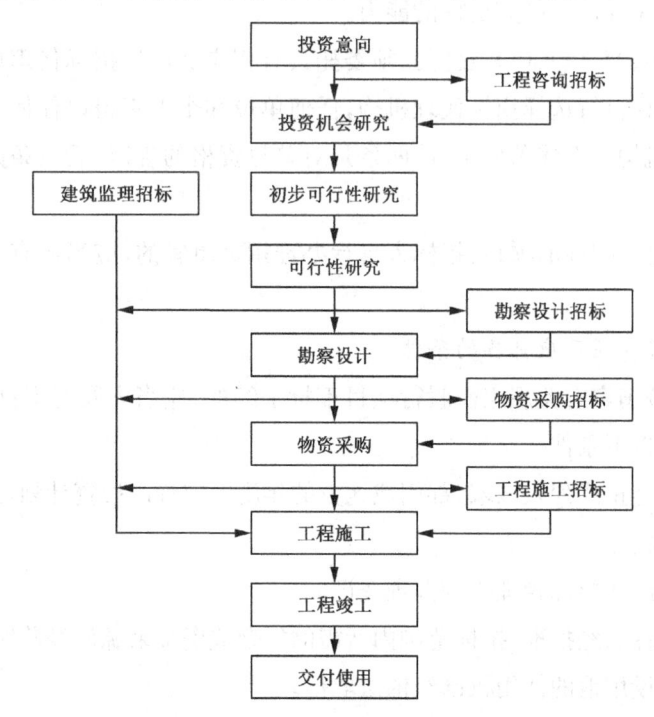

图5-1 投资项目建设程序与招标、投标的关系

第二节 投资项目招标

投资项目招标,是指投资项目招标人开展招标活动的全过程。它是由具备招标资格的招标人(或由其委托的招标代理人),就拟建投资项目编制招标文件和标底,发出招标通知,经过开标、评标和定标,最终与中标人签订承包合同。

一、投资项目招标的条件和方式

(一)投资项目招标人应具备的条件

招标人是依法提出招标项目,进行招标的法人或其他组织。招标人可以自行办理招标事宜,但必须符合下列条件,并设立专门的招标工作小组,经招标管理机构审查合格后发给招标组织资格证书。

(1)具有法人资格或是依法成立的组织。
(2)具有与招标投资规模相适应的技术、经济、管理人员。
(3)具有编制招标文件的能力。
(4)具有审查投标人投标资格的能力。
(5)具有组织开标、评标、定标的能力。

不具备上述(3)、(4)、(5)条件的,须委托具有相应资质的招标代理机构办理招标事宜,招标人有权自行选择招标代理机构,任何单位和个人不得以任何方式为招标人指定招标代理机构。上述条件中,前两条是对单位资格的规定,后三条则是对招标人能力的要求。

依法必须进行招标的项目,招标人自行办理招标事宜的,应当向有关行政监督部门备案。

(二)招标投资项目应具备的条件

招标项目按国家有关规定需履行项目审批手续的,应当先履行审批手续,取得批准,一般应具备以下条件:

(1)项目已经正式列入国家、部门或地方的年度固定资产投资计划,或者已经报政府有关部门备案。
(2)项目已经向招标管理机构办理登记。
(3)项目概算已经批准,招标范围内所需的资金或资金来源已经落实。
(4)项目建设用地的使用权已经依法取得。
(5)招标项目所需要的有关文件及技术资料已经编制完成,并经过审批。

(6)招标所需的其他条件已经具备。

(三)投资项目招标的方式

项目招标方式主要公开招标和邀请招标。

1. 公开招标

公开招标,也称无限竞争性招标,它是指招标人以招标公告的方式邀请不特定的法人或者其他组织投标。依法必须进行招标项目的招标公告,应当在国家指定的报刊和信息网络上发布。凡符合规定条件的投标人都可在规定的时间内向招标人申请投标,这是我国目前推行投资招投标制的主要方式之一。

公开招标时招标人必须做好以下准备工作:

(1)发布招标信息。

公开发布的招标信息应包括建设单位的名称、投资项目的名称、结构形式、层数、建筑面积、设备的名称、规格、性能参数等;对投标单位的资质要求;招标人的名称、联系地址和联系电话等内容。

(2)受理投标申请。

投标人在规定期限内向招标人申请参加投标,招标人向申请投标人发给资格审查表格,以表示须经资格预审查后才能决定是否同意对方参加投标。

(3)确定投标人名单。

申请投标人按规定填写《投标申请书》及资格审查表格,并提供相关资料,接受投标人的资格预审查,一般选定参加投标的单位为4~10个。

(4)发出招标文件。

招标人向选定的投标人发函通知,要求领取或购买招标文件。对那些发送投标申请书而未被选定的参加投标人,招标人也应该及时通知。

公开招标使投标人有较大的选择范围,可以在众多的投标人之间选择报价合理、工期较短、信誉良好的投标单位。公开招标有助于开展竞争,打破垄断,促使投标单位努力提高投资质量和服务水平、缩短工期、降低成本。但是招标人审查投标者的资格及证书的工作量比较大,招标费用的支出也较多;同时,参加竞争的投标人越多,中标的概率将越小,损失投标费用的风险也越大,而这种风险必然反映在标价上,最终还是由招标单位负责。

2. 邀请招标

邀请招标,是指招标人以投标邀请书的方式邀请特定的法人或者其他组织投标。投资建设项目,采用邀请招标方式的,招标人应当向三个以上具备承担招标项目的能力、资信良好的特定的法人或者其他组织发出投标邀请书。

选择投标单位的条件一般为:

(1)近期内承担过类似投资项目,经验比较丰富;
(2)企业的信誉良好;
(3)对本项目有足够的组织管理能力;
(4)对承担本项目有足够的技术力量和生产能力的保证;
(5)投标企业的业务状况良好。

邀请招标,由于被邀请参加竞争的投标单位数量有限,可以减少资格审查的工作量,节省招标费用,也提高了投标单位的中标率,所以对招投标双方都有利。但这种招标方式限制了竞争的范围,有可能把潜在的、富有竞争力的承包商排除在外,不利于自由竞争,不符合"公平、公正、公开"的原则,应当加以限制。为此,《中华人民共和国招投标法》第11条规定:"国务院发展计划部门确定的国家重点项目和省、自治区、直辖市人民政府确定的地方重点项目不适宜公开招标的,经国务院发展计划部门或者省、自治区、直辖市人民政府批准,可以进行邀请招标。"

二、投资项目招标的程序

投资项目招标是一个连续、完整的过程,它涉及众多的投标人和管理部门,因此,必须事先设定一套程序。招标的主要工作程序如图5—2所示。

(一)成立招标组织

招标组织必须具备一定的条件,并经招标、投标管理部门审查批准后才可展开工作。

招标工作小组应具备的条件有:
(1)有招标单位的法定代表或者其委托的代理人参加。
(2)有与投资项目规模相适应的技术、预算、财务和投资管理人员参加。
(3)有对投标人进行资格审查的能力。

不具备上述条件的投标人,可由其上级主管部门帮助成立招标组织,也可委托具有相应资质的咨询代理机构代理招标工作。

招标组织的主要工作有:落实投资项目的招标文件,完成施工前的各项准备工作;编制招标文件,办理招标工作审批手续;组织或委托编制标底,按规定报招标、投标管理机构审查批准;发布招标公告或邀请书,对投标人进行资格审查;发售招标文件资料,组织投标人踏勘现场并对有关问题负责解释和答疑;制定评标办法,主持开标会;发布中标或未中标通知书;组织中标人与招标人签订承包合同及其他应办事项。

(二)提出招标申请并进行招标登记

招标人向招标管理部门提出招标申请,主要内容包括:招标项目具备的条件;招标人具备的资质;拟采用的招标方式;对投标人的资质要求或选择邀请的投标人;经招标

```
成立招标组织
    ↓
申请批准招标 ─────────→ 编制标底
    ↓                      ↓
准备招标文件            主管部门审核
    ↓                      │
发布招标公告或邀请书        │
    ↓                      │
投标人资格预审             │
    ↓                      │
发售招标文件               │
    ↓                      │
组织踏勘现场及答疑         │
    ↓                      │
工程交底并解答投标单位的疑问│
    ↓                      │
接受投标单位递送的标书     │
    ↓                      ↓
开  标 ←───────────── 公布标底
    ↓
评标、定标
    ↓
签订合同
```

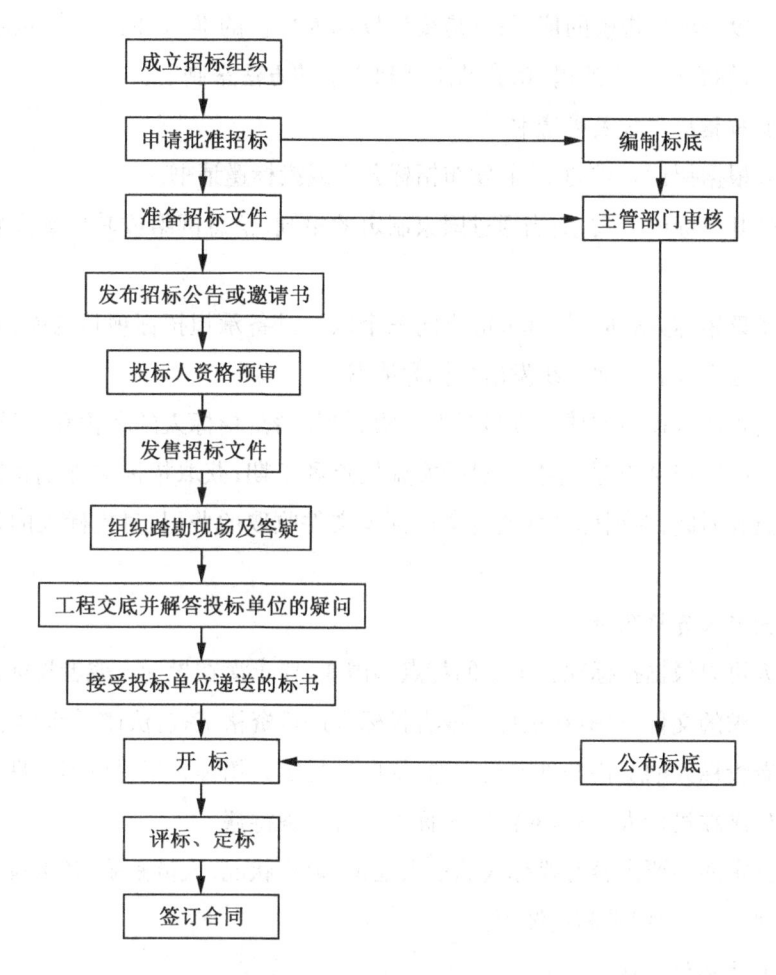

图 5—2　投资项目招标的程序

管理部门审查批准后进行招标登记，领取有关招投标用表。

（三）准备招标文件

招标人在获准招标后，即可自行或委托咨询机构编制招标文件。招标文件的主要内容有：招标项目的性质、范围、技术要求；对投标人资格审查的标准、投标报价要求和评标标准等所有实质性要求和条件；拟签订合同的主要条款。国家对招标项目的技术、标准有规定的，招标人应当按照其规定在招标文件中提出相应的要求。招标项目需要划分标段、确定工期的，招标人应当合理划分标段、确定工期，并在招标文件中载明。

（四）编制标底

编制标底是招标的一项重要准备工作。标底是招标项目的预期价格。标底的作用：一是使招标人预先明确自己在拟建项目上应承担的财务义务；二是给上级主管部门提供核实投资项目规模的依据;三是衡量投标人标价的准绳,也是评标的主要尺度之一。因此,标底应该以严肃、认真的态度和科学的方法来制定。

(五)发布招标公告或邀请书

招标人根据招标方式的不同,发布招标公告或投标邀请书。

采用公开招标的方式,应当通过国家制定的报刊、信息网络或其他媒介发布招标公告。

采用邀请招标方式的,招标人应当向三个以上具备承担招标项目的能力、资信良好的特定的法人或者其他组织发出投标邀请书。

招标公告或者投标邀请书应当至少载明下列内容:招标人的名称和地址;招标项目的内容、规模、资金来源;招标项目的实施地点和工期;获取招标文件或者资格预审文件的地点和时间;对招标文件或者资格预审文件收取的费用;对投标人的资质等级的要求。

(六)投标人资格预审

招标人可以根据招标项目本身的特点和需要,要求潜在投标人或者投标人提供满足其资格要求的文件,对潜在投标人或者投标人进行资格审查;法律、行政法规对潜在投标人或者投标人的资格条件有规定的,依照其规定。招标人不得以不合理的条件限制或者排斥潜在投标人,不得对潜在投标人实行歧视待遇。

资格预审的主要内容有投标人的法人地位、财产状况、人员素质、各类技术力量及技术装备状况、企业信誉和业绩等。

(七)发售招标文件

招标人向资格预审合格的潜在投标人发出资格预审合格通知书,告知获取招标文件的时间、地点和方法,办理投标手续,并收取保证金。

《中华人民共和国招投标法》规定:"招标人不得向他人透露已获取招标文件的潜在投标人的名称、数量以及可能影响公平竞争的有关招标的其他情况。"

(八)组织踏勘现场及答疑

招标文件发出后招标人应根据招标文件规定的时间统一组织投标人到项目现场踏勘,并在招标文件规定的时间组织召开招标文件答疑会,投标人对招标文件中提出的疑问,招标人负责逐一解答。

(九)接受标书

招标人应当确定投标人编制招标文件所需要的合理时间;但是,依法必须进行招标的项目,自招标文件开始发出之日起至投标人提交截止之日止,最短不得少于20日。

(十)开标、评标、定标,签订承发包合同

按招标文件规定的时间公开开标;当众启封,公布标底;评标委员会依据评标办法提出中标人建议。中标人确定后,招标人在规定时间内发出中标或未中标通知书。

招标人和中标人应当自中标通知书发出之日起 30 日内,按照招标文件和中标人的投标文件订立书面合同。招标人和中标人不得再行订立背离合同实质性内容的其他协议。

三、投资项目招标文件的编制与标底的计算

(一)投资项目招标文件的内容

投资项目招标文件是标明投资数量、规格、要求和招投标双方责权利关系的书面文件。

现以投资项目施工招标为例,介绍招标文件的编制。

第一卷　投标须知、合同条件及合同格式

　第一章　投标须知前附表

　第二章　投标须知、合同条件及合同格式

　第三章　合同协议条款

　第四章　合同格式

第二卷　技术规范

　第五章　技术规范

第三卷　投标文件格式

　第六章　投标书及投标书附录

　第七章　投资量清单与报价表

　第八章　辅助资料表

　第九章　资格审查表(资格预审的不采用)

第四卷　图纸

　第十章　图纸

下面具体说明各部分的主要内容:

1. 投标须知

投标须知是招标文件中很重要的一部分内容,投标人在投标时必须仔细阅读和理解,按须知中的要求进行投标。其内容包括总则、招标文件、招标报价说明、投标文件的编制、投标文件递交、开标、评标、授予合同八项内容。投标须知前一般有一张"前附表"。

"前附表"是将投标人须知中的重要条款规定的内容用一个表格的形式列出,以使

投标人在整个投标过程中必须严格遵守和仔细研究。

(1)总则。在总则中要说明投资概况和资金来源,投标人资格审查的标准,投标人须提供的资料(如投标人业绩、项目经理简历、技术装备情况、财务状况等)及投标费用等。投标人不论是否中标都应承担投标期间的一切费用。

(2)招标文件。招标文件除了在投标须知中写明的招标文件的内容外,对招标文件的解释、修改和补充内容也是招标文件的组成部分。招标人对已发出的招标文件进行必要的澄清或修改,应当在招标文件要求提交投标文件截止时间至少5日前,以书面形式通知所有招标文件收受人。

(3)投标报价说明。投标报价说明应指出对投标报价、投标价格采用的方式和投标货币三个方面的要求。

①投标报价包含费用和工程量的计算依据说明。除非合同另有规定,具有报价的工程量清单中所报的单价和综合价,以及报价总表中的价格应包括人工、施工机械、材料、安装、维护、管理、保险、利润、税金,以及政策性文件规定、合同包含的所有风险和责任等各项费用。不论是招标人在招标单位的招标文件中提出的投资量清单,还是招标人要求投标人在招标文件中提供的图纸列出的工程量清单,其工程量清单中每一项的单价和综合价都应填写,未填写的将得不到支付,并认为此项费用已包含在工程量清单的其他单价和综合价中。

②投标报价采用的方式说明。投标报价采用价格固定和价格调整两种方式。采用价格固定方式的应写明:投标人所填写的单价和综合价在合同实施期间不因市场因素而变化,在计算报价时可考虑一定的风险系数。采用价格调整方式的应写明:投标单位所填写的单价和综合价在合同实施期间可因市场变化的因素而变动。

③投标报价采用的货币说明。对于国内投资的投标单位项目应写明:投标文件中的报价全部采用人民币表示。

(4)投标文件的编制。投标文件的编制主要说明投标文件的语言、投标文件的组成、投标有效期、投标保证金、投标预备会、投标文件的份数和签署等内容。

2. 合同条款

合同条款一般包括通用合同条款和专用合同条款。

3. 技术规范

在招标文件中应明确所采用的国家、部门、行业或地方的设计、施工技术规范的名称,主要内容包括:

(1)投资现场的自然条件。投资所处的位置、现场环境、地形、地貌、地质与水文条件、地震强度、气温、雨雪量、风向、风力等。

(2)施工条件。建设用地的面积,建筑物占地面积,场地拆迁及平整情况,施工用水、用电、通信情况,现场地下埋设物及其有关勘探资料。

(3)施工技术要求。主要说明施工的供气、材料供应、技术质量标准有关规定,以及投资管理中对分包、各类投资报告(开工报告、测量报告、材料检验报告、投资自检报告、投资进度报告、竣工报告、投资事故报告等)、测量、施工机械、投资记录、投资检验、施工安装、竣工资料的要求等。

(4)技术规范。一般可采用国际国内公认的标准及施工图中规定的施工技术要求。

在招标文件中的技术规范必须由招标人根据投资的实际要求,自行决定其具体的内容和格式,由招标文件的编写人员自己编写,没有标准化的内容和格式可以套用。技术规范是投资质量的标准和质量管理的依据,招标人对这部分文件的编写应特别重视。

4. 投标书及投标书附录

投标书是由投标单位授权的代表签署的一份投标文件,是业主和承包商双方均具有法律约束力的合同的重要组成部分。与投标书同时递交的还有投标书附录、投标保证书和投标单位的法人代表资格证书。投标书附录是对合同条件规定的重要要求具体化,投标保证书可选择银行保函,担保公司、证券公司、保险公司提供担保书。

5. 工程量清单与报价表

工程量清单是投标报价的实物量计算依据和招标单位评标的依据。通常招标单位按国家颁布的统一工程项目耗费、统一的计量单位和统一的工程量计算规则,根据施工图纸计算工程量,提供给受标单位作为投标报价的基础。结算拨付时以实际工程量为依据。

单价表是采用单价合同承包方式,是投标单位的报价文件和招标单位的评价依据,通常由招标单位开列分部分项工程名称(例如,土方工程、混凝土工程等),交投标单位填列单价,作为标书的重要组成部分;也可由投标单位提出单价,招标单位认可或另提单价。

在招标文件中一般需列出的投标报价的工程量清单和报价表有:

(1)报表汇总表。

(2)工程量清单标价表。

(3)设备清单及报价表。

(4)现场因素、施工技术措施及赶工措施费用报价表。

(5)材料清单及材料差价。

6. 辅助资料表

辅助资料表是进一步了解投标人对施工人员、机械和各项工作的安排情况,便于评标时进行比较,同时便于业主在投资施工中安排资金计划。在招标文件中统一拟定各类表格或提出具体要求让投标人填写或说明,一般列出的辅助资料表有:项目经理简历表,主要管理人员表,主要施工机械表,投资项目拟分包表,施工方案或施工组织设计、计划开工与竣工日期和施工进度表,临时设施布置和临时用地表等。

7. 资格审查表

对于未通过资格预审的,在招标文件中应编制资格审查表,以便进行资格后审。在评标前,必须首先按资格审查表的要求进行资格审查,只有资格审查通过者,才有资格进入评标。资格审查表的内容有:

(1)投标单位企业概况。

(2)近3年来承建的投资项目情况一览表。

(3)目前正在承建的投资项目情况一览表。

(4)目前剩余劳动力和施工机械设备情况。

(5)财务状况。

(6)其他资料,如各种奖励或处罚等。

(7)联营体协议书或授权书。

8. 图纸

图纸是招标文件的重要组成部分,是投标单位在拟定施工方案、确定施工方法、提出替代方案、确定工程量清单和计算投标报价时不可缺少的资料。

图纸的详细程度取决于设计的深度与合同的类型,在施工实施中陆续补充和修改图纸。这些补充和修改的图纸必须经监理工程师签字后正式下达,才能作为施工和结算的依据。

(二)标底的确定与计算

标底是招标投资项目的预期价格,通常由业主委托设计单位和建设监理单位,根据国家(或地方)公布的统一工程项目耗费、统一计量单位、统一计算规则以及施工图纸、招标文件,并参照国家规定的技术标准、经济定额等资料进行编制,是审核投标报价、评标、决标的基本依据。标底是投资方核实建设规模的依据,是衡量投标单位报价的准绳,是评标的重要尺度。招标文件中的商务条款一经确定,即可进入标底价格的编制阶段。

1. 标底的编制原则

(1)根据设计图纸及有关资料、招标文件,参照国家规定的技术、经济标准定额及规范,确定投资量和编制标底。

(2)标底的计价内容、计价依据应与招标文件的规定完全一致。

(3)标底的价格作为招标单位的期望计划价格,应适应市场的实际变化,有利于竞争和保证投资质量。

(4)标底的价格应由成本、利润等组成,一般应控制在批准的总概算及投资包干的限额内。

(5)标底应考虑人工、材料、机械台班等变动因素,还应包括施工不可预见费、包干费和措施费等。

(6)根据我国现行的工程造价计价方法,并考虑向国际惯例靠拢,提倡优质优价。

(7)一个投资项目只能编制一个标底。

2. 标底的编制依据

(1)经有关方面审批的初步设计和概算投资等文件。

(2)已批准的招标文件。

(3)全部设计图纸,包括符合设计深度的施工图、扩大初步设计图以及相配套的各种标准、通用图集,有关的设计说明、工程量计算规划。

(4)施工现场的地质、水文、地上情况的资料。

(5)施工方案或施工组织设计。

(6)现行的工程预算定额、工期定额、计价类别及取费标准、国家或地方有关价格调整的文件规定等。

3. 标底的编制程序

当招标文件中的商务条款一经确定,即可进入标底编制阶段。投资项目标底的编制程序如下:

(1)确定标底的编制单位。

标底可由招标单位自行编制或委托经建设行政主管部门批准具有编制标底资格和能力的中介机构代理编制。

(2)准备标底计算所需资料。

①全套施工图纸及现场地质、水文、地上的有关资料;

②招标文件;

③领取标底价格计算书和报审的有关表格。

(3)参加交底会及现场勘察。

标底编审人员均应参加施工图交底、施工方案交底以及现场勘察、招标预备会,便于进行标底的编审工作。

(4)标底的编制。

编制人员应严格按照国家有关政策、规定,科学、公正地编制标底价格。

4. 标底常见的编制方法

(1)以施工图预算为基础编制的标底。

这是目前国内采用最广泛的方法,编制程序及主要内容如下:

①准备工作。研究施工图纸及说明,踏勘了解施工现场,拟定施工方案,了解建设单位提供的器材落实情况,进行市场调查等。

②计算工程量。按图纸和工程量的计算规则,计算分部分项工程量,编制工程量清单。

③确定单价。针对分部分项工程选定适当的定额单价,编制必要的补充单价。

④计算直接费。包括分部分项直接费和其他直接费。

⑤计算施工管理费。以直接费为基数,按规定费率计算。

⑥计算独立费。临时设施费,冬、雨季施工费,夜间施工费,技术装备费等。

⑦计算主要材料的数量和价差。

⑧确定不可预见费。

⑨计算计划利润。按国家规定的利润率计算。

⑩标底总价的确定。上述各项费用之和即为标底总价。

(2) 以概算为基础编制的标底。

概算是设计单位在初步设计和扩大初步设计阶段编制的。据此编制标底可以简化编制工作,节约时间。但其前提是要有能够满足招标需要的类似技术设计深度的招标图,以作为定量、定质和作价依据。目前这种方法在国内投资项目中不太被采用,主要是由于初步设计深度不够,与施工图设计的内容出入较大,从而导致造价悬殊,总额难以控制。

采用这种方法编制的标底,其编制步骤和方法基本上与以施工图预算为基础的标底相同。不同之处主要有:

①采用的定额及单价是概算定额,而不是预算定额。

②在招标文件中应附工程量清单。

③根据不同工程类型,进行必要的系数风险调整。

(3) 实物量法。

用实物量法编制标底,主要先用计算出的各分项工程的实物工程量,分别套取预算定额中的工、料、机消耗指标,并按类相加,求出单位工程所需的各种人工、机械、施工机械台班市场单价,求出人工费、材料费、施工机械使用费,再汇总求和。对其他直接费、间接费、计划利润等计算则根据当时当地建筑市场的供求情况确定。实物编制法与工料单价法相似,最大的区别在于计算人工、材料、施工机械使用费及汇总三者费用之和的方法不同。

计算人工、材料、施工机械使用费,是根据预算定额中的人工、材料、机械台班消耗量与当时当地人工、材料和机械台班单价相乘汇总得出,所以能够较好地反映实际价格水平,投资造价准确度高。从长远角度看,人工、材料、机械的实物消耗量应根据企业自身的消耗水平来确定。

四、工程量清单计价模式及编制标底

建设工程施工招投标招标方编制工程量清单和投标方编制清单报价,规范招标人和投标人在招投标活动中的计价行为,有利于创造公平有序的市场竞争环境,保障项目质量,合理确定工程造价。

(一)工程量清单的计价类型

工程量清单是指按照招标和施工设计图纸的要求与规定,依据统一的工程量计算规则、现行预算定额或综合预算定额子目分项要求,将拟建招标的全部项目和内容,按部位性质或按构件分部分项,并计算其实物工程量,列成清单,作为招标文件的组成部分,供投标单位逐项填写单价的一种投资量计价方法。工程量清单按分部分项工程单价组成划分为以下类型:

1. 直接费单价

直接费单价即投资量清单的单价,由人工费、材料费和机械费组成,按现行预算定额的工、料、机消耗标准及预算价格确定。其他直接费、间接费、利润、材料价差等按现行的计价方法。其编制要点如下:

(1)工程量清单应与投标须知、合同条件、合同协议条款、技术规范和图纸一起使用。

(2)工程量清单所列示的工程量是招标单位暂估的,作为投标标价的共同基础。付款以实际完成的符合合同要求的工程量为依据,工程量由承包商测量、监理工程师计量确认。

(3)工程量清单中所填入的单价和合价,应按照现行预算定额的工、料、机消耗标准及预算价格确定,作为直接费的基础。其他直接费、间接费、利润、有关文件规定的调价、材料价差、设备价差、现场因素费用、施工技术措施费以及采用固定价格的投资所测算的风险金、税金等按现行计算方法计取,计入其他相应的报价表中。

(4)工程量清单中不再重复或概括工程及材料的一般说明,在编制和填写工程量清单的每一项的单价和合价时应参考投标须知和合同文件的有关条款。

工程量清单报价表的内容包括"报价汇总表""工程量清单报价表""材料清单及材料差价报价表""设备清单及报价表""现场因素、施工技术措施及赶工措施费用报价表"等。

2. 综合单价

综合单价对应图纸内工程量清单即分部分项工程实物量计价表,综合了直接费、管理费及利润。投资计价实行统一的投资项目划分、统一的工程量计算规则、统一的计算单位和耗费标准。总报价是综合费用、工程实物量计价与税金三项内容的总和。

工程实物量计价是指施工图中分部分项工程量和相应各子目的投资成本、费用及利润总和。单位实物工程量的总和价格，属于固定价，结算时不予调整。如有下列情况可以调整：(1)招标文件提供的实物量与招标图纸实际工程量不符，其投资量差应予以调整，但应以工程投标中标后确认的单价为准；(2)因设计修改而引起的实物量变化，应予以调整，其单价以修改时的综合价格为准。

综合费用项目包括施工组织措施费、履约担保手续费、工程担保费、保险费等，为完成施工设计图纸的投资项目，在施工前后及施工期间必须或可能发生的费用，部分费用的编制应依据投资的实际情况和自己的竞争实力报价。此部分费用一经报价应为固定价，即结算时除因经批准的重大变更及引起施工方法的重大改变，或招标文件与承包合同另有说明外，不因分部分项的项目、投资量的变化及其他原因而调整。

3. 全费用单价(国际惯例)

全费用单价由直接费、竞争性费用组成。该工程量清单项目分为一般项目、暂定金额和计日工三种。一般项目是指工程量清单中除暂定金额和计日工以外的全部项目。暂定金额是指包括在合同中，供工程任何部分的施工或提供货物、材料、设备或服务，或提供不可预料事件所需费用的一项金额。全费用单价合同是典型、完整的单价合同，工程量清单按能形成一个独立的构件为子目来分部分项编制，同时对该子目的工作内容和范围必须加以说明和界定。

(二)编制工程量清单的方法

工程量清单作为确认投资造价基础的投资实物量，要保证工程造价的合理有效控制，其准确性与否十分重要。工程量清单中的项目应具有高度的概括性，条目要简明，同时又不能出现漏洞和错项，以保证计价项目的正确性。

编制工程量清单应遵循客观、公正、科学、合理的原则，编制人员应具有职业资格和良好的职业道德，严格依据设计图纸和有关资料、现行的定额和有关文件及投资技术规程和规范进行编制。

在编制工程量清单时划分工程量清单项目应合理，分清不同等级的工程项目和不同的报价范围。工程量清单分成投资量清单分表、计日工清单表、汇总表三部分。

工程项目与工程量清单分表的对应关系应在工程量清单汇总表中有所说明。

认真进行工程量清单复核，确保其内容符合实际、科学、合理。工程量清单编制完成后应认真进行全面复核，一般采用如下方法：

1. 技术经济指标法

将编制好的工程量从工程造价指标、主要材料消耗指标、主要工程量指标等方面进行比较,如果出入不大,则可判定工程量清单基本正确;反之,则必定存在问题,应认真查找。

2. 分组计算复核法

分组计算复核法是一种快速的方法,它把工程量清单中的项目划分为若干组,并把相邻且有一定内在联系的项目编成一组,复核或计算同组的投资量。

投资的准备阶段,招标单位在工程投资方案、初步设计或部分施工图设计完成后,即可委托标底编制单位(或招标单位)按统一的工程投资量计算有关规则,再以单位工程为对象,计算并列出各分部分项工程量清单(应附有有关的施工内容说明),作为招标文件的组成部分发放给各投标单位。

由于各地区、各行业投资造价的管理体制具体规定不同,对于招标标底的确定方法、计算方法各不相同,还产生了以企业自主定额为计算依据的标底形式。不同的标底计算方法有不同的应用条件,要结合项目的具体情况实施。

不论用哪种方式编制,标底必须适应目标工期的要求,必须适应招标方的质量要求,必须适应建筑资源的供应可能与价格变动的可能,充分考虑各种风险;必须充分考虑项目所在地域的自然环境与现场条件,将地下隐蔽工程和"三通一平"等招标工程范围内的费用正确计入标底价格。

第三节 投资项目投标

投标人是响应招标、参加投标竞争的法人或者其他组织。投资项目投标,是投资项目整个招投标过程中的重要一环,它是投资项目承包人以投标报价的形式,争取承包投资项目建设的经济活动。具体来说就是指经过审查具有投标资格的投标单位,以同意招标文件所提出的条件为前提,经过广泛的市场调查掌握一定的信息,并结合自身的经营目标及能力等情况,以投标竞争的方式获取项目实施任务的过程。

一、投资项目投标的工作机构

投标是承包人在竞争激烈的建设市场上迈出的关键的第一步。为了在投标竞争中获胜,承包人应设置投标工作机构,积累各种资料,掌握市场动态,研究投标策略,积极参与投标。

(一)投标工作机构的职能

1. 收集和分析招标、投标的各种信息资料

收集各类招标文件及有关政策规定;收集整理企业内部的各项资质证书、资信证

明、优良的投资证书等竞争材料;收集企业外部的市场动态资料,尤其是主要竞争对手的有关资料;收集整理投资技术经济指标。

2. 从事投资项目的投标活动

接受招标通知,提出投标方案,研究分析招标文件,办理投标手续,参加投标会议,踏勘现场,编制投标文件,中标后负责起草合同,参加合同洽谈。

3. 总结投标经验,研究投标策略

(二)投标工作机构的组织

投标工作机构通常由下列人员组成:

(1)经理或业务副经理作为主要负责人,对投标活动进行决策。

(2)投资师或主任投资师作为技术负责人,对施工方案、技术措施进行编制和审核。

(3)合同预算部门主管具体负责投标报价工作。

为了保守投标报价的秘密,投标工作机构人员不宜过多,特别是最后决策阶段,应尽量缩小范围,并采取一定的保密措施。

二、投资项目投标的程序及内容

投标的具体程序可见图 5—3 所示。

(一)投标准备工作

1. 收集和整理招标、投标信息资料

准确、全面、及时地掌握各项技术、经济、商务信息,是投标成功的关键。招标、投标信息涉及面广,其主要内容可概括为以下几个方面:

(1)招标信息。除公开发布的招标公告外,应通过多种渠道,广泛收集项目立项信息、政府投资方面的信息、城市规划信息、建设和变化趋势信息,尽可能在招标投资项目发布公告前获取投资项目建设信息。

(2)招标投资项目所在地信息。

(3)科学技术发展信息。

(4)招标单位信息。

(5)竞争对手信息。

(6)有关报价的参考资料。

2. 准备投标资格预审资料

资格预审资料不仅能起到通过资格预审的作用,而且是施工企业重要的宣传材料,应予重视。

```
                    ┌─────────────────┐
                    │ 1.获取招标信息  │
                    └────────┬────────┘
                             │
                    ┌────────▼────────┐
                    │ 2.投标决策(前期)│
                    └────────┬────────┘
┌──────────────────┐         │
│3.分包、联合承包的选定│◄────┤
└──────────────────┘         │
                    ┌────────▼────────┐
                    │ 4.申报资格预审  │────►┌────────┐
                    └────────┬────────┘     │ 未通过 │
                             │              └────────┘
                    ┌────────▼────────────┐
                    │ 5.购买、译读招标文件│
                    └─┬────┬────┬────┬───┬┘
                      │    │    │    │   │
```

图5-3 投资项目的投标程序

(步骤 6-23:)
6. 组织投标班子,选择咨询单位
7. 现场勘查
8. 计算和复核工程量
9. 业主答问题
10. 询价及市场调查
11. 制订施工计划
12. 制订资金计划
13. 投标技巧研究
14. 选定金额,确定费率
15. 计算单价,汇总投标价
16. 投标价评估及调整
17. 编制投标文件
18. 封送投标书
19. 开标 → 投标书不合格,剔除
20. 评标 → 未授标
21. 中标
22. 办理履约保函
23. 签订合同

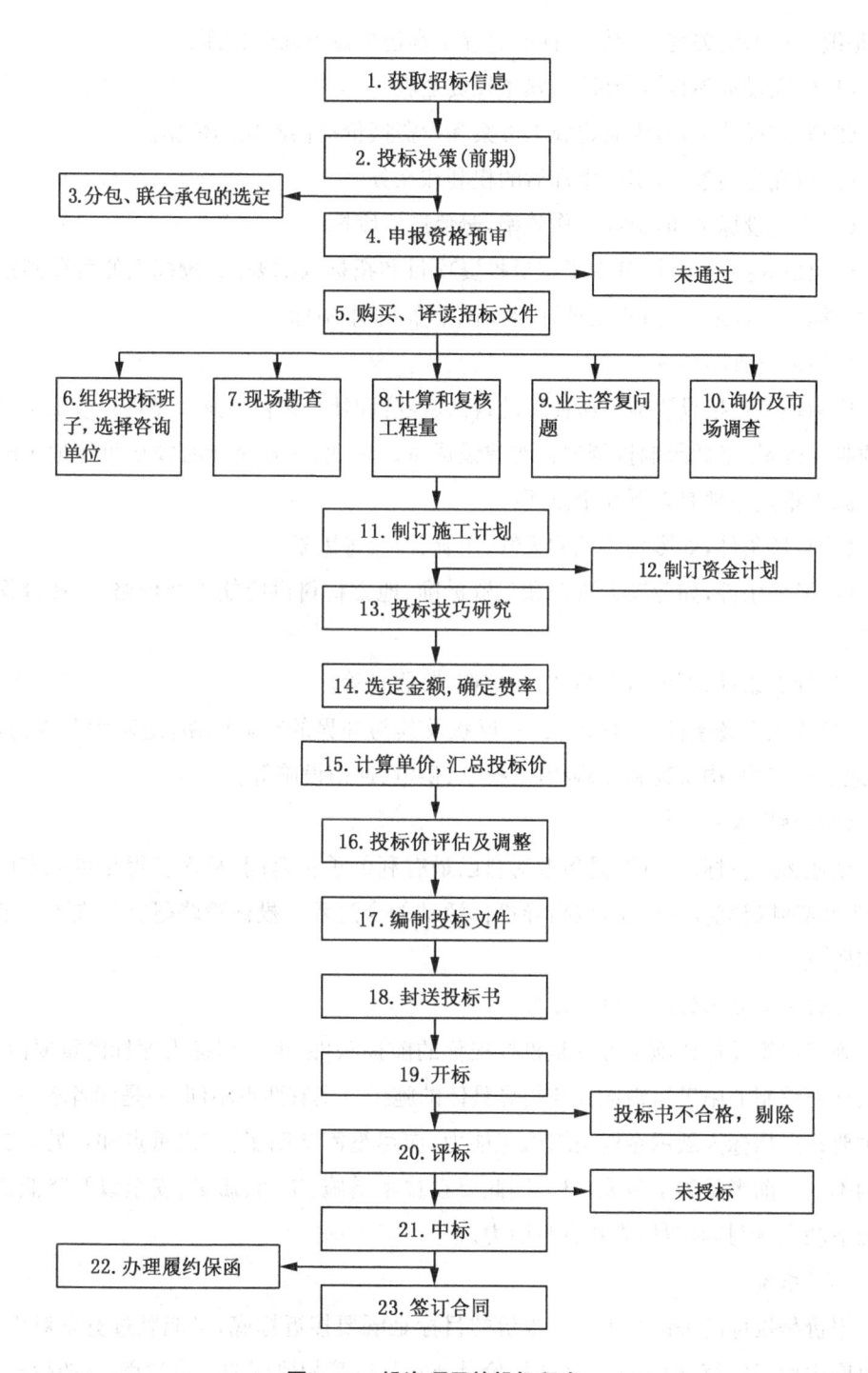

图 5—3 投资项目的投标程序

(二)研究招标文件

认真研究招标文件,熟悉招标内容和招标人要求,发现招标文件中的疑点以求澄

清,是编制标书的关键。招标文件的研究工作包括以下几个方面:

(1)研究投资项目综合说明,熟悉投资全貌。

(2)研究设计文件,为制定施工方案和投资报价提供确切的依据。

(3)研究合同条款,明确中标后的权利和义务。

(4)研究投标须知,提高工作效率,避免造成废标。

全面研究招标文件,基本了解对投资项目和招标人的要求,投标人便可以制定自己的投标工作计划,有条不紊地开展投标工作,以求中标。

(三)调查投标环境

投标环境是指投资项目所在地的自然、经济和社会条件。这些条件是投资项目施工的制约因素,必然影响投资项目的建设成本。因此,在报价前必须尽可能地了解清楚。调查重点通常有以下几个方面:

(1)自然条件,如影响施工的天气、山脉、河流等因素。

(2)经济条件,如劳动力资源和工资标准、地方材料供应能力及价格、专业分保条件等。

(3)社会条件,如风俗习惯、宗教信仰、节假日等。

(4)施工现场条件,如场地大小、形状及其与外界的交通联系,地基承载能力,地上、地下建筑物、构筑物和障碍物,给排水、供电、通信设施等。

(四)确定投标策略

企业参加投标的目的,是争取对自己最有利的承包合同,从而获得尽可能多的盈利,为此必须研究投标策略,以指导投标活动的全过程。投标策略研究将在下一节中详细研究。

(五)制定施工组织和施工方案

施工组织设计或施工方案是投标报价的前提条件,也是招标人评标的重要内容。为投标而编制的施工组织设计与指导具体的施工方案有两点不同:一是读者不同。前者主要是向招标人展示企业组织施工能力,应尽量简洁明了,突出重点和长处。二是目的不同。前者是为了争取中标,因此要在技术措施、工期、质量、安全以及降低成本方面下功夫,使其对招标人具有吸引力。

(六)报价

报价是投标的关键性工作。报价的目标是既要接近标底,又能胜过竞争对手;既要争取中标,又能获得最大利润。报价是技术与决策相协调的一个过程。《招投标法》第 33 条规定:"投标人不得以低于成本价的报价竞标。"

(七)编制及投送标书

最终报价确定后,便可编写投标书。《招投标法》第 27 条规定:"投标人应当按照

招标文件的要求编制投标文件,投标文件应当对招标文件提出的实质性要求和条件作出响应。"投标书一般应包括以下内容:

(1)综合说明。

(2)标书情况汇总表、总报价、总工期、质量承诺和优惠让利条件。

(3)详细预算及主要材料用量。

(4)施工方案和选用的主要施工机械、劳动力配置、进度计划等。

(5)保证投资质量、进度和安全的主要技术措施。

(6)对合同主要条件的确认及招标文件要求的其他内容。

编制标书前,投标人应仔细研究投标须知,按要求认真填写有关表格,填妥后认真校核,避免因疏忽而造成废标。经检查确认无误后,由投标单位及负责人签名盖章,按投标须知的要求密封,在投标截止日期前送达招标人指定的收件地点,等候开标。在投标截止日期前,投标人若有补充或修改内容,密封后送达指定地点,同样具有效力。

投标人可以提出修改设计、合同条件等建议方案,并确定相应的标价和投标书;同时密封送达指定地点,供招标人参考。

第四节　投资项目的开标、评标和定标

一、开标

(一)开标前的准备工作

开标会是招投标工作中的一个重要的法定程序。开标会上将公开各投标单位标书、当众宣布标底、宣布评定方法等,这表明招投标工作进入一个新的阶段。开标前应做好下列各项准备工作:

(1)成立评标组织,制定评标办法;

(2)委托公证,通过公证人的公正,从法律上确认开标是合法、有效的;

(3)按招标文件规定的投标截止日期密封标箱。

(二)开标的时间和地点

《招投标法》第34条规定:"开标应当在招标文件确定的提交投标文件截止时间的同一时间公开进行。开标地点应当为招标文件中预先确定的地点。"

鉴于某种原因,招标机构有权变更开标日期和地点,但必须以书面的形式通知所有的投标者。同时,《招投标法》第35条还规定:"开标由招标人主持,邀请所有投标人参加。"

(三)开标的程序

《招投标法》第36条规定:"开标时,由投标人或者其推选的代表检查投标文件的密封情况,也可以由招标人委托的公证机构检查并公证;经确认无误后,由工作人员当众拆封,宣读投标人名称、投标价格和投标文件的其他主要内容。"开标的一般程序如下:

(1)唱报到会人员,宣布开标会议主持人。

(2)投标单位代表向主持人及公证人员送验法人代表证明或授权委托书。

(3)当众检验和启封标书。

(4)各投标单位代表宣读标书中的投标报价、工期、质量目标、主要材料用量等内容。

(5)招标单位公布标底。

(6)填写建设投资施工投标书开标汇总表。

(7)有关各方签字。

(8)公证人口头发表公证。

(9)主持人宣布评标办法(也可在启封标书前宣布)及日程安排。

(四)标书有效性审查

有下列情况之一,标书可判为无效标书:

(1)标书未密封。合格的密封标书,应将标书装入公文袋内,除袋口粘贴外,在缝口处用白纸条贴封变更加盖骑缝章。

(2)投标书(包括标书情况汇总表、密封签)未加盖法人印章和法定代表人或其委托代理人的印鉴。

(3)标书未按规定的时间、地点送达。

(4)投标人未按时参加开标会。

(5)投标书主要内容不全或与本投资无关,字迹模糊,辨认不清,无法评估。

(6)标书情况汇总表与标书相关内容不符。

(7)标书情况汇总表涂改处未加盖法定代表人或其他委托代理人的印鉴。

二、评标

评标是指根据招标文件确定的标准和方法,对每个投标人的标书进行分析比较,判断优劣,提出确定中标人的意见和建议。评标过程应包括建立评标委员会,制定评标的原则、程序和方法,确定日程安排和定标过程中相关问题处理的规定等内容。评标不能由招标人或其代理机构独自承担。《招投标法》第37条第1款规定:"评标由招标人依法组建的评标委员会负责。"

(一)评标委员会

1. 评标委员会的组建

评标委员会由招标人负责组建和评标活动,向招标人推荐中标候选人或者根据招标人的授权直接确定中标人。

《招投标法》第 37 条规定:"依法必须进行招标的项目,其评标委员会由招标人代表和有关技术、经济等方面的专家组成,成员人数为 5 人以上的单数,其中,技术、经济等方面的专家不得少于成员总数的 2/3。"

评标委员会的专家成员应当从省级以上人民政府有关部门提供的专家名册或者招标代理机构的专家库内的相关专家名单中确定。一般项目,可以采取随机抽取的方式;技术特别复杂、专业性要求特别高或者国家有特殊要求的招标项目,采取随机抽取方式确定的专家难以胜任的,可以由招标人直接确定。

2. 对评标委员会成员的要求

评标委员会的专家成员应符合下列条件:

(1)从事相关专业领域工作满八年并具有高级职称或者同等专业水平;

(2)熟悉有关招标投标的法律法规,并具有与招标项目相关的实践经验;

(3)能够认真、公正、诚实、廉洁地履行职责。

有下列情形之一的,不得担任评标委员会成员:

(1)投标人或者投标主要负责人的近亲属;

(2)项目主管部门或者行政监督部门的人员;

(3)与投标人有经济利益关系,可能影响投标公正评审的;

(4)曾因在招标、评标以及其他与招标、投标有关活动中从事违法行为而受过行政处罚或刑事处罚的。

评标由评标委员会进行、招标管理机构监督,评标委员会成员名单一般应于开标前确定。评标委员会成员名单在中标结果确定前应当保密。

评标委员应遵循的基本准则是:客观、公正地履行职责,遵守职业道德,对所提出的评审意见承担个人责任;不得与任何投标人或者与招标结果有利害关系的人进行私下接触,不得收受投标人、中介人、其他利害关系人的财物或者其他好处;不得透露对投标文件的评审和比较、中标候选人的推荐情况以及与评标有关的其他情况。

(二)评标的主要任务和一般程序

1. 评标的主要任务

(1)开标前制定评标办法。为贯彻"合法、合理、公正、择优"的评标原则,应在开标前制定评标办法,并告知各投标单位,有条件时可将评标办法作为招标文件的组成部分,与招标书同时发出。

(2)对投标书进行分析、评议;组织投标单位答辩,对标书中不清楚的问题要求投标单位予以澄清和确认;按评标办法考核。

(3)决定中标单位。

2. 评标的一般程序

(1)开标会结束后,投标人退出会场,开始评标;

(2)评标委员会审阅评标文件,检查投标人对文件的响应情况和文件的完备性情况;

(3)对审阅后的有效投标文件进行实质性评议;

(4)评标委员会要求投标人对投标文件中的实质性内容进行说明和解释;

(5)评标委员会对评标结果进行审核,确定中标人顺序,形成评标报告;

(6)评标结果送招投标管理机构审查,确认后根据评标结果宣布中标人。

从评标组织评议的内容来看,通常将评标程序分为两段三审。两段指初审和终审。初审即对投标文件进行符合性评审、技术性评审和商务性评审,从未被宣布为无效或作废的投标文件中筛选出若干具备授标资格的投标人。终审是指对投标文件进行综合评价与比较分析,对初步择选出的若干具备授标资格的投标人进行进一步澄清、答辩,择优确定出中标候选人。三审就是指对投标文件进行的符合性评审、技术性评审和商务性评审,一般只发生在初审阶段。应当说明的是,终审并不是每一项评标都必须有的,若未采用单项评议法,则一般可不进行终审。

在不分初审和终审的情况下,评标组织对投标文件内容的审查、评议程序一般是:

(1)对投标文件进行符合性鉴定;

(2)对投标文件进行技术性评价;

(3)对投标文件进行商务性评价;

(4)对投标文件进行综合性评价与比较。

有些项目招标时,开始不进行资格预审,而采取将资格预审与评标相结合完成的方法,这种方法称为资格后审,即在确定中标候选人之前,评标委员会对投标人的资格进行审查,投标人只有符合招标文件要求的资质条件时,方可被确定为中标候选人或中标人。

(三)评标的准备与初步评审

1. 评标的准备

评标委员会成员应当编制供评标使用的相应表格,认真研究招标文件,至少应了解和熟悉以下内容:

(1)招标的目标;

(2)招标项目的范围和性质;

(3)招标文件中规定的主要技术要求、标准和商务条款；

(4)招标文件规定的评标标准、评标方法和在评标过程中考虑的相关因素。

招标人或者其委托的招标代理机构应当向评标委员会提供评标所需的重要信息和数据。招标人设有标底的，标底应当保密，并在评标时作为参考。

评标委员会应当根据招标文件规定的评标标准和方法，对投标文件进行系统的评审和比较。招标文件中没有规定的标准和方法不得作为评标的依据。

2. 初步评审

(1)投标文件的符合性鉴定。

评标委员会应对投标文件进行符合性鉴定，核查投标文件是否按照招标文件的规定和要求编写、签署，投标文件是否实质上响应招标文件的要求。所谓实质上响应招标文件的要求，是指投标文件应与招标文件的所有条款、条件和规定相符，无显著差异或保留。显著差异或保留是指对投资的发包范围、质量标准、工期、计价标准、合同条件及权利义务产生实质性影响；如果投标文件实质上不响应招标文件的要求或不符合招标文件的要求，即被确认为无效标。

(2)商务标评审。

评标委员会将对确定为实质上响应招标文件要求的投标进行投标报价评审，审查其报价是否按招标文件要求的计价依据进行报价；其报价是否合理，是否低于投资成本；并对其投标报价的投资量清单表中的单价和合价进行校核，看其是否有计算或统计上的错误。

(3)技术标评审。

对投标人的技术评估应从以下方面进行：技术方案的可行性；施工组织设计、施工进度计划的合理性，施工质量保证；施工技术管理人员和施工机械设备的配备；劳力、材料计划、材料来源、临时用地、临时设施是否合理可行；投标人的综合施工技术能力、以往履约、业绩和分包情况等。

(4)综合评审。

评标委员会将对确定为实质上响应招标文件要求的投标文件进行评审。

评标应按招标文件规定的评标方法，对投标人的报价、工期、质量、主要材料用量、施工方案或组织设计、以往业绩、社会信誉、优惠条件等方面进行综合评审。

(5)投标文件的澄清、答辩。

为了有助于对投标文件的审查、评价和比较，评标委员会可以要求投标人对投标文件中的内容进行澄清或答辩，评委会以口头或书面的形式提出问题，投标人在规定时间内以书面形式正式答复。澄清和确认的问题必须由授权代表正式签字，并声明将其作为投标文件的组成部分，但澄清问题的文件不允许变更投标价格或对原投标文件进行实质性修改。

澄清的内容包括要求投标人补充报送某些标价计算的细节资料；对其具有某些特点的施工方案做出进一步的解释；补充说明其施工能力和经验；对其提出的建议方案做出详细说明等。

(四)评标方法

经初步评审合格的投标文件，评标委员会应当根据招标文件确定的评标标准和方法，对其技术部分和商务部分作进一步评审、比较。

评标方法的选择和确定，既要充分考虑到科学合理、公平公正，又要考虑到具体投资项目招标的具体情况及不同特点和招标人的合理意愿。

实践中经常使用的评标方法，主要有单项评议法、综合评议法和两阶段评议法。

1. 单项评议法

单项评议法，又称低标价法，主要适用于小型投资。

采用单项评议法评标定标，决定成败的唯一因素是投标报价的高低。但不能简单地认为，标价越低，越能中标。一般的做法是，通过对投标书进行分析、比较，经初审后，筛选出低标价，通过进一步澄清和答辩，经终审后证明该低标价确实是切实可行、措施得当、合理的，则确定该标价中标。合理低标价不一定是最低投标价。

采用单项评议法对投标报价进行评议的方法多种多样，主要有以下几类代表性的模式。

(1)将投标报价与标底相比较的评议方法。这种方法是将各投标人的投标报价直接与招投标管理机构审定后的标底价相比较，以标底价为基础来判断投标报价的优劣，经评标被确认为合理低标价的投标报价即能中标。通常有三种具体的做法：①投标报价最接近标底价(即投标报价与标底价之差的绝对值最小)的(即为合理低标价的)即可中标；②投标报价与低于标底价某一幅度值之差的绝对值最小或为零的(即为合理低标价)即可中标；③允许投标报价围绕标底价按一定比例浮动，投标报价属于这个允许浮动范围的最低价或次低价的(即为合理低标价的)即可中标。超出该允许浮动范围的，则为无效标。

(2)将各投标报价相互进行比较的评议方法。从择优的角度看，可以对投标人的投标报价不做任何限制、不附加任何条件，只将各投标人的投标报价相互进行比较，而不与标底相比，经评标确认投标报价属最低价或次低价的(即为合理最低标价的)即可中标。

(3)复合标底评议方法。这种方法的特点是要借助于一个可以作为评标参照物的价格，即投标报价最接近于该价格时便能中标的价格。

目前，有的地区采用复合标底单项评议法。复合标底就是结合评标的初步审查，从通过资格预审的投标人中,选出符合招标方要求的投标报价(称为有效报价)。设招标人的标底为 A;有 m 个有效投标人,其有效报价为 $B_1,B_1,\cdots,B_m$;α 为加权系数,$0<\alpha<1$,则

$$复合标底 = \alpha A + (1-\alpha)\frac{B_1+B_2+\cdots+B_m}{m} \tag{5.1}$$

确定复合标底后,有效投标报价中与复合标底最为接近的为中标报价。

应注意以下几点:

①低价中标系指合理低价,是在成本价之上的最低报价。

②评标过程中,要在与总报价基本持平的前提下,从成本利润值大小考虑,若报价显明低于成本价时评标委员会可要求投标方进行说明,若属时不合理时应按无效表决处理。

③一般合理最低价评标法适用于多数技术简单、施工难度不大的中小型投资。

④采用合理最低价评标要考虑履约担保和合同管理制度、投资质量保障体系、市场准入制度等相关条件。

2. 综合评议法

综合评议法,是对价格、施工组织设计(施工方案)、项目经理的资历和业绩、投标人资质、工期、信誉和业绩等因素进行综合评价,从而确定中标人的评标方法。它是适用最广泛的评标方法。

综合评议法需要综合考虑投标书的各项内容是否同招标文件所要求的各项文件、资料和技术要求相一致。这种方法不是将价格作为唯一的评价因素,还要考虑标价、施工方案或施工组织设计、质量、工期、信誉和业绩等多种因素。为了让信誉好、质量高、实力强的企业中标,在综合评议法的诸评审因素中应适当突出对关键部位施工方法或特殊技术措施即保证投资质量、工期的措施的评议。

综合评议法按具体分析方式的不同,又可分为定性综合评议法和定量综合评议法。

(1)定性综合评议法。定性综合评议法的通常做法是,由评标委员会对投资报价、工期、质量、施工组织设计、主要材料消耗、安全保障措施、业绩、信誉等评审指标,分项进行定性分析,综合考虑,经评议后,选择其中被大多数评委认为各项条件都比较优良的投标人,未中标人,也可用投票表决的方式确定中标人。定性综合评议法是不量化各项指标的一种优选法。

定性综合评议的过程,可以采用定性指标定量化方法。

一种比较容易操作且客观性较强的交互综合评议法,是评委对所有有效投标方案给出一个从优到劣的排名顺序,按照不同专家的实际水平给出不同的权数 w_i,计算出

每个投标方案获得的名次分数,并分别乘以给出名次顺序对应专家的权数值,经加权计算确定方案得分和最后的优劣顺序。

假设评标委员会由 9 位专家组成,他们对 $A_1 \sim A_5$ 5 个投标方案的排序已确定,每位专家的权数也确定,便可得到如表 5-1 所示的数据表。

表 5-1 专家评分表

专家号 \ 方案	q_i 1	2	3	4	5	权数(w_i)
1	A_2	A_5	A_1	A_3	A_4	0.7
2	A_3	A_1	A_5	A_4	A_2	0.8
3	A_5	A_3	A_2	A_1	A_4	0.6
4	A_1	A_2	A_5	A_4	A_3	0.7
5	A_5	A_2	A_1	A_3	A_4	0.9
6	A_2	A_5	A_3	A_1	A_4	0.8
7	A_5	A_1	A_3	A_2	A_4	0.7
8	A_3	A_2	A_4	A_1	A_5	0.9
9	A_2	A_1	A_5	A_4	A_3	0.7

根据表 5-1 可知,第一个投标方案被排为第 1 名 1 次(权数为 0.7),第二名 3 次(权数为 0.8,0.7,0.7,0.7),第 3 名 2 次(权数为 0.7,0.9),第 4 名 3 次(权数为 0.6,0.8,0.9),第 5 名 0 次,则

$$方案 1 得分 = \frac{1 \times 0.7 + 2 \times (0.8 + 0.7 + 0.7) + 3 \times (0.7 + 0.9) + 4 \times (0.6 + 0.8 + 0.9)}{0.7 + 0.8 + 0.6 + 0.7 + 0.9 + 0.8 + 0.7 + 0.9 + 0.7}$$

$$= 2.81$$

同理,可计算出其他方案的得分,分数最低的为最佳方案。此类方法在国外已有多种形式,如波达法、康多瑟托法、南森法、道奇逊法、排除误差法等。

(2)定量综合评议法。采用定量综合评议法,确定各个单项评标因素分值分配的做法多种多样,一般要考虑的原则是:①各评标因素在整个评标因素中的地位和重要程度;②各评标因素对竞争性的体现程度;③各评标因素对招标意图的体现程度。根据业主的意图在确定评标因素的同时要确定各因素的权重或者取值范围。一般的定量综合评议法的评价因素构成可见图 5-4。

对于评价因素分析可以通过下面的例题进行介绍。

某投资采用公开招标的方式由 A、B、C、D、E、F 6 家投标单位参加投标,经资格预审,该 6 家投标单位均满足业主要求。该投资采用两阶段评标法评标,评标委员会由

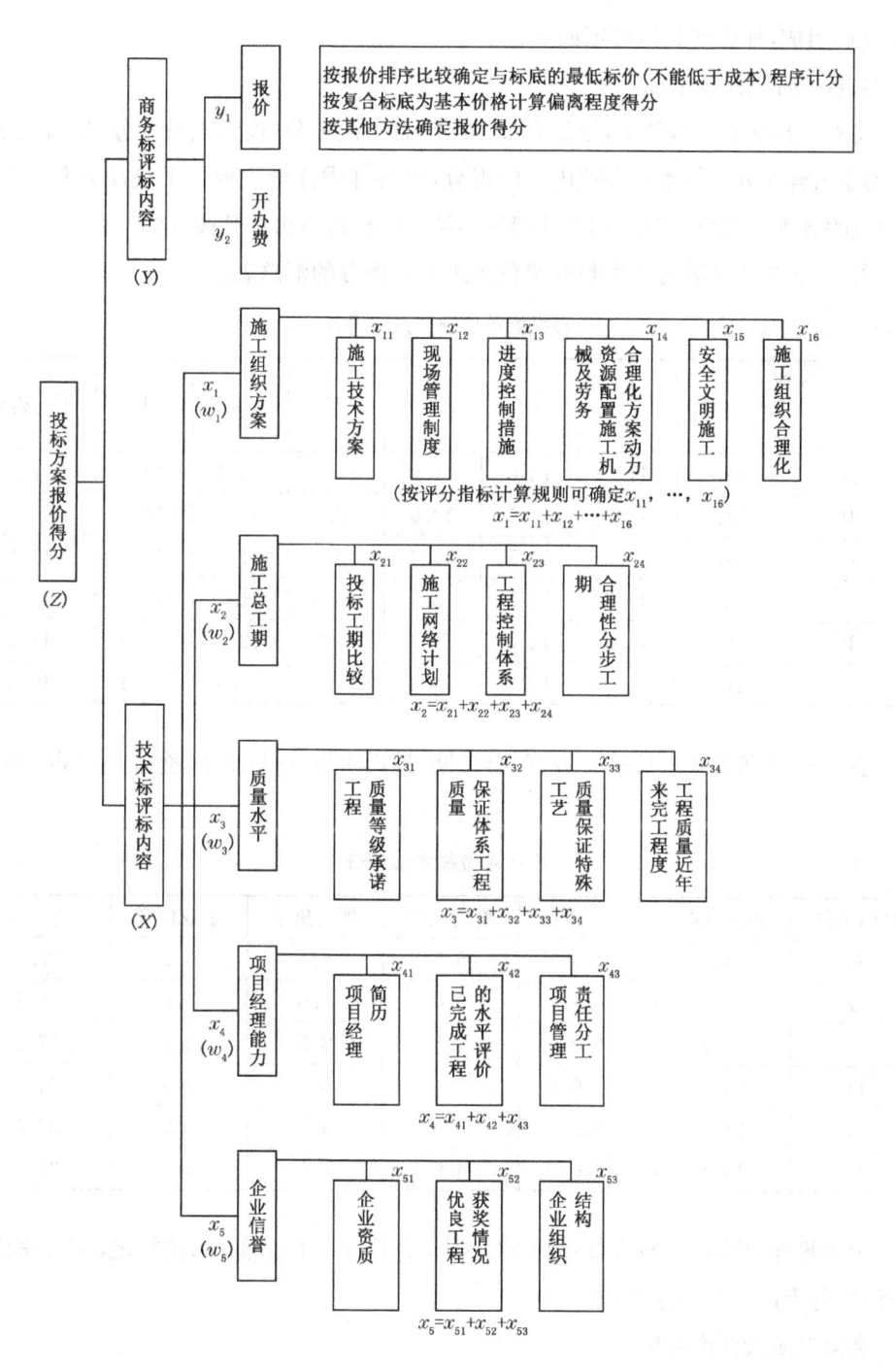

注：技术标评标得分 $X=x_1w_1+x_2w_2+x_3w_3+x_4w_4+x_5w_5$。其中，$w_1+w_2+w_3+w_4+w_5=1$（$w_i$ 由评标委员会决定）。商务标得分 $Y=y_1+y_2$。投标方案报价得分 $Z=aX+(1-a)Y$ （$0<a<1$）（a 的取值由评标委员会确定）。

图 5—4 投标方案评价因素分析

7个委员组成,评标的具体规定如下:

①第一阶段评技术标。

技术标共计40分,其中,施工方案15分,总工期8分,投资质量6分,项目班子6分,企业信誉5分。技术标各项内容的得分,为各评委评分去掉一个最高分和一个最低分后的算术平均数。技术标合计得分不满28分者,不再评其商务标。

表5-2为各评委对6家投标单位施工方案评分的汇总表。

表5-2　　　　　　　　　　各投标单位施工方案得分

评委 单位	一	二	三	四	五	六	七	平均得分
A	13.0	11.5	12.0	11.0	11.0	12.5	12.5	11.9
B	14.5	13.5	14.5	13.0	13.5	14.5	14.5	14
C	12.0	10.0	11.5	11.0	10.5	11.5	11.5	11.1
D	14.0	13.5	13.5	13.0	13.5	14.5	14.5	13.8
E	12.5	11.5	12.0	11.0	11.5	12.5	12.5	11.9
F	10.5	10.5	10.5	10.0	9.5	11.0	10.5	10.4

表5-3为各投标单位施工方案、总工期、投资质量、项目班子、企业信誉得分汇总表。

表5-3　　　　　　　　　　投标单位技术标得分

投标单位	施工方案	总工期	投资质量	项目班子	企业信誉	合　计
A	11.9	6.5	5.5	4.5	4.5	32.9
B	14	6.0	5.0	5.0	4.6	34.6
C	11.1	5.0	4.5	3.5	3.1	27.2
D	13.8	7.0	5.4	5.0	3.5	34.7
E	11.9	7.5	5.0	4.1	4.0	32.5
F	10.4	8.0	4.5	4.0	3.5	30.4

由于投标单位C的技术标仅得27.2分,小于28分的最低额,按规定,不再评其商务标,实际上已作为废标处理。

②第二阶段评商务标。

商务标共计60分。以标底的50%与投标单位报价算术平均数的50%之和为基准价,但最高(或最低)报价高于(或低于)次高(或次低)报价15%者,在计算投标单位报价算数平均时不予考虑,其商务标得分为15分。

以基准价为满分(60分),报价比基准价每下降1%,扣1分,做多扣10分;报价比基准价每增加1%,扣2分,扣分不保底。

各投标报价及标底汇总见表5-4所示。

表5-4　　　　　　　　　投标单位报价及标底汇总表　　　　　　　　单位:万元

投标单位	A	B	C	D	E	F	标底
报价	13 656	11 108	14 303	13 098	13 241	14 125	13 790

6个单位报价中,最低报价为(B)11 108万元,次低报价为(D)13 098万元;最高报价为(F)14 125万元,次高报价为(A)13 656万元(C单位已按废标处理)。

③计算各投标单位商务标得分。

经计算,(13 098-11 108)/13 098=15.19%>15%,

所以B单位报价不计入报价基准价,其商务标得分为15分。

F单位报价应列入基准价,因为(14 125-13 656)/13 656=3.43%<15%

基准价=13 790×50%+(13 656+13 098+13 241+14 125)/4×50%=13 660（万元）

各投标单位报价得分情况具体可见表5-5所示。

表5-5　　　　　　　　　　各投标单位报价得分表

投标单位	报价	报价与基准价的比例(%)	扣　分	得　分
A	13 656	(13 656/13 660)×100=99.97	(100-99.97)×1=0.03	59.97
B	11 108			15.00
D	13 098	(13 098/13 660)×100=95.89	(100-95.89)×1=4.11	55.89
E	13 241	(13 241/13 660)×100=96.93	(100-96.93)×1=3.07	56.93
F	14 125	(14 125/13 660)×100=103.40	(103.40-100)×1=3.40	56.60

④计算各投标单位的综合得分。

各投标单位的综合得分情况具体可见表5-6所示。

表5-6　　　　　　　　　　各投标单位的综合得分表

投标单位	技术标得分	商务标得分	综合得分
A	32.9	59.97	92.87
B	34.6	15.00	49.60
D	34.7	55.89	90.59
E	32.5	56.93	89.43
F	30.4	56.60	87

因为投标单位 A 的综合得分最高,故应选择其为中标单位。

如果上例中规定商务标全书为 0.7,即技术标权数为 0.3,则

A 单位的综合得分＝32.9×0.3＋59.97×0.7＝51.85

同样可得 D、E、F 单位综合得分分别为 49.53、49.60、48.74,所以确定 A 单位为中标单位。

综合评议是对整个投标书的打分,需要确定评标基准价和计分方式。所谓评标基准价,是指作为评分参照物的价格,亦即评分时可以得满分的价格。以评标基准价来衡量各投标人的投标报价,达到评标基准价的,给满分;未达到的,即偏离评标基准价的,每偏离一定的幅度或每增减一定的比例,扣除一定的分值,最后得出该投标报价应得的分数。

评标基准价的确定要与计分方式相结合。根据项目的具体情况,可以采取限制式和无限制式计分法(分值范围),间断式计分法和连续式计分法(不同标价跳跃式计分和内插法计分),对称式计分法和不对称式计分法(考虑偏离基准价程度增减是幅度相同还是不同)。

三、定标

定标,也称决标,是指评标小组对投标书按既定的评标方法和程序得出评标结论。

(一)确定中标人

业主根据评标委员会提供的评标报告,确定中标人。根据《招投标法》规定,中标人应符合以下条件之一:

(1)能最大限度地满足招标文件中规定的各项综合评价指标;

(2)能满足招标文件的实质性要求,并经评审投标价格最低,但投标价格低于成本的除外。

如经评标委员会评审,认为所有投标都不符合招标文件要求的,可否决所有投标。通常有以下几种情况:

(1)最低评价标大大超过标底和合同估价;

(2)所有投标人在实质上均未响应投标文件的要求;

(3)投标人过少,没有达到预期竞争力。

依法必须进行招标的项目所有投标被否决时,招标人依法重新招标。

(二)核发中标通知书

中标人确定后,招标人应向中标人发出中标通知书。中标通知书的实质内容应当与中标单位投标文件的内容相一致,主要内容应包括中标工程名称、中标价格、工程范围、工期、开工及竣工日期、质量等级等。

招标人有义务将中标结果通知所有未中标人。对已依法必须进行招标的项目,招标人应自确认中标之日起 15 日内,向有关行政监督部门提交招投标情况的书面报告。中标通知书具有法律效力,通知书发出后,中标人改变中标结果或放弃中标项目的,应当承担法律责任。招标单位与中标单位签订合同的,应当双倍返还其投标保证金,并赔偿相应的损失。

(三)授标

中标人接到通知后,应在中标通知书发出之日起 30 日内与业主签订合同。签约前业主与中标人还要进行决标后的谈判,但不得再行订立违背合同实质性内容的协议。在决标后的谈判中,如果中标人拒签合同,业主有权没收他的投标保证金,再与其他人签订合同。

业主与中标人签署合同后,对未中标的投标人也应当发出落标通知书,并退还他们的投标保证金,至此,招标工作即告结束。

第五节　投标决策与策略

一、投标决策的概念

(一)投标决策的含义

投标报价决策是指决策人根据现有信息和经验,应用有关决策和理论方法,通过自己的判断,从有利于中标又能盈利这一基本目标出发作出的关于投标报价的具体决策。投标决策通常要解决以下三个问题:

(1)是否参加投标?

(2)若参加投标,则是投什么性质的标;

(3)投标中采用的策略和技巧。

投标决策的正确与否,关系到能否中标和中标后的效益;关系到施工企业的发展前景,是企业经营决策中的重大问题,必须予以高度重视。

(二)投标决策阶段的划分

投标决策可以分为两阶段进行,即投标决策的前期阶段和投标决策的后期阶段。

投标决策的前期阶段,必须在购买投标人资格预审前后完成。决策的主要依据是招标广告,以及公司对招标投资、业主的情况的调查和了解程度,如果是国际投资,还包括对投资所在国和投资所在地的调研和了解的程度。前期阶段必须对投标与否做出论证。

如果决定投标,即进入投标决策的后期阶段,主要研究如果去投标,投标决策要解决投什么性质的标,以及在投标中采用什么策略等问题。

(三)投标特性分析

在进行投标前,必须明确投标的目的,并据此目的进一步确定投标性质和投标策略。

按性质分,投标有风险标和保险标;按效益分,投标有盈利标、保本标和亏损标。

1. 风险标

明知投资承包难度大、风险大,且技术、设备、资金都有未解决的问题,但由于队伍窝工,或因为投资盈利丰厚,或为了开拓新技术领域而决定参加投标,同时设法解决存在的问题,就是风险标。投标后,如果问题解决得好,可取得较好的经济效益,可锻炼出一支较好的施工队伍,使企业更上一层楼;解决得不好,企业的信誉、效益就受到损害,严重者可以导致企业亏损甚至破产。因此,投风险标必须谨慎。

2. 保险标

对可以预见的情况从技术、设备、资金等方面都想好对策之后再投标,叫做保险标。企业经济实力较弱,经不起失误的打击,往往投保险标。

3. 盈利标

如果招标投资是本企业的强项,却是竞争对手的弱项;或建设单位意图明确;或本企业任务饱满,利润丰厚,这些情况下的投标,才投盈利标。

4. 保本标

若企业无后继投资,或已经出现部分窝工而争取中标,但对于招标的投资项目,本企业无优势可言,竞争对手又不多,此时,就是投保本标。

5. 亏损标

亏损标是一种非常手段。一般在下列情况下采用,即本企业大量窝工,严重亏损,中标后至少可以使部分工人、机械运转,减少亏损;或者是为在对手林立的竞争中夺得投标,不惜血本压低标价。

以上这些虽然是不正常的,但在激烈的竞争中时有发生。

二、投标策略

投标策略是指能增加中标率和中标后能获得较好的经济效益的方法。投标策略也叫投标技巧。

投标策略研究,其实质是在既定的投资质量标准和工期条件下寻求最佳报价的方法技巧问题。承包商为了中标并获得期望的效益,投标程序全过程几乎都要研究投标报价技巧问题。

以投标程序中的开标为界,可将投标的技巧研究分为两个阶段,即开标前的投标策略和开标后的投标技巧。

(一)开标前的投标策略

1. 不平衡报价

不平衡报价,指在总价基本确定的前提下,调整项目和各个子项目的报价,期望在不影响总报价的前提下,又可以在中标后获得较好的经济效益。通常采用不平衡报价有下列几种情况:

(1)能早期结账收回进度款的项目(如土方、基础等)的单价可报以较高价,以利于资金周转;后期项目(装饰、电气安装等)的单价可适当降低。

(2)今后投资量可增加的项目,其单价可提高;而投资量可能减少的项目,其单价可降低。

上述两点要统筹考虑,对于投资量计算有错误的早期投资,若不可能完成投资量表中的数量,则不能盲目抬高单价,需要具体分析后再确定。

(3)没有投资量,只需填报价单的项目(如疏浚投资中的开挖淤泥工作灯),其单价可抬高。这样,既不影响总的投标价,又可多获利。

(4)对于暂定项目,实施的可能性大的项目,可定高价;不一定实施的项目则可定低价。

采用不平衡报价法,要注意单价调整时不能太高或太低,一般来说,单价调整幅度不宜超过±10%,只有对投标单位特别具有优势的某些分项,才可适当增大调整幅度。

2. 零星用工(计日工)

零星用工一般可稍高于项目单价表中的工资单价。原因是零星用工不属于承包总价的范围,发生时实报实销,可多获利。

3. 多方案报价法

若业主拟定的合同条件过于苛刻,为使业主修改合同,则可准备"两个报价",并阐明,若按合同规定,投标报价则为某一数值;但如果合同作某些修改,则可降低一定的百分比,以此来吸引对方修改合同,但必须先报案招标文件要求估算的价格,而不能只报备选方案的价格,否则可能会被当作"废标"处理。

4. 突然袭击法

由于投标竞争激烈,为迷惑对方,可有意泄露一些假情报,如不打算参加投标,或准备投高报价标,却在投标截止之前几个小时突然前往投标,并压低标底,从而使对手措手不及而败北。

5. 低投标价夺标法

这是一种非常手段。如为减少企业大量窝工造成的亏损,或为打入某一市场,或为挤走竞争对手保住自己的地盘,可以制定亏损标,力争夺标。但若企业无经济实力,信誉又不佳,则此法不一定奏效。

6. 联保法

若一家企业实力不足,可联合其他企业分别进行投标。无论哪一家中标,都联合进行施工。

(二)开标后的投标技巧

投标人通过公开招标这一程序可以得知众多投标人的报价。但低价并不一定中标,业主要综合各方面的因素严肃评审,有时需经过谈判(答辩),方能确定中标人。若投标人利用谈判机会展开竞争,就有可以变自己的投标书的不利因素为有利因素,大大提高中标机会。

招标惯例规定,投标人在标书有效期内不能对包括造价在内的重要投标内容进行实质性改变,但是某些议标谈判可以例外。在议标谈判中的投标技巧主要有:

1. 降低投标价格

投标价格不是中标的唯一因素,却是中标的关键因素。

降低投标价,需考虑以下两方面的因素:

(1)低投标利润;

(2)降低经营管理费用。

在具体操作时,通常通过在投标时测算的利润空间,设定降价百分比系数,在需要时可迅速提出降价后的投标价。设定降价系数时应确定:

(1)降价幅度与利润的函数关系;

(2)降价临界点。这个临界点不一定是利润为零的点,它是根据企业经营管理需要决定的某一利润水平,包含亏损标在内。

降价系数可以是对总造价,也可以是对某些分项。

2. 补充投标优惠条件

除中标的关键性因素——价格外,在议标的技巧中,还可以考虑其他许多重要因素,如缩短工期,提高投资质量,降低支付条件要求,提出新技术和新设计方案以及提供补充机械设备等,以此优惠条件获得招标人的赞许,争取中标。

三、投标决策的定量分析

在投标决策中,应用定性研究和定量分析的方法,是由投资投标的特点决定的。投标决策的定量分析方法很多,常采用的有报价水平与中标率的数量统计分析法、决策树风险决策最大利润法、不平衡报价法、考虑竞争对手的最佳报价法。

(一)报价与中标率分析法

投标单位首先根据搜集到的有关报价资料,用数理统计的方法计算投标报价水平与投标成功率统计指标并绘出散点分布图,然后利用各种数学拟合的方法、回归分析报价水平与中标率的数学经验公式,为今后投标定量策略提供科学依据。

(二)决策树法选择招标项目

施工单位在若干个招标项目中选择哪一个参加投标,采用什么样的报价策略,才能使其获益,期望值最大,这类问题可用决策树法分析。

(三)不平衡报价法

不平衡报价方法是利用不改变报价总价,通过调整单价结构,在中标后能取得较好的经济效益的投标报价方法。这种方法是通过对施工项目的投资技术特点和投资地质等施工环境的分析,确定在投资施工中有可能增加投资数量和减少投资数量的投资(细目),对可能增加数量的投资(细目)采用提高单价和可能减少投资数量的投资(细目)降低单价,使增加和减少的造价相等,从而使总价不变。

设投标项目按原始报价,其中按数量与单价计算的合计总价为 $\sum_{i=1}^{n} P_i \times Q_i$,预计将要增加投资量的项目为 k 项,$k \in n, k = k_1, k_2 \cdots, k_m$,预计将要减少投资量的项目为 h 项,$h \in n, h = h_1, h_2 \cdots, h_l$,不平衡报价应满足:

$$\sum_{i=k_1}^{k_m} P_i \times Q_i = \sum_{i=h_1}^{h_l} P_i \times Q_i \tag{5.2}$$

其中,$k \in n, h \in n, k \neq h$。

按此公式可以确定不平衡报价的单价结构。需要指出,招标单位对于不平衡报价是有限制的,在采用不平衡报价策略时,应研究招标文件对不平衡报价的限制程度。通常情况下,应避免出现严重的不平衡报价。

(四)博弈论方法确定投标标价策略

假设有 $n+1$ 家投标单位(取名为 $S_0, S_1, \cdots S_n$),同时参加某一投资项目的投标。在确定报价之前均应研究和估计其他各投标报价及中标概率,以确定自己的投标报价策略。为了讨论方便,先考虑只有一个竞争对手时报价策略的定量技术,然后再讨论有几个对手时的情况。

1. 只有一个竞争对手的情况

设投标单位 S_0 的对手为另一投标单位 S_1,招标项目的估价为 A,根据 S_0 的 20 次统计资料可了解到 S_1 的报价 A_1 的概率分布情况 $P(A_1)$,如表 5—7 所示。依据 $P(A_1)$ 可求出 S_0 的报价 A_0 小于 A_1 的不同概率分布情况 P_1,例如,表中 $A_1 = 1.2A, 1.3A, 1.4A$ 的概率分布分别是 $0.25, 0.10, 0.05$,若 $A_0 = 1.15A$,则 $A_0 < A_1$

的概率为

$P_1 = 0.25 + 0.10 + 0.05 = 0.04$

由此可见，如果 S_0 的报价 $A_0 = 1.15A$，则 S_0 取胜于 S_1 的概率为 0.4（中标率为 0.4），与之相应的直接利润

$I = A_0 - A_1 = 0.15A$

利润期望值

$E(I) P_1 I = 0.4 \times 0.15A = 0.06A$

由此可得 S_0 取胜于 S_1 的概率统计，具体结果可见表 5—7 所示。

表 5—7　　　　　　　　S_0 取胜于 S_1 的概率统计表

A_1	频率 f	$P(A_1) = f/\sum f$	A_0	P_1	I	$E(I)$
0.9A	1	0.5	0.85A	1.00	−0.15A	−0.150A
1.0A	4	0.20	0.95A	0.95	−0.05A	−0.048A
1.1A	7	0.35	1.05A	0.75	0.05A	0.038A
1.2A	5	0.25	1.15A	0.40	0.15A	0.060A
1.3A	2	0.10	1.25A	0.15	0.25A	0.038A
1.4A	1	0.05	1.35A	0.05	0.35A	0.018A
	$\sum f = 20$	$\sum P(A_1) = 1$	1.45A	0.00	0.45A	0.000A

将 A_0 对照着 A_1 分别取不同的档次，便可求出相应的 P_1，I 和 $E(I)$，其中，使 $E(I)$ 达到最大值的报价为最优报价。本例中最大的利润期望为 $E(I)_{max} = 0.06A$，相应的报价 $A_0 = 1.15A = 1\ 150$ 万元，中标率 $P = 0.4$，直接利润 $= I = 0.15A = 150$ 万元，利润期望值 $E(I) = 0.06A = 60$ 万元。

2. 有几个竞争对手的情况

当 S_0 有几个投标竞争对手 $S_0, S_1, \cdots S_n$ 时，可根据所掌握的资料，首先分别求出相应的报价 $A_0, A_1, \cdots A_n$ 的概率分布情况 $P(A_0), P(A_1) \cdots, P(A_n)$，再分别求出对应的 $P_0, P_1 \cdots, P_n$，同时发生的概率为：

$$P = P_1 P_2 \cdots P_n = \prod_{i=1}^{n} P_i \tag{5.3}$$

求出 P 后，就可以按只有一个竞争对手的情况处理。由利润期望值最大的原则来确定相应的投标报价及对应的策略。

例如，假如某项目的投标估价为 A，已知某投标单位 S_0 在该项目投标中有 S_1，S_2，S_3 三个竞争对手，根据 S_0 同时取胜于 S_1, S_2, S_3 的概率为：

$$P = P_1 P_2 P_3 = \prod_{i=1}^{n} P_i \tag{5.4}$$

相应的利润期望值为：
$$E(I)=PI$$

本例计算结果如表 5-8 所示。由该表结果可知，当报价 $A_0=1.05A$ 时，利润期望值 $E(I)=0.023A=23$ 万元。

由此可得 S_0 取胜于 S_1、S_2、S_3 的概率统计情况，具体可见表 5-8 所示。

表 5-8　　　　　　S_0 取胜于 S_1,S_2,S_3 的概率统计计算表

A_0	P_1	P_2	P_3	P	I	$E(I)$
$0.85A$	1	1	1	1	$-0.15A$	$-0.15A$
$0.95A$	0.95	0.90	1	0.855	$-0.05A$	$-0.043A$
$1.05A$	0.75	0.75	0.80	0.450	$0.05A$	$0.023A$
$1.15A$	0.50	0.50	0.60	0.120	$0.15A$	$0.18A$
$1.25A$	0.25	0.25	0.25	0.009	$0.25A$	$0.002A$
$1.35A$	0.05	0.05	0.05	0.000	$0.35A$	$0.000A$
$1.45A$	0	0	0	0	$0.45A$	0

计算结果表明：最佳报价由一个竞争对手时的 $1.15A$ 降到三个竞争对手时的 $1.05A$，故随着竞争对手的增多，报价只能相应地压低，才有可能在竞争中得标。

3. 假设平均对手的情况

若某投标单位 S_0 有几个投标竞争对手 $S_0,S_1,\cdots S_n$，但 S_0 并没有收集到这些对手以往投标情况的全部统计资料，就不能直接采用上述方法确定投标报价策略。这时 S_0 可选择一个能代表几家投标单位报价水平的施工单位，称这家施工单位为平均对手，该对手可以参加此次投标，也可以不参加此次投标。利用 S_0 已收集到该平均对手的有关资料，按前述只有一个竞争对手的方法求出 S_0 能取胜于平均对手的概率分布情况。由于 S_0 选择的平均对手能代表 $S_0,S_1,\cdots S_n$ 的平均报价水平，因而 S_0 取胜这几个对手的概率为：

$$P=(P_1)^n \tag{5.5}$$

这就是说，求出 P 后根据前述方法很容易地求出 S_0 的最佳报价及相应的利润期望值。

假设平均对手的报价情况和表 5-8 相同，则 $n=1\sim 5$ 时计算结果如表 5-9 所示。由此可知，S_0 的最佳报价和相应的利润期望值随着竞争对手的增多而减少。

表 5—9　　　　　　　　　　S_0 取胜于平均竞争对手概率统计计算表

A_0	I	$P=(P_1)^n$					$E(I)=PI$				
		$n=1$	$n=2$	$n=3$	$n=4$	$n=5$	$n=1$	$n=2$	$n=3$	$n=4$	$n=5$
$0.85A$	$-0.15A$	1	1	1	1	1	$-0.15A$	$-0.15A$	$-0.15A$	$-0.15A$	$-0.15A$
$0.95A$	$-0.05A$	0.95	0.90	0.86	0.81	0.77	$-0.048A$	$0.043A$	$0.043A$	$0.041A$	$0.039A$
$1.05A$	$0.05A$	0.75	0.56	0.42	0.32	0.24	$0.033A$	$0.021A$	$0.021A$	$0.016A$	$0.012A$
$1.15A$	$0.15A$	0.40	0.16	0.06	0.03	0.01	$0.024A$	$0.010A$	$0.010A$	$0.004A$	$0.002A$
$1.25A$	$0.25A$	0.15	0.02	0	0	0	$0.005A$	0	0	0	0
$1.35A$	$0.35A$	0.10	0.01	0	0	0	$0.004A$	0	0	0	0
$1.45A$	$0.45A$	0.05	0	0	0	0	0	0	0	0	0

以上讨论的几种投标报价技术定量技术，均以过去基本相同的投标策略为前提，但实际投标市场和企业情况千变万化，这一前提并非始终与假设相符。另外，公路投资施工投标报价策略定量方法必须收集足够的统计资料，否则难以满足定量分析的计算要求。因此，在运用定量技术计算施工投标报价时，还应根据公路投资施工企业的实际情况和市场行情的变化灵活掌握，将定量技术与定性技术分析结合起来综合考虑，以便做出合理的投标决策。

本章小结

招标与投标是国际上普遍应用的、有组织的一种市场采购行为，是在建筑投资项目、货物及服务中广泛使用的一种买卖交易方式。投资项目招标是指投资项目的投资商或者开发商根据拟建投资项目的工期、质量和投资额等经济技术要求，邀请有资格和能力的企业参加投标，从中择优选取承担可行性研究方案论证、勘察设计、项目施工、材料及设备采购、销售以及项目融资等人物的承包单位。投资项目投标是指经过审查具有投标资格的投标单位，以同意招标文件所提出的条件为前提，经过充分的市场调查掌握相关的信息，并结合自身的经营目标及能力等情况，以投标竞争的方式获取投资建设任务的过程。

招投标活动应当遵循公开、公平、公正和诚实信用的原则。

投资项目的招标有其规定的范围，主要有公开招标、邀请招标、协商议标等几种方式。它的主要操作程序为：由具备招标资格的招标人（或由其委托的招标代理人）组建招标组织，就拟建投资项目编制招标文件和标底，发出招标通知，对投标人进行资格审查，接受投标单位的投标文件、组织投标单位进行现场勘察并答疑，经过开标、评标和定标，最终与中标人签订承包合同等。在投资项目的招标过程中，最主要的内容在于招标文件及标底的编制。招标文件主要包括投标须知、合同条件及合同格式、技术规范、投标文件格式及必需的图纸与表格。标底是招标投资项目的预期价格,通常由业主委托设计单位和建设监理单位,根据国家(或地方)公布的统一工程项目耗费、统一计量单位、统一计算规则以及施工图纸、招标文件,并参照国家规定的技术标准、经济定额等资料进行编制,是审核投标报价、评标、决标的基本依据。标底是投资方核实建设规模的依据;是衡量投标单位报价的准绳,是评标的重要尺度。编制标底的方法主要有以施工图预算为基础编制、以设计概算为基础编制、实物量法编制三种。

开标是指在规定的时间、地点公开各投标单位标书、当众宣布标底、宣布评定方法等。评标是指根据招标文件确定的标准和方法,对每个投标人的标书进行分析比较,判断优劣,提出确定中标人的意见和建议。评标过程应包括建立评标委员会,制定评标的原则、程序和方法,确定日程安排和定标过程中相关问题处理的规定等内容。评标的方法主要有单项评议法、综合评议法和两阶段评议法。定标,也称决标,是指评标小组对投标书按既定的评标方法和程序得出评标结论。它主要包括决定中标人、核发中标通知书、授标等。

投资项目投标,是投资项目整个招投标过程中的重要一环,它是投资项目承包人以投标报价的形式,争取承包投资项目建设的经济活动。它主要包括投标准备工作(收集和整理招标、投标信息资料、准备投标资格预审资料)、研究招标文件、调查投标环境、确定投标策略、制定施工组织和施工方案、报价、编制及投送标书。其中,投标书应该包括如下内容:综合说明;标书情况汇总表、总报价、总工期、质量承诺和优惠让利条件;详细预算及主要材料用量;施工方案和选用的主要施工机械、劳力配置、进度计划等;保证投资质量、进度和安全的主要技术措施;对合同主要条件的确认及招标文件要求的其他内容。

在投资项目的投标过程中,应做出投标报价决策和具备一定的投标策略。报价决策是指决策人根据现有的信息和经验,应用有关决策和理论方法,通过自己的判断,从有利于中标又能盈利这一基本目标出发做出的关于投标报价的具体决策。投标决策的定量分析方法主要有报价水平与中标率的数量统计分析法、决策树风险决策最大利润法、不平衡报价法、考虑竞争对手的最佳报价法等。而投标策略也称投标技巧,是指能提升中标率和中标后能获得良好的经济效益的方法。在投标前的投标策略包括不平衡报价、零星用工(计日工)、多方案报价法、突然袭击法、低投标价夺标法、联保法等;而在投标后的投标技巧主要包括降低投标价格、补充投标优惠条件等。

复习思考题

一、名词解释

投资项目招标　投资项目投标　公开招标　标底　投资项目评标　投资项目投标决策　投资项目投标策略

二、简答题

1. 简述投资项目招投标的原则。
2. 简述投资项目招标的范围。
3. 简述投资项目招标的程序。

4. 简述投资项目招标文件的主要内容。
5. 简述投资项目招标标底的编制方法。
6. 简述投资项目开标、评标、决标的主要内容。
7. 简述投资项目投标的主要程序。
8. 简述投资项目投标在投标前与投标后的投标策略。
9. 简述投标决策中的定量分析方法。

第六章 投资项目进度管理

"时间就是金钱,效率就是生命"。这一句话恰当而准确地道出了时间的重要性,也说明了在投资项目实施中时间或进度对项目的顺利完成起着至关重要的作用,这是因为投资项目能否在预定的时间完成、交付使用并投产运营,直接关系到项目经济效益的发挥与效益水平的高低。为此,投资项目的进度管理,即通过制订合理的计划并进行有效的控制,通过与投资项目的质量控制及费用控制的相互协调与配合,以达到预期目标,是投资项目管理的中心任务和重要工作,是投资项目管理的三大目标控制之一,且进度(时间)控制是项目控制的中心,费用控制是项目控制的关键,质量控制是项目控制的根本。

第一节 投资项目进度管理概述

一、投资项目进度管理的基本内容

(一)投资项目进度管理的含义

投资项目进度管理,是指在投资项目实施过程中,对各个阶段的进展程度和投资项目最终完成的期限进行的管理。其目的是保证项目能在满足时间约束的前提下实现总体目标。在投资项目实施过程中要消耗时间(工期)、人力、财力、物力等才能完成项目的任务。项目的实施应该以项目任务的完成情况,主要可用项目的可交付成果的数量来表达。但由于投资项目对象系统(技术系统)的复杂性,常常很难选定一个恰当的、统一的指标来全面地反映投资的进度。

在现代投资项目管理中,进度不仅仅指投资项目实施的进展情况,而是具有一个综合的含义,它将投资项目任务、工期、成本有机地结合,形成一个综合指标,能全面反映项目的实施情况。进度管理已不再只是传统意义上的工期管理,而是将工期与实物工程量、成本、劳动消耗、资源等统一起来管理。

(二)投资项目进度管理的内容

投资项目进度管理主要包括两大部分,即投资项目进度计划的编制和投资项目进度计划的控制。

投资项目进度计划是项目组织根据投资项目目标的规定,对项目实施过程中进行的各项活动做出周密安排,围绕项目目标的完成系统地确定项目的任务,安排任务进度,表达项目中各项工作、工序的开展顺序、开始及完成时间及相互衔接关系,编制完成任务所需的资源、预算等,从而保证项目能够在合理的工期内以尽可能低的成本和尽可能高的质量完成。

投资项目进度控制是指在投资项目进度计划制定以后,在项目实施过程中,对实施进展情况进行检查、对比、分析、调整,以确保项目进度计划总目标得以实现。

二、投资项目进度计划的编制

(一)投资项目进度计划的编制依据和编制程序

1. 投资项目进度计划的编制依据

(1)承包合同中有关工期、质量、资金的要求,是确定进度计划的最基本依据,质量控制、投资的控制与管理及各类计划,都要通过进度计划的实施才能落实;

(2)设计文件及施工详图;

(3)施工组织设计;

(4)有关法规、技术规范、标准;

(5)施工企业的生产经营计划;

(6)承包商的管理水平和资源条件;

(7)其他有关的施工条件。

2. 投资项目进度计划的编制程序

(1)研究进度控制条款,明确进度控制的措施;

(2)编制施工规划,确定施工方案与施工顺序、施工现场的合理布置;

(3)按项目结构、项目进展阶段进行工作分解;

(4)确定建设工期和工序时间,计算工程投资量;

(5)绘制施工工艺网络图;

(6)编制初始网络进度计划;

(7)确定各种主要施工资源的计划用量;

(8)进度计划优化程度判别与调整。

(二)投资项目进度计划的类型

1. 按投资项目的计划范围划分,主要可分为如下类型

(1)投资项目总进度计划。投资项目总进度计划是以项目整体作为编制计划的对象,在初步设计被批准后编制上报年度计划以前,对投资建设的全过程进行部署,以便安排各单项、单位工程和分部工程的建设进度,合理分配年度投资、组织物资设备供应及各方面的协作,保证整个投资项目建设任务的完成。

(2)单项工程进度计划。

(3)分部分项工程作业计划。

(4)年度投资计划。

(5)材料、物资、设备、人力供应计划等。

2. 按一般投资项目的工作内容划分,主要可分为如下类型

(1)项目前期工作计划。它主要包括编制项目可行性研究报告、设计任务书和进行初步设计。

(2)勘测设计计划。它主要包括地形地质等的勘测工作、设计工作和相应的需要进行的必要试验。

(3)招标、投标工作计划。它主要根据投资项目总进度计划的要求具体安排各单项工程或分部分项工作的招标、投标、开标、评标、签署合同等的进度安排。

(4)准备工作计划。根据时间和内容的不同,可分为分别由业主、咨询工程师与承包商承担的建设前期准备工作、单项(位)工程开工前的施工准备工作、全面施工期间的经常性施工准备工作,以确保承包商在接到开工通知后,在合理可能的情况下尽快开工,减少因准备工作不当造成工期延误。

(5)施工进度计划。承包商根据业主招标文件的要求和投标文件的承诺,考虑可能对投资施工产生的各种影响因素,结合本身的组织管理水平、工艺技术水平、施工机械装备水平,确定具体的施工方案,选择合理、先进的施工方法与施工机械而编制的投资施工时间安排。

(6)投资验收计划。包括制订隐蔽工程、单项(位)工程、分部分项工程、各阶段和整个投资项目的验收计划,组织及时的验收能确保按进度计划继续施工。

(三)投资项目进度计划的作用

凡事预则立,不预则废。在投资项目管理过程中,在每一项投资活动实施之前,必须先制定出一个切实可行、科学的进度计划,然后再按计划逐步实施。计划的作用有:

(1)通过项目计划确定并描述为完成项目目标所需的各项任务范围,并制订各项任务的时间表,阐明每项任务必需的人力、物力、财力并确定预算,保证项目顺利实施和目标实现。

(2)通过计划科学的组织和安排,可以保证有秩序的施工,合理地、科学地协调各工种、各单位、各专业之间的关系,能充分利用时间和空间,进行各种技术经济比较和优化,提高项目的整体效益,同时计划确定了项目的施工标准,经批准后就成为项目实施的工作大纲。

(3)可以此确定项目团队各成员及工作之间的责任范围以及相应的职权,以便按要求去指导和控制项目的工作,降低风险。

(4)提供项目组成员及项目委托人和管理部门之间交流与沟通的基础,增加顾客满意度,并使项目各工作协调一致,在协调关系中了解哪些是关键因素。

(5)使项目组成员明确自己的目标,实现目标的方法、途径和期限,使时间、成本及其他资源需求的最小化。

(6)可作为分析、协商及记录项目范围变化的基础,也是约定时间、人员和经费的基础。这样就为项目的跟踪控制过程提供了一条基线,可用于衡量进度、计算各种偏差及决定预防或整改措施,便于对变化进行管理。

三、投资项目工作持续时间估计

工作持续时间是指在一定的条件下,直接完成该工作所需时间与必要停歇时间之和,单位可为日、周、旬、月等。工作持续时间是计算网络参数和确定工期的基础。

(一)影响工作持续时间估计的因素

工作持续时间估算是编制项目进度计划的一项重要基础工作,对工作持续时间估算的基本要求是客观、正确。估算时间过长,会影响项目工期目标的实现;估算时间过短,会造成项目运作的被动紧张。在进行工作持续时间估算时要考虑很多问题,具体如下:

1. 作业制度的安排

一般作业与两班、三班作业所需要的时间是不一样的。

2. 工作量

工作量的多少直接影响工作持续时间的长短。

3. 采用的工艺技术方案、施工方案

方案不同,所需的时间不同,如施工中采用现浇方案与装配方案所需要的时间就不一样;流水施工与平行施工所需的时间就不一样。

4. 各种资源的投入情况

包括项目可用的总资源限制与资源投入强度的不同。资源供应情况不同,所需时间不同,如施工中机械设备减少一半,工作持续时间可能会延长1倍。

5. 项目约束条件和限制条件

如高考期间,由于对噪声的控制,而影响施工时间的安排。

6. 现场条件

恶劣的现场条件可能影响相互的协作关系,甚至降低工作效率。

(二)工作持续时间的估算方法

1. 能够量化投资活动的单一时间估计法

对于有确定的工作范围和工作量,又可以确定劳动效率的投资活动,可以比较精确地计算持续时间,一般包括以下四个过程:

(1)投资范围的确定及工作量的计算,这可由合同、规范、图纸、工作量表得到。

(2)劳动组合和资源投入量的确定,即完成上述投资活动,需要什么样的劳动力,什么样的班组组合(人数、人工配给和技术配给)。这里要注意:项目可用的总资源限制;合理的专业和技术配给;并保证每人有一定的工作面。

(3)确定劳动效率。劳动效率可以用单位时间完成的投资数量(即产量定额)或单位工程量的工时消耗量(即工时定额)表示。

(4)计算持续时间。

定额计算法是投资项目较为普遍的方法。特别是在能够被量化的投资活动中,其持续时间的计算公式是:

$$D = Q/(R \times S) \tag{6.1}$$

式中,D 为工作持续时间;Q 为工作的投资量,以实物度量单位表示;R 为人工或机械设备的数额,以人或台数表示;S 为产量定额,以单位时间完成的工作量表示。

2. 持续时间不确定性情况下的估计方法

投资活动由于工作量不确定、工作性质不确定及环境变化等各种因素作用,其持续时间往往是不确定的,在估计这些工作的持续时间时,应用风险分析方法,考虑风险因素的影响。目前通常可以采用以下三种方法:

(1)蒙特卡罗(Monto Carlo)模拟方法。即采用仿真技术对工期的状况进行模拟。但由于影响因素太多,实际使用效果不佳。

(2)德尔斐(Delphi)专家评议法。即请有时间经验的投资专家对持续时间进行评议。在评议时尽可能多地向他们提供投资的技术和环境资料。

(3)三时估计法。三时估计法是计划评审方法中的时间估计方法。在投资项目中,三时估计法多适用于采用新工艺、新方法、新材料而无法定额可循的工作项目。在估计时要根据过去的经验,把工作持续时间作为随机变量,应用概率统计理论,估计出下面三种时间:

① 最乐观时间 a。即在有利的工作条件下,完成该工作的最短必要时间。

② 最可能时间 c。即在正常的工作条件下,完成该工作所需的时间。如果某项工

作已经做过很多遍,最经常发生的实际工期可以作最可能时间估计。

③最悲观时间 b。即在最不利的工作条件下,完成该工作所需时间。一般认为,此时间包括项目开始阶段由于配合不好造成的进度拖延时间,以及其他原因所浪费的时间,但不包括非常事故造成的停工时间。

根据随机过程分析,该工作出现各种可能持续时间的概率分布曲线如图 6—1 所示。

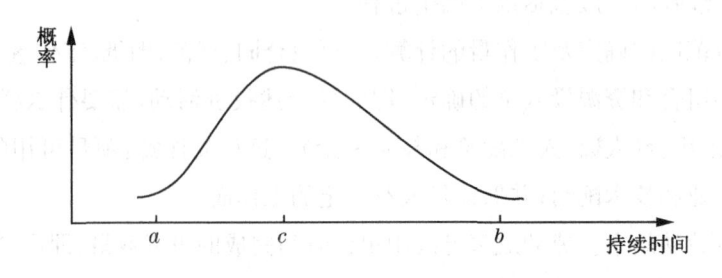

图 6—1 三时估计值的 β 概率分布

在网络计划中,当每项工作都用三时估计法时,是假定三个时间服从 β 概率分布。在这个假定下,由每项工作的三个时间可以为每项工作计算一个期望值工期(d)和方差(σ^2)。

β 的概率分布为:

$$p(x) = \begin{cases} \dfrac{\gamma(p+q)}{\gamma(p)\gamma(q)} \gamma^{p-1}(1-x)^{q-1}, 0 \leqslant x \leqslant 1 \\ 0, x<0 \text{ 或 } x>1 \end{cases} \tag{6.2}$$

其中,$p>0,q>0$ 为常数。

数学期望为:

$$\frac{p}{p+q} \tag{6.3}$$

方差为:

$$\frac{pq}{(p+q)^2(p+q+1)} \tag{6.4}$$

简化地,我们假定出现正常时间 c 的可能性是出现最乐观时间 a 和最悲观时间 b 的两倍,则利用加权平均可得完成该项工作的期望平均持续时间为:

$$d = \frac{1}{2}\left(\frac{a+2c}{3} + \frac{b+2c}{3}\right) = \frac{a+4c+b}{6} \tag{6.5}$$

第二节 网络计划方法

一、网络计划的原理、特点与分类

(一)网络计划的原理

网络计划技术是指以网络图为基础的计划模型,其最基本的优点就是能直观地反映工作项目之间的相互关系,使一项计划构成一个系统的整体,为实现计划的定量分析奠定了基础。同时,它运用数学最优化原理,揭示整个计划的关键工作以及巧妙地安排计划中的各项工作,从而使计划管理人员依照执行的情况信息,有科学根据地对未来做出预测,使得计划自始至终在人们的监督和控制之中,使用尽可能短的工期、尽可能少的资源、尽可能好的流程、尽可能低的成本来完成所控制的项目。

网络计划技术的理论基础是网络图形。计划是管理的核心,而进度计划又是计划的核心,而网络计划技术为进度计划的制定及定量分析奠定了基础。网络图是包含各种网络计划方法的统称,它是以节点与箭线等直观形象的符号表示工作流向的有向、有序的网状图形。它将活动(activity)、事件(event)和线路(path)三个部分有机地构成一个整体,以缩短工期、提高效率、节省人力、降低成本为最终目标,进行系统分析,计算时间参数,找出所谓的关键线路,然后利用时差,不断地均衡各工作的消耗,改进实施方案,以求得工期、资源、成本等的优化。在计划执行中,又可以通过信息反馈,不断地对实际进程进行监督、控制和调整,以保证达到预期的目标和最佳效果。

网络图可以用于详细的项目计划编制,在执行阶段,可以作为进度计划编制备选方案的分析工具和控制工具,并且项目管理软件可以根据活动状况和预计完成日期来更新项目文件和网络图。而基于网络计划实施的项目监控可以使项目团队及时交流项目的变化和目前所处的状况;为项目计划的调整决策提供信息上的支持;为项目总结提供分析的资料。网络计划技术既是一种科学的计划方法,又是一种有效的科学管理方法。网络分析可为编制计划、计划集成、时间研究、进度制定以及资源管理提供的信息有:活动间的相互关系;项目完成时间;最晚开始的影响;最早开始的影响;资源与时间的权衡;制定变动应变方案;压缩项目进度的成本;计划与实施间的变动量。这种方法不仅能完整揭示一个项目所包含的全部工作以及它们之间的关系,而且还能根据数学原理,应用最优化技术,揭示整个项目的关键工作并合理安排计划中的各项工作。

对于项目进展中可能出现的工期延误等问题能够防患于未然,并进行合理的处置,从而使项目管理人员能依照计划执行的情况,对未来进行科学的预测,使得计划始终处于项目管理人员的监督和控制之中,以达到用最优的工期、最合理的资源、最优化的流程、最经济的费用完成所控制的项目。

应用网络计划的一般步骤:

(1)确定目标,进行计划的准备工作;任务分解,列出全部工作逻辑关系明细表;确定各工序的持续时间(工期)、先后顺序和相互关系,绘制网络草图。

(2)计算各工作最早开始、最早结束时间以及总时差和自由时差,并判别出关键工作和关键线路。

(3)在满足既定的条件下,按某一衡量指标(时间、成本、资源等)寻求最优方案。

(4)在计划执行过程中,不断收集、传送、加工、分析信息,使决策者可能实现最优抉择,及时对计划进行必要的调整。

(二)网络计划的特点

(1)能够形象地把整个计划用网络形式表示出来,网络中的符号与基本工作一一对应,可以容易地看出各个工作的先后顺序或工作间的制约关系。

(2)经过计算可以确定对完成期限有关键影响的工作;每个工作的提前或推迟对总工期影响的有无和程度;通过利用非关键工作的时差可以更好地调动人力、物力,将其尽可能地投入关键工作,以缩短总工期。

(3)网络计划容易比较优劣,便于从多种可能方案中选择最优方案付诸实施,容易沟通管理层上下的想法。

(4)可以提高预见性,作为进度风险分析的基础可以帮助管理和控制项目中的不确定程度,提高了项目应变能力。

(5)在执行过程中,可根据各工作的实际完成情况加以调整,保证自始至终对计划进行有效的控制与监督,使总计划如期或提前完成。

(6)可与成本、资源一并加以统筹安排,并可实现电算化。

(7)提供了报告信息的基本结构。

(三)网络计划技术的种类

网络计划技术的种类与模式很多,但根据每项工作的延续时间和逻辑来划分,可归纳为四种类型,具体可见表6-1。

表6-1　　　　　　　　　网络计划技术的类型

类型		延续时间	
		肯定	不肯定
逻辑关系	肯定型	关键路径法(CPM)搭接网络	计划评审技术(PERT)
	非肯定型	决策关键路径法(DCPM)	图形评审技术(GERT) 随机网络技术(QGERT) 风险网络技术(VERT)

网络计划的基本形式是关键路径法和计划评审技术。它们的区别在于,关键路径法(CPM)是在估计工作的持续时间的基础上,确定项目中的关键工作,以保证实施过程中能重点关注,保证项目按期完成。CPM 还可以研究项目的费用与工期之间的相互关系,通过对费用和工期的调整,争取以最低的费用、最佳的工期完成项目。PERT 的形式与 CPM 网络计划基本相同,只是在工作持续时间方面 CPM 仅需要一个确定的工作时间,而 PERT 只能以概率论为基础加以估计,在此基础上计算网络的时间参数。

若按网络的结构不同,可以把网络计划分为双代号网络和单代号网络。双代号网络又可以分为双代号时间坐标和非时间坐标网络;单代号网络又可以分为普通单代号网络和搭接网络。搭接网络主要是为了反映工作之间执行过程相互重叠关系而引入的一种网络计划形式。

决策关键路径法(DCPM)在网络计划中引入了决策点的概念,使得在项目的执行过程中可根据实际情况进行多种计划方案的选择。

图形评审技术(GERT)引入了工作执行完工概率和概率分支的概念,一项工作的完成结果可能有多种情况。

风险网络技术(VERT)可用于对项目的质量、时间、费用三个坐标进行综合仿真和决策。

二、网络图的组成、绘制步骤及绘制规则

(一)网络图的组成

网络图是以箭线和节点表示各项工作及其流程的有向、有序的网状图形。网络图按其表示方法的不同,又分为双代号网络图和单代号网络图。

1. 双代号网络图

双代号网络图是用箭线表示工作、节点表示工作之间相互关系的网络图方法。基本形式是以箭线表示工作,箭线两端用编上号码的圆圈连接(见图 6-2)。箭线上标注工作(活动)名称,箭线下标注工作的持续时间。

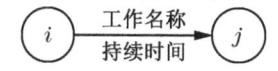

$$i \xrightarrow{\text{工作名称}}_{\text{持续时间}} j$$

图 6-2 双代号网络图的基本形式

通常双代号网络只能表示两个活动之间开始和结束的关系。

当网络中投资项目活动的逻辑关系比较复杂时,常用虚箭线。虚箭线表示虚工作,虚工作既不消耗时间,也不消耗资源,所以虚工作的持续时间为零,如图 6-3 所示。

图6—3 双代号网络图虚工作的表示方法

2. 单代号网络图

单代号网络图用节点表示工作、箭线表示工作关系的项目网络图(见图6—4)。

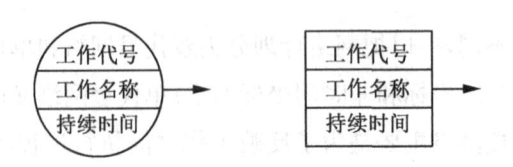

图6—4 单代号网络图的基本形式

(二)工作之间的逻辑关系

1. 工作之间的逻辑关系分析

所谓工作之间的逻辑关系,是指各项工作进行时必须遵循的先后顺序,投资项目活动逻辑关系的安排是一项专业性很强的工作,由项目的类型和投资项目的性质所决定。这要求管理者对项目的实施过程,特别是技术系统的建立过程有十分深入的理解,一般可以从以下几个方面考虑:

(1)投资项目活动的内在客观规律。任何投资项目必须依次经过目标设计—可行性研究—设计和计划—实施—竣工验收—投入使用,不能打破这个次序,这是由项目自身的逻辑性所决定的。

(2)工艺要求。这也是自然的规律,在很多情况下,一项工作的结果正是另一项工作进行的必要条件,这也决定了另一项工作只有在前一项工作完成后才能进行。例如,在工程项目的施工过程中,只有在做完基础工作之后才能进行主体结构的施工,在完成主体结构后才能进行装饰工程等。

(3)技术规范的要求。如有些工序之间有技术间歇的要求,如混凝土浇捣之后,按规范至少需养护7天后才能拆模;墙面粉刷之后至少需10天才能上油漆,否则,不能保证质量。

(4)办事程序要求。如设计图纸完成后必须经过批准才能施工,而批准时间按合同有规定的时间间隔。又如,在通常的招标、投标过程中,从投标截止到开标,再到评标、决标,从合同签订到开工,一般都有规定的最大时间间隔。

(5)施工组织的要求。如在一个投资建设项目中有五个单项工程,是依次施工,还是平行施工,还是采取分段流水施工,可以由施工组织计划安排。

(6)其他情况：

①施工顺序的安排要考虑到人力、物力的限制，资源的平衡和施工的均衡性要求，以求最有效地利用人力和物力。当工期或资源不平衡时，常常要调整施工顺序。

②气候的影响。如应在冬雨期到来之前争取住楼封顶等。

③对承包商来说，有时还会考虑到资金的影响，如为了尽早收回投资款，减少垫支，将有些活动提前安排，或提前结束。

④对有些永久性建筑建成后服务于施工的，可以安排先行施工，如给排水设施、输变电设施、现场道路投资等。

2. 各工作之间逻辑关系的表达

在横道图中，各工作之间的逻辑关系是通过代表各项工作的横道在表中的前后位置来确定的，其表示方式十分笼统而不清晰，这正是横道图的不足之处。而在网络图中，各工作之间的逻辑关系十分清晰。下面介绍网络图工作逻辑关系的表达方法。

(1)紧前工作和紧后工作。

相邻之间的工作可以用紧前工作和紧后工作的概念加以表示。紧前工作是相对于紧后工作而言的，如图6-5所示。

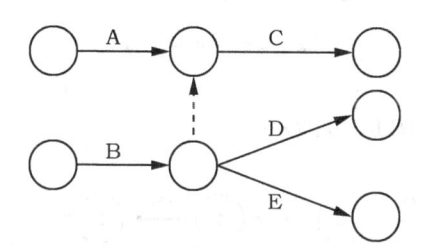

图6-5 工作的逻辑关系

工作A是工作C的紧前工作，工作B是工作C、D、E的紧前工作；反之，紧后工作是相对于紧前工作而言的，工作C是工作A、B的紧后工作，工作D、E是工作B的紧后工作。

(2)虚工作。

虚工作是实际并不存在的工作，它不消耗时间，也不消耗资源，只是用来说明工作之间的逻辑关系。由于不需要时间，所以虚工作的持续时间为零。虚工作用虚线表示。虚工作只存在于双代号网络图中，由于单代号网络图中各工作之间的逻辑关系的表示方法十分简单，所以无需设置虚工作。虚工作有以下几种情况：

①平行作业。当从某个节点出发有两道以上的平行工作，并且它们均要在完工之后才能进行下道工作时，则必须引入虚工作。在图6-6中，虚工作表示在A、B工作

平行作业完工后转入 C 工作。选择 A、B 两工作中时间较长的一道工作与下一道工作衔接，而其他工作则通过虚工作与下一道工作衔接。

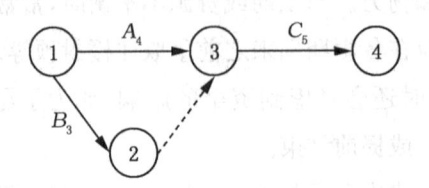

图 6-6　平行作业

②交叉作业。对需要较长时间完成的相邻几道工作，只要条件允许，可不必等待紧前工作全部完工后则再转入后一道工作，而是分批分期地将紧前工作完成的部分转入下一道工作，这种方法称为交叉作业。

例如，加工三个零件经过 A、B 两道工作，如果在 A 工作三个零件全部完工后则再转到 B 工作，如图 6-7 所示。

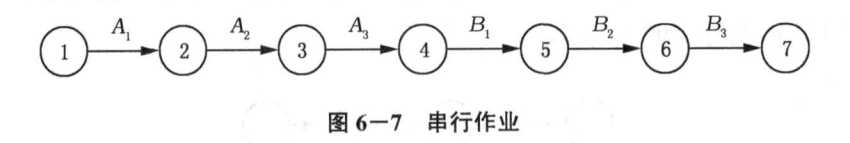

图 6-7　串行作业

交叉作业的网络图如图 6-8 所示。

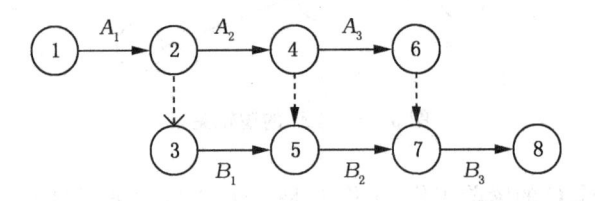

图 6-8　交叉作业

③工作 A、B 平行作业，当工作 A 完工后，工作 C 开始；而当工作 B、C 完工后，工作 D 开始，如图 6-9 所示。

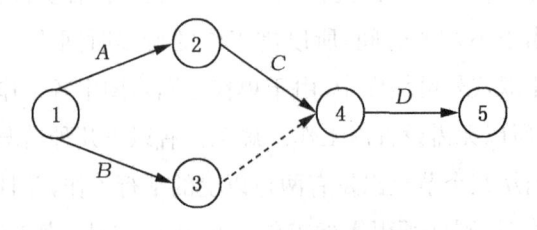

图 6-9　平行作业后等待

3. 基本逻辑关系的表示方法

表 6—2 列出了双代号网络图及单代号网络图中的一些基本逻辑关系的表示方法，从图中可以看到，在逻辑关系的表示方面，单代号网络图比双代号网络图更为简单明了，但有时会出现箭线交叉的现象。

表 6—2　　　　　　　　　　　　网络图基本逻辑关系表示方法

序号	逻辑关系	双代号表示方法	单代号表示方法
1	A 完成后进行 B；B 完成后进行 C		
2	A 完成后同时进行 B 和 C		
3	A 和 B 都完成后进行 C		
4	A 和 B 都完成后同时进行 C 和 D		
5	A 完成后进行 C；A 和 B 都完成后进行 D		
6	A、B 都完成后进行 D；A、B、C 都完成后进行 E；D、E 都完成后进行 F		
7	A、B 都完成后进行 C；B、D 都完成后进行 E		
8	A 完成后进行 C；A、B 都完成后进行 D；B 完成后进行 E		

(三)网络图的绘制步骤

使用网络计划方法编制项目进度计划的第一步工作就是绘制网络图,其绘制步骤如下:

1. 项目活动的分解

投资项目在其生命周期内是由许多具体的活动及任务组成的,要绘制网络图,就必须将其分解成一定数量的独立的活动及工作,其具体的数量及详细程度根据网络计划作用的需要来确定。

2. 工作关系分析

工作关系分析主要是确定工作之间的逻辑关系及先后次序,明确工作的紧前和紧后关系,形成较为详细的项目工作列表。

3. 估计工作的基本参数

网络计划的基本工作参数包括工作的持续时间和资源需要量。估算工作的基本参数是绘制网络图的基本步骤之一。

4. 绘制网络图

根据工作列表,依据一定的绘制规则与要求绘制网络图,并通过不断地修改完善,最终形成能准确表达工作之间逻辑关系并符合绘制规则的网络图。

(四)网络图的绘制方法和绘制规则

网络图一般利用计算机进行网络分析,人们仅需将投资活动的逻辑关系输入计算机。计算机可以自动绘制网络图,并进行网络分析。但有一些小的项目或一些子网络仍需要人工绘制和分析。

1. 绘制方法

网络图绘制是根据紧前工作和紧后工作的任何一种关系进行绘制。按紧前工作绘制时,从无紧前工作开始,依次进行,将紧前工作一一绘出,并将最后的工作结束于一点,以形成一个终结点。按紧后工作绘制时,也应从无紧前工作开始,依次进行,将紧后工作一一绘出,直至无紧后工作为止,并形成一个终止点。网络图用一种方法绘制完成后,可利用另一种方法进行检查;或根据网络图描述工作关系,若与项目工作列表所述工作关系一致,则说明该网络图能正确地表达工作关系。通过检查或检验并对照绘图规则,无误后,即可进行节点编号。节点编号应遵循下述两条规则:

(1)每个箭线箭头节点的编号(j)必须大于其箭尾节点的编号(i),即 $i < j$;

(2)在同一网络图中的所有节点,都不得出现重复的编号。

2. 绘制规则

网络图是网络进度计划的基础与核心,要正确绘制出网络图,除保证各工作之间的逻辑关系正确外,还必须遵循下述规则:

(1)不允许出现代号相同的箭线。一项工作应只有唯一的一条箭线和相应的一对节点编号,箭尾的节点编号应小于箭头的节点编号。

(2)双代号网络图中不允许出现一个以上的起始节点或终点节点。

(3)在网络图中严禁出现循环回路。若图中工作形成了闭合回路,则这个网络图肯定是错误的。

(4)双代号网络图中,严禁出现双向箭线、无箭头箭线和没有箭头(或箭尾)节点的箭线。

(5)网络图中节点编号顺序应从小到大,可不连续(非连续编号可利于以后的修改),但严禁重复。

(6)某些节点有多条外向箭线或多条内向箭线时,在不违反"一项工作只有唯一的一条箭线和相应的一对节点编号"的前提下,可使用母线法绘图。

(7)绘制网络图时,应尽量避免箭线交叉。当箭线交叉不可避免时,应采用正确的表示方法(过桥法、指向法)。

(8)在非时标网络图中,箭线的长短与工作持续时间的大小无关。

对于一个项目,只有一个开始时间和一个结束时间,其项目进度计划也只有一个开始节点和一个结束节点。如有几项工作同时开始或同时结束,双代号网络图可将这几项工作合并,或用增加虚线的方法解决。单代号网络图中则可设置一虚拟开始(或结束)工作,作为该网络图的起始节点或终止节点。

3. 绘制举例

下面通过一个例子说明双代号网络图的绘制。

某项投资活动及逻辑关系见表 6—3 所示。

表 6—3 某项投资活动及逻辑关系

活动	A	B	C	D	E	F	G	H	I	J	K
持续时间(天)	5	4	10	2	4	6	8	4	3	3	2
紧前活动	—	A	A	A	B	B,C	C,D	D	E,F	G,H,F	I,J

根据表 6—3 即可作图,整理规范可得双代号网络图,具体可见图 6—10 所示。

三、网络计划时间参数的计算

网络图的绘制完成仅是网络计划编制的第一项任务,更重要的任务是网络计划时间参数的计算,这是网络计划实施、优化、调整的基础。

(一)双代号网络计划时间参数的计算

1. 网络计划时间参数的组成

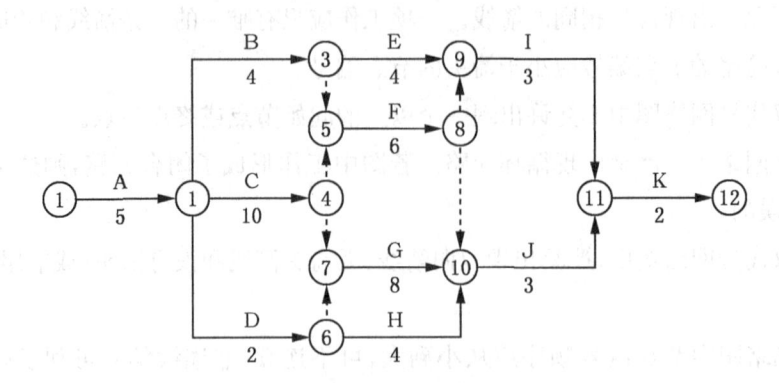

图 6—10　某投资项目活动计划双代号网络图

网络计划时间参数可归为三类：

(1)节点参数。

①节点最早时间，指以该节点为开始节点的各项工作的最早开始时间，用 ET_i 表示。

②节点最迟时间，指在不影响工期的前提下，以该节点为完成节点的各项工作的最迟完成时间，用 LT_i 表示。

(2)工作参数。

①工作持续时间，工作 $i-j$ 的持续时间用 D_{i-j} 表示。

②工作最早开始时间，指各紧前工作全部完成后，本工作有可能开始的最早时间，用 ES_{i-j} 表示。可见，工作的最早开始时间与表示该工作的箭尾节点的最早时间是相等的，即 $ES_{i-j}=ET_i$。

③工作最早完成时间，指各紧前工作全部完成后，完成本工作的最早可能时间，用 EF_{i-j} 表示。显然，$EF_{i-j}=ES_{i-j}+D_{i-j}$。

④工作最迟开始时间，指不影响整个项目按期完成的条件下，本工作最迟必须开始的时间，用 LS_{i-j} 表示。

⑤工作最迟完成时间，指在不影响整个项目按期完成的条件下，本工作最迟必须完成的时间，用 LF_{i-j} 表示。$LF_{i-j}=ES_{i-j}+D_{i-j}$。

⑥工作总时差，指在不影响工期的前提下，工作可以机动使用的时间，用 TF_{i-j} 表示。

对于每项工作，最早可以在 ES_{i-j} 时开始，在不影响工期的前提下，最迟应在 LS_{i-j} 时开始，从最早开始时间到最迟开始时间是可以机动使用的时间。因此，$TF_{i-j}=LS_{i-j}-ES_{i-j}$；$TF_{i-j}=LF_{i-j}-EF_{i-j}$。

⑦工作自由时差，指在不影响其紧后工作最早开始时间的前提下，本工作可以利

用的机动时间,用 FF_{i-j} 表示。若本工作的最早开始时间为 ES_{i-j},其紧后工作的再造开始时间为 ES_{i-k},则可得:$FF_{i-j}=ES_{j-k}-D_{i-j}-ES_{i-j}=ES_{j-k}-EF_{i-j}$。

(3)线路参数。

①计算工期,是指根据时间参数计算得到的工期,用 T_c 表示。

$$T_c = \max\{EF_{i-n}\}$$
$$T_c = ET_n = LT_n$$

式中,EF_{i-n} 为以终止节点 n 为完成节点的工作的最早完成时间;ET_n 为终止节点的最早时间;LT_n 为终止节点的最迟时间。

计算工期也等于最大线路路长。

②计划工期,是指按要求工期(T_r)计算工期确定的作为实施目标的工期,用 T_p 表示。

当规定了要求工期时:

$$T_p \leq T_r$$

当未规定要求工期时:

$$T_p = T_c$$

2. 关键工作及关键路线的确定

关键工作是网络计划中总时差最小的工作。这些工作一旦拖期,就会影响网络计划总工期目标的完成,它们对进度计划的实施起着关键的作用。

(1)关键工作的确定。

若按计算工期计算网络参数,则关键工作的总时差为 0;

若按计划工期计算网络参数,则:

当 $T_p = T_c$ 时,关键工作的总时差为 0;

当 $T_p > T_c$ 时,关键工作的总时差最小,但大于 0;

当 $T_p < T_c$ 时,关键工作的总时差最小,但小于 0。

(2)关键线路的确定。

①根据关键工作确定关键线路。首先确定关键工作,由关键工作所组成的线路就是关键线路。

②根据关键节点确定关键线路。凡节点的最早时间与最迟时间相等,或者最迟时间与最早时间的差值等于计划工期与计算工期的差值,该节点就成为关键节点。关键线路上的节点一定是关键节点,但关键节点不一定在关键线路上。因此,仅凭关键节点还不能确定关键线路。当一个关键节点与多个关键节点相连时,对其连接箭线需根据最大路径的原则——加以判别。

③根据自由时差确定关键路线。关键工作的自由时差一定最小,但自由时差最小

的工作不一定是关键工作。若从起始节点开始,沿着箭头方向到终止节点为止,所有工作的自由时差都最小,则该线路是关键线路,否则就是非关键线路。

3. 网络计划时间参数的计算方法及计算步骤

时间参数的计算方法很多,可人工计算,也可通过电子计算机计算。人工计算通常采用的方法有图上计算法和表上计算法。

按计算过程来分,网络计划时间参数的计算可分为按工作计算法和按节点计算法两种。

(1)按工作计算法计算时间参数,从工作的最早开始时间算起,然后计算工作的其他参数和线路参数,而不计算节点参数。其计算步骤一般为:

①以网络计划起节点为开始节点的工作,其最早开始时间为0,再顺着箭线方向计算各项工作的最早开始时间 ES_{i-j} 和最早完成时间 EF_{i-j}。

②确定网络计划的计划工期 T_p。

③从网络计划的终止节点开始,逆着箭头方向,依次计算各项工作的最迟完成时间 LF_{i-j} 和最迟开始时间 LS_{i-j}。

④计算各项工作的总时差。

⑤计算各项工作的自由时差。

⑥确定网络计划中的关键线路。

其计算结果都应如图6-11所示,各个参数按规定标至网络图上。

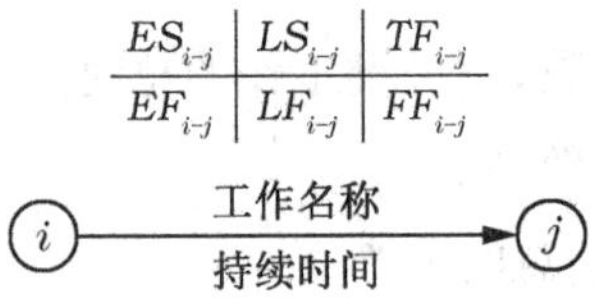

$$\begin{array}{|c|c|c|} \hline ES_{i-j} & LS_{i-j} & TF_{i-j} \\ \hline EF_{i-j} & LF_{i-j} & FF_{i-j} \\ \hline \end{array}$$

$$i \xrightarrow[\text{持续时间}]{\text{工作名称}} j$$

图6-11 双代号网络图的时间参数标注方法

(2)按节点计算法计算时间参数,其过程是首先计算节点参数,在此基础上计算其他参数。按节点计算法的计算步骤与按工作量计算法的计算步骤基本一致,只是将工作最早开始时间和工作最迟完成时间更换成节点最早开始时间和节点最迟开始时间。

4. 网络图计划时间参数计算示例

某项投资项目的网络图按照节点计算法或工作量计算法所得的时间参数计算结果如图6-12所示。由于篇幅原因,这里省略了计算过程,只在图上列示了计算结果。

由于没有规定工期要求,所以计划工期等于计算工期,故总时差为0的工作即为关键工作,所以关键工作是 A、C、G、J、K;关键线路是 1-2-4-7-10-11-12。

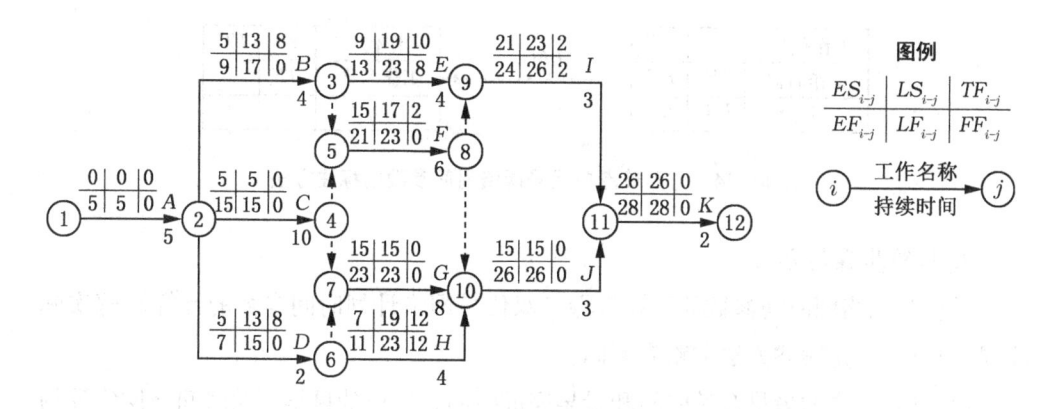

图6—12 某项投资活动双代号网络图时间参数计算结果

(二)单代号网络计划时间参数的计算

1. 时间参数及标注法

单代号网络计划的特点是以节点表示工作,节点的编号即为工作代号,箭线只是表示逻辑关系。所以单代号的时间参数只包括两部分:工作参数和线路参数。

(1)工作参数。单代号网络计划的工作参数所包含的内容与双代号网络计划的完全相同,其概念也完全一致,所不同的是表示符号不一样。单代号网络时间参数的右下角标的工作代号只需一个节点编号,如工作 i 的持续时间用 D_i 表示,最早开始时间用 ES_i 表示。

(2)线路参数。与双代号网络图不同,单代号网络用时间间隔 $LAG_{i,j}$ 表示相邻两项工作之间的时间关系。它等于一项工作的最早完成时间与其紧后工作最早开始时间的差值。

(3)单代号网络时间参数的标注方法有两种,分别如图6—13和图6—14所示,可视需要选用。

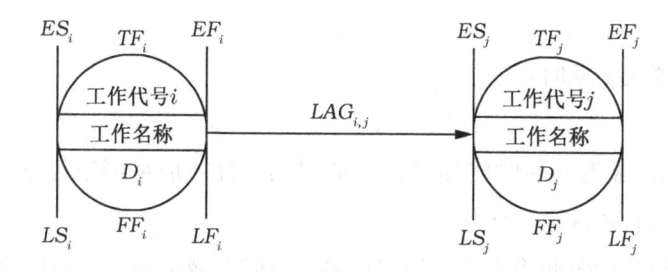

图6—13 圆形节点单代号网络时间参数的标注方法

工作代号 i	ES_i	EF_i
工作名称	TF_i	FF_i
D_i	LS_i	LF_i

$LAG_{i,j}$ →

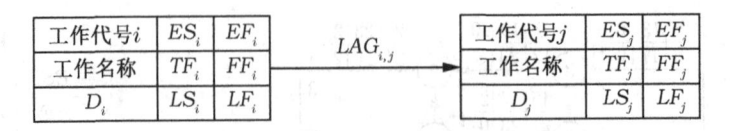

工作代号 j	ES_j	EF_j
工作名称	TF_j	FF_j
D_j	LS_j	LF_j

图 6—14 方形节点单代号网络时间参数的标注方法

2. 计算步骤与方法

单代号网络图时间参数的计算步骤与双代号网络计划时间参数的计算步骤实际上是一样的,只是表述方法上略有不同。

(1)计算工作的最早开始时间和最早完成时间。工作的最早开始时间从网络计划的起始节点开始,顺着箭头方向依次逐项计算。

一项工作的最早开始时间等于该工作的各紧前工作最早完成时间中的最大值,即:

$$ES_i = \max\{EF_h\}$$

式中,EF_h 为工作 i 的紧前工作 h 的最早完成时间。

对于网络计划的起始节点,若无特别规定,则令其为零。

一项工作的最早完成时间就等于该工作的最早开始时间与该工作的持续时间之和,即:

$$EF_i = ES_i + D_i$$

(2)计算相邻两项工作之间的时间间隔,依据时间间隔的定义可知,i,j 两项工作之间的时间间隔为:

$$LAG_{i,j} = ES_j - EF_i$$

(3)确定网络计划的计划工期。

网络计划中节点 n 的最早完成时间就是网络计划的计算工期,即 $T_c = EF_n$。

计算工期:

当规定了要求工期时:

$$T_p \leqslant T_r$$

当未规定要求工期时:

$$T_p = T_c$$

(4)计算工作最迟开始时间和最迟完成时间。计算应从网络计划的终止节点开始,逆着箭头方向,依次逐项计算。

工作的最迟开始时间等于该工作的最迟完成时间减去该工作的持续时间,即:

$$LS_i = LF_i - D_i$$

对于网络计划的终止节点所代表的工作 n,其最迟完成时间即计划工期,即:

$$LF_n = T_p(或\ T_c)$$

其他工作最迟完成时间等于该工作各个紧后工作的最迟开始时间中的最小值，即：
$$LF_i = \min\{LS_j\}$$
式中，LS_j 为工作 i 的紧后工作的最迟开始时间。

(5)计算工作总时差，即
$$LF_i = LS_i - ES_i$$
$$LF_i = LF_i - EF_i$$

(6)确定工作自由时差。一项工作的自由时差等于该工作与其紧后各工作的各个时间间隔中最小值，即：
$$FF_i = \min\{LAG_{i,j}\}$$

(7)确定关键工作和关键路径。单代号网络关键工作的确定与双代号网络计划相同，即总时差最小的是关键工作。从起点节点到终止节点均为关键工作，且所有工作的时间间隔均为 0 的路线是关键路线。

与双代号网络计划一样，单代号网络计划时间参数的计算可采用图上计算法、计算机法等。

四、网络计划的其他表示方法

(一)搭接网络计划

1. 搭接网络计划的概念

在组织项目实施时，并不是一定要等前一个项目活动完全完成后才开始下一个项目活动，通常是在前一个项目进行到一定程度时，后一个项目活动即开始进行。在投资项目中，设计进行到一定程度就可进行施工招标的准备；在施工进行到一定程度后就可以开始进行人员培训、原材料采购等投产的准备工作。这时可用搭接网络计划来编制进度计划。搭接网络计划就是用标注相邻工作时间间隔来表示其搭接关系的网络计划。它只适用于单代号网络计划。

2. 相邻工作的搭接关系

搭接网络计划中相邻工作的连接关系有以下几种(见图 6—15)。

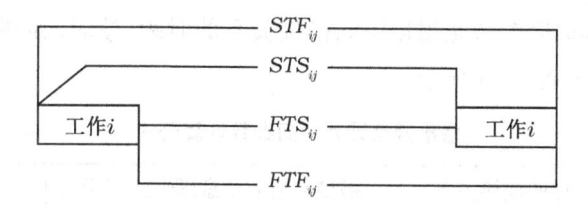

图 6—15 搭接网络计划相邻工作 i,j 连接关系

(1) 开始到开始。指紧前工作 i 的开始时间到本工作 j 的开始时间的时距，用 STS_{ij} 表示。

(2) 开始到结束。指紧前工作 i 的开始时间到本工作 j 的结束时间的时距，用 STF_{ij} 表示。

(3) 结束到开始。指紧前工作 i 的结束时间到本工作 j 的开始时间的时距，用 FTS_{ij} 表示。

(4) 结束到结束。指紧前工作 i 的结束时间到本工作 j 的结束时间的时距，用 FTF_{ij} 表示。

(5) 开始到开始（STS_{ij}）和结束到结束（FTF_{ij}）并存。指紧前工作 i 与本工作 j 之间的时距，由 STS_{ij} 和 FTF_{ij} 共同控制，用 STS_{ij} 和 FTF_{ij} 表示。

(6) 开始到结束（STF_{ij}）和结束到开始（FTS_{ij}）并存。指紧前工作 i 与本工作 j 之间的时距，由 STF_{ij} 和 FTS_{ij} 共同控制，用 STF_{ij} 和 FTS_{ij} 表示。

在一般网络计划中，相邻工作之间的连接关系十分简单，仅为衔接关系，即时距仅为 FTS。此时，在关键线路上 FTS_{ij} 为零；在非关键线路上，各相邻工作间的时距由相应的时差来决定。搭接网络计划相邻工作的连接可有多种形式选择，更有效地满足制订计划中的各种限制条件，这将给我们网络计划的编制带来极大的方便。

3. 搭接网络计划时间参数的计算

搭接网络计划中，相邻两项工作的表示方法如图 6—16 所示。箭线上下标注其搭接关系及时距，节点内标注工作编号及持续时间，每个工作节点的四角分别标注时间参数。

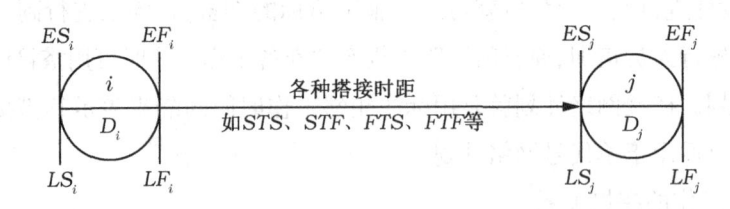

图 6—16 搭接网络计划相邻两项工作的表示方式

搭接网络计划时间参数是根据不同搭接关系的时距，按时间间距的关系，列式计算，其计算公式可用表 6—4 所示。

表 6—4　　　　　　　　搭接网络计划时间参数计算公式

序号	相邻两个工作的连接关系	搭接网络的示意图形式表示	计算公式
1	开始到开始 STS	i j STS	$ES_j = ES_i + STS_{ij}$ $LS_i = LS_j - STS_{ij}$

续表

序号	相邻两个工作的连接关系	搭接网络的示意图形式表示	计算公式
2	开始到结束 STF	i → j STF	$EF_j=ES_i+STF_{ij}$ $LS_i=LF_j-STF_{ij}$
3	结束到结束 FTF	i → j FTF	$EF_j=EF_i+FTF_{ij}$ $LF_i=LF_j-FTF_{ij}$
4	结束到开始 FTS	i —FTS→ j	$ES_j=EF_i+FTS_{ij}$ $LF_i=LS_j-FTS_{ij}$
5	既有 STS 又有 FTF	i FTF / STS j	$ES_j=ES_i+STS_{ij}$ $LS_i=LS_j-STS_{ij}$ $EF_j=EF_i+FTF_{ij}$ $LF_i=LF_j-FTF_{ij}$
6	既有 STF 又有 FTF	i —FTF/STF→ j	$EF_j=ES_i+STF_{ij}$ $LS_i=LF_j-STF_{ij}$ $ES_j=EF_i+FTS_{ij}$ $LF_i=LS_j-FTS_{ij}$

(二)时标网络计划

时标网络计划又称日历网络计划,是指以时间坐标为尺度绘制的网络计划,时标的时间单位可根据需要确定,可以是小时、天、周、旬、月、季、年等。在普通网络计划中,箭线的长度并不表示时间的长短,但在网络计划中,箭线的长短和位置将表示工作的时间长短和进程安排。因此,时标网络计划既是一个网络计划,又类似横道图表示的一个水平进度计划,它既能表明计划的时间过程,又能在图上显示出各项工作开始时间、完成时间、关键线路和关键工作所具有的时差。

时标网络计划又可分为双代号时标网络计划和单代号时标网络计划。

1. 双代号时标网络计划

双代号时标网络计划以实箭线表示工作,以虚箭线表示虚工作。波形线表示本工作与紧后工作的时间间隔。当一项工作之后有紧接工作时,波形线表示的是本工作的自由时差;当工作之后紧接的只有虚工作时,则紧接的虚工作中,长度最短的波形线为该工作的自由时差。如图6—17所示,工作H的自由时差为1,工作D的自由时差为2。粗箭线表示关键工作。图中给出了两个时间坐标体系,上面是日历坐标体系,此处假定该项目从4月25日开始(星期一)开始,星期天和"五一节"休息。下面为工作日坐标体系(见图6—17)。

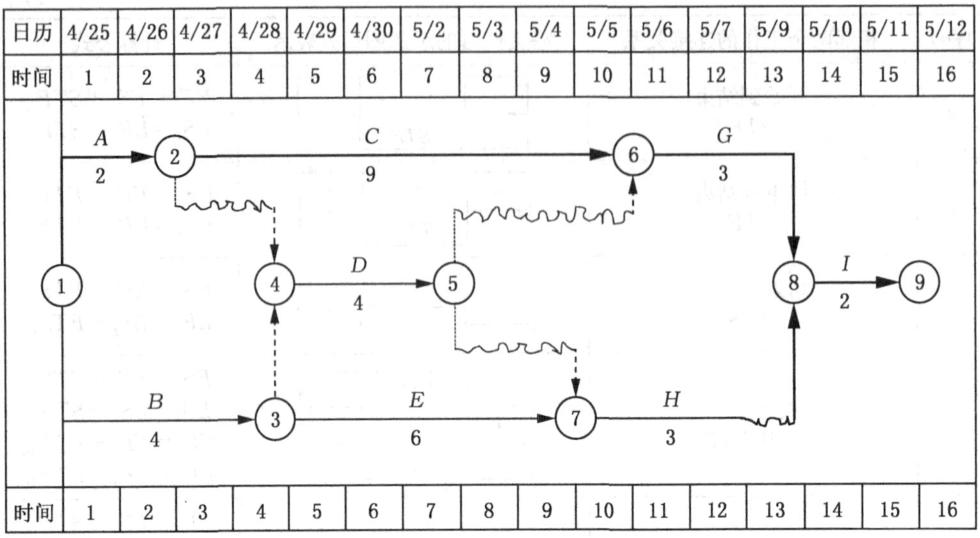

日历	4/25	4/26	4/27	4/28	4/29	4/30	5/2	5/3	5/4	5/5	5/6	5/7	5/9	5/10	5/11	5/12
时间	1	2	3	4	5	6	7	8	9	10	11	12	13	14	15	16

图 6—17　双代号时标网络计划

双代号时标网络计划主要用于以下几种情况：

(1)所含工作数量较少，工艺过程比较简单；

(2)局部网络计划；

(3)作业性网络计划；

(4)使用实际进度前锋线进行控制的网络计划。

2.单代号网络计划

单代号网络计划中，其工作用节点表示，在将单代号网络计划中节点的长度用来表示工作持续时间的长短后，就可绘制出单代号时标网络计划。

(三)非肯定型网络计划与计划评审技术

前面所介绍的网络计划的分析与计算都有一个前提，即投资活动中每项工作的持续时间都是明确的、肯定的。这样的网络计划可统称为肯定型网络计划。在本章第一节中，我们知道，在实践中，投资活动的持续时间往往是很难确定的，这种持续时间不确定的网络计划即为非肯定型网络计划。我们可以采用计划评审技术(PERT)来进行网络活动分析。这种方法就是先用概率统计的方法求得项目活动平均需要时间，并以此时间作为网络图中相关工作的持续时间，化非肯定型网络计划为肯定型网络计划，再进行网络计划时间参数的计算和分析。此时，由于各工作持续时间采用的是通过估计得到的项目活动平均持续时间，不是十分准确，它与实际情况不一定相符，应进一步根据概率统计理论，用下述方法来分析其实现的概率大小。

1.非肯定型网络计划计算方法

(1)关键工作持续时间的方差 σ_i^2。方差反映该工作持续时间的离散程度,方差越大,其离散程度越大,实现的概率就越小,方差 σ_i^2 可按下式计算:

$$\sigma_i^2 = \left(\frac{b-a}{6}\right)^2 \tag{6.6}$$

(2)关键线路上各工作的标准离差 σ:

$$\sigma = \sqrt{\sigma_1^2 + \sigma_2^2 + \cdots + \sigma_n^2} \tag{6.7}$$

式中,$\sigma_1^2, \sigma_2^2, \cdots, \sigma_n^2$ 为关键线路上各关键工作的方差。

(3)完成该网络计划的可能值 λ:

$$\lambda = \frac{T_r - T_c}{\sigma} \tag{6.8}$$

式中:T_r 为完成网络计划的要求工期;T_c 为网络计划的计算工期,即关键线路上各工作持续时间之和。

(4)查表求概率。依据 λ 值从概率表中(见表6-5)查出相应的概率,即可判断在要求工期 T_r 内完成该网络计划的可能性大小。

表 6-5　　　　　　　　　　　　概率表

λ	P	λ	P	λ	P	λ	P
0.0	0.500 0	−1.6	0.548	0.0	0.500 0	+1.6	0.945 2
−0.1	0.460 2	−1.7	0.044 6	+0.1	0.539 8	+1.7	0.955 4
−0.2	0.420 7	−1.8	0.035 9	+0.2	0.579 3	+1.8	0.964 1
−0.3	0.382 1	−1.9	0.028 7	+0.3	0.617 9	+1.9	0.971 3
−0.4	0.344 6	−2.0	0.228	+0.4	0.655 4	+2.0	0.977 0
−0.5	0.308 5	−2.1	0.179	+0.5	0.691 5	+2.1	0.982 1
−0.6	0.274 3	−2.2	0.013 9	+0.6	0.725 7	+2.2	0.986 1
−0.7	0.242 0	−2.3	0.010 7	+0.7	0.758 0	+2.3	0.989 3
−0.8	0.211 9	−2.4	0.008 2	+0.8	0.788 1	+2.4	0.991 8
−0.9	0.184 1	−2.5	0.006 2	+0.9	0.815 9	+2.5	0.993 8
−1.0	0.158 7	−2.6	0.004 7	+1.0	0.841 3	+2.6	0.995 3
−1.1	0.135 7	−2.7	0.003 5	+1.1	0.964 3	+2.7	0.996 5
−1.2	0.115 1	−2.8	0.002 6	+1.2	0.884 9	+2.8	0.997 4
−1.3	0.096 8	−2.9	0.001 9	+1.3	0.903 2	+2.9	0.998 1
−1.4	0.080 8	−3.0	0.001 4	+1.4	0.919 2	+3.0	0.998 7
−1.5	0.668			+1.5	0.933 2		

2. 计算示例

图 6—18 为一个非肯定型网络图,完成每项工作的最乐观时间、最悲观时间和最可能时间都已分别标注在图上。

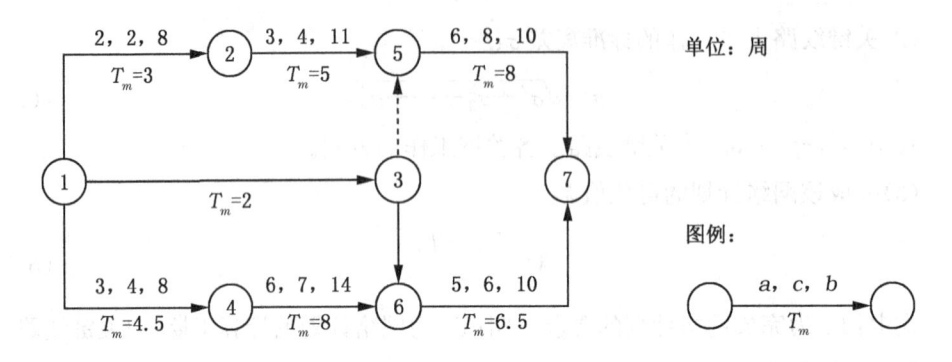

图 6—18 非肯定型网络图

(1)关键线路为①→④→⑥→⑦,其计算工期 $T_c=4.5+8+6.5=19$(周)。

(2)列表计算各工作的方差 σ_i^2 及其方差之和(见表 6—6)。

表 6—6　　　　　　　　　　　方差计算表

活动号	①→④	④→⑥	⑥→⑦	总　计
持续时间平均值 T_m	4.5 周	8 周	6.5 周	$T_c=19$ 周
方差 σ_i^2 $\sigma_i^2=(\frac{b-a}{6})^2$	$(\frac{8-3}{6})^2=(\frac{5}{6})^2$	$(\frac{14-6}{6})^2=(\frac{8}{6})^2$	$(\frac{10-5}{6})^2=(\frac{5}{6})^2$	关键线路上各活动的方差和 $\sum\sigma_i^2=\frac{144}{36}$

(3)通过计算 λ 和查表可得出各种时间期限内完成该网络计划的概率值(见表 6—7)。

表 6—7　　　　　　　　　　　概率计算表

序号	规定计划完成的时间 T_r(周)	网络计划关键线路的总时间 T_c(周)	$\lambda=\frac{T_r-T_c}{\sqrt{\sum\sigma_i^2}}$	概率 P_i
1	19	19	0	0.500 0
2	20.8	19	+0.9	0.815 9
3	22.6	19	+1.8	0.964 1
4	17.2	19	+0.9	0.184 1
5	15.4	19	−1.8	0.035 9

第三节 投资项目进度计划的其他编制方法

一、横道图和线形图

(一)横道图

横道图,又称甘特图,主要用于项目计划和项目进度安排,在投资项目管理中,被广泛应用,并受到普遍欢迎。

横道图的基本形式如图 6—19 所示,它以一段横道线表示一项活动,通过横道线在带有时间坐标的图中的位置来表示各项活动的开始时间、结束时间和各项工作的先后顺序,所以横道线的长短表示活动的持续时间,整个进度计划就由一系列的横道组成。

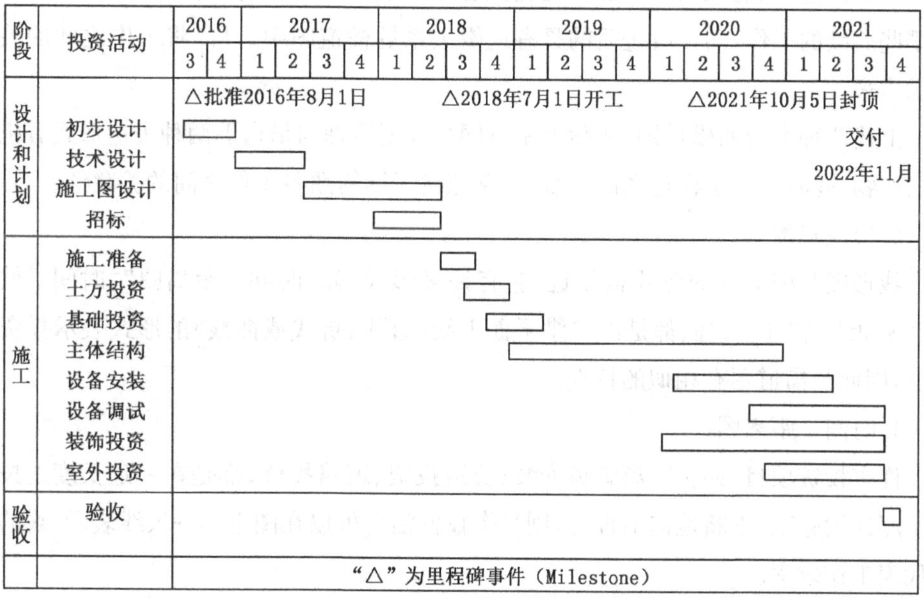

阶段	投资活动	2016				2017				2018				2019				2020				2021			
				3	4	1	2	3	4	1	2	3	4	1	2	3	4	1	2	3	4	1	2	3	4
设计和计划	初步设计 技术设计 施工图设计 招标	△批准2016年8月1日								△2018年7月1日开工								△2021年10月5日封顶 交付 2022年11月							
施工	施工准备 土方投资 基础投资 主体结构 设备安装 设备调试 装饰投资 室外投资																								
验收	验收																								
	"△"为里程碑事件 (Milestone)																								

图 6—19 某投资项目横道图进度计划

1. 横道图的特点和适用范围

(1)横道图的优、缺点。横道图直观、简单而且容易编制,能够清楚地表达活动的开始时间、结束时间和持续时间,一目了然,易于理解,并能够为各层次的人员(上至战略决策者,下至基层操作人员)所掌握和运用;不仅能够安排工期计划,而且可以与劳动力计划、材料计划、资金计划相结合。在资源优化过程中,一般都借助于横道图。但是横道图也存在很多缺点,如横道图很难表达投资项目各项活动(工作)之间的逻辑关系，不能反映出各个活动是否为关键活动和时差。更重要的是横道图无法利用计算机来分析计算，从而使得计划的实施过程中调整变得较为困难。

(2)横道图的适用范围。根据横道图的特点，传统的横道图一般只适用于一些比较简单的小型项目。在项目初期由于尚没有做详细的项目结构分解，投资项目各项活动之间复杂的逻辑关系尚未分析出来，一般可以用横道图作总体计划。

目前在项目管理实践中，都将网络图和横道图相结合，使得横道图得到不断的改进和完善。

①带有时差的横道图。网络计划中，某些工作的开始时间和完成时间并不是唯一的，往往有一定的机动时间，即时差。这种时差并未在传统的横道图中表现出来，而是在改进后的横道图中可以表现出来。

②具有逻辑关系的横道图。横道图把项目计划和项目进度安排两种职能结合在一起。所以在绘制横道图时，必须能表示各项工作之间的逻辑关系，但传统的横道图并不能做到这一点。如有一项活动提前或推迟，或延长持续时间，很难分析出它会影响哪些后续的工作，而在改进后的具有逻辑关系的横道图中，可以将工作之间的关系表示出来。

上述两种类型的横道图，实际上是将网络计划原理与横道图两种表达形式有机结合的产物，同时具备了横道图的直观性，又兼备了网络图各工作之间的关联性。

(二)线形图

线形图与横道图的形式很相近，它有许多形式，如"时间—距离图""时间—效率图""S曲线图"等。它们都是以二维平面上线（直线、折线或曲线）的形式表示投资的进度，因此与横道图有相似的特点。

1.时间—距离图

许多投资项目，如长距离管道安装、隧道投资、道路投资，都是在一定长度上按几道工序连续施工，不断地向前推进，则每个投资活动可以在图上用一根线表示，线的斜率代表工作效率。

例如，一管道铺设投资，由 A 处铺到 B 处，共 4km，其中，分别经过 1km 硬土段、1km 软土断、1km 平地，最后是 1km 软土段。投资活动分别有挖土、铺管（包括垫层等）、回填土。工作效率如表 6—8 所示。

表 6—8　　　　　　　　　　　　工作效率　　　　　　　　　　　　单位：m/天

工　序	硬　土	软　土	平　地
挖土	100	150	
铺管	80	80	160
回填土	120	150	

施工要求:平地不需要挖土和回填土,挖土工作场地和设备转移需要 1 天(d)时间;

铺管工作面至少离挖土线 100m,防止互相干扰;

任何地点铺管至少 1 天后才允许回填土。

作图步骤:

(1)作挖土进度线。以不同土质的工作效率作为斜率,而在平地处仅需 1 天的工作面及设备转移时间。

(2)作铺管进度线。由于铺管工作面离挖土线至少 100m,所以在挖土线左侧 100m 距离处画挖土线的平行线,则铺管线只能在上方安排。由于挖硬土 100m/天,所以开工后第二天铺管工作即可开始。

(3)回填土进度线。由于在铺管完成 1 天后才允许回填土,所以在铺管线上方 1 天处作铺管线的平行线。按回填土的进度作斜线。从这里可见,要保证回填土连续施工的要求,应在第 24 天开始回填。在这张图上还可以限制活动的时间范围。例如,要求回填土在铺管完成 1 天后才开始,但 8 天内必须结束,而且可以方便地进行计划和实际的对比。

最后计划总工期约为 46 天(见图 6—20)。

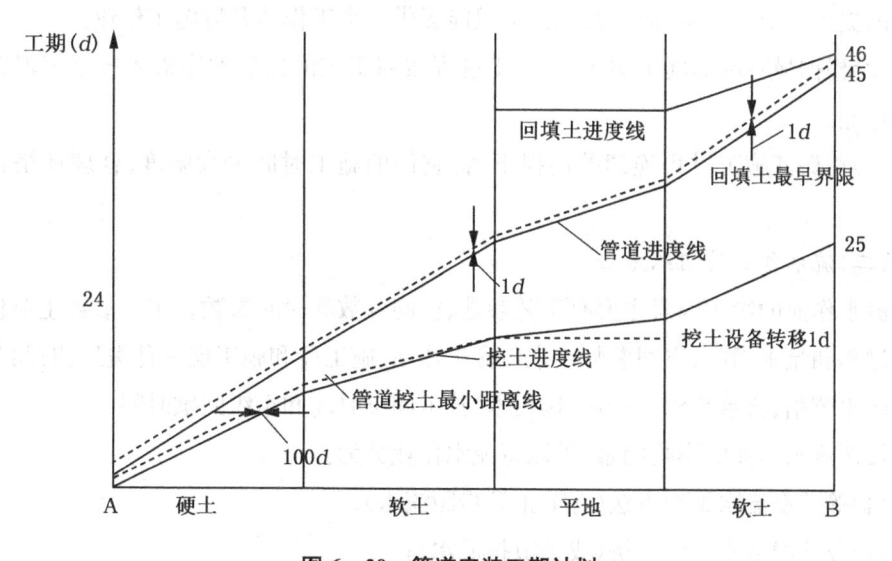

图 6—20 管道安装工期计划

2. 速度图

速度图有许多种形式,其理解也十分方便。这里不详细述说。

根据图 6—20 可以十分方便地进行计划与实际对比。

二、流水作业方法

流水作业方法是在投资项目施工中广泛使用的组织科学施工的计划方法,用流水作业方法组织施工,可以产生良好的经济技术效果。用流水作业方法组织施工,其实质就是组织连续作业,均衡生产。从逻辑关系方面来讲,在流水施工组织中既要考虑组织关系(软关系),又要考虑工艺关系(硬关系),在同一条流水线上有衔接关系,也就是同一个工种在不同的工作面上工作要保证连续,要衔接;在不同的流水线上不同的工种又是平行搭接的。这本身就很明确地确定了用流水作业组织施工的这一项目中各项工作的逻辑关系。

(一)流水作业方法的要点

投资项目的实践证明,建立在分工协作基础上的流水作业方法是项目施工最有效的科学组织方法。流水作业的要点如下:

(1)将拟建投资项目的整个建设过程分解成若干个施工过程,即划分为若干个性质相同的分部、分项工程或工序。每一施工过程可以独立地交给一个专业工作队或混合工作队完成。

(2)将拟建投资项目在平面上按纵向划分成若干个施工段,每一个施工段在同一时间内提供一个工作队,而且在理论上只能提供一个工作队开展施工作业。

(3)根据最有利的施工顺序,各施工过程按照工艺的先后顺序进入各施工段完成施工作业。

(4)在保证施工过程连续的前提下,将它们的施工时间最大限度、合理地搭接起来。

(二)流水作业的组织方法

流水作业的影响因素主要有工艺参数、空间参数和时间参数。工艺参数主要包括施工过程和流水强度;空间参数通常包含工作面、施工段和施工层三种类型;时间参数分为流水节拍、流水步距、平行搭接技术、技术间歇时间和组织间歇时间。

按照流水作业的影响因素,可以将流水作业分为:

(1)等节奏流水组织方法(等节拍等步距流水);

(2)异节奏流水组织方法(成倍节拍流水);

(3)一般流水组织方法(无节奏流水)。

下面通过一个实例来介绍一般流水作业的组织方法。

例如:某投资项目的基础过程划分为四个施工段,其工作量及定额资料见表6—9,试绘出施工进度计划。

表 6—9　　　　　　　　　　　　工作量及定额资料表

序号	工作名称	投资量(立方米)				产量定额 (立方米/工日)	专业队(组)人数 (机械台班)
		(1)	(2)	(3)	(4)		
1	人工挖土	150	112.5	112.5	150	2.5	15
2	混凝土垫层	45	45	30	30	1.5	10
3	砌砖	90	90	67	45	1.6	14
4	回填土	60	30	60	60	3	10

(1)确定施工过程,$m=4$;

(2)确定施工段落,$n=4$;

(3)组织专业队伍(组),已知为挖土、垫层、砌砖、回填土一个施工队(组);

(4)计算流水节拍。流水节拍是指每个专业工作队在各个施工阶段完成相应的施工任务所需的工作持续时间,这里采用定额计算法。工作持续时间的计算公式为:

$$D=Q/(R\times S)$$

式中,D 为工作持续时间;Q 为工作的投资量,以实物度量单位表示;R 为人工或机械设备的数额,以人或台数表示;S 为产量定额,以单位时间完成的工作量表示。

如:人工挖土在第一阶段上的流水节拍,$D_{11}=Q_{11}/(R_{11}\times S_1)=150/(15\times 2.5)=4$(天)。

同样的方法求出各施工段落上的流水节拍,如表 6—10 所示:

表 6—10　　　　　　　　　　　某基础投资流水节拍表

m \ n	(1)	(2)	(3)	(4)
挖土	4	3	3	4
垫层	3	3	2	2
砌砖	4	4	3	2
回填	2	1	2	2

(5)计算流水步距(K)。流水步距是相邻两个专业工作队在保证施工顺序并满足连续施工、最大限度地搭接和保证投资质量要求的前提下,相继投入施工的最小工作时间间隔,即相邻工序开工到开工的时间间隔。

流水步距的计算法则:"累加数列错位相减取最大值"。首先累加各施工段上的流水节拍,形成累加数列;其次将相邻两个施工段的累加数列错位相减,取差数大者为两个施工段的流水步距。假设有 m 个施工过程,则有 $m-1$ 个流水步距。

如：挖土地的累加数列与垫层的累加数列错位相减：

4	7	10	14	
	3	6	8	10
4	4	4	6	−10

$K_1=6$ 即挖土和垫层这两个相邻工序开工到开工的时间间隔为 6。同样的方法求出 $K_2=6$（垫层与砌砖）、$K_3=6$（砌砖与回填）各相邻工序的流水步距。

(6) 计算工期 T：

$$T = \sum_{i=1}^{m-1} K_i + \sum_{j=1}^{n} D_{i,j}$$
$$= (K_1 + K_2 + K_3) + (D_{41} + D_{42} + D_{43} + D_{44})$$
$$= (6 + 3 + 8) + (2 + 1 + 2 + 2) = 24$$

(7) 绘制网络进度图。在一般流水节拍作业方式中，每个施工过程在每段上的流水节拍一般是不相等的，不同的施工过程在同一施工段落上的作业时间也是不相同的。当在组织流水作业时使每个施工过程在每段上的流水节拍都相等，同时不同施工过程在同一段落上也相等，这样的流水作业就是等节奏流水施工（等节拍等步距流水作业）。如果每个施工过程在各段上的流水节拍都相等，而不同的施工过程在同一段落上的流水节拍成倍数，这样的流水作业就称为异节奏流水组织方法（成倍节拍流水），具体可见图 6-21 所示。

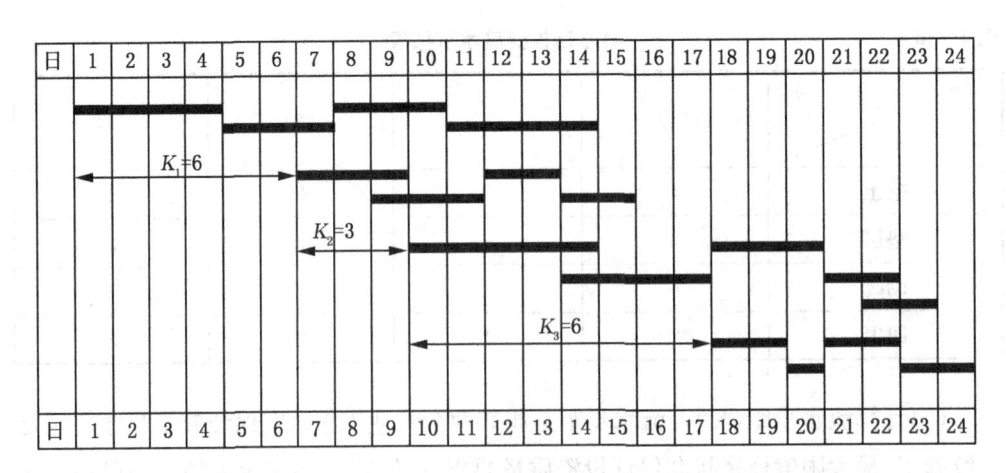

图 6-21 一般流水作业进度计划

第四节　投资项目网络计划的优化

在现代化的投资项目计划管理中,仅仅满足与编制出投资项目进度计划,并以此来进行资源调配、各工期控制是远远不够的,还依据各种主、客观条件,在满足工期要求的同时,合理安排时间与资源,力求达到资源消耗和经济效益最佳这一目的,这就是投资项目网络计划的优化。

网络计划的优化按优化目标划分,可分为工期优化、费用优化和资源优化。

一、投资项目的工期优化

（一）投资项目工期优化概述

1. 工期优化的含义

工期优化也称为时间优化,是指在人力、物力、资料、设备等基本保证的条件下,调整进度计划的计算时间,寻求满足要求的最为合理的投资项目实施时间。一是不改变计划中各分项工程的持续时间,而是通过改变某些工序之间的逻辑关系达到压缩工期的目的;二是改变系统内部的资源配置,将削减下来的资源调集到关键工序中去,缩短关键工作的持续时间,从而达到缩短工期的目的。

2. 缩短时间（工期）的方法

进行工期优化时,首先应在系统原有的资源用量的基础上对工期进行压缩。如果不能满足要求,再考虑向系统增加资源。在不向系统增加资源的条件下,压缩工期一般有三种方法：

(1)强制缩短法:关键工作的持续时间。常用方法:顺序法,先开始的关键工作先压缩;加权平均法,按每一个关键工作持续时间长短的百分比进行压缩;选择法,有目的地选择某些关键工作压缩时间。

(2)调整工作关系:串联的关键工作变为平行或交叉。

(3)关键线路的转移:利用非关键工作的时差,用其中的部分资源加强关键工作,以缩短关键工作的持续时间,使工期缩短。

从投资项目的实践看,工期优化一般还是通过改变关键工作持续时间的方式来实现,即常用方法是强制缩短法中的选择法。但要注意用这种方法可能会增加费用,而且可能受到劳动力、材料、设备、环境等因素的限制,所以压缩时要进行综合考虑,保证经济、合理。

(二)工期优化的一般步骤

下面选择缩短关键工作持续时间的方法介绍压缩网络计划工期的一般步骤：

1. 找出网络计划中的关键线路，计算正常作业网络计划的总工期
2. 计算应压缩的时间 ΔT

$$\Delta T = T_c - T_r \tag{6.9}$$

式中：T_c 为项目网络计划的计算工期；T_r 为项目要求工期。

3. 选定最先压缩持续时间的关键工作，选择时应考虑的因素

(1)缩短持续时间后，对投资项目质量和施工安全影响不大；

(2)有充足的储备资源；

(3)缩短持续时间所需增加的费用相对较少。

4. 确定压缩时间

将选定的关键工作的持续时间压缩至"允许的"最短时间，这里所谓的"允许"是指要尽量保持关键工作的地位，因其一旦被压缩成非关键工作后，再压缩其持续时间，对缩短工期就已失去作用。如果根据需要，必须将某一关键工作压缩成非关键工作，则应对新出现的关键工作再次压缩。

5. 选择压缩其他关键工作

如果压缩后的计算工期仍不能满足要求工期的要求，则按上述原则选定另一个关键工作并压缩其持续时间，直至满足要求工期为止。

6. 要求工期合理性审定

当所有关键工作的持续时间都已达到其能缩短的极限而工期仍不能满足要求时，应对原要求工期的合理性进行重新审定。

二、投资项目的费用优化

(一)投资费用与工期的关系

投资项目的总费用可分为直接费用和间接费用两部分。直接费用是指在投资项目计划执行过程中，用于支付每项工作的人工费、材料费、机械台班使用费等费用；间接费用是指投资项目实施过程中，用于组织管理等方面的费用。间接费用的多少与施工单位的施工条件、施工组织管理水平有关。

一般情况下，投资费用与总工期的关系如图 6-22 所示。在一定范围内，直接费用随工期的延长而减少，间接费用与项目工期大致成正比关系，它随工期的延长而增加。将两条曲线叠加，就形成了总费用曲线。总费用曲线上的最低点 N 所对应的工期就是最优工期。

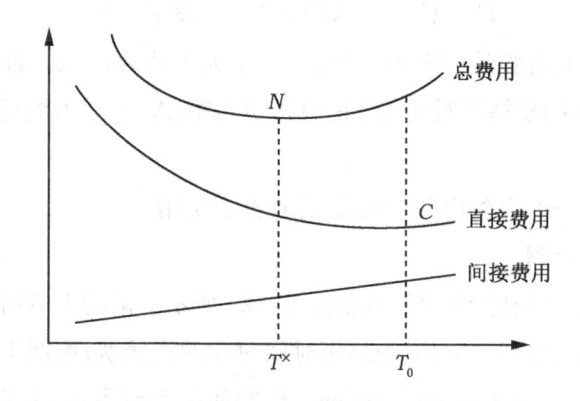

图6—22 投资费用与总工期的关系

(二)费用优化的步骤

费用优化又称费用—工期优化,就是通过对投资项目进度计划的调整,使其工期接近最后工期,以实现投资项目总费用最少的目的。费用优化的步骤如下:

(1)计算投资项目实施总直接费用。

(2)计算各工作的直接费用率。直接费用率是指一项工作每缩短一个单位时间所需增加的直接费用。直接费用率可用以下公式计算:

$$\Delta C_{i-j} = \frac{CC_{i-j} - CN_{i-j}}{DN_{i-j} - DC_{i-j}} \tag{6.10}$$

式中:ΔC_{i-j} 为工作 $i-j$ 的费用率;CC_{i-j} 为工作 $i-j$ 持续时间为最短时所需的直接费;CN_{i-j} 为工作 $i-j$ 持续时间为正常时所需的直接费;DN_{i-j} 为工作 $i-j$ 的正常持续时间,即在合理的组织条件下,完成一项工作所需的时间;DC_{i-j} 为工作 $i-j$ 的最短持续时间,即在最理想的组织条件下完成工作所需的时间。

(3)确定间接费用率。间接费用率是指一项工作缩短单位持续时间所减少的间接费用。工作 $i-j$ 的间接费率表示为 ΔCI_{i-j},它一般是由施工单位根据工作的实际情况加以确定。

(4)确定关键线路并计算总工期。

(5)确定缩短持续时间的关键工作。取直接费用率(或组合费用率)最低的一项关键工作(或一组关键工作)作为缩短持续时间的对象。

(6)确定缩短持续时间的关键工作。确定持续时间缩短长短的原则是:在缩短时间后改工作不得变为非关键工作,其持续时间也不得小于最短持续时间。

(7)计算缩短持续时间的费用增加值。

(8)计算总费用。工作持续时间缩短后,工期会相应地缩短,项目的直接费用会增加,而间接费用会减少,所以总费用相应为:

$$C_t = C_{t+\Delta t} + \Delta T(\Delta C_{i-j} - \Delta CI_{i-j}) \qquad (6.11)$$

式中：C_t 为将工期缩至 t 时的总费用；$C_{t+\Delta t}$ 为工期为 $t+\Delta t$ 的总费用；ΔT 为工期缩短值；ΔC_{i-j} 为缩短持续时间工作的直接费用率；ΔCI_{i-j} 为缩短持续时间工作的间接费用率。

(9)重复上述步骤，直到出现优化点，并计算总费用。

(三)费用优化示例

已知某投资项目的初始网络计划如图 6-23 所示。箭线上方所标数据为该工作的正常时间对应的直接费，括号内为最短时间对应的直接费；箭线下方的数据是该工作正常持续时间，括号内为最短持续时间。已知间接费率为 0.12 千元/天，试求出费用最小时的工期。

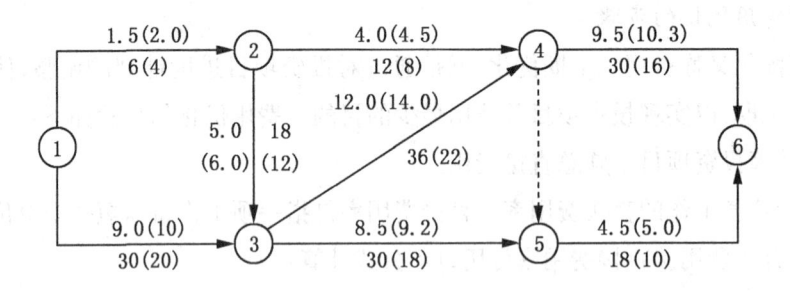

注：费用单位：千元；时间单位：天。

图 6-23 某投资项目的初始网络计划

按照费用优化步骤所得到的费用优化值及费用最小时所对应的工期结果如表 6-11 所示。

表 6-11　　　　　　　　　费用优化过程

压缩次数	压缩对象	直接费用率	费率差	缩短时间	降低费用	总直接费用	总间接费用	总费用	工期
0	—	—	—	—	—	54.00	11.52	65.52	96
1	4→6	0.057	−0.063	12	−0.756	54.684	10.08	64.764	84
2	1→3	0.100	−0.020	6	−0.120	55.284	9.36	64.644	78
3	4→6 5→6	0.1195	−0.0005	2	−0.001	55.523	9.12	64.643	76
4	3→4	0.143	+0.023						

三、投资项目的资源优化

(一)投资项目的资源优化概述

资源是投资项目实施的基本要素，它通常包括劳动力、原材料、设备、资金、信息等。由于资源对于工期和成本从而对整个投资项目的经济效益有很大的影响,所以在计划中必须进行资源优化,如选择资源消耗少的实施方案;在资源限制的情况下,如何使工期最短;当工期固定时,如何均衡地使用资源,降低资源耗用量的不均衡性。在投资项目进度管理的范畴内,主要解决后两个问题,即"资源有限—工期最短"的优化和"工期固定—资源均衡"的优化。

在进行资源优化时,经常要用到资源强度、资源需用量和资源限量这几个概念。

资源强度是指在完成一项工作时,每单位时间内所需的资源量。工作 $i-j$ 的资源强度用 r_{i-j} 表示。

资源需用量是指项目进度计划中,某一单位时间内进行各项工作所需某种资源数量之和,如取天为单位时间,则第 t 天的资源需用量用 Q_t 表示。

资源限量是指单位时间内可提供使用的某种资源的最大数量,用 Q 表示。

(二)资源有限—工期最短的优化

在项目建设过程中,当某种资源受到限制时,资源计划必须满足其限量进行安排。资源有限—工期最短的优化就是不断地调整进度计划安排,使得在工期延长最短的条件下,逐步达到满足资源限量的目的。资源有限—工期最短的优化步骤为:

(1)计算网络计划每天的资源需用量 Q_t。

(2)检查资源需用量是否超过资源限量。检查应从网络计划开始之日起逐日进行,如在整个工期内每天的资源需用量均能满足资源限量要求,现有的网络计划已为优化方案;若有不满足资源限量要求的情况,则必须对该网络计划进行优化。

(3)调整超出资源限量时段的工作安排。每天资源需用量相同的时间区间即为一个时段。对于超过资源限量的时段,必须逐段进行调整以满足资源限量的要求。调整方法是在该时段内同时进行的几项工作中,拿出一项安排在另一项完成后进行,即使这两项工作从平行作业关系变为依次作业关系,从而减少该时段的资源需用量。此时,项目进度计划的工期将相应地延长,其延长工期为:

$$\Delta D_{m-n,i-j} = EF_{m-n} - LS_{i-j} \tag{6.12}$$

式中:$\Delta D_{m-n,i-j}$ 为将工作 $i-j$ 安排在工作 $m-n$ 之后进行时,项目进度计划延长的时间;EF_{m-n} 为工作 $m-n$ 的最早完成时间;LS_{i-j} 为工作 $i-j$ 的最迟开始时间。

(4)确定有效调整方案。当一个时段有好几项工作同时进行时,其调整的方案有很多,其中使资源需用量减少到满足资源限量的要求的方案为有效调整方案。一个时段可有一个或多个有效调整方案,进行优化时,应找出所有有效调整方案。

(5)调整其他超出资源限量时段直至全部时段的资源需用量等于或小于资源限量。

(6)确定最优方案。

在所有有效调整方案中,工期最短的方案即为最优方案。

(三)工期固定——资源均衡的优化

投资项目的建设过程是不均衡的生产过程,对资源的种类、用量的需求常常会有很大的变化。"工期固定——资源均衡"的优化过程就是不断地调整进度计划安排,在保持工期不变的前提下,尽量减少资源需用量的波动,使资源连续而均匀地分布。

1. 资源均衡性量化指标

所谓资源分布的均衡性,就是力求每天的资源需用量尽量接近平均值,避免出现短时期内的高峰和低谷。它可用不均衡系数、极差值及均方差等来衡量。

(1)不均衡系数(K):

$$K = \frac{Q_{\max}}{Q_m} \tag{6.13}$$

式中:$Q_{\max}$ 为最高峰日期每天的资源总需用量;Q_m 为资源每天的平均需用量,其值为:

$$\Delta Q_m = \frac{1}{T} \sum_{t=1}^{T} Q_t \tag{6.14}$$

式中:T 为总工期;Q_t 为第 t 天的资源需用量。

资源需用量不均衡系数 K 越小,资源需用量均衡性越好。

(2)极差值(ΔQ):

$$\Delta Q = \max[|Q_t - Q_m|] \tag{6.15}$$

资源需用量极差值越小,资源需用量均衡性越好。

(3)均方差(σ^2):

$$\sigma^2 = \frac{1}{T} \sum_{t=1}^{T} (Q_t^2 - Q_m) \tag{6.16}$$

化简可得:

$$\sigma^2 = \frac{1}{T} \sum_{t=1}^{T} Q_t^2 - Q_m^2 \tag{6.17}$$

资源需用量均方差越小,其均衡性越好。

2. 判断公式

在进行资源优化时,主要是利用一些工作所具有的时差,将其作业时间予以调整,使每天的资源需用量发生变化,从而达到资源均衡的目的。但工作作业时间移动后,资源均衡性是否会得到改善,则需要通过公式来判定。

由式(6.17)可知,资源每天平均需用量 Q_m 与工期 T 皆为常数,当 $\sum_{t=1}^{T} Q_t^2$ 变小时,

均方差 σ^2 也会变小,即资源的均衡性会得到改善。

现将工作 $k-l$ 的开始时间跳后一天(右移一天),即从第 i 天开始调为 $i+1$,其完成时间由第 j 天变为第 $j+1$ 天。此时,调后与调前的 $\sum_{t=1}^{T} Q_t^2$ 的差值 Δ 为:

$$\Delta = [Q_1^2 + Q_2^2 + \cdots + (Q_i - r_{k-l})^2 + Q_{i+1}^2 + \cdots + Q_j^2 + (Q_{j+1} + r_{k-l})^2 + \cdots + Q_T^2]$$
$$- [Q_1^2 + Q_2^2 + \cdots + Q_i^2 + Q_{i+1}^2 + \cdots + Q_j^2 + Q_{j+1}^2 + \cdots + Q_T^2]$$

化简后可得:

$$\Delta = 2r_{k-l}(Q_{j+1} - Q_i + r_{k-l}) \tag{6.18}$$

当 Δ 为正值时,表明工作后一天 $\sum_{t=1}^{T} Q_t^2$ 会变大,其对应的均方差 σ^2 也变大,资源的均衡性会恶化;反之,当 Δ 为负值时,资源的均衡性将得到改善。所以,我们只需要判断 Δ 值的正负,即可判定资源的均衡性是否得到改善。

进一步分析可知,资源的均衡性得到改善的条件为:

$$Q_i > Q_{j+1} + r_{k-l} \tag{6.19}$$

式中:Q_i 为调前第 i 天的资源总量,i 为欲调整工作的开始时间;Q_{j+1} 为调前第 $j+1$ 天的资源总量,j 为欲调整工作的完成时间;r_{k-l} 为欲调整工作 $k-l$ 的资源强度。

式(6.19)即为工作 $k-l$ 开始时间推后一天,能使资源的均衡性得到改善的判断公式,即当工作 $k-l$ 开始那天的资源总需用量大于其完成那天的后一天资源总需用量与该工作资源强度之和时,工作 $k-l$ 开始时间推后一天能使资源的均衡性得到改善。

3. 优化步骤

(1)确定调整的工作。为确保进度计划的总工期不变,所以关键工作及无总时差的工作,其工作时间不得后移,只有具有总时差的工作才考虑后移。

选定调整工作应从网络计划的重点节点开始,按工作完成节点的编号值依从小到大的顺序逐个选定,同一完成节点有多个可调整工作时,开始时间较迟的工作先进行调整。

(2)判断调整效果。利用式(6.19)判断所选定工作后移一天后对资源的均衡性的影响,若能改善,则后移一天,并判断再后移一天的影响,直到不能后移或工作时差已用完为止。

(3)选定新的调整工作并进行调整。重复上述步骤,选定新的工作进行调整,直到所有工作都调整完毕。

(4)再次调整。为使资源的均衡性最优,在对所有可调整工作调整完成后,要从终止节点开始,从右到左再进行调整,如此反复,直到所有的工作位置都不能移动为止。

第五节 投资项目进度控制

一、投资项目进度控制概述

(一)基本概念

投资项目进度控制是指在经确认的进度计划的基础上实施各项具体工作,在一定的控制期内检查实际进度的完成情况,并将其与进度计划相比较,若出现偏差,则分析产生的原因和对工期的影响程度,找出必要的调整措施,修改原计划,不断地如此循环,直至投资项目竣工验收。这一动态过程可用图6—24表示。

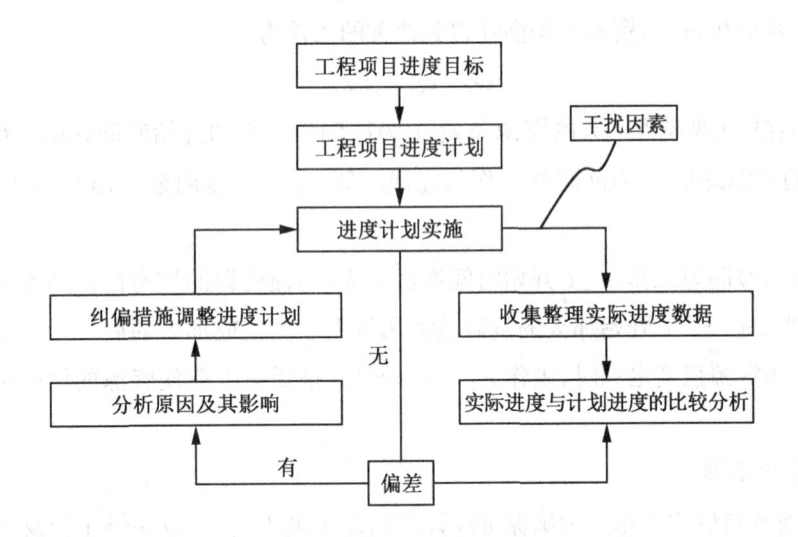

图6—24 投资项目进度控制过程

投资项目进度控制的总目标是确保投资项目的目标工期的实现。

这里,进度是投资项目任务、工期、成本的有机结合,是一个综合指标,能全面反映项目实施状况。所以进度控制不能狭义地理解为工期控制,应将工期与实物、成本、劳动力消耗、资源统一起来进行综合控制。进度控制的基本对象是过程活动,它包括投资项目结构分级(WBS)上各个层次的项目单元,包括进度计划中的各项工作任务。

(二)投资项目进度控制的方法、措施和主要任务

1. 控制方法

投资项目进度控制的主要方法是规划、控制、协调。规划是确定项目总进度目标和各进度控制子目标,并编制进度计划。控制是指在投资项目实施的全过程中,分阶

段进行实际进度与计划进度的比较,出现偏差则采取措施予以调整。协调是要安排好投资项目各参加单位、部门和工作队(组)之间的工作节奏与进度关系。

2. 控制措施

投资项目进度控制采取的主要措施有组织措施、技术措施、合同措施、经济措施和信息管理措施等。

(1)组织措施主要是落实投资项目中各层次进度目标的责任人、具体任务和工作责任;按投资项目对象系统的特征、主要阶段(里程碑事件)和合同网络作业进度目标分解,建立控制目标体系;确定各参加者进度控制工作制度,如检查期、方法协调会议时间、参加人;对影响进度的因素进行分析和预测。

(2)技术措施主要是指切实可行的施工部署和技术方案。

(3)合同措施是指整个合同网络中每份合同之间的进度目标应相互协调、吻合,所以合同网络应落实投资项目总控制进度计划结果。

(4)经济措施是指各参加者实现进度计划的资金保护措施及可能的奖惩措施。

(5)信息管理措施是指不断收集投资实施实际进度的有关信息并进行整理统计后与计划进度比较,定期向决策者提供进度报告。

3. 控制任务

投资项目进度控制的主要任务就是按计划实施,控制计划的执行,按期完成投资项目实施的任务,最终实现进度目标。

二、投资项目进度实施的分析对比

(一)投资项目实际进度的表达

1. 描述对象

投资项目进度控制的对象是各个阶段的各项投资活动,是投资项目、单项工程、单位工程、分部分项工程。在以投资项目分解结果为对象编制进度计划的基础上,进度控制的对象是各个层次的项目单元,也就是进度计划中各个工作任务。由于投资项目结构分解能实现工作包到逐层统计汇总计算得到项目进度状况、投资项目完成程度(百分比),因此应主要对工作包以及进度计划中相应的工作任务等进行计划与实际进度状况的描述,从而实现投资项目实际进度与计划进度的比较。

2. 进度指标

进度通常是指投资项目实施结果的进展情况。由于投资项目的实施需要消耗时间(工期)、劳动力、材料、费用等才能完成项目任务,所以以投资项目对象具有复杂性,WBS中同一级别以及不同级别的各项目单元往往很难选定一个恰当的、统一的指标来全面地反映定期检查的投资进度。通常人们用如下几种方法定量描述进度:

(1)持续时间。投资活动或整个投资项目的持续时间是投资项目进度总的重要指标。人们常用已经使用工期与计划工期比较以描述投资的完成程度。如,计划工期 2 年,现在已经进行了 1 年,则工期已达到 50%;一个投资活动计划持续时间为 30 天,现已经进行了 15 天,则已完成 50%。但通常不能说投资进度已达到 50%,因为工期与人们通常概念上的进度是不完全一致的。投资的效率和速度不是线性关系,如通常投资项目开始时工作效率很低,进度慢,到投资项目中期时投入最大,进度最快,而后期投入较少。所以,工期达到一半,并不代表进度达到一半,何况在已进行的工期中还存在各种停工、窝工、干扰因素,实际效率远低于计划的工作效率。

(2)按投资活动完成的可交付成果描述。这主要是针对专门的领域,其生产对象简单、投资活动简单的项目。例如,设计工作按资料数量(图纸、规范等);混凝土投资按体积(墙、基础、柱);设备安装的吨位;管道、道路的长度;预制件的数量、重量、体积;运输量以吨·公里;土石方以体积或运输量;等等。

(3)已完成工作的价值量。即用已完工的工作量与相应的合同价格(单价)或预算价格计算。它将不同的工作统一起来,能够较好地反映投资进度状况,是常用的进度指标。

(4)资源消耗指标。资源消耗指标最常用的有劳动工时、机械台班、成本的消耗等。它们有统一性和较好的可比性。各个投资活动直到整个项目都可用它们作为指标。在实际投资中要注意:投入资源的数量不一定代表真实的进度;实际工作量与计划工作量经常有差别;干扰因素产生后,成本的实际消耗比计划要大,所以这时的成本因素所表达的进度不符合实际。各项要素在表达工作任务的进度时一般采用完工百分比。

(二)投资项目进度计划实施分析对比方法

1. 横道图比较法

用横道图编制进度计划,指导投资项目实施,是项目管理实践中常用的方法。

横道图比较法就是将在项目实施中针对工作任务检查实际进度收集的资料,经整理后直接用横道图线并列于原计划的横道处,进行直观比较的方法。

横道图比较法是人们进行进度控制经常使用的方法。通过这种比较,管理人员能很清楚和方便地分析实际进度与计划进度的偏差,从而完成进度控制工作。

横道图比较法中实际进度可用持续时间或任务完成量(实物工程量、劳动消耗量、已完工投资价值量)的累计百分数表示。但由于途中进度横道线一般指标是工作的开始时间、持续时间和完成时间,并不表示计划完成量和实际完成量,所以在实际工作中要根据工作任务的性质分别考虑。

工作进展有两种情况:一是工作任务是匀速前进的,即每项工作任务在单位时间内完成的任务量都是相等的;二是工作任务的进展速度是变化的。因此,进度比较就采取不同的方法。

2. 前锋线比较法

前锋线比较法主要适用于时标网络计划及横道网络图进度计划。该方法是从检查时刻的时间标点出发,用点划线一次连接各工作任务的实际进度点,最后到计划检查时的坐标点为止,形成前锋线。按前锋线与工作箭线和工作交点的位置判定投资项目与计划进度的偏差,如图6-25所示。

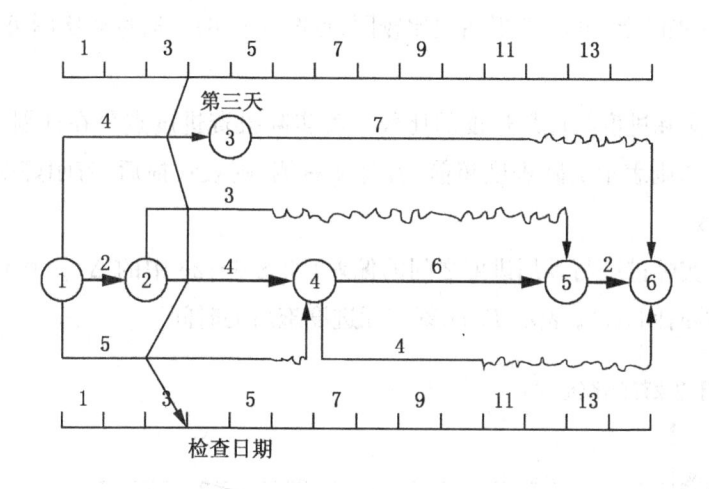

图6-25 某网络计划前锋线比较法

前锋线图可以提供的信息有:

(1)各项工作实际进展情况。根据前锋线的位置和时标的关系,可知各项工作检查时刻的实际进度与计划进度的关系。从图6-25中可知工作2→5和2→4按计划正常实施,而工作1→3落后计划进度半天,工作1→4则拖后1天。

(2)实际进度对计划总工期的影响。根据偏离进度计划的各工作的性质,可分析出这个偏差对整个进度计划总工期的影响,如工作1→3、1→4虽然都比计划进度拖后了一点,但它们都是非关键性工作,且拖后的时间未超过其总时差,所以不会对项目进度计划总工期造成影响。

(3)实际进度对后续工作的影响。通过对偏离进度计划的各工作时差的分析,可知对其后工序的影响。如图6-25所示,工作1→4虽拖后了一天,但由于其有一天的自由时差,所以只要按其原计划速度进行,不再产生新的延误,其后续工作可仍按原计划工作而不受影响。而工作1→3由于不具有自由时差,所以其后续工作3→6要受其延后半天的影响,原计划开始时间也要拖后半天。

3. S形曲线比较法

S 形曲线比较法是以横坐标表示进度时间,纵坐标表示累计工作任务完成量或累计完成成本量,而绘出的一条按时间累计完成量或累计完成成本量的曲线。因为投资项目的实施过程中,开始和结尾阶段,单位时间投入的资源量较少,中间阶段单位时间投入的资源量较多,则单位时间完成的任务量和成本量也多,所以随时间进展,累计完成的任务量应该呈 S 形变化。

一般情况下,S 曲线中的投资量、成本都是假设在工作任务持续时间内平均分配。

S 形曲线比较法,是在项目实施过程中按规定时间检查实际情况,绘制在与计划 S 形曲线同一张图上,可得 S 形曲线比较图(见图 6-26)。通过对比图可以得到如下信息:

(1)项目实际进度与计划进度的比较。若实际投资进度点落在计划 S 形曲线的左侧(如 a 点),则表示实际进度超前;若落在右侧,则表示拖后;若刚好落在其上,则表示两者一致。

(2)项目实际进度与计划进度之间的偏差,如图 6-26 中的 ΔT_a 表示 T_a 时刻实际进度超前的时间,ΔT_b 表示 T_b 时刻实际进度拖后的时间。

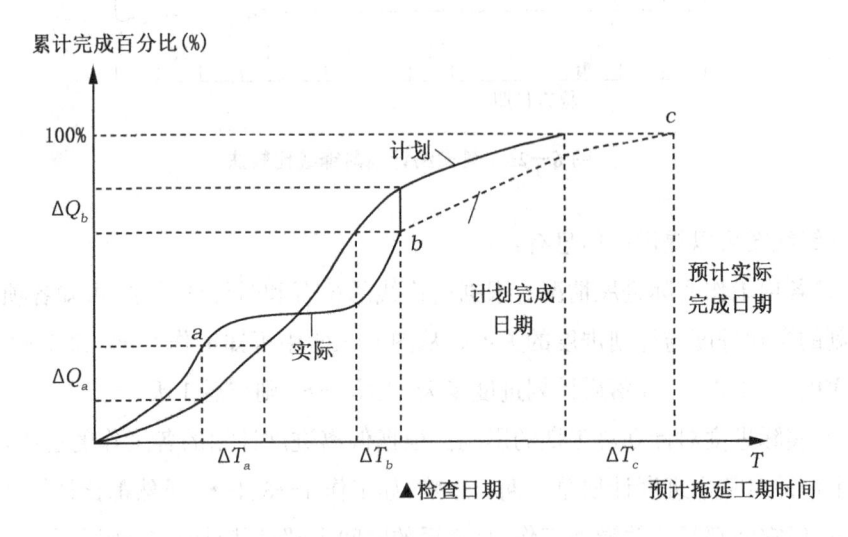

图 6-26　S 形曲线比较图

(3)项目实际进度比计划进度超前或拖欠的任务量或成本量,图中 ΔQ_a 表示在 T_a 时间超额完成的任务量;ΔQ_b 表示在 T_b 时刻拖欠的任务量。

(4)项目后期工作进度预测。在实际进度偏离计划进度的情况下,若工作不调整,仍按原计划安排的速度进行(如图中虚线所示),则总工期必将超前或拖后,从图中我们也可以得知 ΔT_c 表示预计工期拖延时间。

4. 香蕉曲线比较法

香蕉曲线是两种 S 形曲线组合成的闭合曲线,其一是网络计划中各工作任务的最早开始时间安排进度而绘制的 S 形曲线,简称 ES 曲线;其二是以各项工作的计划最迟开始时间安排进度而绘制的 S 形曲线,简称 LS 曲线。由于两条 S 形曲线都是同一项目,其计划开始时间和完成时间相同,因此 ES 曲线与 LS 曲线是闭合的,如图 6—27 所示。

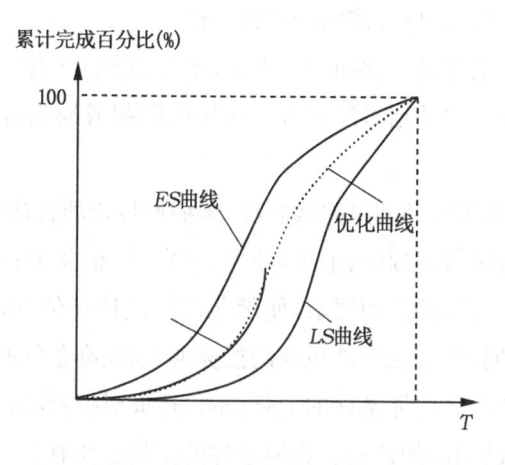

图 6—27　香蕉形曲线比较图

若投资项目实施情况正常,如没有变更、没有停止等,则实际进度线应落在该香蕉形曲线的区域内。

利用香蕉形曲线进行比较,所获信息与 S 形曲线基本一致,但由于它存在按最早开始时间和最迟开始计划曲线构成的合理进度区域,从而使得判断实际进度是否偏离计划进度及对总工期是否会产生影响更为明确、直观。

三、投资项目进度的拖延原因及解决措施

(一)投资项目进度拖延原因分析

进度拖延是投资项目过程中经常发生的现象,各个层次的分布、分项工程在各个阶段都可能出现延误。项目管理者应按预定的项目计划定期评审实施进度情况,一旦发现进度出现拖延,则应根据进度计划与实施进度情况,分析并确定拖延的根本原因。

1. 进度拖延的原因的分析方法

(1)通过各投资活动(工作包)的实际工期记录与计划工期对比确定是否拖延及拖延量。

(2)采用关键线路分析的方法确定各拖延工期对总工期的影响。由于各活动在网络计划中所处的位置(关键线路或非关键线路)不同,它们对整个工期拖延的影响也不同。

(3)采用因果分析图(表)、影响因素分析表及投资量、劳动效率对比分析等方法,详细分析各分部、分项工程建设及工期拖延的影响因素,以及各因素影响量的大小。

2. 进度拖延的原因

(1)工期及相关计划的失误。计划失误是常见的现象。人们在计划期将持续时间安排的过于乐观,包括:

①计划时忘记(遗漏)部分必需的功能或工作;

②计划值(如计划工作量、持续时间)不足,相关的实际工作量增加;

③资源或能力不足,如计划时没有考虑资源的限制或缺陷,没有考虑如何完成工作;

④出现了计划中未考虑到的风险或状况,未能使投资项目达到预定的效率。

此外,在投资项目进行过程中,上级(业主、投资者、企业主管部门)常常在一开始就提出很紧迫的、不切实际的工期要求,使承包商或设计单位、供应商工期太紧,而且许多业主为了缩短工期,常常压缩承包商的投标期、前期准备的时间。

(2)边界条件的变化。边界条件的变化,不仅造成对投资项目实施过程的干扰,有时直接要求调整原来已确定的计划。边界条件的变化主要有:

①工作量的变化。可能是由于设计的修改或错误,业主新的要求、修改项目的目标及系统范围的扩展造成的。

②外界(如政府、上层系统)对项目新的要求或限制或设计标准的提高可能造成项目资源缺乏,使得投资无法按期完成。

③环境条件的变化,如不利的施工条件不仅造成对投资实施过程的干扰,有时直接要求调整原来的计划。

④发生不可抗拒的事件,如地震、台风、动乱、战争状态等。

(3)实施过程中的管理失误:

①计划部门与实施者之间、总分包商之间,业主与承包商之间缺少沟通。

②项目实施者缺少工期意识,如管理者拖延了图纸的供应和批准,任务下达时缺少必要的工期说明和责任落实,拖延了时间。

③项目参加者对各个活动(各专业投资活动和供应)之间的逻辑关系(活动链)没有了解清楚,下达任务时也没有做详细的解释,同时对活动的必要前提条件准备不足,各单位之间缺乏协调和信息沟通,许多工作脱节,资源供应出现问题。

④由于其他方面未完成项目计划造成拖延,如设计单位拖延设计、运输不及时、上级机关拖延批准手续、质量检查拖延、业主不果断处理项目实施中的问题等。

⑤承包商没有集中力量施工,材料供应拖延,资金缺乏,工期控制不紧,这可能是由于承包商的同期投资太多,力量不足造成的。

⑥业主没有集中资金的供应,拖欠投资款,或业主的材料、设备供应不及时。

所以,在进度管理过程中,项目管理者应明确各自的责任,做好充分的准备工作,加强沟通。项目组织者在项目实施前做好组织安排责任重大。

(4)其他原因。由于采取其他调整措施而造成工期的拖延,如设计的变更、质量问题的返工、实施方案的修改。

(二)解决投资项目进度拖延的措施

1. 基本策略

(1)采取积极的赶工措施赶工,以弥补或部分地弥补已经产生的拖延,主要通过调整后期计划,采取措施压缩工期,修改网络。

(2)不采取特别的措施,在目前进度状态的基础上,仍按照原计划安排后期工作。通常情况下,拖延的影响会越来越大。有时刚开始仅一两周的拖延,到最后会导致一年的拖延,影响会越来越大。这是一种消极的办法,最终结果必然损害工期目标和经济效益。

2. 可以采取的赶工措施

与计划工期压缩进度工期一样,解决进度拖延有许多种办法,但每种方法都有它的适用条件和限制条件,并且会带来一些负面影响。实际工作中人们往往将解决拖延的重点集中在时间上,但效果并不佳,甚至引起严重的问题,最典型的是增加成本开支、造成现场混乱和产生质量问题,所以应该将解决进度拖延作为一个新的过程来处理。

在实际工作中经常采用如下赶工措施:

(1)增加资源投入。例如,增加劳动力、材料、周转材料和设备的投入量以缩短持续时间,这是最常用的办法,但它会造成费用的增加,加剧资源供应的困难,使资源的使用效率减低等问题。

(2)重新分配资源。例如,将服务部门的人员投入生产中去,投入风险准备资源,采取加班或多班制工作。

(3)减少工作范围,包括减少投资量或删去一些工作包(分项工程),但这可能会损害投资的完整性、经济性、安全性、运行效率,或提高项目的运行费用。同时由于必须经过上层管理者,如投资者、业主的批准,这可能会造成项目的待工,增加拖延时间。

(4)改善工器具的使用,以提高劳动效率。

(5)制定合理的辅助措施与工程过程,提高劳动效率,主要注意如下问题:

①加强培训,通常培训应尽可能地提前。

②注意工人职级和工人技能的协调。

③建立激励机制,如奖金、团队精神、个人负责制等。

④改善工作环境及项目的公共设施。

⑤项目小组时间上和空间上的组合和搭接。

⑥避免项目组织中的矛盾,多沟通。

(6)将部分任务分包、委托给另外的单位,将原计划由自己生产的结构件改为外购等。当然不仅有风险,产生新的费用,而且需要增加控制和协调工作。

(7)改变网络计划中活动之间的逻辑关系。如将前后顺序工作改为平行工作,或采用流水施工的办法,但这首先需要解决逻辑上的矛盾;其次,要突破资源的限制,因为平行施工要增加资源的投入强度,尽管投入总量不变;最后要解决工作面限制及由此产生的现场混乱和低效率问题。

(8)修改实施方案,例如,将现浇混凝土改为场外预制、现场安装,这样可以提高施工速度。当然这样做,一方面必须要有可用的资源,另一方面又要考虑会造成成本的超支。

(9)将一些工序或分部、分项工程合并,通过局部地调整实施过程中人力、物力的分配,达到缩短工期。

3. 应注意的问题

(1)在选择措施时,要考虑到:赶工应符合项目的总目标与总战略;措施应是有效的、可以实现的;注意成本的节约;对项目的实施和承包商、供应商的影响较少。

(2)在制订后续工作计划时,有些措施应与项目的其他过程协调。

(3)在实际工作中,人们常常采用了许多事先认为有效的措施,但实际效力却很小,往往达不到预期的效果。因此,要注意计划的科学性,在计划和执行过程中加强各方之间的配合协调。

本章小结

投资项目进度管理,是指在投资项目实施过程中,对各个阶段的进展程度和投资项目最终完成的期限进行的管理。其目的是保证项目能在满足时间约束的前提下实现总体目标。投资项目进度不仅仅指投资项目实施的进展情况,而是具有一个综合的含义,即它是将投资项目任务、工期、成本有机地结合,形成一个综合指标,能全面反映项目的实施情况。

投资项目进度管理主要包括两大部分,即投资项目进度计划的编制和投资项目进度计划的控制。投资项目进度计划是项目组织根据投资项目目标的规定,对项目实施过程中进行的各项活动做出周密安排,围绕项目目标的完成系统地确定项目的任务,安排任务进度,表达项目中各项工作、工序的开展顺序、开始及完成时间及相互衔接关系。投资项目进度控制是指在投资项目进度计划制定以后,在项目实施过程中,对实施进展情况进行检查、对比、分析、调整,以确保项目进度计划总目标得以实现。

投资项目进度计划的编制需要经过必要的程序,必须遵循一定的依据。投资项目进度计划可按投资项目的计划范围和工作内容来划分。投资项目进度计划按投资项目的计划范围划分,主要有投资项目总进度计划,单项工程进度计划,分部分项工程作业计划,年度投资计划,材料、物资、设备、人力供应计划等;按一般投资项目的工作内容划分,主要有项目前期工作计划,勘测设计计划,招标、投标工作计划,准备工作计划,施工进度计划,投资验收计划等。

在投资项目进度计划的编制方法中,使用最普遍也是最主要的一种是网络计划技术。网络计划技术的理论基础是网络图形。网络图是包含各种网络计划方法的统称,是以直观、形象的符号组合构成工作流向的有向、有序网状图形作为计划的图解模型,将活动、事件和线路三个部分有机计划在一起的统一体。网络图一般可以分为单代号网络图和双代号网络图,一般需要按照一定的步骤并遵循一定的规则绘制。通过网络图,可以缩短工期、提高效率、节省人力、降低成本为最终目标,进行系统分析,计算时间参数,找出关键线路,然后利用时差,不断均衡各工作的消耗,改进实施方案,以求得工期、资源、成本等的优化。网络计划的基本形式是关键线路法(CPM)和计划评审技术(PERT)。它们均有各自的编制方法与程序。当然,投资项目进度计划还有横道图(甘特图)与线形图、流水作业法等编制方法。

在编制好投资项目进度计划后,还可以根据情况对其进行优化。投资项目网络计划优化主要可分为时间或工期优化、费用优化和资源优化。通过网络计划的优化,可以使项目的进度计划更为合理、经济。

投资项目进度控制是指在经确认的进度计划的基础上实施各项具体工作,在一定的控制期内检查实际进度的完成情况,并将其与进度计划相比较,若出现偏差,分析产生的原因和对工期的影响程度,找出必要的调整措施,修改原计划,不断地如此循环,直至投资项目竣工验收。

复习思考题

一、名词解释

投资项目进度管理　投资项目进度计划　网络计划技术　网络图　单代号网络图　紧前工作　双代号网络图　紧后工作　虚工作　时差　关键线路法　计划评审技术　进度优化　费用优化　资源优化　投资项目进度控制　流水作业法　横道图

二、简答题

1. 简述投资项目进度管理的主要内容。
2. 简述投资项目进度计划编制的依据。
3. 简述投资项目进度计划的类型。
4. 简述投资项目进度计划编制的程序与步骤。
5. 简述影响工作持续时间估计的因素。
6. 简述工作持续时间的估计方法。
7. 简述网络计划技术中网络图的绘制规则。
8. 简述网络图的绘制步骤。

9. 简述投资项目网络计划优化中的时间优化步骤。
10. 简述投资项目网络计划优化中的费用优化步骤。
11. 简述投资项目网络计划优化中的资源优化步骤。
12. 简述进度拖延的原因。
13. 简述投资项目进度的控制措施。
14. 简述投资项目进度计划实施分析的对比方法。

第七章　投资项目成本管理

投资项目成本管理是指为保障项目实际发生的费用不超过项目预算而开展的项目成本估计、项目预算编制和项目预算控制等方面的管理活动。投资项目管理者要想在激烈的市场竞争中处于有利地位，关键在于能否在完成项目既定目标的情况下使成本费用最小化，从而在经济上具有合理性，所以有必要对投资项目进行成本管理。

第一节　投资项目成本管理概述

一、投资项目成本的含义、构成及其影响因素

(一)投资项目成本的含义

研究项目成本管理，首先应该对成本进行定义。管理会计：成本是为达到一个特定的目标而牺牲或放弃的资源；财务会计：成本是取得资产的代价；马克思主义政治经济学：成本是商品价值的重要组成部分，是为获得某种产品，在生产经济活动中发生的人力、物力和财力的耗费，其实质就是以货币表现的、为生产产品所耗费的物化劳动的转移价值之和。

上述定义尽管各有不同，但是都存在一个共性即成本是资源耗费，这种资源可以用货币来表现。综上，成本就是为达到一定的目标所耗费资源的货币表现。项目成本是围绕项目发生的资源耗费的货币表现，包括项目生命周期各阶段的资源耗费。

投资项目费用，是指项目在实施过程中各种耗费的总和。投资项目费用是投资项目建设工作量的货币表现形式，它体现了投资项目的价值，是反映投资项目规模的综合性指标。

(二)投资项目总成本费用的构成

根据我国现行规定，投资项目总投资主要包括建设投资及流动资金，其中，建设投

资包括工程费用、工程建设其他费用、预备费用、建设期投资借款利息等。其具体构成可见图7—1。

```
                    ┌─ 工程费用 ──┬─ 建筑工程费用
                    │            ├─ 设备及工器具购置费用
                    │            └─ 安装工程费
                    │
                    │            ┌─ 可行性研究费
                    │            ├─ 土地征用费和建设期间土地使用税
建设投资 ───────────┼─ 工程建设 ├─ 勘察设计费
                    │   其他费用 ├─ 建设单位管理费
                    │            ├─ 临时设施费
                    │            └─ ……
                    │
                    ├─ 预备费用 ──┬─ 基本预备费
                    │            └─ 涨价预备费
                    │
                    └─ 建设期投资借款利息
```

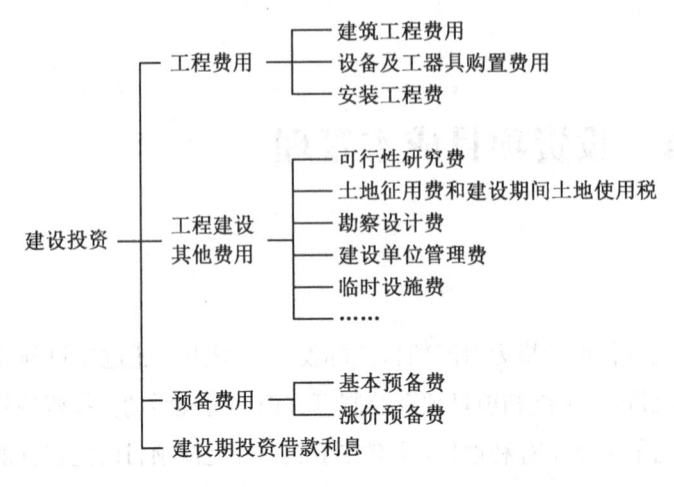

图7—1 我国现行投资项目建设投资构成

另外,在"营改增"实施后,原来在工程费用中体现的营业税及其附加税费改为增值税后如何核算的问题一直受到关注。根据中华人民共和国住房和城乡建设部2017年9月发布的《建设项目总投资费用项目组成》(征求意见稿)中的说明,投资建设项目总投资是指为完成工程项目建设并达到使用要求或生产条件,在建设期内预计或实际投入的总费用,包括工程造价、增值税、资金筹措费和流动资金,具体构成见图7—2。

1. 工程造价

工程造价是指工程项目在建设期预计或实际支出的建设费用,包括工程费用、工程建设其他费用和预备费。

(1)工程费用。工程费用是指建设期内直接用于工程建造、设备购置及其安装的费用,包括建筑工程费、安装工程费和设备购置费。建筑工程费是指建筑物、构筑物及与其配套的线路、管道等的建造、装饰费用。安装工程费是指设备、工艺设施及其附属物的组合、装配、调试等费用。建筑工程费和安装工程费包括直接费、间接费和利润。

①直接费是指施工过程中耗费的构成工程实体或独立计价措施项目的费用,以及按综合计费形式表现的措施费用。直接费包括人工费、材料费、施工机具使用费和其他直接费。人工费是指直接从事建筑安装工程施工作业的生产工人的薪酬,包括工资性收入、社会保险费、住房公积金、职工福利费、工会经费、职工教育经费及特殊情况下发生的工资等。材料费是指工程施工过程中耗费的各种原材料、半成品、构配件的费用,以及周转材料等的摊销、租赁费用。施工机具使用费是指施工作业所发生的施工机械、仪器仪表使用费或租赁费,包括施工机械使用费和施工仪器仪表使用费。其中,

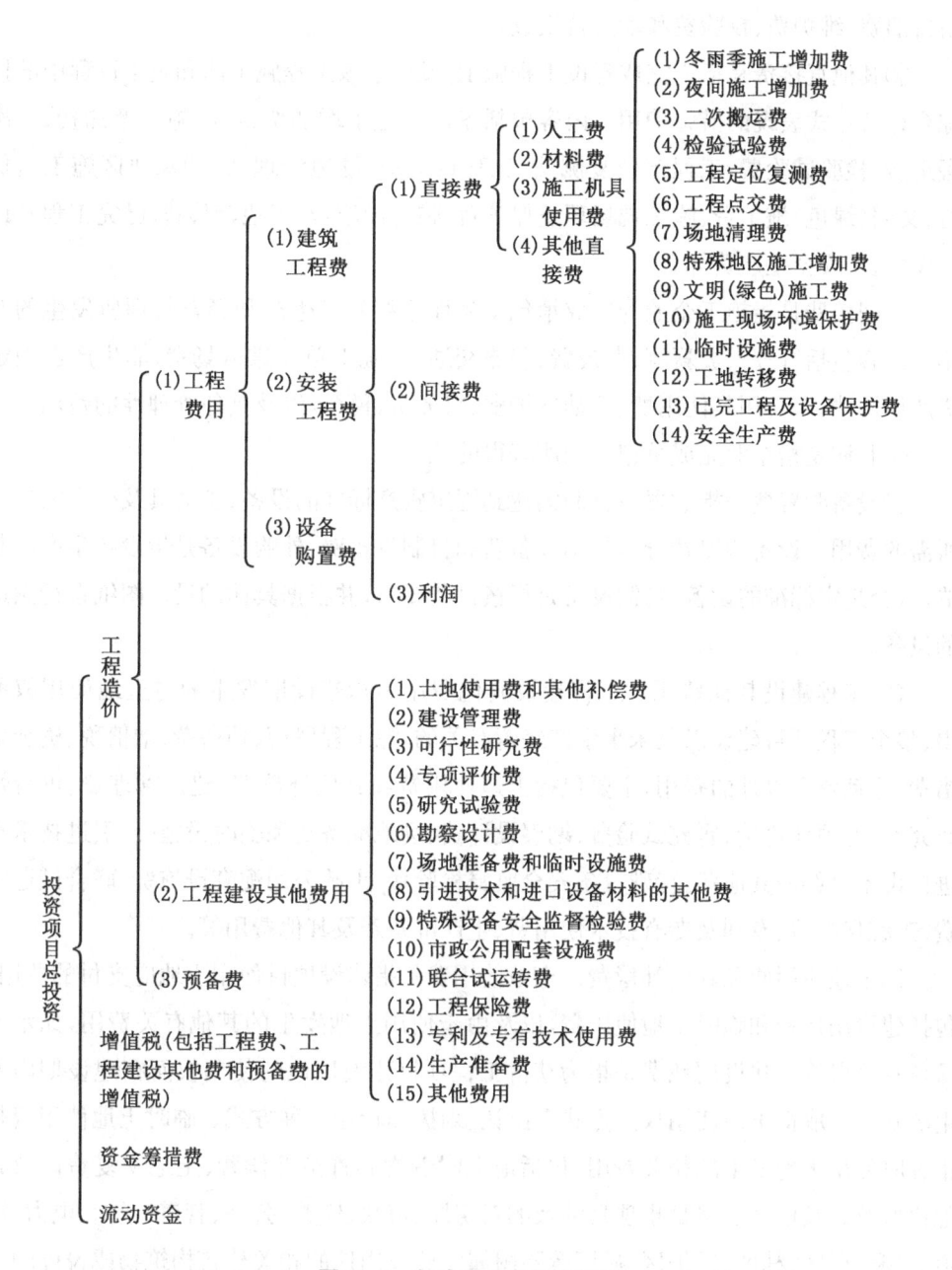

投资项目总投资构成

```
投资项目总投资
├─ 工程造价
│   ├─ (1) 工程费用
│   │   ├─ (1) 建筑工程费
│   │   │   ├─ (1) 直接费
│   │   │   │   ├─ (1) 人工费
│   │   │   │   ├─ (2) 材料费
│   │   │   │   ├─ (3) 施工机具使用费
│   │   │   │   └─ (4) 其他直接费
│   │   │   ├─ (2) 间接费
│   │   │   │   ├─ (1) 冬雨季施工增加费
│   │   │   │   ├─ (2) 夜间施工增加费
│   │   │   │   ├─ (3) 二次搬运费
│   │   │   │   ├─ (4) 检验试验费
│   │   │   │   ├─ (5) 工程定位复测费
│   │   │   │   ├─ (6) 工程点交费
│   │   │   │   ├─ (7) 场地清理费
│   │   │   │   ├─ (8) 特殊地区施工增加费
│   │   │   │   ├─ (9) 文明(绿色)施工费
│   │   │   │   ├─ (10) 施工现场环境保护费
│   │   │   │   ├─ (11) 临时设施费
│   │   │   │   ├─ (12) 工地转移费
│   │   │   │   ├─ (13) 已完工程及设备保护费
│   │   │   │   └─ (14) 安全生产费
│   │   │   └─ (3) 利润
│   │   ├─ (2) 安装工程费
│   │   └─ (3) 设备购置费
│   ├─ (2) 工程建设其他费用
│   │   ├─ (1) 土地使用费和其他补偿费
│   │   ├─ (2) 建设管理费
│   │   ├─ (3) 可行性研究费
│   │   ├─ (4) 专项评价费
│   │   ├─ (5) 研究试验费
│   │   ├─ (6) 勘察设计费
│   │   ├─ (7) 场地准备费和临时设施费
│   │   ├─ (8) 引进技术和进口设备材料的其他费
│   │   ├─ (9) 特殊设备安全监督检验费
│   │   ├─ (10) 市政公用配套设施费
│   │   ├─ (11) 联合试运转费
│   │   ├─ (12) 工程保险费
│   │   ├─ (13) 专利及专有技术使用费
│   │   ├─ (14) 生产准备费
│   │   └─ (15) 其他费用
│   └─ (3) 预备费
├─ 增值税(包括工程费、工程建设其他费和预备费的增值税)
├─ 资金筹措费
└─ 流动资金
```

图7—2 投资项目总投资构成

施工机械使用费是指施工机械作业发生的使用费或租赁费。施工机械使用费用施工机械台班耗用量与施工机械台班单价的乘积表示,施工机械台班单价由折旧费、检修费、维护费、安拆费及场外运费、人工费、燃料动力费及其他费用组成。施工仪器仪表使用费是指工程施工所发生的仪器仪表使用费或租赁费。施工仪器仪表使用费用施工仪器仪表台班耗用量与施工仪器仪表台班单价的乘积表示,施工仪器仪表台班单价由折旧费、维护费、校验费和动力费组成。

②其他直接费是指为完成建设工程施工,发生于该工程施工前和施工过程中的按综合计费形式表现的措施费用。内容包括冬雨季施工增加费、夜间施工增加费、二次搬运费、检验试验费、工程定位复测费、工程点交费、场地清理费、特殊地区施工增加费、文明(绿色)施工费、施工现场环境保护费、临时设施费、工地转移费、已完工程及设备保护费、安全生产费等。

③间接费是指施工企业为完成承包工程而组织施工生产和经营管理所发生的费用。内容包括管理人员薪酬、办公费、差旅交通费、施工单位进退场费、非生产性固定资产使用费、工具用具使用费、劳动保护费、财务费、税金,以及其他管理性的费用。

④利润是指企业完成承包工程所获得的盈利。

⑤设备购置费是指购置或自制的达到固定资产标准的设备、工器具及生产家具等所需的费用。设备购置费分为外购设备费和自制设备费:外购设备是指设备生产厂制造,符合规定标准的设备;自制设备是指按订货要求,并根据具体的设计图纸自行制造的设备。

(2)工程建设其他费用。工程建设其他费用是指建设期发生的与土地使用权取得、整个工程项目建设以及未来生产经营有关的,除工程费用、预备费、增值税、资金筹措费、流动资金以外的费用,主要包括土地使用费和其他补偿费、建设管理费、可行性研究费、专项评价费、研究试验费、勘察设计费、场地准备费和临时设施费、引进技术和进口设备材料的其他费、特殊设备安全监督检验费、市政公用配套设施费、联合试运转费、工程保险费、专利及专有技术使用费、生产准备费及其他费用等。

①土地使用费和其他补偿费。土地使用费是指建设项目使用土地应支付的费用,包括建设用地费和临时土地使用费,以及由于使用土地发生的其他有关费用,如水土保持补偿费等。建设用地费是指为获得工程项目建设用地的使用权而在建设期内发生的费用。取得土地使用权的方式有出让、划拨和转让三种方式。临时土地使用费是指临时使用土地发生的相关费用,包括地上附着物和青苗补偿费、土地恢复费以及其他税费等。其他补偿费是指项目涉及的对房屋、市政、铁路、公路、管道、通信、电力、河道、水利、厂区、林区、保护区、矿区等不附属于建设用地的相关建筑构筑物或设施的补偿费用。

②建设管理费。建设管理费是指为组织完成工程项目建设在建设期内发生的各类管理性质的费用,包括建设单位管理费、代建管理费、工程监理费、监造费、招标投标费、设计评审费、特殊项目定额研究及测定费、其他咨询费、印花税等。

③可行性研究费。可行性研究费是指在工程项目投资决策阶段,对有关建设方案、技术方案或生产经营方案进行的技术经济论证,以及编制、评审可行性研究报告等

所需的费用。

④专项评价费。专项评价费是指建设单位按照国家规定委托有资质的单位开展专项评价及有关验收工作发生的费用,包括环境影响评价及验收费、安全预评价及验收费、职业病危害预评价及控制效果评价费、地震安全性评价费、地质灾害危险性评价费、水土保持评价及验收费、压覆矿产资源评价费、节能评估费、危险与可操作性分析及安全完整性评价费以及其他专项评价及验收费。

⑤研究试验费。研究试验费是指为建设项目提供和验证设计参数、数据、资料等进行必要的研究和试验,以及设计规定在施工中必须进行试验、验证所需要费用,包括自行或委托其他部门的专题研究,试验所需的人工费、材料费设备及仪器使用费等。

⑥勘察设计费。勘察费是指勘察人根据发包人的委托,收集已有资料,现场踏勘,制定勘察纲要,进行勘察作业,以及编制工程勘察文件和岩土工程设计文件等收取的费用。设计费是指设计人根据发包人的委托,提供编制建设项目初步设计文件、施工图设计文件、非标准设备设计文件、竣工图文件等服务所收取的费用。

⑦场地准备费和临时设施费。场地准备费是指为使工程项目的建设场地达到开工条件,由建设单位组织进行的场地平整等准备工作而发生的费用。临时设施费是指建设单位为满足施工建设需要而提供的未列入工程费用的临时用水、电、路、讯、气等工程和临时仓库等建(构)筑物的建设、维修、拆除、摊销费用或租赁费用,以及铁路、码头租赁等费用。

⑧引进技术和进口设备材料的其他费。引进技术和进口设备材料的其他费是指引进技术和设备发生的但未计入引进技术费和设备材料购置费的费用,包括图纸资料翻译复制费、备品备件测绘费、出国人员费用、来华人员费用、银行担保及承诺费、进口设备材料国内检验费等。

⑨特殊设备安全监督检验费。特殊设备安全监督检验费是指对在施工现场安装的列入国家特种设备范围内的设备(设施)检验检测和监督检查所发生的应列入项目开支的费用。

⑩市政公用配套设施费。市政公用配套设施费是指使用市政公用设施的工程项目,按照项目所在地政府有关规定建设或缴纳的市政公用设施建设配套费用。

⑪联合试运转费。联合试运转费是指新建或新增生产能力的工程项目,在交付生产前按照批准的设计文件规定的工程质量标准和技术要求,对整个生产线或装置进行负荷联合试运转所发生的费用净支出,包括试运转所需材料、燃料及动力消耗、低值易耗品、其他物料消耗、机械使用费、联合试运转人员工资、施工单位参加试运转人工费、专家指导费,以及必要的工业炉烘炉费。

⑫工程保险费。工程保险费是指在建设期内对建筑工程、安装工程、机械设备和

人身安全进行投保而发生的费用,包括建筑安装工程一切险、工程质量保险、进口设备财产保险和人身意外伤害险等。

⑬专利及专有技术使用费。专利及专有技术使用费是指在建设期内取得专利、专有技术、商标、商誉和特许经营的所有权或使用权发生的费用,包括工艺包费、设计及技术资料费,有效专利、专有技术使用费、技术保密费和技术服务费等;商标权、商誉和特许经营权费;软件费等。

⑭生产准备费。生产准备费是指在建设期内建设单位为保证项目正常生产而发生的人员培训、提前进厂费,以及投产使用必备的办公、生活家具用具及工器具等的购置费用。

⑮其他费用。其他费用指除以上费用之外,根据工程建设需要必须发生的其他费用。

(3)预备费。预备费是指在建设期内因各种不可预见因素的变化而预留的可能增加的费用,包括基本预备费和价差预备费。

2. 增值税

增值税是指应计入建设项目总投资内的增值税额。增值税应按工程费、工程建设其他费、预备费等分别计取。

3. 资金筹措费

资金筹措费是指在建设期内应计的利息和在建设期内为筹集项目资金发生的费用,包括各类借款利息、债券利息、贷款评估费、国外借款手续费及承诺费、汇兑损益、债券发行费用及其他债务利息支出或融资费用。

4. 流动资金

流动资金系指运营期内长期占用并周转使用的营运资金,不包括运营中需要的临时性营运资金。

(三)影响投资项目费用的因素

影响投资项目费用的因素有很多,主要有项目质量、工期长短、材料及人工的需要量与价格、管理水平等。

1. 项目质量

质量对费用的影响体现在质量故障费用和质量保证费用两个方面。质量故障费用是指由于投资质量较低所引起的质量不合格损失。质量保证费用是指为了保证和提高投资质量而采取相关的保证措施所耗费的开支。这两者之间是此消彼长的关系,质量保证费用越高,质量保证程度越可靠,质量不合格损失就越少,即故障费用越低;反之亦然,具体关系如图7-3所示。

2. 工期长短

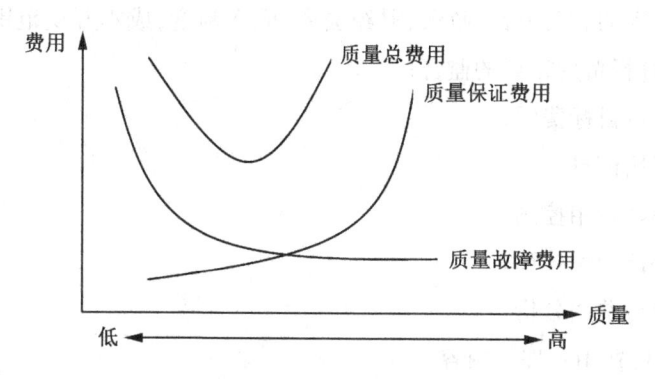

图 7-3 质量保证费用与故障费用之间的关系

在投资量不变的情况下,工期越长,越增加管理费用、设备折旧费、租赁费和财务费用,从而增加总费用。但是缩短工期,会加大资源投入,同样引起费用的增加。

3. 材料及人工的需要量与价格

费用是资源耗费的货币表现,而项目的资源消耗体现在材料及人工的消耗上,其数量的高低取决于项目的工作范围,是项目费用的重要影响因素。材料和人工费的价格随着市场行情波动,从总体上来看还是趋于上升的,要准确预测它们的价格比较困难,对成本的影响也比较难把握。

4. 管理水平

管理水平对成本的影响主要体现在由于管理不善造成的对预算成本估算不准,或资金和原材料的供应发生问题,造成工期延长,或决策失误造成损失等。

二、投资项目费用管理

(一)投资项目费用管理的含义

投资项目费用管理是在保证满足投资质量、工期等合同要求的前提下通过计划、组织、控制和协调等活动,将费用控制在预先确定的标准之内,并尽可能降低费用的管理活动。它主要通过技术(如施工方案的制定、比较和选择)、经济(如核算)和管理(如施工组织管理、各项规章制度等)活动达到预定目标,实现盈利的目的。

费用管理贯穿于项目管理活动的全过程和每个方面,从项目中标签约开始到施工准备、现场施工直至竣工验收,每个环节都离不开成本管理工作。

(二)投资项目费用管理的任务和内容

1. 投资项目费用管理的任务

投资项目费用管理的中心任务,是在健全的费用管理经济责任制下为社会提供质量优、工期短、成本低的产品,其具体任务包括:

(1)根据国家的有关方针、政策、财经法令、成本制度、成本开支范围,对建设投资项目的全过程进行费用核算的监督;

(2)确定项目目标费用;

(3)掌握费用信息;

(4)认真搞好费用控制;

(5)组织协调费用核算;

(6)经常进行费用分析。

2. 投资项目费用管理的内容

投资项目费用管理是项目从建立到完成全过程的管理,包括大量的具体目标和做法各不相同的工作内容,具体来说,包括以下内容:

(1)确定费用目标。在投资项目成本管理中,必须确定费用目标,采用正确的预测方法对投资项目的总耗费进行分析预测,提出目标费用来作为正确投标决策的依据,确保项目能获得最佳的经济效益。

(2)开展目标费用管理。形成一个完善的目标费用体系,明确各部门的责任义务,加强协作,从而保证项目总体目标的实现。

(3)编制费用计划。费用计划的目的是最大限度地节约人力、物力,保质保量按期完成项目建设,是项目成本管理的一个重要组成部分。编制项目成本计划,要与设计、技术、材料、劳资等部门的计划密切衔接,综合反映项目的预期经济效果。

(4)费用控制。它是指在既定工期、质量、安全的条件下把投资的实际费用控制在计划范围内。通过对目标的分解,对各因素进行动态分析,对费用进行统计和分析,预测费用趋势,对费用超支状况采取补救措施。

3. 投资项目费用管理的作用

投资项目费用管理是对投资项目建设过程中发生的资本运动及其结果进行全员、全过程、全方位的科学管理。具体来说,投资项目费用管理具有保证、促进、监督和协调四大作用。

(1)保证作用。投资项目费用管理可以从空间上、时间上对投资项目发生的各种成本费用进行监督、调控,发现偏差并及时纠正,采取有效的措施来控制偏差,在将实际成本费用控制在预定目标范围内的基础上尽可能取得较大的经济收益,以保证投资目标的实现。

(2)促进作用。投资项目费用管理是运用系统投资的原理对投资项目在建设过程中发生的各种耗费进行计算、协调、控制、监督的过程,在这个过程中,企业不断地寻找薄弱环节,改善经营管理,以求降低成本。因此,科学、系统地组织实施成本管理能够促使企业不断提高其经营管理水平,全面提高自身素质,在市场中保持竞争力。

(3) 监督作用。投资项目费用管理是一个全员、全过程、全方位的系统管理过程，它要求通过灵敏的信息反馈系统，密切地监控项目全生命周期中发生的一切耗费，并及时地采取措施消除一切浪费行为。

(4) 协调作用。投资项目费用管理是一个综合的过程，它涉及各方面的利益冲突，需要各个部门相互配合、协调才能顺利地进行。由于各个利益主体之间配合的失调常造成投资项目整体利益的损害。费用管理系统的理论基础之一就是系统论，其核心是整体观点，即要求协调各分、子系统的行为为整体目标服务，通过成本信息的反馈，协调各局部利益，从而达到各分、子系统的和谐、统一。

(三) 投资项目费用管理的原则

1. 全面性原则

项目费用管理是一个不断重复的过程，项目应始终处于有效控制的状态下。费用涉及开发建设的方方面面，包括从事先费用预测到事后考核分析的各个环节、从项目开发到售后服务的全过程；从项目领导到班组个人的所有人，所以应实行全面性原则。全面性包括全员、全方位、全过程费用管理。

2. 开源与节流相结合的原则

进行费用管理的目的是要提高经济效益，其途径包括降低费用支出和增加预算收入两个方面。这就需要开源和节流双管齐下，采取积极控制的方法，引进先进技术，不断提高费用管理水平。

3. 责、权、利相结合原则

这是费用控制得以实现的重要保证。各职能部门根据各自的管理权限对可控成本进行控制，项目经理及各专业管理人员都负有一定的成本责任和相应的权限，形成整个项目成本控制的责任网络和授权体系。只有严格按照经济责任制的要求，贯彻责、权、利相结合的原则，才能真正发挥管理的作用。

4. 目标管理原则

费用管理是目标管理的一项重要内容，必须以目标费用为依据，对投资项目的各项费用开支进行严格的控制、监督和指导，力求做到以最少的费用开支获得最佳的经济效益。而在实施目标管理的过程中，目标的设定应切实可行、具体、全面。

5. 可控性原则

依据该原则，费用管理主体只对可控成本承担责任。可控费用是指各职能部门能够对其管理的对象发生的耗费有权加以限制和调整的那部分费用，而不能加以限制和调整的部分，则属于不可控费用。由于可控费用和不可控费用具有相对性，因而应按照实际情况，根据管理主体所处的管理层次、管理权限和控制的范围等确定。

第二节 投资项目费用估算

投资项目费用估算是对投资项目建设全过程所需全部费用的估计和测算。投资项目建设全过程包括投资决策阶段、设计阶段、采购和招投标阶段、施工阶段、竣工验收与总结评价阶段。因为这些阶段以不同的可交付成果作为标志,且每个阶段有其特定的费用管理任务和特点,所以在投资项目费用管理的实际中应分阶段编制费用估算,以适应投资项目各阶段费用管理的要求,满足管理主体的需要。按照费用估算精度的不同,一般地,国内将投资项目费用的估算划分为投资估算、设计概算、施工图预算、标底和投标报价。

一、投资项目投资费用估算

(一)投资项目投资费用的构成内容

投资项目投资估算是在对项目的建设规模、技术方案、设备方案、投资方案及项目实施进度等进行研究并基本确定的基础上,估算项目投入总资金(包括建设投资和流动资金),并测算建设期内分年资金需要量。投资费用估算是编制投资预算计划、分配活动预算的重要依据之一。

投资项目投资是指拟建项目全部建成、投入营运所需的费用总和。根据相关规定,投资项目投入总资金由工程造价、增值税、资金筹措费和流动资金四部分组成。工程造价由工程费用、工程建设其他费用、预备费构成。

(二)投资项目总投资费用的估算依据与要求

1. 估算依据

投资估算应做到方法科学,依据充分,主要依据有:

(1)专门机构发布的建设投资造价费用构成、估算指标、计算方法,以及其他有关计算投资造价的文件;

(2)专门机构发布的投资建设其他费用计算方法和费用标准,以及政府部门封闭的物价指数;

(3)拟建投资项目各单项工程的建设内容及投资量。

2. 估算精度要求

(1)投资内容和费用构成齐全,计算合理,不重复计算,不提高或降低估算标准,不可漏项,不得少算;

(2)选用指标与具体投资之间存在标准或条件差异时,应进行必要的换算或者调

整;

(3)投资估算精度应能满足控制初步设计概算的要求。

(三)投资项目投资估算的步骤与方法

在投资估算的实践中,一般对工程造价和流动资金(或营运资金)进行分别估算。

1. 工程造价的估算步骤

(1)分别估算各单项工程所需的建筑工程费、设备及工器具购置费、安装工程费。

(2)在汇总各单项工程费用的基础上,估算工程建设其他费用和基本预备费。

(3)估算涨价预备费。

(4)加总求得工程造价总额。

2. 工程造价的估算方法

工程造价的估算方法一般应视投资估算应达到的精确度而定,其在不同的估算阶段可采用不同的方法。一般地,在项目建议书阶段可采用生产能力指数法、比例法、资金周转率法等,在可行性研究阶段一般应用概算指标估算法。而对铺底流动资金的估算也有扩大指标估算法、分项详细估算法等,在此不再详述。

(四)投资项目总投资费用估算参考计算方法

投资项目总投资＝工程造价＋增值税＋资金筹措费＋流动资金

工程造价＝工程费用(不含税)＋工程建设其他费用(不含税)＋预备费(不含税)

资金筹措费:自有资金额度应符合国家或行业的有关规定。建设期利息:根据不同资金来源及利率分别计算。

各年应计利息＝(年初借款本息累计＋当年借款额/2)×年利率

具体计算公式为:

$$q_j = \left(P_{j-1} + \frac{1}{2}A_j\right) \times i \tag{7.1}$$

式中,q为建设期利息;P_{j-1}为建设期第$j-1$年末贷款累计金额与利息累计金额之和;A_j为建设期第j年贷款金额;i为贷款年利率。

其他方式的资金筹措费用按发生额度或相关规定计列。

流动资金的估算方法有扩大指标估算法和分项详细估算法两种。其中,扩大指标估算法,是参照同类企业的流动资金占营业收入、经营成本的比例或者是单位产量占用营运资金的数额估算流动资金,并按以下公式计算:

流动资金额＝各种费用基数×相应的流动资金所占比例(或占营运资金的数额)

式中,各种费用基数是指年营业收入、年经营成本或年产量等。

分项详细估算法,可简化计算,其公式如下:

流动资金＝流动资产－流动负债

$$流动资产=应收账款+预付账款+存货+库存现金$$
$$流动负债=应付账款+预收账款$$
$$工程费用=建筑工程费+设备购置费+安装工程费$$

其中

$$建筑工程费=直接费+间接费+利润$$
$$直接费=人工费+材料费+施工机具使用费+其他直接费$$
$$人工费=\sum(工日消耗量×日工资单价)$$

其中,日工资单价由工程造价管理机构通过市场调查、根据工程项目的技术要求、参考实物工程量人工单价综合分析确定。

$$材料费=\sum(材料消耗量×材料单价)$$

其中,

$$材料单价=\{(材料原价+运杂费)×[1+运输损耗率(\%)]\}×[1+采购保管费率(\%)]$$

$$施工机具使用费=施工机械使用费+施工仪器仪表使用费$$

其中

$$施工机械使用费=\sum(施工机械台班消耗量×机械台班单价)$$

施工机械台班单价由工程造价管理机构按《建设工程施工机械台班费用编制规则》及市场调查分析确定。

$$仪器仪表使用费=\sum(仪器仪表台班消耗量×仪器仪表台班单价)$$

施工仪器仪表台班单价由工程造价管理机构按《建设工程施工仪器仪表台班费用编制规则》及市场调查分析确定。

1. 其他直接费费率

$$冬雨季施工增加费=计算基数×冬雨季施工增加费费率(\%)$$
$$夜间施工增加费=计算基数×夜间施工增加费费率(\%)$$
$$二次搬运费=计算基数×二次搬运费费率(\%)$$
$$检验试验费=计算基数×检验试验费费率(\%)$$
$$工程定位复测费=计算基数×工程定位复测费费率(\%)$$
$$工程点交费=计算基数×工程点交费费率(\%)$$
$$场地清理费=计算基数×场地清理费费率(\%)$$
$$特殊地区施工增加费=计算基数×特殊施工增加费费率(\%)$$
$$已完工程及设备保护费=计算基数×已完工程及设备保护费费率(\%)$$
$$安全生产费=计算基数×安全生产费费率(\%)$$
$$文明(绿色)施工费=计算基数×文明(绿色)施工费费率(\%)$$

$$施工现场环境保护费=计算基数\times 施工现场环境保护费费率(\%)$$
$$临时设施费=计算基数\times 临时设施费费率(\%)$$
$$工地转移费=计算基数\times 工地转移费费率(\%)$$

上述其他直接费项目费率由工程造价管理机构根据各专业工程特点和调查资料综合分析后确定。

2. 间接费费率
$$间接费=计算基数\times 间接费费率(\%)$$

工程造价管理机构在确定上述费率时,应根据历年工程造价积累的资料,辅以调查数据确定。

$$利润=计算基数\times 利润率(\%)$$

施工企业根据企业自身需求并结合建筑市场实际情况自主确定利润,列入报价中;工程造价管理机构在确定利润率时,应根据历年工程造价积累的资料,并结合建筑市场实际情况确定。

3. 设备购置费

(1)国产设备购置费:

①外购设备购置费:
$$外购设备购置费=\sum(设备数量\times 设备单价)$$
$$设备单价=设备原价+设备运杂费+备品备件费$$

②自制设备购置费:
$$自制设备购置费=\sum(设备数量\times 设备单价)$$
$$设备单价=(材料费+加工费+检测费+专用工具费+外购配套件费+$$
$$包装费+利润+非标准设备设计费+运杂费)$$

(2)进口设备购置费:
$$进口设备购置费=\sum(设备数量\times 设备单价)$$
$$设备单价=设备抵岸价+设备国内运杂费+备品备件费$$
$$设备抵岸价=设备到岸价+进口设备从属费用$$
$$设备到岸价=离岸价+国际运费+运输保险费$$
$$进口设备从属费用=外贸手续费+关税+消费税+增值税+车辆购置税$$

其中:
$$进口设备到岸价(CIF)=离岸价格(FOB)+国际运费+运输保险费$$
$$=运费在内价(CFR)+运输保险费$$
$$国际运费=离岸价格(FOB)\times 运费费率$$
$$运输保险费=[货价(FOB价)+国际运费]\div(1-保险费费率)\times 保险费费率$$

进口从属费＝银行财务费＋外贸手续费＋关税＋增值税＋消费税
银行财务费＝离岸价格(FOB)×银行财务费费率
外贸手续费＝[离岸价格(FOB)＋国际运费＋运输保险费]×外贸手续费费率
关税＝[离岸价格(FOB)＋国际运费＋运输保险费]×进口关税税率
增值税＝[离岸价格(FOB)＋国际运费＋运输保险费＋关税＋消费税]×增值税税率
消费税＝[离岸价格(FOB)＋国际运费＋运输保险费＋关税]÷(1－消费税税率)×消费税税率

4. 工程建设其他费用

按国家、行业或项目所在地相关规定计算，有合同或协议的按合同或协议计列。

5. 预备费

基本预备费＝(工程费用＋工程建设其他费用)×基本预备费费率

基本预备费费率由工程造价管理机构根据项目特点综合分析后确定。

价差预备费一般按下式计算：

$$PF = \sum_{t=1}^{n} I_t [(1+f)^{r \cdot t}(1+f)^{0.5}(1+f)^{t-1} - 1]$$

式中：P 为价差预备费；n 为建设期年份数；I_t 为建设期第 t 年的投资计划额，包括工程费用、工程建设其他费用及基本预备费，即第 t 年的静态投资计划额；f 为投资价格指数；t 为建设期第 t 年；m 为建设前期年限(从编制概算到开工建设年数)。

价差预备费中的投资价格指数按国家颁布的计取，当前暂时为零，计算式中 $(1+f)^{0.5}$ 表示建设期第 t 年当年投资分期均匀投入，考虑涨价的幅度，对设计建设周期较短的项目，价差预备费计算公式可简化处理。特殊项目或必要时可进行项目未来价差分析预测，确定各时期投资价格指数。

二、设计概算

设计概算是设计文件的重要组成部分，是指在初步设计阶段，由设计单位按照设计要求概略地计算拟实施投资项目所需费用的文件。

(一)设计概算的编制依据

(1)经批准的投资项目有关文件、上级有关文件、指标等；

(2)工程地质勘探资料；

(3)经批准的设计文件；

(4)水、电和原材料供应情况；

(5)交通运输情况及价格；

(6)地区工资标准、材料预算价格及机构台班价格；

(7)国家或省市颁发的概算定额或概算指标、建筑安装工程间接费定额、其他有关收费标准。

(8)国家或省市规定的其他工程投资的费用指标或取费标准、机电设备价目表；

(9)类似投资概算及技术经济指标。

(二)设计概算的编制方法

设计概算是由单位工程、单项工程综合概算和投资项目总概算三级组成。设计概算的编制，是从单位工程概算这一级开始，经过逐级汇总而成。

单位工程概算分为建筑工程概算和设备及安装工程概算两大类，是确定单项工程中各单位工程建设费用的文件，是编制单项工程综合概算的依据。其中，建筑工程概算分为一般土建工程概算、给排水概算、采暖工程概算、通风工程概算、电器照明工程概算、管道工程概算、特殊构筑物工程概算等。设备及安装工程概算可分为机械设备及安装工程概算、电器设备及安装工程概算。

1. 单位工程概算的主要编制方法

(1)建筑工程概算的编制方法：

①扩大单价法。首先根据概算定额编制出扩大单价估价表(概算定额基础价)，以确定单位工程中各扩大分部分项工程或完整的结构件所需的全部材料费、人工费、施工机具使用费。其计算公式为：

概算定额基价＝概算定额单位材料费＋概算定额单位人工费＋概算定额单位施工机具使用费

$$=\sum(概算定额中材料消耗量 \times 材料预算单价)+\sum(概算定额中人工工日消耗量 \times 日工资单价)+\sum(概算定额中施工机械台班消耗量 \times 机械台班费用单价)+\sum(概算定额中仪器仪表台班消耗量 \times 仪器仪表台班单价)$$

当初步设计达到一定深度、建筑结构比较明确时，可采用这种方法编制建筑工程概算。

②概算指标估算法。由于设计深度不够等原因，对一般辅助、附属和服务等投资项目及住宅和文化福利投资项目或投资额小、比较简单的投资项目多采用概算指标编制概算。

概算指标估算法主要是根据概算指标计算出直接费用，即先计算人工费、材料费、施工机械使用费，然后计算单位直接费，再计算其他直接费、现场经费、间接费、利润、税金及概算单价，并汇总计算单位工程概算值和各技术经济指标，最后编制概算。

(2)设备及安装工程概算的编制。设备及安装工程概算的编制主要可采用预算单价法、扩大单价法、概算指标估算法等进行。

①预算单价法。当初步设计有详细的设备清单时,可直接按预算单价编制设备及安装工程概算,即根据计算的设备安装工程量,乘以安装工程预算综合单价,经汇总求得。用这种方法编制的概算,一般有计算具体、精确性高等优点。

②扩大单价法。当初步设计的设备清单不完备,或仅有成套设备的重量时,可采用主体设备、成套设备或工艺线的综合扩大安装单价编制概算。

③概算指标估算法。当初步设计的设备清单不完备,或安装预算单价及扩大综合单价不全,无法采用预算单价和扩大单价法时,可采用概算指标编制概算。概算指标形式较多,在实际中运用较多的主要有:按占设备价值的百分比(安装费率)的概算指标计算,即设备安装费=设备原价×设备安装费率;按每吨设备安装费的概算指标估算,即设备安装费=设备总吨数×每吨设备的安装费;按计量单位的概算指标估算;按建筑面积的概算指标估算等。

2. 单项工程综合概算的编制

单项工程综合概算书是投资项目总概算书的组成部分,是编制概算书的基础文件,一般包括编制说明和综合概算表两个部分。单项工程综合概算是以单位工程为编制对象而确定的一个单项工程所需全部费用的文件。单项工程综合概算是根据单项工程内各专业单位工程概算汇总编制而成的。单项工程综合概算的组成内容见图7—4。

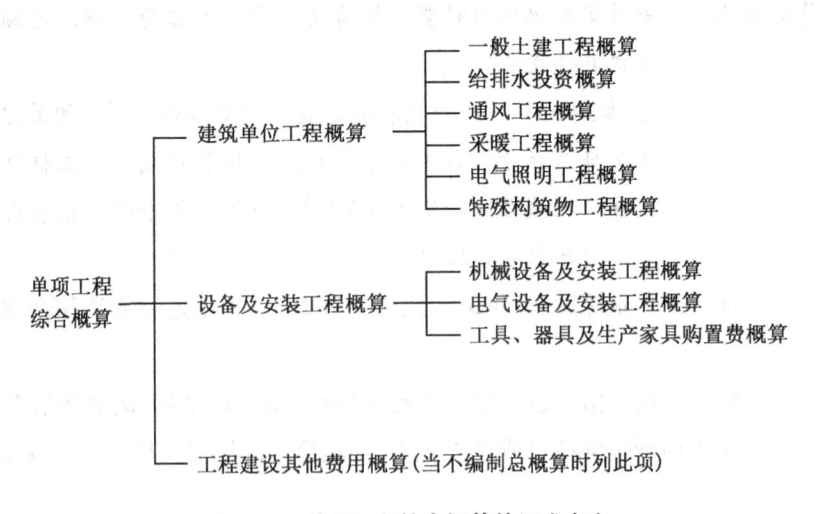

图7—4 单项工程综合概算的组成内容

3. 投资项目总概算的编制

投资项目总概算是确定整个投资项目从立项到竣工验收全过程所需费用的文件。它是由各单项工程综合概算以及工程建设其他费用和预备费用概算等汇总编制而成的。投资项目总概算的组成内容见图7—5。

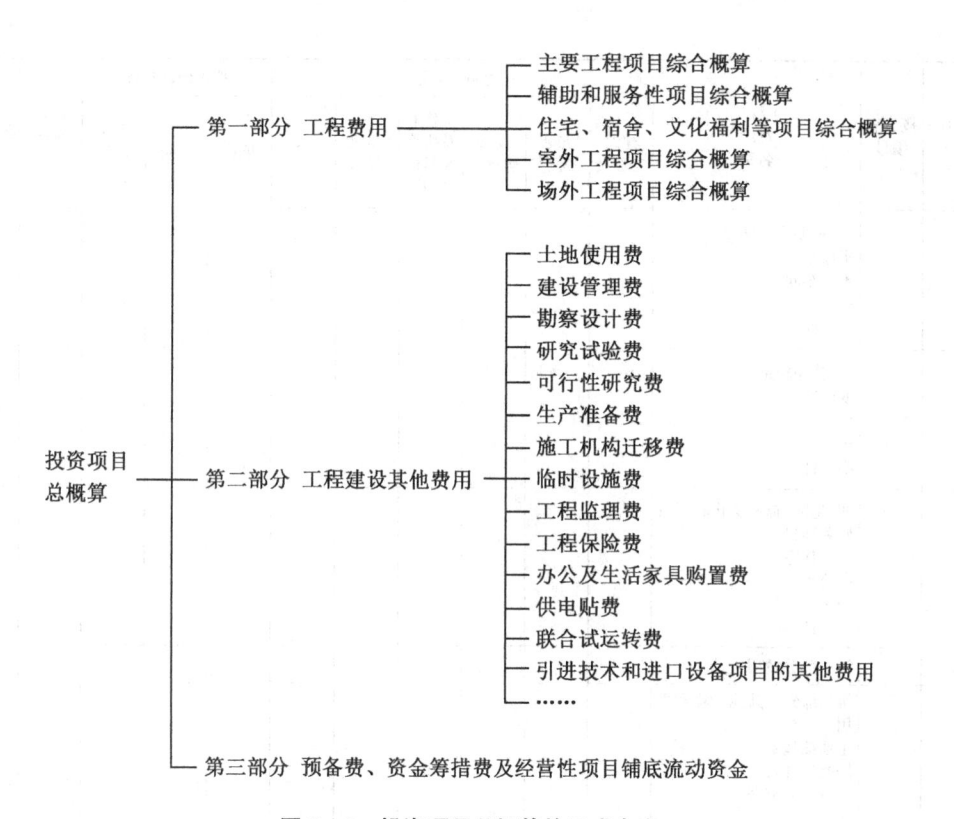

```
                              ┌─ 主要工程项目综合概算
                              ├─ 辅助和服务性项目综合概算
           ┌─ 第一部分 工程费用 ─┼─ 住宅、宿舍、文化福利等项目综合概算
           │                  ├─ 室外工程项目综合概算
           │                  └─ 场外工程项目综合概算
           │
           │                  ┌─ 土地使用费
           │                  ├─ 建设管理费
           │                  ├─ 勘察设计费
           │                  ├─ 研究试验费
           │                  ├─ 可行性研究费
           │                  ├─ 生产准备费
投资项目 ──┤                  ├─ 施工机构迁移费
总概算     ├─ 第二部分 工程建设其他费用 ─┼─ 临时设施费
           │                  ├─ 工程监理费
           │                  ├─ 工程保险费
           │                  ├─ 办公及生活家具购置费
           │                  ├─ 供电贴费
           │                  ├─ 联合试运转费
           │                  ├─ 引进技术和进口设备项目的其他费用
           │                  └─ ……
           │
           └─ 第三部分 预备费、资金筹措费及经营性项目铺底流动资金
```

图 7-5 投资项目总概算的组成内容

投资项目总概算主要可从如下步骤进行：

(1)根据概算组成的顺序和各项费用的性质，将各个单项工程综合概算及其他工程费用概算汇总列入总概算表。总概算表的格式见表 7-1。

表 7-1　　　　　　　　　　投资项目总概算表

投资项目：×××

总概算价值：×××　　　　其中回收金额：×××

序号	概算表编号	工程或费用名称	概算额(万元)					技术经济指标			占投资额(%)	备注
			建筑工程费	安装工程费	设备购置费	工器具及生产家具购置费	其他费用	合计	单位	数量	单位价值(元)		
1	2	3	4	5	6	7	8	9	10	11	12	13	14
		第一部分 费用											
		一、主要生产工程项目 ××× ×××× …… 小　计											

续表

序号	概算表编号	工程或费用名称	概算额(万元)					技术经济指标				占投资额(%)	备注
			建筑工程费	安装工程费	设备购置费	工器具及生产家具购置费	其他费用	合计	单位	数量	单位价值(元)		
		二、辅助生产项目 机修车间 木工车间 …… 小　计											
		三、公用辅助设施 变电所 锅炉房 …… 小　计											
		四、生活、福利文化教育及服务项目 职工住宅 办公楼 …… 小　计											
		第一部分费用合计											
		第二部分　其他工程和费用 土地征地费 勘察设计费 可行性研究费 保险费 建设单位管理费 临时设施费 …… 第二部分费用合计											
		第一部分、第二部分费用合计											
		预备费 建设期利息 铺底流动资金 总概算 其中:回收金额 投资比例(%)											

审核：　　核对：　　编制：　　年　月　日

(2)将工程项目和费用名称及各项数值填入相应各栏内,然后按各栏分别汇总。

(3)以汇总后的金额为基础,按收费标准计算预备费、建设期利息、铺底流动资金。

(4)计算回收金额。回收金额是指在整个建设过程中所获得的各种收入,如原有房屋拆除所回收的材料和旧设备等的变现收入;试车收入大于支出的部分等。

(5)计算总概算额。

总概算额＝第一部分费用＋第二部分费用＋预备费＋资金筹措费＋铺底流动资金－回收金额

(6)计算技术经济指标。整个项目的技术经济指标应选择有代表性和能说明工程效果的指标填列。

(7)投资分析。为对建设投资分配、构成等情况进行分析,应在总概算表中计算出各项工程的费用占总投资的比例,在表的末栏内计算出每项费用的投资占总投资的比例。

三、施工图预算

施工图预算是根据批准的施工图设计、基础定额或预算定额或单位估价表、施工组织设计文件以及各种费用定额等有关资料进行计算和编制的单位工程预算造价的文件。它是拟建投资项目设计概算的具体化文件,也是单项工程综合预算的基础文件。因施工图预算的编制对象为单位工程,故它也称为单位工程预算。

施工图预算通常分为建筑工程预算和设备安装工程预算两大类。根据单位工程和设备的性质、用途的不同,建筑工程预算可分为土建工程预算、卫生工程预算、管道工程预算、特殊构筑物工程预算和电气照明工程预算;设备安装工程预算又分为机械设备安装工程预算和电气设备安装工程预算。

(一)施工图预算的编制依据

(1)经批准和会审的施工图设计文件及有关标准图集;

(2)施工组织设计或施工方案;

(3)预算定额;

(4)经批准的设计概算文件;

(5)地区单位估价表;

(6)工程费用定额;

(7)材料预算定额;

(8)工程承包合同或协议书;

(9)预算工作手册。

(二)施工图预算的编制方法

1. 单价法

单价法就是用地区统一单位估价表中的分项工程工料单价乘以相应的各分项工程的工程量,求和后得到包括人工费、材料费和施工机械使用费在内的单位工程直接费,并据此计算出其他直接费、间接费、计划利润,经汇总后可得到单位工程的施工图预算。

其他直接费、现场经费、间接费和利润可根据统一规定的费率乘以相应的计费基数求得。

2. 实物法

用实物法编制施工图预算是先用计算出的各分项工程的实物工程量分别套取基础定额或预算定额,按类相加求出单位工程所需的各种人工、材料、施工机械台班的消耗量,再分别乘以当时各种人工、材料、机械台班的实际单价,求得人工费、材料费和施工机械使用费并汇总求和。

实物法中单位工程预算直接费的计算公式为:

单位工程预算直接费=∑(工程量×定额耗用量×当时当地材料预算价格)+∑(工程量×定额施工机械台班用量×当时当地机械台班单价)+∑(工程量×定额人工量×当时当地人工工资单价)

对于其他直接费、现场经费、间接费、计划利润等费用的计算,则根据当时当地建筑市场供求情况调整取费率。

因为实物法编制施工图预算所用人工、材料和机械台班的单价都是当时当地的实际价格,所以其编制出的预算可较准确地反映实际水平,且误差较小,适用于市场经济条件下价格波动较大的情况。

至于标底的编制由于在本书第五章中已做阐述,故在此不再详述。

第三节 投资项目费用计划

一、投资项目费用计划概述

(一)投资项目费用计划的含义以及作用

1. 投资项目费用计划的含义

投资项目费用计划是在对投资项目所需费用总额作出合理估计的前提下,为了确定项目实际执行情况的基准而预先把整个费用分配到各个工作单元上去的措施与方案。因为它是在投资项目的计划期内,在费用预测的基础上,以货币形式确定完成投资任务所需的费用指标,以及降低费用的措施和方案,故它是投资项目建设全过程进行费用控制的基本依据。也就是说,费用计划的确定合理与否直接关系到费用控制工作能否有效进行、费用控制能否达到预期目标。

2. 投资项目费用计划的作用

投资项目费用计划是成本管理的一个重要环节,是费用控制的基础工作。它的作用主要包括:

(1)投资项目费用计划既体现了社会主义市场经济下对费用核算单位降低成本的客观要求,也反映了核算单位降低工程单位费用的目标,可作为对资源耗费进行事前预计、事中检查控制和事后考核评价的重要依据。

(2)投资项目费用计划与项目流动资金计划、企业利润计划等既相互独立,又相互依存,因此,正确编制施工费用计划,是综合平衡项目建设运营的重要保证。

(二)投资项目费用计划的内容和表达方式

1. 投资项目费用计划的内容

通常一个完整的项目费用计划包括以下几方面的内容:

(1)各费用对象的计划费用值。

(2)费用—时间表和曲线,即费用的强度计划曲线,它表示各时间段上投资费用的完成情况,反映了投资的进度。

(3)累计时间—费用表和曲线,即 S 曲线和香蕉图,它又被称为项目的费用模型。

(4)相关的其他计划,例如现金流量计划、融资计划等。

2. 投资项目费用计划的表达方式

(1)表格形式,例如费用—时间表和费用对比分析表。

(2)曲线形式有两种形式:直方图形式,例如"费用—时间"图,它表达任一时间段中投资费用的完成量;累计曲线,例如"累计时间—费用"曲线。

(3)其他形式,例如表达各要素份额的圆(柱)形图等。

在这几种表达方式中,最常用到的是曲线形式,在后面的例题中我们会用到。

(三)编制投资项目费用计划的要求

投资项目费用计划在投资项目中已经有很久的历史了。以前人们就对拟建的投资项目进行费用预算(估算),并以此作为项目的经济分析和决策、签订合同或落实责任、安排资金的工具。但在现代的投资项目中,投资项目费用计划不仅不局限于事先的成本预算,而且也不局限于做投资计划,具体体现在以下几个方面:

(1)编制投资项目费用计划不仅是按照既定的技术设计、工期、合同、实施方案和环境来预估投资费用,而且包括进行经济技术分析,综合考虑工期、成本、质量、实施方案各方面之间的相互影响和平衡,以寻求最优的解决方案。

(2)除了建设费用外,投资项目费用计划还要考虑运营费用,即采用全寿命期费用计划和优化方法。通常在有了确定的功能要求后,建设期费用和运营费用是此消彼长的关系。建设期费用增加,运营费用就会降低;反之,建设期费用降低,运营费用就会提高。这样就产生了费用目标的争执,通常需用投资生命期总经济性比较和费用优化的办法解决。

(3)在计划阶段形成周密的费用计划后,并不意味着实施起来就一成不变,应在实施的过程中,不断根据变化了的实际情况(新的投资目标、新的环境、新的实施状况)来调整和修改计划,将计划的实施和控制合为一体,从而形成一个动态的过程。

(4)投资项目的最终目标在于盈利,所以在编制投资项目费用计划的同时,不仅要考虑费用的合理化,还必须与项目盈利的最大化统一。盈利的最大化通常是从整个项目的角度来看的。

(四)投资项目费用计划的编制步骤

投资项目费用计划的编制是项目费用管理的决策过程,即选定技术上可行、经济上合理的降低费用的最优方案,并通过费用计划把成本层层分解,落实到项目的每个环节,从而有效地进行费用控制。编制费用计划的程序因项目的规模大小、管理要求不同而异。大中型项目一般采用分级编制的方式,而小型项目一般采用集中编制方式。无论采用哪种方式,其编制的基本程序如下:

(1)搜集和整理资料。广泛搜集资料并进行归纳是编制费用计划的必要步骤,所需搜集的资料是编制费用计划的依据,如国家和主管部门关于编制费用计划的各项规定及指标,及项目经理部与企业签订的承包合同及企业下达的成本降低额、降低率和其他有关经济技术指标,有关成本预测和决策的资料,同类企业的成本资料,上期的实际费用水平等。

(2)分析检查上期费用计划的执行情况。总结上期费用计划执行过程中的经验和存在的问题为编制本期费用计划奠定了坚实的基础。

(3)进行费用降低指标的测算。深入分析当前情况和未来的发展趋势,了解影响费用升降的各种有利和不利因素,研究如何克服不利因素和降低费用的具体措施,为编制费用计划提供丰富、具体和可靠的费用资料。

(4)综合平衡,编制正式的费用计划。以各职能部门上报的部门费用计划和费用预算为基础,结合各项技术经济措施,检查各计划和费用预算是否合理可行,并进行综合平衡,编制正式的费用计划。

二、费用计划的编制方法

编制费用计划过程中最重要的方法,就是项目费用目标的分解。根据费用控制目标责任和要求的不同,费用目标的分解可以分为按费用构成分解、按子项目分解和按时间进度分解三种类型。

(一)按费用构成分解

投资项目的费用主要可分为建筑工程费、安装工程费、设备及工器具购置费与工程建设其他费用、资金筹措费等,而这些费用构成还可以作进一步的分解。也就是说,在费用计划编制过程中,可以根据以往的经验及建立的数据库对这些费用构成分别确定适当的比例,并在必要时可以作一些适当的调整。

(二) 按子项目分解

对于一些规模较大的投资项目而言,通常是由若干个单项工程构成的,且每一个单项工程又包含多个单位工程,每个单位工程又是由若干个分部分项工程构成的,因此,按子项目分解可以将项目的费用总额分解到单项工程和单位工程中去。

一般来说,由于费用估算大多是按照单项工程和单位工程来进行的,所以将项目总费用分解到各单项工程和单位工程的做法是比较容易的。

(三) 按时间进度分解

投资项目的费用是分阶段、分期发生和支出的,因此,资金应用是否合理与资金的时间安排有着密切的关系。为此,要编制项目费用计划,并据此融资,尽可能减少资金占用和利息支出,就有必要将项目的总费用按其使用时间进行分解。

编制按时间进度的费用计划,通常可利用控制项目进度的网络图进一步扩充得到,即在建立网络图时,一方面确定完成各项工作所需的时间,另一方面同时确定完成这一工作合适的费用支出计划。

以上三种编制费用计划的方法并不是相对独立的。在项目管理实践中,往往是将这几种方法结合起来使用,以达到扬长避短的效果。

三、投资项目费用模型

(一) 概述

早在 20 世纪 60 年代,费用计划就实现了与 PERT 网络的结合。在投资项目网络计划的基础上,将计划费用分解落实到投资项目结构分解的各个项目单元乃至投资活动上,并将这一计划费用在相应的项目单元(工作任务)的持续时间上进行分配,就可以获得工期—计划费用累计曲线,即项目的成本模型,必须给计划费用在项目单元持续时间上的分配做出假设,可以进行平均分配,也可以根据实际投资进展情况大致定出分配的比例。

项目费用模型直观易懂,在项目管理中给高层管理者(如企业管理者、业主、投资者)一个十分清晰的投资过程价值形态概念和进度概念。

利用费用模型可以进行不同工期(进度)方案、不同技术方案的比较。在投资项目的实施中,还可以根据实际投资费用和实际费用进度做出项目实际成本模型,然后进行整个项目"计划—实际"费用以及进度的对比。这对把握整个投资进度、分析费用进度状况、预测费用趋向十分有用。

(二) 绘制方法

(1) 在经过网络分析后,按各个活动的最早时间输出横道图(有时也按最迟时间或最早最迟同时对比),并确定相应项目单元的投资费用(委托合同价、预算成本等)。

(2)确定投资费用在相应的工作任务的持续时间内的分配比例(一般按平均分配),可得各活动的计划费用强度。

(3)按项目总工期将各期(如每周、每月)各活动的计划费用进行汇集,得到各时间段的费用强度。

(4)作费用—工期表(图)。

(5)计算各期期末的计划费用累计值,并作曲线。

从整个投资项目进展全过程的特征看,一般在开始和结束时,单位时间投入的资源较少,中间阶段单位时间投入的资源较多,因而随时间进展的累计成本呈 S 形变化,如图 7-6 所示,所以项目的费用模型曲线又称为 S 形曲线。有时为了便于对比和实施控制,通常将按最早时间和最迟时间的曲线作于一张图上,如图 7-7 所示,人们将它形象地称为香蕉图。

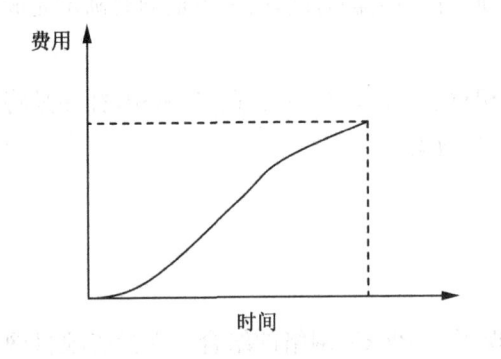

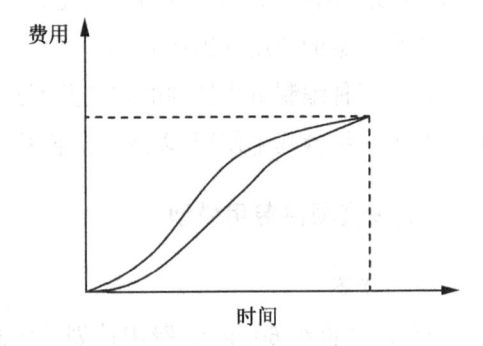

图 7-6 费用—时间曲线(S 形曲线)　　图 7-7 费用—时间曲线(香蕉曲线)

四、投资项目资金计划

(一)概述

投资项目的生产周期长,建设资金量大,所以不论对于业主还是承包商,项目的资金计划都具有十分重要的意义。

对于业主来说,主要是资金流出,即根据项目进度以及合同所确定的付款方式向承包商进行支付,所以业主必须明确整个投资项目的费用支付计划,然后根据这个计划来筹措和安排资金。资金的筹措是业主在投资项目实施过程中一项十分艰巨的任务,如果资金不能按时落实,则整个投资的进度、质量就会受到很大的影响。在确认资金筹措不能满足现有支付计划的情况下,就必须考虑到调整施工进度或改变付款方式,甚至采用其他项目管理方式(如 BOT 即建设—运营—转让项目形式)。

对于承包商来说,由于项目的费用支出和收入在时间上常常不平衡,对于投资大、合同条件苛刻、需要承包商垫入资金的项目,编制周详的现金流量计划是非常有必要的。只有保证资金到位,材料、设备等资源按时到场,才能确保投资的连续性,为此,投资项目现金流量计划主要有如下作用:安排资金保证施工的正常进行,由现金流量计划安排借贷款计划;计算资金成本,即由于项目负现金流量(投入＞收益)带来的利息支出;在国际投资项目中,可以计入报价,这对投资经济效益有很大的影响;考虑到财务风险问题,由于垫资多,资金缺口大,即财务风险较大,要考虑相应的对策。

资金计划与成本计划虽然有着密切的联系,但是二者间也存在着如下区别:按承包合同确定的付款方式可能在开工前取得资金,例如开办费、定金、预付款,也有滞后收款的;FIDIC合同条件下的投资进度付款一般滞后1~2个月;有些支出是超前的,有些是滞后的;可能预先采购材料等,也可能在到货一段时间后付款。

(二)资金计划方法

承包商的资金计划相对于业主而言较为复杂,下面主要以它为对象论述,业主的资金计划可参照使用。

1. 支付计划

工期计划确定的是各投资的时间安排,在此基础上确定的成本计划是投资上按照计划进度确定的成本消耗。但是实际上,承包商对投资的资金支出与这个成本计划并不同步。例如:合同签订好后,承包商必须做施工准备,调遣队伍,培训人员,调运设备和周转材料,搭建临时设施等并支付费用。这些费用是作为工地管理费、人工费、材料费、机械费等分摊在投资报价中,以后在投资进度款中收回,有时也作为投资开办费部分预先收取。

成本计划中的材料费是投资上实际消耗的材料价值。而在材料的使用前有一个采购订货、运输、入库、贮存的过程,材料货款的支付按采购合同规定,可能有许多支付方式,例如:(1)订货时交定金,货到后付清;(2)提货时一笔付清;(3)供应方负责送到工地,货到后付款;(4)在供应后一段时间内付款。

设备的购置费用、租赁费用等的支付方式与材料费的支付方式相似。

另外,承包商投资项目的支付计划包括:

(1)人工费支付计划。

(2)材料费支付计划。

(3)设备费支付计划。

(4)分包投资款支付计划。

(5)现场管理费支付计划。

(6)其他费用计划,如上级管理费、保险费、利息等各种开支。

2. 投资款收入计划

承包商投资款收入计划即为业主的投资款支付计划,它与两个因素有关:

(1)投资进度,即按照成本计划确定的投资完成状况。

(2)合同确定的付款方式。通常有:

①投资预付款(备料款、准备金)。在合同签订后,投资开始前业主先支付一笔款项让承包商做施工准备,这笔款在以后投资进度款中按比例扣回。

②按进度付款。即在每月末将该月实际完成的分项工程量结算成当月的工程款,但这笔款通常在第二个月甚至第三个月支付。

③按形象进度分阶段支付。一般分开工、基础完工、主体完成、竣工、尾款等几个阶段,各支付一定的比例,则投资款收入计划为阶梯款。

④其他形式带资承包。

3. 现金流量

一般按时间将投资支付和投资收入的主要费用罗列在一张表中,按时间计划当期收支相抵的余额,再按时间计算该期的累计余额,在这些工作基础上可以绘制现金流量图。

4. 融资计划

由于项目的费用支出和收入在时间上不平衡,合同付款条件的苛刻,承包商经常需要垫入部分资金,所以投资支付计划与投资收入计划之间会存在负的差异,此时就必须有相同的资金注入,以消除这个差异,保证项目的顺利开展。这里有如下几个问题需要注意:

(1)融资计划的确定,即何时需要多少资金才能满足投资需要,这可由现金流量表得到。

(2)融资方式的确定,对于许多项目来说,如何取得资金是一个十分重要的问题,而目前融资渠道很多,如自由资金、世行贷款、国内外商业银行贷款、发行股票、发行债券等。由于每个渠道的特殊性,各种资金来源的使用条件、风险、资金成本都不相同,所以就需要在综合考虑各项因素的基础上确定项目的资金来源结构、资金筹集时间、还款计划等。

[例7—1] 某小型厂房的进度计划及各分项工程成本在时间上的分配见表7—2。如该合同投资毛利润率估定为合同价的10%,净利润率为净收入的8%,保证金为合同价的5%,其最大额为3万元,在项目竣工后发还50%的保留金,其余50%在6个月缺陷责任期期满并签发缺陷责任证书后发还。业主的月进度付款每月延迟一个月,则该项投资的资金投入计划和回收计划曲线如图7—8所示。其分析计算过程见表7—3,据此可求出施工期间所需贷入现金最高额、利息额和净利润值。

表7-2　　　　　　　　　施工进度概要计划及成本分布　　　　　　　单位:万元

工作任务	\multicolumn{6}{c}{时间进度(月)}
	1	2	3	4	5	6
土方开挖	—5—	—5—				
基　础		—6—	—6—	—6—		
框架施工				—14—	—7—	
屋面地面				—12—		
墙板吊装				—2.5—	—5—	
设备安装						—30—
费　用	5	11	17	34.5	12	30.0

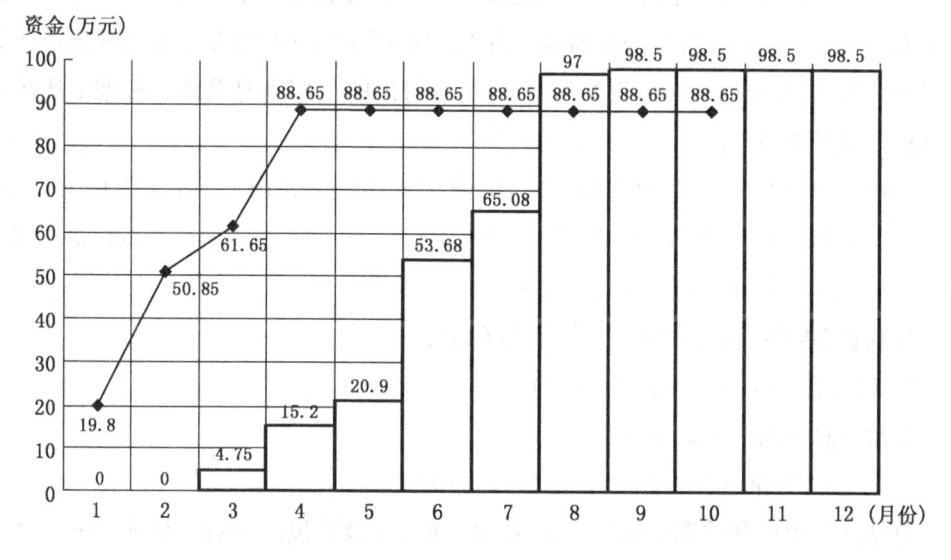

图7-8　现金流量分析图

表7-3　　　　　　　　　现金投入回收金额计算　　　　　　　　　单位:万元

月　份	1	2	3	4	5	6	7	…	12
月施工费用	5.00	11.00	6.00	34.50	12.00	30.00			
累计施工费用	5.00	16.00	22.00	56.50	68.50	98.50			
累计毛利润额	0.50	1.60	2.20	5.65	6.85	9.85			
累计施工投入成本	4.50	14.40	19.80	50.85	61.65	88.65	88.65	88.65	
累计月进度款付款额（扣除保留金）	4.75	20.90	65.08	15.20	53.68	95.50			
现金回收累计额	4.75	20.90	65.08	98.50	0	15.20	53.68	97	

表 7-3 中第 2 月末月进度款索款额为：

11－11×5％＝10.45(万元)

累计：

4.75＋10.45＝15.2(万元)

第 6 月末进度款累计索款额为：

98.50－3.00(保留金最大额)＝95.50(万元)

第 7 月末退还一半保留金 1.50 万元,故 7 月末累计回收资金：

95.50＋3.00÷2＝97(万元)

第 12 月末又退还余下的一半保留金 1.50 万元,故 12 月末累计回收资金：

97.00＋1.50＝98.50(万元)

将每月累计投入和回收的资金绘成如图 7-8 所示的现金流量图。图中方框中的最大纵距就是所需筹集资金的最高额。由于金额量不大,可用短期贷款方式解决所缺的资金。这样,月贷款额乘以贷款利率,就是所付出的预期利息总额。根据上述图表可计算出月贷款额为：

F＝0.5×[(4.50－0)＋(4.50－14.40)＋(14.40＋19.80－2×4.75)＋(19.80＋50.85－2×15.20)＋(50.85＋61.65－2×20.9)＋(61.65＋88.65－2×53.68)＋2×(88.65－65.08)]×1＝110.165(万元·月)

故利息总额为[假定年利率(单利)为 6％]：

I＝110.165×0.5％≈0.55(万元)

收益＝总收入－总成本－利息

　　　＝98.50－88.65－0.55＝9.30(万元)

总结:(1)承包商的现金流量为负,情况一般。(2)承包商一般需垫入部分资金才能保证施工正常进行。所垫入的资金若需贷款,则预计所发生利息可以在报价中考虑。

本例没有考虑开工前的支出,也没有考虑预付款收入。

第四节　投资项目费用控制

一、投资项目费用控制概述

(一)基本概念

投资项目费用控制是投资项目费用管理的主要内容和核心部分,有效的成本控制最终确保投资项目成本管理目标的实现。它是指在投资项目决策阶段、设计阶段、发包阶段和建设实施阶段，通过控制手段，在达到预定投资功能和工期要求的同时优化费用开支，将总费用控制在预算（计划）范围内，并随时纠正发生的偏差，以保证投资项目成本管理目标的实现，以求在投资项目中能合理地使用人力、财力、物力，取得较好的投资效益和社会效益。

费用控制是保证企业完成既定费用目标的重要手段，是增加盈利、提高经济效益的重要途径，为保护企业财产物资的安全完整、防止贪污盗窃等弊端的发生提供了制度上的保证，在企业诸控制系统中起着综合的控制作用。

投资项目费用控制主要包括投资项目本身从策划、立项到实施完成所进行的成本控制和承包商的施工项目费用控制。这两个方面成本控制的过程、手段和方法有较大的差别。

(二)投资项目费用控制的特点

1. 项目参加者对费用控制态度各异

项目参加者对费用控制的积极性是与他所承担的责任形式相联系的，投资者和承包商的成本控制有较大的区别。前者对费用的控制较宏观，而后者比较微观，且前者的费用控制措施对后者有较大影响。费用成本的责任由合同来确定，所以不同的合同种类使得成本控制的方法也不同。如果采用的是成本加薪酬合同，承包商不仅不会控制费用，还会为了增加盈利而扩大开支；如果订立的是固定总价合同，承包商则必须严格控制费用。对于投资者来说，建立严密的组织体系和责任体系，完善责任制度就是费用控制的重要手段。

2. 费用控制的综合性

由于费用目标与项目其他目标的相互联系性，只有将费用目标与质量目标、进度目标、效率、工作量要求等相结合起来评估才有价值。在投资项目费用控制中应该做到如下几点：

(1)费用目标必须与详细的技术（质量）要求、进度要求、工作量等结合起来，同时落实到责任者（承担者），并确定具体的工作范围以及成本值，作为业绩评价的综合尺度。

(2)单一的费用分析，虽然有时也与实际情况相符，却隐藏着危险。在分析费用的同时必须同时分析进度、效率、质量状况，才能得到反映实际情况的信息，这样的信息消除了信息误导，具有实际意义。

(3)片面强调费用目标，容易造成误导，如有时以牺牲投资项目的整体效用和效益来换取费用的降低。

3. 费用控制与投资项目计划及其执行相关

投资项目费用计划是在进度计划的基础上建立起来的,计划的紊乱或者是执行的不力都会造成实际费用与计划费用的偏离,从而增加费用。

4. 费用控制周期的适宜性

一般来说,费用控制的周期不能太长,通常应按月进行核算、对比、分析,而实施中的控制以近期费用为主。过长的费用控制周期容易导致信息处理费用的增加、管理困难,还会降低控制的准确性和详细程度。

(三)投资项目费用控制的一般内容

1. 项目费用计划的变更

在理想的情况下,费用计划指标是控制的依据,但在实际投资中,由于不可抗力,原计划和设计常常会面临变更,导致投资的费用发生变化。因此,应该及时根据实际情况的变化,补充编制新的费用计划作为以后成本控制的基准,同时,为了保持可比性,原计划、新计划、实际费用在结构上、内容上、范围上应保持一致。

2. 费用监督与测量

(1)各项费用的审核;确定投资款项是否支付,监督已支付的项目是否已完成,有无漏洞。

(2)按照规定的时间间隔做实际成本报告。

(3)对各项工作进行费用控制,确定投资的实际费用。

(4)进行审计活动。

3. 费用跟踪工作

确定投资的净值,作详细的费用分析报告,并向各个方面提供不同要求和不同详细程度的报告。

4. 费用诊断及纠正工作

(1)费用是超支还是节省,算出具体数额并分析原因。

(2)剩余工作所需费用预算和投资费用趋势分析。

5. 其他工作

(1)与相关部门合作,提供分析、咨询以及协调工作。例如,向各方面及时提供由于技术变更、方案变化引起的费用变化的信息,以供作决策或调整项目时考虑。

(2)用技术经济的方法分析超支原因,分析节约的可能性,从总费用最优的目标出发,进行技术、质量、工期、进度的综合优化。

(3)通过详细的费用比较和趋势分析方法,获得一个综合考虑合同、技术、组织影响的项目最终费用状况的定量诊断,为投资中费用的调控服务。

(4)向各方面特别是决策者提供高质量的成本信息,为决策提出意见和建议。

(5)对环境、目标等项目形象的变化所造成的对费用的影响进行测算分析,并相应地调整费用计划。

(四)投资项目各阶段费用控制的内容

投资项目的费用控制贯穿项目投资建设始终及各个阶段,应伴随项目建设的进程渐次展开,在投资建设的不同阶段费用控制有不同的要求,简要介绍如下:

1. 投资前期的费用控制

(1)项目投资决策阶段。编写项目建议书,进行费用估算和资金筹措设想,分析利用外资的可能性,初步测算偿还贷款的能力,对项目的经济效益和社会效益做初步估计。进行项目的可行性研究,对拟建项目的各种经济因素进行调查。

(2)投资项目招投标阶段。根据投资概况和招标文件,联系市场和竞争对手的情况,进行费用预测,提出投标决策意见,与总承包单位签订合同等。中标以后,应根据项目的建设规模,组建与之相适应的项目经理部,同时以标书为依据确定项目的费用目标,进行有效的费用控制。

(3)施工准备阶段。根据设计图纸和有关技术资料,对施工方法、施工顺序、作业组织形式、机械设备选型、技术组织措施等进行认真的研究分析,并运用价值投资原理,制定出科学先进、经济合理的施工方案。

根据企业下达的费用目标,以分部分项工程实物工程量为基础,结合劳动定额、材料消耗定额和技术组织措施的节约计划,在优化的施工方案的指导下,编制明确而具体的费用计划,并按照部门、施工队和班组的分工进行分解,为以后的费用控制做好准备。

根据项目建设时间的长短和参加建设人数的多少,编制间接费用预算,并对上述预算进行明细分解,为今后的费用控制和绩效考评提供依据。

2. 实施阶段的费用控制

(1)加强施工任务单和限额领料单的管理。特别要做好每一个分部分项工程完成后的验收,以及实耗人工、实耗材料的数量核对,以保证施工任务单和限额领料单的结算资料绝对正确,为费用控制提供真实、可靠的数据。

(2)将施工任务单和限额领料单的结算资料与施工预算进行核对,计算分部分项工程的费用差异,分析差异产生的原因,并采取有效的纠偏措施。

(3)做好月度成本原始资料的收集和整理,正确计算月度费用,分析月度预算费用与实际费用的差异。对于一般的费用差异要在充分注意不利差异的基础上,认真分析有利差异产生的原因,以防对后续作业费用产生不利影响或因质量低劣而造成返工损失;对于盈亏比例异常的现象,则要特别重视,并在查明原因的基础上采取果断措施,尽快加以纠正。

(4)在月度费用核算的基础上,实行责任费用核算。也就是利用原有会计核算的资料,重新按责任部门或责任者归集成本费用,每月结算一次,并与责任费用进行对比。

(5)经常检查对外经济合同的履约情况,为顺利施工提供物质保证。如遇拖期或者不符合要求,应根据合同规定向对方索赔;对缺乏履约能力的单位,要采取断然措施,即中止合同,并另找可靠的合作单位,以免影响施工,造成经济损失。

(6)定期检查各责任部门和责任者的费用控制情况,检查费用控制责、权、利的落实情况(一般为每月一次)。发现费用差异偏高或偏低的情况,应会同责任部门或责任者分析产生差异的原因,并督促他们采取相应的对策来纠正差异。

3. 竣工验收阶段的费用控制

(1)精心安排,干净利落地完成项目竣工扫尾工作,把竣工扫尾时间缩短到最低限度,从而节约费用,保持在建投资时取得的经济效益。

(2)重视竣工验收工作,顺利交付使用。在验收以前,要准备好验收所需要的各方面资料(包括竣工图),送甲方备查;对验收中甲方提出的意见,应根据设计要求和合同内容认真处理,如果涉及费用,应请甲方签证,列入投资结算。

(3)及时办理投资结算。为了防止有些按实结算的经济业务发生遗漏,在办理投资结算以前,要求项目预算工作人员和成本工作人员进行一次认真、全面的核对。

(4)在项目保修期间,应由项目经理指定保修工作的责任者,并责成保修责任者根据实际情况提出保修计划(包括费用计划),以此作为控制保修费用的依据。

(五)费用控制的措施

降低投资项目费用的途径,应该是既开源又节流,或者说既增收又节支。只开源不节流,或者只节流不开源,都不可能达到理想的降低成本的效果。控制项目费用的措施归纳起来有三大方面:组织措施、技术措施、经济措施。

1. 组织措施

投资项目费用控制的组织措施主要指建立费用控制组织保证体系,有明确的项目组织机构,使费用控制有专门机构和人员管理,任务责任明确,工作流程规范化。项目经理是项目费用管理的第一责任人,全面组织项目部的费用管理工作,应及时掌握和分析盈亏状况,并迅速采取有效措施;技术部是整个投资项目施工技术和进度的负责部门,应在保证质量、按期完成任务的前提下尽可能采取先进技术,以降低投资费用;经营部主管合同实施和合同管理工作,负责投资进度款的申报和催款工作,处理施工赔偿问题,经济部应注重加强合同预算管理,增创投资预算收入;财务部主管投资项目的财务工作,应随时分析项目的财务收支情况,合理调度资金;项目经理部的其他部门和班组都应精心组织,为增收节支尽职尽责。

2. 技术措施

投资项目成本控制的技术措施是指将价值投资应用于投资项目各阶段，进行多方案选择，采取相应的有效措施来达到节约投资的目的，具体包括以下几点：

(1) 制定先进的、经济合理的施工方案，以达到缩短工期、提高质量、降低成本的目的。施工方案包括四大内容：施工方法的确定、施工机具的选择、施工顺序的安排和流水施工的组织。而降低成本最关键的是正确选择施工方案。

(2) 在施工过程中努力寻求各种降低消耗、提高工效的新工艺、新技术、新材料等技术措施，以降低费用。

(3) 严格质量把关，杜绝返工现象，缩短验收时间，节省费用开支。

3. 经济措施

将计划目标进行分解并落实，动态地对投资项目费用的计划值与实际支出值进行比较分析，严格各项费用的审批和支付程序，从而达到节约费用的目的，具体包括以下几点：

(1) 人工费控制管理。主要是改善劳动组织，减少窝工浪费；实行合理的奖惩制度；加强技术教育和培训工作；加强劳动纪律，压缩非生产用工和辅助用工，严格控制非生产人员比例。

(2) 材料费控制管理。主要是改进材料的采购、运输、收发、保管等方面的工作，减少各个环节的损耗，节约采购费用；合理堆置现场材料，避免和减少二次搬运；严格材料进场验收和限额领料制度；制订并贯彻节约材料的技术措施，合理使用材料，综合利用一切资源。

(3) 机械费控制管理。主要是正确选配和合理利用机械设备，搞好机械设备的保养修理，提高机械的完好率、利用率和使用效率，从而加快施工进度、增加产量、降低机械使用费。

(4) 间接费及其他直接费控制。主要是精减管理机构，合理确定管理幅度与管理层次，节约施工管理费等。

项目费用控制的组织措施、技术措施、经济措施是融为一体、相互作用的。在费用控制的过程中，应形成以项目经理部为项目费用控制中心，以投标报价为依据，合理制定项目费用控制目标，各部门和各班组通力合作，形成以市场投标报价为基础的施工方案经济优化、物资采购经济优化、劳动力配备经济优化的项目费用控制体系。

二、实际费用核算

(一) 投资项目的费用结构和成本数据的构成

实际费用的核算是费用控制的基础，进行费用核算，首先要分解费用结构和费用数据。对于承包商来说，主要存在如下三种数据：

1. 分项工程费用数据

分项工程费用的结构如图7—9所示。

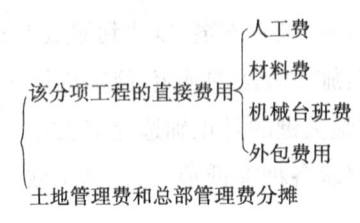

$$
\begin{cases} \text{该分项工程的直接费用} \begin{cases} \text{人工费} \\ \text{材料费} \\ \text{机械台班费} \\ \text{外包费用} \end{cases} \\ \text{土地管理费和总部管理费分摊} \end{cases}
$$

图7—9 分项工程费用结构

其中，人工费、材料费、机械台班单价由投资统一确定，土地管理费和总部管理费分摊通常按直接费费用比例计算。

2. 整个投资项目的成本数据

整个投资成本构成结构如图7—10所示。

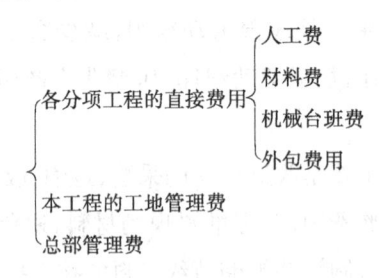

$$
\begin{cases} \text{各分项工程的直接费用} \begin{cases} \text{人工费} \\ \text{材料费} \\ \text{机械台班费} \\ \text{外包费用} \end{cases} \\ \text{本工程的工地管理费} \\ \text{总部管理费} \end{cases}
$$

图7—10 整个投资项目成本构成结构

由于分项工程在费用核算时具有独立性，通常是单独核算其人工费、材料费、机械台班费和外包费用；而本工程的工地管理费开支范围通常由工地管理开支范围内的各种账单、工资单、设备清单和费用凭证得到；总部管理费常常是企业总部分摊管理费用而形成的。

3. 企业费用数据

企业费用数据首先从宏观上把握整个投资的人工费、材料费、机械费、外包费用、工地管理费之和，即投资工地总成本；再核算企业经营费用（总部管理费），它由企业会计核算的资料，如费用凭证、会计报表、账目等得到，再将它分摊给各个工程，同样可以核算企业实现的利润。

这三者之间只有进行很好的沟通，才能保证反映费用核算的准确性和科学性。图7—11为分项工程与整个投资项目费用数据的构成情况。

(二)实际费用核算过程

实际费用核算主要是对已经投入或者发生的直接人工费、材料费、机械台班费和外包费用进行搜集，对已经发生或应分摊本投资现场的管理费和总部管理费进行核

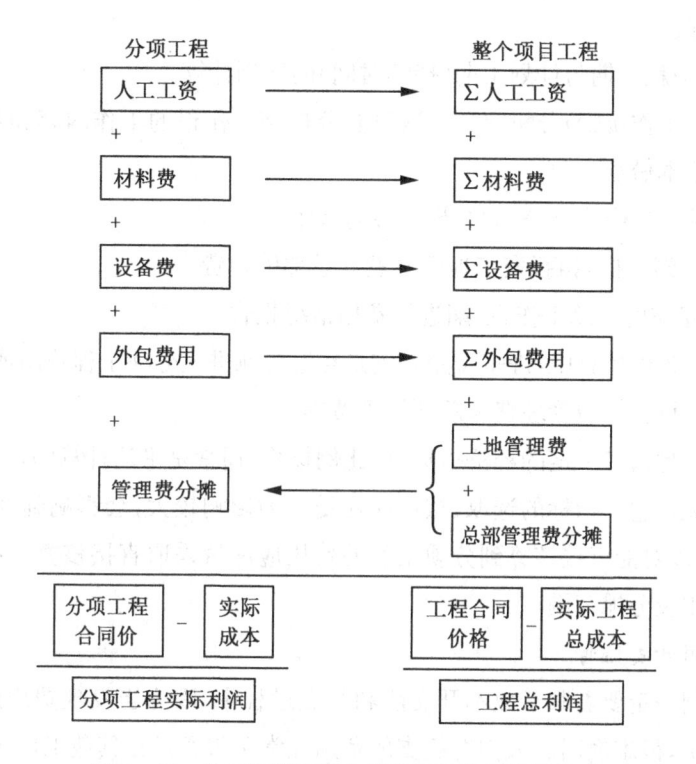

图 7—11 分项工程和整个投资项目费用数据构成

算,主要包含以下几方面:

1. 直接费用的搜集

对各分项工程中消耗的人工、材料、机械台班费用的数量进行记录,有时还要对已领用但未用完的材料进行估算,应当建立搜集这些数据的制度,包括搜集的步骤和报表。

2. 本期内投资完工量的量度

对于已经完工的分项工程的测量比较简单,关键是跨期分项工程(只有部分完成的工程)费用的测量。实际投资进度是作为成本花费所获得的已完工产品,它的核算的准确性直接关系到费用核算、费用分析和趋势预测的准确性。在实际工作中受人为的影响较大,为了防止完工量人为夸大或缩小,通常用以下方法来精确地计算完工量:

(1)0—100% 即将要核算的工程分解为较小的工作包,在工作包开始后直到完成一直为"0",直到100%完成时才可认为该工作包完成,最后把这些工作包完工量累加,算出整个投资的完工量。这是比较保守的完工测量方法。

(2)50%—50% 即工作包开始后直到完成前其完成程度都认为是50%,完成后为100%,最后把这些工作包完工量累加,算出整个投资的完工量。

(3)按照实物工作量或成本消耗所占的比例,即按已经完成的工作量占工作总量的比例来计算。

(4)按已消耗工期与计划工期(持续时间)的比例计算。

(5)工序(工作步骤)分析定义。这里要分析该工作包的工作内容和步骤,并定义各个步骤的成本份额。

在这几种方法中,50%—50%规则最为常用。

3. 汇总、核算和分摊投资工地管理费和总部管理费

4. 完成相应的汇总工作,定期进行费用情况报告

在上面的各项核算中,许多费用开支是经过分摊进入分项工程费用或投资总费用的,例如周转材料、工地管理费和总部管理费等。

由于分摊是选择一定的经济指标,按比例核算,通常是平均计算的,所以不能完全反映实际情况。它的指标的选取、核算往往受人为影响较大,会影响到评价的公正性和准确性,所以对能直接核算到分项工程的费用应尽量采取直接核算的办法,尽可能减少分摊费用及分摊范围。

(三)费用开支监督

费用控制一定要着眼于成本开支前和开支过程中,因为当发现费用超支时,损失已经成为现实,很难挽回。人们对超支的费用经常希望通过在其他工作包上的节约来解决,由于压缩工作包的成本会影响工期和质量,所以这个办法不太现实;反之,如果不发生损害,则说明原费用计划没有得到优化。

(1)落实成本目标。不仅要落实一般的分项工程及项目单元的成本目标,而且要落实资源消耗和工作效率指标。

(2)开支的审查和批准。尤其是各种开支,即使已经作了计划,仍然需要加强事前批准、事中监督和事后审查。对于超支或超量使用,必须做特别审批,追查原因,落实责任。

(3)签订各种外包合同(如劳务供应、投资分包、材料供应、设备租赁等)时,一定要在合同价方面进行严格控制,包括价格水准、付款方式和付款期、价格补偿条件和范围等,在实施施工过程中还应严格控制各款项的支付。

三、费用跟踪和绩效分析

(一)费用状况分析

1. 分析的指标

费用分析的指标很多,可以按照自己的需要选择和灵活设计。这是因为:

(1)费用计划的对象多,从不同的角度反映成本就会有不同的指标。

(2)项目的实施过程中有不同的费用,需要有不同的对比。

(3) 为了综合、清晰地反映费用状况，费用分析必须与进度、工期、效率、质量分析同步进行，并互相对比参照。

(4) 为了准确地反映情况，需要在费用报告中进行微观和宏观分析，例如，包括各个生产要素的消耗，各分项工程及整个投资的费用分析。

通常，费用分析的综合指标有如下几大类：

(1) 效率比：

$$机械生产效率 = 实际台班数/计划台班数$$

$$机械成本降低率 = \frac{计划机械成本 - 实际机械成本}{计划机械成本} \times 100\%$$

$$劳动效率 = 实际使用人工工时/计划使用人工工时$$

通常这项指标运用于已经完成的投资，与之相似的还有机械消耗的比较和各项费用消耗的比较。

(2) 费用分析指标。费用分析指标也是对已完成的投资而言的，具体包括：

$$费用偏差 = 实际费用 - 计划费用$$

$$费用偏差率 = (实际费用 - 计划费用)/计划费用 \times 100\%$$

$$利润 = 已完成投资的价格 - 实际费用$$

$$产值利润率 = 利润/承包价格$$

(3) 工期和投资进度分析指标：

$$时间消耗程度 = 已用工期/计划总工期 \times 100\%$$

$$投资完成程度 = 已完成投资量/计划总投资量 \times 100\%$$

或

$$= 已完成投资价格/投资计划总价格 \times 200\%$$

或

$$= 已投入人工工时/计划使用总工时 \times 100\%$$

(4) 因素差异分析法。对于一些分项工程的费用状况的分析一般应采用因素差异分析法，不仅可以确定实际和计划的差异，而且可以确定差异影响因素以及它们各自的影响份额。

下面举例说明因素差异分析法的运用。

[例7-2] 某投资项目中机械总计划费用为 300 万元，其中，机械四项费用（基本折旧费、大项修预提费、固定资产占用费、创利费）为 93 万元，动力燃料费 60 万元，润滑材料费 16 万元，经常性修理费 30 万元，小型机械购置及设备租赁费 65 万元，人工费 24 万元，机械出入场及安装费 12 万元。投资完工 50%，实际上机械设备台班利用率为 79%，动力燃料费 26 万元，润滑材料费 6.7 万元，小型机械购置费及设备租赁

费 25 万元,机械四项费用 39 万元,经常性修理费 17 万元,人工费 12.8 万元,机械转场及安装费用 5.2 万元,共计实际费用为 131.7 万元。

已完工工程中计划机械总费用＝300×50％＝150(万元)

机械总费用差异＝131.7－150＝－18.3(万元)

其中：

机械四项费用偏差＝39－93×50％＝－7.5(万元)

动力燃料费偏差＝26－60×50％＝－4(万元)

润滑材料偏差＝6.7－16×50％＝－1.3(万元)

经常性修理费偏差＝17－30×50％＝2(万元)

小型机械购置及设备租赁费偏差＝25－65×50％＝－7.5(万元)

人工费偏差＝12.8－24×50％＝0.8(万元)

机械出入场及安装费偏差＝5.2－12×50％＝－0.8(万元)

以上各因素所引起费用差异的和就等于总费用偏差。从本例中可看出,造成费用差异的主要原因是设备利用率不高、劳动效率低下等。通过分析各因素对费用的影响就可以在以后的投资中加以改进,从而使费用状况有所改观。

2. 分析报告

不同层次的管理人员需要不同的成本信息及分析报告,在一个项目中他们可以自由设计。对投资小组长、领班要提供费用的机构、各分部工程的费用值、费用的正负偏差、可能的措施和趋向分析;对项目经理要提供比较粗略的信息,主要包括控制的结果,项目的总费用现状,主要的节约和超支项目、项目诊断。费用报告通常包括图表、文字说明。

3. 费用分析举例

[例 7－3] 某投资项目总造价 820 万元,其中,投资管理费为 78 万元,该项目总工期 6 个月(180 天),现项目已进行了 90 天,已完成投资总造价为 385.4 万元,已完计划工时 14 500 小时,实际工时 15 660 小时,实际成本 382.65 万元,已完投资计划成本 381.53 万元,则成本总体状况为：

(1)从总体上分析：

管理费分摊率＝78/(820－78)≈10.5％

工期进度＝90/180＝50％

投资完成程度＝385.4/820＝47％

劳动效率＝15 660/14 500＝108％

成本偏差＝191.25－190.48＝0.77(万元)

成本偏差率＝0.77/190.48＝0.40％

已实现利润＝382.65－381.53＝1.12(万元)

利润率＝1.12/382.65≈0.29%

(2)从总体上看,本项目虽然未亏本,但是利润太少,成本超支,劳动效率低下。

详细分析:该项目中有个机械分项工程,计划100天完成,已完成50天,完成分项工程总价142万元,机械总计划成本为300万元,其中,机械四项费用(基本折旧费、大项修预提费、固定资产占用费、创利费)为93万元,动力燃料费60万元,润滑材料费16万元,经常性修理费30万元,小型机械购置及设备租赁费65万元,人工费24万元,机械出入场及安装费12万元。实际上机械设备台班利用率为79%,动力燃料费26万元,润滑材料费6.7万元,小型机械购置费及设备租赁费25万元,机械四项费用39万元,经常性修理费17万元,人工费12.8万元,机械转场及安装费用5.2万元,共计实际成本131.7万元。

工期进度为50%

投资完成程度＝142/300×100%＝47.33%

机械总成本差异＝131.7－150＝－18.3(万元)

机械四项费用偏差＝39－93×50%＝－7.5(万元)

动力燃料费偏差＝26－60×50%＝－4(万元)

润滑材料偏差＝6.7－16×50%＝－1.3(万元)

经常性修理费偏差＝17－30×50%＝2(万元)

小型机械购置及设备租赁费偏差＝25－65×50%＝－7.5(万元)

人工费偏差＝12.8－24×50%＝0.8(万元)

机械出入场及安装费偏差＝5.2－12×50%＝－0.8(万元)

该项工程利润＝142－131.7＝10.3(万元)

利润率＝10.3/142×100%＝7.25%

从总体上看,本分项工程至今虽然已经实现盈利7.25%,但劳动效率偏低,机械设备利用率不高,各项费用的差异而引起了成本偏差,导致费用超支,影响了利润,工期过半,而实际完成程度只有47.33%,滞后于计划工作量,可能会导致项目延期完工。

(二)费用绩效分析

完成对实际费用的测量和跟踪,做出费用状况分析报告后,对实际的核算结果就可以进行相关的分析和评价,制定相应的措施。我们对项目费用进行评价时通常所采用的是挣值(Earned Value Concept,EVC)原理,也称赢得值原理。

1.挣值原理

(1)基本概念。挣值,也叫赢得值、已获价值。它是指到某一时点已经完成的工作所需投入的资金的累计值。它等于已完工作量与预算单价之积。它反映了满足质量标准的项目实际进度和工作绩效,体现了投资额到投资成果的转化。对项目每个分项工程和工作包的挣值进行累计,即可确定累计挣值,也称已完工作预算成本(BCWP),再引入计划完成工作量的预算值(BCWS),通过对 S 曲线的动态、定量评估,将这两个值进行对比来评估和测算其进度的执行效果;将 BCWP 与资源实耗值(ACWP)作对比来评估和测算其资源的执行效果。该原理可用一幅由三条曲线组成的图形来说明,如图 7-12 所示。

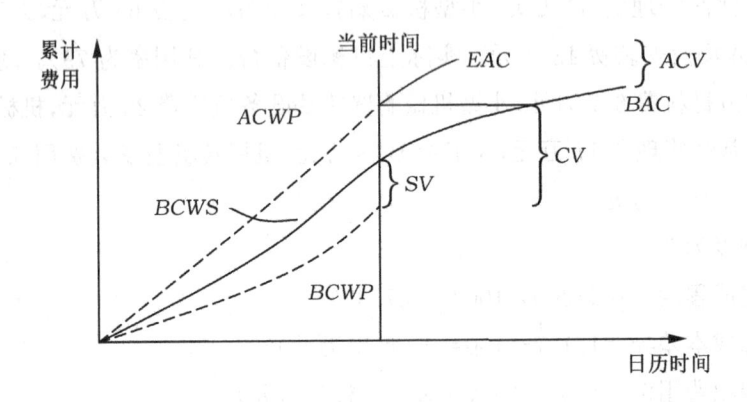

图 7-12 资源耗费随时间累积曲线

在图 7-12 中,横坐标是项目实施的日历时间,纵坐标是项目实施过程中各项资源的消耗。其计量单位必须根据实际情况转化成费用(金额),也可以是百分数。ACV 为竣工差异,BAC 为竣工预算费用,EAC 为竣工预测费用。

第一条曲线为 BCWS 曲线,即计划值曲线。将项目的计划消耗资源,包括全部费用要素,在计划周期内按照一定的时间进行分配,然后逐步累加,即生成整个项目的 BCWS 曲线,这是对项目的综合进度计划与目标计划费用分解后得出的。这条曲线是项目控制的基准曲线。

第二条曲线是 BCWP 曲线,即赢得值曲线。按月或周等统计已完成工作量,并将此已完工作量的值乘以预算单价,逐步累加,即生成赢得值曲线。赢得值与实际消耗的人工工时或者费用无关,它是用预算值或单价来计算已完工作量所取得的实物进展的值,是测量项目实际进展所取得的绩效的尺度。

第三条曲线为 ACWP 曲线,即实际消耗值曲线。对已完工作量实际消耗的成本逐项记录并逐步累加,即可生成这条实际消耗值曲线。

通过以上三条曲线的对比,便可直观、综合地反映出项目成本和进度的进展情况。

计划工作量的预算费用 BCWS 主要反映按照进度计划应完成任务的工作量,即项目实施过程中对执行效果进行检查时,在指定的时间内按进度计划规定应完成的任务计划。

已完工作量的预算费用(BCWP),即赢得值,它具有反映进度和费用执行效果的双重特性,是指项目实施过程中对执行效果进行检查时,在指定的时间内已完成任务的工作量按预定额结算的费用。实际投资中,由于该值是一个预测值,所以对它的确定较为困难。

已完工作量的实耗费用(ACWP)是反映费用执行效果的一个重要指标,是指项目实施过程中对执行效果进行检查时在指定时间内已完成任务的工作量所实际消耗的费用。

(2)费用绩效分析指标。投资费用与进度之间的联系非常紧密,费用支出、各种资源的消耗的大小与进度的快慢、提前或滞后有直接的关系。单纯地观察成本消耗的大小并不能准确地分析出成本的趋势以及投资进度状况,所以,在对绩效进行分析的时候,应对费用和进度进行综合的把握。下面介绍几个用于进行费用绩效分析以及进度方面的指标。

①费用执行指数。费用执行指数是对比(累计)挣值(BCWP)和已完工作量的实际费用(ACWP)得到的费用效率系数。在净值技术中,CPI 是项目绩效的关键指标。计算 CPI 的公式为:

$$CPI = BCWP/ACWP$$

一般地,$CPI=1.0$,符合预算,工作效果正常;$CPI>1.0$,低于预算,工作效果好;$CPI<1.0$,超过预算,工作效果差。

②进度执行指数。进度执行指数是对比(累计)挣值(BCWP)和计划工作的预算成本(BCWS)得到的比率,这个比率用 SPI 表示。计算 SPI 的公式为:

$$SPI = BCWP/BCWS$$

一般来说,$SPI=1.0$,符合进度,工作效果正常;$SPI>1.0$,进度提前,工作效果好;$SPI<1.0$,进度落后,工作效果差。

③费用(成本)差异。成本差异是挣值(BCWP)与已完工作的实际成本(ACWP)之差,是衡量成本绩效的重要指标,简记 CV,即:

$$CV = BCWP - ACWP$$

CV 能对该期间内完成任务所耗费的费用(或资源)值是低于还是超过预算值作出定量反映。CV 若为负,则表示超支。

④进度差异。将 BCWP 与 BCWS 相比较,两者的差值为进度差异,简记 SV,即:

$$SV = BCWP - BCWS$$

SV 能对该期间内的任务完成量是按进度计划提前还是拖延作出定量反映。SV 为负时,表示进度落后。

⑤费用差异百分比。费用差异百分比,简记 CVP,能反映在项目实施过程中发生

的费用差异的变化趋势,即是保持稳定,还是在增长或递减的信息。

$$CVP=CV/BCWP\times100\%$$

⑥进度差异百分比。进度差异百分比,简记 SVP,能反映在项目实施过程中发生的进度差异的变化趋势,即是保持稳定,还是在增长或递减的信息。

$$SVP=SV/BCWS\times100\%$$

⑦项目完成时的成本差异。项目完成时的成本差异,简记 VAC,即:

$$VAC=BAC-EAC$$

如果 VAC 为负值,表示项目任务执行效果不佳,即预算超支。BAC 为落实到项目上的预算成本总和,EAC 表示按检查期项目的进展趋势预测,当项目完成时所需总成本的最终预测,等于当前状态下耗费的直接成本和间接成本总和与剩余工作所需成本估算值之和。

下面举例来说明费用的绩效分析。

[例 7-4] 某投资项目工程包含 3 个工作包 A、B、C,总预算成本分别为 36 万元、90 万元和 24 万元,表 7-4 表示该投资项目的每期预算成本和计划进度情况。检查点为第九周末。

表 7-4　　　　　　　　　　某投资项目的每期预算成本　　　　　　　　　　单位:万元

工作包	总预算成本	时间(周)											
		1	2	3	4	5	6	7	8	9	10	11	12
A	36	6	6	12	12								
B	90					12	12	18	18	15	15		
C	24											12	12
合 计	150	6	6	12	12	12	12	18	18	15	15	12	12
累计		6	12	24	36	48	60	78	96	111	126	138	150

假设到第 9 周末,工作包 A 已经全部完成,工作包 B 正在进行施工,并且已经完成了 50%的工作量,而工作包 C 还没有开始。表 7-5 表示到第 9 周末该项投资的完工情况。

表 7-5　　　　　　　　某工程截至第 9 周末的完工情况　　　　　　　　单位:%

工作包	时间(周)								
	1	2	3	4	5	6	7	8	9
A	10	25	50	80	100	100	100	100	100
B	0	0	0	5	15	25	30	40	50
C	0	0	0	0	0	0	0	0	0

根据各个工作包的完工百分比和投资价格可以计算出工作包各个时期的累计挣值,其计算结果可见表7—6所示。

表7—6　　　　　　　　　　某工程的每期累计挣值　　　　　　　　　单位:万元

工作包	总预算成本	时间(周)								
		1	2	3	4	5	6	7	8	9
A	36	3.6	9	18	28.8	36	36	36	36	36
B	90				4.5	13.5	22.5	27	36	45
C	24									
合计	150	3.6	9	18	33.3	49.5	58.5	63	72	81

假设根据实际成本报告,到第9周末各个时期已完成投资的实际费用可见表7—7。

表7—7　　　　　　某工程各个时期已完成投资的实际费用　　　　　　单位:万元

工作包	时间(周)									实际总费用
	1	2	3	4	5	6	7	8	9	
A	3	7.5	13.5	7.5	4.5					36
B			3	12	15	18	19.5	15		82.5
C										
合计	3	7.5	13.5	10.5	16.5	15	18	19.5	15	
累计	3	10.5	24	34.5	51	66	84	103.5	118.5	118.5

可以根据表7—4绘制出该投资项目的计划工作预算成本 BCWS 曲线;根据表7—6绘制出该投资的累计挣值 BCWP 曲线;根据表7—7绘制出已完成投资的实际成本 ACWP 曲线,将上述3条曲线绘制在同一个坐标上就可以进行成本绩效分析了,具体分析情况可见图7—13。

从总体上来说,该投资项目到第9周末的成本绩效情况如下:

所有计划工作的预算应该是111万元,而实际花费为118.5万元,实际工作的累计挣值为81万元。从以上三组数据可以看到,截至第9周末,该项目的实际费用超过了预算成本,而且挣值小于实际费用,说明这个投资项目一方面费用超支,另一方面进度延迟,已经处于比较糟糕的情形。

下面通过一些指标来分析一下:

截至第9周,

$CPI=81/118.5\approx0.68$,这个比例小于1,说明项目处于不利的状态,表明到第9周末,项目完成工作的成本效率是68%,即每花掉1元,只获得了0.68元的受益。

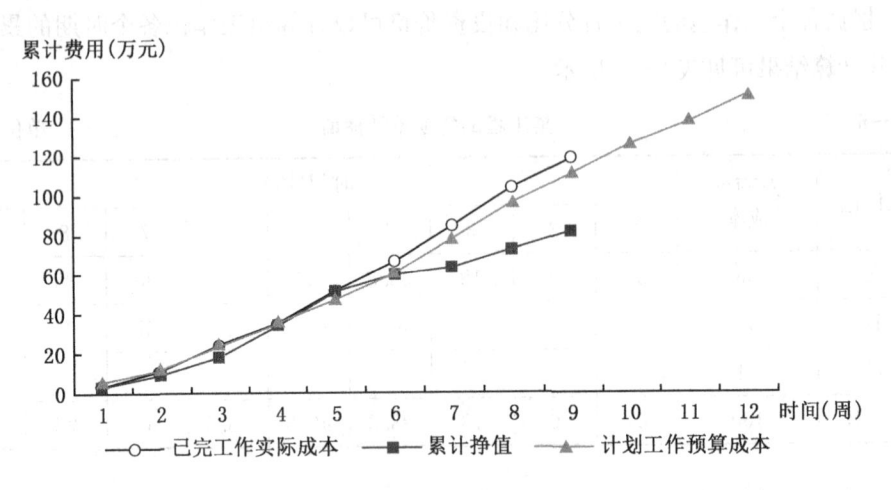

图7—13 某投资项目费用绩效分析

$CV=81-118.5=-37.5$（万元），成本差异为负，说明这个项目工作效果不好，工作绩效落后于实际费用。

这两者分别从相对数和绝对数的方面来反映了费用状况。

$SPI=81/111\approx 0.73$，这个比例小于1，项目处于不利状态，到了第9周，项目只完成了预算工作量的73%，进度落后，工作效果差。

$SV=81-111=-30$，进度差异为负，项目进度落后。

这两个指标分别从相对数和绝对数的方面来反映进度状况。

2. 费用超支的原因分析

经过分析对比，发现该检查点的费用已经超支，或者预计将会超支，就应该采取相应的控制措施，但是在采取措施之前应该首先对引起成本超支的原因进行分析。原因分析是成本控制措施的基础。引起成本超支的原因是多方面的，主要有：

(1)费用计划的编制不当或数据不准确，如估价错误，合同报价太低，人力费用增加，不适当地采用低价策略，外包业务价格上涨等。

(2)外部因素。主要包括上级、业主的干扰，设计的修改，天气的原因，原材料市场的价格上涨，各种不可抗力事件等。

(3)管理实施的不当。主要有：

①各分项工程之间协调不好，效率低下。

②不适当的责任控制程序，费用控制存在问题，造成费用上升。

③费用责任不明确，实施者对费用没有承担义务，缺少费用方面的限额概念，同时又没有节约费用的奖励措施。

④由于员工培训不合格，采购了劣质材料或者发生安全事故而造成的投资返工。

⑤劳动效率低下,工人频繁调动,人力费用增加,施工组织混乱。

⑥材料消耗增加,浪费严重,造成成本增加。

⑦合同的不利,如执行过程中存在缺陷,或者合同发生变更,导致工作范围扩大、投资技术难度加大、质量要求提高等。

费用超支的原因很多,有技术、经济方面的原因,也有管理、合同等方面的原因,可以采用因果关系分析图进行定性分析,在此基础上还可利用因素差异分析法进行定量分析。

3. 降低费用的措施

制定措施来压缩已经超支的费用应综合考虑工期、质量、合同、功能等方面的因素,通常消除超支的成本要以牺牲项目其他方面的目标为代价,如投资范围缩小,采用更廉价的材料等。主要措施如下:

(1)寻找新的、更好的、更省的、效率更高的技术方案,采用符合规范而成本低廉的原材料。

(2)部分需要用的原材料或产品采用外购形式,而不是自产形式。

(3)重新选择供应商,但可能存在供应风险,选择需要时间。

(4)采用外包战略,与较强的公司合作。

(5)在尽量保证投资质量的情况下减少投资范围。

(6)向变更合同者或者提供不合格产品、服务的供应商索赔,以弥补超支费用。

在考虑措施时,应权衡各方面利弊,避免贸然采用不当措施而使投资遭受更大的损失。

4. 运用挣值分析进行项目成本预测

EAC 表示按检查期项目的进展趋势预测,当项目完成时所需总成本的最终预测,等于当前状态下耗费的直接成本和间接成本总和与剩余工作所需成本估算值之和。

第一种情况:假定未完工部分按目前实际效率的预测方法,这种方法通常用于当前的变化可以反映未来的变化时,其计算公式为:

$$EAC=TBC/CPI$$

式中,TBC 为项目总预算费用。

第二种情况,假定项目未完工部分按计划效率完成的预测方法,其计算公式为:

$$EAC=ACWP+(TBC-BCWP)=TBC-CV$$

第三种情况,全面重估剩余工资成本的预测方法,其计算公式为:

$$EAC=ACWP+剩余工作量预算费用的重新估计$$

这是一种不做任何特定的假设,重新估算所有剩余工作量的成本,并得出项目成本和工期预测的方法。这一方法要将这个重估的成本与已完成作业的实际成本相加得到预测结果。

如果项目计划已经严重背离实际,或者项目情况已有重大变化,这种方法则是必要的。

5. 挣值分析法的评价

在实际执行过程中,最理想的状态是 ACWP、BCWS、BCWP 三条曲线靠得很近,平稳上升,表示项目按预定计划目标前进。如果三条曲线离散度不断增加,预示可能发生关系到项目成败的重大问题。

挣值分析法是一种比较准确的事后评价方法,项目组可以根据以往的经验,找出费用超支的原因,并采取相应的措施(具体见表 7—8)。

表 7—8　　　　　　　　　净值法参数分析与对应措施

序号	三参数关系	分析	措施
1	ACWP>BCWS>BCWP SV<0　CV<0	效率低,进度滞后,费用超支	用工作效率高的人员替换低效率人员
2	BCWP>BCWS>ACWP SV>0　CV>0	效率高,进度超前,费用结余	若偏离不大,则维持现状
3	BCWP>ACWP>BCWS SV>0　CV>0	效率较高,进度超前,费用节约	抽出部分人员,放慢进度
4	ACWP>BCWP>BCWS SV>0　CV<0	效率较低,进度超前,费用超支	抽出部分人员,增加少量骨干人员
5	BCWS>ACWP>BCWP SV<0　CV<0	效率较低,进度滞后,费用超支	增加高效人员投入
6	BCWS>BCWP>ACWP SV<0　CV>0	效率较高,进度滞后,费用结余	迅速增加人员投入

本章小结

投资项目费用,是指投资项目形成全过程中所耗用的各种费用总和。按不同的方法划分成本,所得到的结果不同。根据费用发生的阶段及用途,投资项目费用可以分为投资项目定义和决策费用、投资项目设计费用、投资项目获取费用、投资项目实施费用。影响投资项目费用的因素有很多,主要有投资质量、工期长短、材料人工价格和管理水平等。投资项目费用管理是在保证满足投资质量、工期等合同要求的前提下通过计划、组织、控制和协调等活动,将成本控制在预先确定的标准内,并尽可能降低费用的管理活动。投资项目费用管理能够促进企业改善经营管理,提高企业水平;合理补偿施工耗费,保证企业再生产的顺利进行;促进企业加强经济核算,不断挖掘潜力,降低成本,提高经济效益。

投资项目费用估算是编制一个为完成投资项目活动所必需费用的近似估算。按费用估算的要求及精确程度,费用估算一般分为投资项目总投资估算、设计概算和施工图预算等。其中,设计概算主要包括单位工程概算、单项工程综合概算、投资项目总概算。施工图预算的编制方法主要有单价法和实物法两种。

投资项目费用计划是在对投资项目所需费用总额作出合理估计的前提下,为了确定项目实际执行情况的基准而预先把整个费用分配到各个工作单元上去的措施与方案。它是指在投资项目的计划期内,在费用预测的基础上,以货币形式确定完成投资任务所需的费用指标,以及降低费用的措施和方案,是投资项目建设全过程进行费用控制的基本依据。编制费用计划既是实现项目管理计划职能,提前揭露矛盾,协调投资项目有序地达到预期目标费用的手段,也是项目总计划的重要组成部分。费用计划编制的最重要的方法就是项目费用目标的分解,即或费用构成分解、按子项目分解和按时间进度分解。其中,将项目按费用构成进行分解,可分为建筑工程费、安装工程费、设备及工器具购置费与工程建设其他费用、资金筹措费等。

投资项目的费用模型是投资项目费用计划与PERT网络相结合的产物,由于其直观易懂,在项目管理中给高层管理者一个十分清晰的投资过程价值形态概念和投资进度概念,所以常利用成本模型来进行不同工期方案和不同技术方案的比较。

投资项目费用控制是指在投资项目投资决策阶段、设计阶段、投资项目发包阶段和建设实施阶段,通过控制手段,在达到预定投资功能和工期要求的同时优化费用开支,将总费用控制在预算(计划)范围内,并随时纠正发生的偏差,以保证投资项目费用管理目标的实现,以求在投资项目中能合理地使用人力、财力、物力,取得较好的投资效益和社会效益。费用控制主要包括投资项目费用计划的变更、费用的监督和测量、费用的跟踪工作、费用诊断及纠正工作等。投资项目的费用控制贯穿项目建设始终,应伴随项目建设的进程渐次展开,在投资建设的不同阶段费用控制有不同的要求。控制项目费用的措施归纳起来有三大方面:组织措施、技术措施、经济措施。

投资项目实际费用的核算是成本控制的基础。进行费用核算,首先要分解费用结构和费用数据,然后进行实际的费用核算,并作为费用跟踪和绩效分析的依据。由于费用和进度的相互关联性,通常要将费用和进度综合起来考虑,进行费用/进度综合控制,因为只有这样才能真正有效地控制投资项目的费用。

复习思考题

一、名词解释

投资项目费用　投资项目费用管理　费用计划　投资项目费用估算　投资项目费用控制　因素差异分析法　费用绩效分析

二、简答题

1. 简述影响投资项目费用的因素。
2. 简述投资项目费用管理的作用与原则。
3. 简述费用估算的主要内容。
4. 简述费用估算中施工图预算编制的主要方法。
5. 简述费用控制的主要内容。

6. 简述费用控制的主要措施。

7. 简述费用绩效分析的主要指标。

8. 简述挣值分析法中的参数分析及其对应措施。

三、计算题

1. 某投资公司浇筑一层结构商品混凝土,预算成本为 1 872 000 元,实际成本为 2 046 720 元,比预算成本增加 174 720 元,据表 7—9 的资料,用因素分析法分析其成本上涨的原因。

表 7—9　　　　　　　　　混凝土预算成本与实际成本的对比

项　　目	计量单位	预算成本	实际成本	差　　异
产量	M^3	1 200	1 280	+80
单价	元	1 500	1 560	+60
损耗率	%	4	2.5	−1.5
成本	元	1 872 000	2 046 720	+174 720

2. 某项工程共有 8 个工作包,在第 20 周结束时有一个检查点。项目经理在该点对项目实施检查时发现,一些任务已经完成,一些任务正在实施,另外一些任务还没有开工,如表 7—10 所示(图中的百分数表示任务的完成程度)。各项任务已完成工作量的实际耗费成本在表 7—11 中的第 3 列给出,假设项目未来情况不会有大的变化,请计算该检查点的 BCWP、BCWS 和 EAC,并判断项目在此时费用使用和进度情况。

表 7—10　　　　　　　　　项目在第 20 周时的进度示意表

工作包	1~8	9~18	19	20	21~22	23~36	37	38	39	40~42
1	100%									
2		95%								
3			55%							
4					10%					
5						0				
6						0				
7							0			
8										0

表 7-11 项目跟踪表(未完成)

工作包	成本预算（万元）	ACWP（万元）	BCWP（万元）	任务完成时的预测成本EAC（万元）	BCWS（万元）
1	25	22			
2	50	48			
3	32	16			
4	80	8			
5	160	0			
6	80	0			
7	95	0			
8	20	0			
合计	542	94			

第八章 投资项目质量管理

美国著名质量管理学家朱兰博士1994年在美国质量管理学会年会上指出:"20世纪是生产率的世纪,21世纪是质量的世纪。"而我国在21世纪也提出了"质量兴国"的战略方针,并将提高质量即"质量是兴国之道"作为一项基本国策。

在市场经济条件下,企业的竞争是围绕质量并最大限度地满足客户的要求而展开的。在现代市场环境下,顾客对企业提供的产品的要求可用TQCS来概括,TQCS分别表示交付期、质量、价格和服务。由此看来,投资项目的质量与工期及费用一样,都是项目实施过程中非常重要的控制对象。

在投资项目管理中,由于项目实施的一次性、任务的复杂性和过程的不确定性等特点,使投资项目的质量难以保证,因此在项目的实施过程中更应加强质量管理,应坚持"质量第一,预防为主"的方针和全面质量管理(TQM)的工作方法,不断地改进投资项目产出质量。

第一节 投资项目质量管理概述

一、质量与质量管理

(一)质量概述

1. 质量的含义

质量是质量管理的对象。正确地、全面地理解质量的概念,对开展质量管理工作十分重要。在质量管理发展的不同时期,人们对质量这一概念的理解也在不断变化,一直向着更深化、更透彻和更全面的方向发展。在相当长一段时期内,人们普遍把质量理解为"符合性",即产品符合规定要求,或者说符合设计要求的程度。直到20世纪60年代,朱兰对质量给出了一个基本的定义,即"质量就是实用性"。目前,朱兰的这个定义在世界上仍然被普遍地接受。日本质量管理专家认为："质量是产品出厂后,用户在使用过程中所造成的损失。"也有人把质量定义为"用户满意"。尽管这些定义从不同的角度描述了质量的本质,但都带有一定的局限性。

国际标准化组织(International Standardization Organization,ISO)综合了上述观点,在国际标准 ISO9000:2008 及我国的 GB/T19000—2008 标准中,对质量(quality)作了比较全面和准确的定义:"一组固有特性满足要求的程度"。其中,"要求"是指明示的、通常隐含的或必须履行的需要或期望。通常隐含是指组织、顾客和其他相关的惯例或一般做法,所考虑的需要或期望是不言而喻的。

2. 质量特性

所谓质量特性,是指产品或服务满足人们明确或隐含需求的能力、属性和特征的总和。它具体包括内在质量特性、外在质量特性、经济质量特性、商业质量特性、环境质量特性,具体内容可见表 8—1。

表 8—1　　　　　　　　　　质量特性及其内涵

质量特性	内　　涵
内在质量特性	在产品或服务的持续使用中体现出来的特性(产品的特性、性能、强度、精度等)
外在质量特性	在产品或服务外在表现方面的属性和特性（产品外形、包装、色泽、味道等）
经济质量特性	与产品或服务的购买和使用成本有关的特性(产品的寿命、成本、价格、运营费等)
商业质量特性	与产品或服务提供企业承诺的各种商业责任有关的特性(产品的保质期、保修期、售后服务水平等)
环保质量特性	与产品或服务对环境的影响有关的特性

(二)质量管理概述

1. 质量管理的含义

由于管理是指"指挥和控制组织的彼此协调的活动(ISO9000:2008)"。故质量管理就是在质量方面"指挥和控制组织的协调活动(ISO9000:2008)"。

与质量管理有关的活动,通常包括质量方针和质量目标的建立、质量策划、质量控制、质量保证和质量改进。因此,质量管理可进一步解释为确定和建立质量方针、目标和职责,并在质量体系中通过诸如质量策划、质量控制、质量保证和质量改进等手段来实施全部职能的活动。

质量管理是组织围绕产品(服务)质量不断更新的要求而开展的策划、组织、计划、实施、检查和监督审核等所有管理活动的总和,是组织管理的中心环节。其职能是负责确定实施质量方针、目标和职能。一个企业如果以质量求生存,以产品求发展,积极参与到国际竞争中去,就必须制定正确的质量方针和适宜的质量目标。而要保证方针、目标的实现,就必须建立健全质量体系,并使之有效运行。建立质量体系工作的重点是质量职能的展开和落实。

为满足用户对质量提出的越来越严格的要求,企业必须展开一系列的技术活动和管理活动,包括质量策划、质量控制、质量保证和质量改进等,并对这些活动进行精心的计划、组织、协调、审核及检查,以实现质量计划目标,所以这些活动统称为质量管理。

质量管理必须由企业的最高管理者领导,这是实施质量管理的一个基本条件。质量目标和职责逐级分解,各级管理者都对目标的实现负责。质量管理的实施涉及企业的所有成员,每个成员都要参与到质量管理活动当中,这是现代质量管理——全面质量管理的一个重要特征。全面质量管理实际上是组织全员参与的一种质量管理形式。

任何组织都要从事经营,并要承担社会责任,因此,每个组织都要考虑自身的经营目标,为了实现这些目标,组织会对各个方面实施管理,如行政管理、物料管理、人力资源管理、财务管理、生产管理、技术管理和质量管理等。实施并保持一个通过考虑相关方的需求,从而持续改进组织业绩有效性和效率的管理体系,可以使组织获得成功。质量管理是组织各项管理内容的意向,应与其他管理相结合。

2. 质量管理的内容

质量管理是确定质量方针、目标和职责,并在质量体系中通过诸如质量策划、质量控制、质量保证和质量改进使质量得以实现的全部管理活动。其中,质量方针是指由组织的最高管理者正式发布的该组织总的质量宗旨和方向;质量体系是指为实施质量管理所需的组织结构、程序、过程和资源。质量策划是质量管理的一部分,致力于制定质量目标并规定必要的运行过程和相关资源以实现质量目标;质量控制是致力于满足质量要求,包括设定标准、测量结果、判定、采取措施;质量保证是质量管理的一部分,致力于提供质量要求会得到满足的信任;质量改进致力于增强满足质量要求的能力。

3. 质量管理的原则

在 ISO9000:2008 版标准中,将质量管理的原则概括为"八大原则",具体内容为:

(1)以顾客为关注焦点。组织依存于其顾客,因此组织应理解顾客当前的和未来的需求,满足顾客要求并争取超越顾客的期望。以顾客为中心将使组织能对市场作出快速、灵活的反应,从而更多地占领市场,同时也会赢得顾客的信任而稳定地拥有市场。

(2)领导作用。领导应将本组织的宗旨、方向和内部环境统一起来,并营造使员工能够充分参与实现组织目标的环境。

(3)全员参与。各级人员都是组织之本。只有他们的充分参与,才能使他们的才干为组织带来最大的利益。

(4)过程方法。将相关的资源和活动作为过程进行管理,可以更高效地得到期望的效果。1994 版标准中已对过程方法作了说明,2008 版标准将其作为基本原理,用以确定各项必需的活动,用"过程方法"确定职责和义务、所需的资源、活动间的接口等,以便有效地使用资源,获得可预测的结果。

(5)管理的系统方法。针对给定的目标,识别、理解并管理一个由相互关联的过程所组成的体系,有助于提高组织的有效性和效率。

(6)持续改进。持续改进是组织在质量方面一个永恒的目标。

(7)基于事实的决策方法。对信息和资料的逻辑分析和直觉判断是有效决策的基础。

(8)互利的供方关系。通过互利的关系,增进组织及其供方创造价值的能力。

(三)质量管理的发展

质量是一个永恒的话题。质量管理随时代的发展而不断发展。

1. 工业时代以前的管理——操作者的质量管理

20 世纪以前,主要存在手工业和个体生产方式,依靠生产操作者自己的收益和经验来把关,因此称之为"操作者的质量管理"时期。但自 18 世纪中叶以来,在欧洲爆发了工业革命,其产物就是"工厂",由于工厂具有手工业者和小作坊无可比拟的优势,直接导致了手工作坊的解体和工厂体制的形成。在工厂进行大批量的生产时,带来了许多新的技术问题,比如零部件的互换、标准化、工装和测量的进度等。这些问题的提出和解决,催促着质量管理科学的诞生。但是质量管理形成一门科学,却是 20 世纪的事情。

2. 工业时代的质量管理

(1)质量检验阶段(20 世纪 20~40 年代)——检验员的质量管理。1911 年,泰罗发表了《科学管理原理》一书,由此管理进入了科学管理的新阶段,管理职能从作业职能中分离出来,形成了专门的管理职能部门。泰罗提出了计划与执行、检验与生产的职能需要分开的主张,即企业中设置专职的质量检验部门和人员,从事质量检验。这就使产品质量有了基本保证,对提高产品质量、防止不合格产品出厂有着积极的意义。这种制度把过去的"操作者质量管理"变成了"检验员质量管理",标志着进入了质量检验阶段。但是,这种检验只是一种事后的检查,只是起到剔除废品的作用,按现在的观点来看,这只是一种末端控制,并不能提高合格率,其管理效能有限。这一阶段的特点是:质检部门从生产中分离出来,在事后进行检验把关。

此后,休哈特提出了"预防缺陷"的质量管理理念,他还把统计原理运用到质量管理领域中,创造了统计质量控制图。另一些统计学家提出了抽样检验的方法,把统计方法应用到质量管理领域,使得检验的成本降低。但这些方法并没得到当时人们的理解和认同,因而也没有得到真正的执行。

(2)统计质量管理阶段(20世纪40~60年代)。从事后检验的质量管理发展到统计质量管理,是第二次世界大战(简称"二战")以后的事。"二战"中,由于战争对大量产品的需要,质量检验立即显示出其弱点。由于事先无法进行质量控制,以及检验工作量大,军火产品常常延误交货期,影响前线军需。因此,美国国防部为了适应战争环境的客观需要,于1941~1942年组织一批数理统计专家和投资技术人员,运用数理统计的方法先后制定和公布了《美国战时质量管理标准》,即《质量控制指南》《数据分析用的控制图》《生产中质量管理用的控制图》,强制生产企业执行。战后这些方法这些公司在生产民用产品过程中仍然应用,逐渐就形成了质量管理的统计管理阶段。实践证明,这种方法是预防废品的有效工具,是质量管理从"事后"转到"事中",发展以预防为主,比单纯的质量检验进了一大步,为各公司带来了巨额的利润。但其对数理统计知识的要求,使人错误地认为质量管理就是少数统计人员的事,从而忽略了广大生产与管理人员的作用,结果是既没有充分发挥数理统计方法的作用,又影响了管理的发展,把数理统计在质量管理中的应用推向了极端。

(3)全面质量管理阶段(1960年至今)。20世纪50年代以来,产品质量管理出现了以下问题:一是一些用户对质量的要求已从只注重一般产品性能发展到讲究产品的耐用性、可靠性和经济性,为了满足用户对产品质量的高标准和严要求,仅仅依靠传统的对局部生产过程进行把关式的质量管理已不能适应;二是一般系统论和系统投资被引进企业管理领域后,为应用系统投资思想来综合分析和研究质量问题的方法创造了条件;三是管理理论的新发展更加注意对行为科学的研究,重视人的因素,主张改善人际关系,来推广工业民主、参与管理和目标管理等新的管理方法,从而为实现全面质量管理方法奠定了基础。

全面质量管理的概念,最早出现在1961年美国通用电气公司质量经理菲根堡姆的《全面质量管理》一书中。全面质量管理的见解和理念,具有划时代的意义。20世纪60年代以来,全面质量管理的概念首先在重视人的因素的日本见效。日本吸收了全面质量管理和我国"两参一改三结合"的管理思想,融会贯通,创造了日本式的全面质量管理。在20世纪六七十年代,以全面质量管理的发展应用为中心,日本依靠它实现了经济飞跃,并向更广泛的领域展开,把开发新产品、节约能源消耗、降低成本、销售服务等包括在全面质量管理之内,此后全面质量管理的理念逐步为世界各国所接受。

全面质量管理的主要要求是"三全一多样",即实施全员、全过程、全企业的、多方法的质量管理。

(4)质量管理的国际化。自20世纪60年代以来,世界贸易的迅速发展、经济全球化进程的加快、跨国公司在经济中的作用凸显,企业与其产品的跨国界流动,必然带来与之相关的质量保证和产品责任问题。为了避免或消除国与国之间、企业与企业之间在技术经济合作交流与贸易往来上的质量管理冲突,建立一套科学、合理且能够统一认识和共同遵守的质量管理规范就显得非常必要。

(四)国际质量管理标准及体系简介

国际标准化组织于1974年成立,为适应质量认证制度的实施,于1971年成立了认证委员会。组织将专门致力于研究质量保证领域内标准化问题和制定质量体系的国际标准,终于在1986年正式发布了ISO8402《质量——术语》。1987年发布了ISO9000—9004,标题为"质量管理和质量保证"系列标准。1994年颁布了ISO9000系列的第一个修订版。在对标准进行了根本性修订的基础上,于2000年、2008年颁布了2000版、2008版ISO9000标准。我国对1987年版发布了等效采用标准,对1994年、2000年、2008年版发布了等同采用标准。下面对其作简单的介绍。

1. ISO9000的概念及ISO9000质量体系

ISO9000的总标题是"质量管理和质量保证",是"由ISO/TC176技术委员会制定的所有国际标准",它是在总结世界各国,特别是工业发达国家质量管理经验的基础上产生的,1987年颁发,1994年又作了补充修订。我国1992年等同采用了这套标准,此后又等同采用了1994版新标准。ISO9000的核心质量管理标准和质量保证标准,现已被90多个国家或地区采用并转化为本国的国家标准。

1994版的ISO9000又分为四种:

(1)ISO9001质量体系——设计、开发、生产、安装和服务的质量保证模式。当需要证实供方设计和生产合格产品的过程控制能力时应选择和使用此种模式的标准。

(2)ISO9002质量体系——生产、安装和服务的质量保证模式。当需要证实供方生产合格产品的过程控制能力时,应选择和使用此种模式的标准。

(3)ISO9003质量体系——最终检验和试验的质量保证模式。当仅要求供方最终检验和试验符合规定要求时,应选择和使用此种模式的标准。

以上都是质量保证标准,用于供方证明其能力和外部(如客户、第三方)对其能力进行评定。三种模式中对供方质量体系要求的多或少,反映了不同复杂程度的产品所要求的质量保证能力不同,不应将其理解为质量保证程度的高或低。

(4)ISO9004质量管理和质量体系要素——用于指导组织进行质量管理和建立质量体系。

2000年、2008年版将ISO9001、ISO9002、ISO9003合并成——ISO9001:2000

(8),即《质量管理体系——要求》,而 ISO9000:2000(8)为《质量管理体系——基础与术语》,ISO9004:2000(8)为《质量管理体系——业绩改进指南》。

2. ISO9000 的指导思想

任何组织所建立和实施的质量体系应能满足该组织规定的质量目标,确保影响产品质量的技术、管理和人的因素处于受控状态,无论是硬件、软件、流程性材料还是服务,所有的控制应针对减少、消除不合格,尤其是预防不合格。这是 ISO9000 的基本指导思想,具体体现在:

(1)控制所有过程的质量;

(2)过程控制的出发点是预防不合格;

(3)质量管理的中心任务是建立并实施文件化的质量体系;

(4)持续的质量改进(包括产品质量改进和工作质量改进);

(5)一个有效的质量体系应满足顾客和组织内部双方的需要和利益;

(6)定期评价质量体系(质量体系审核和管理评审);

(7)搞好质量管理关键在于领导。"质量管理是各级管理者的职责,但必须由最高管理者领导",其具体管理职责为确定质量方针、确定各级岗位的职责和权限、配备资源、指定管理者代表、负责管理评审等。

3. ISO9000 质量体系文件

质量体系文件是质量体系的具体体现,是质量体系运行的法规性依据,通过对各类质量活动、方法作出规定,使与质量有关的活动都能做到有章可循、有法可依。

在 ISO10013 质量手册编制指南中,规定典型的质量体系文件包括四个层次,其中:

(1)层次 A 的质量手册,是质量体系文件中的纲领性文件。它至少应包括质量方针;影响质量的管理、执行、验证或评审工作的人员职责、权限和相互关系;质量体系程序和说明;关于手册评审、修改和控制的规定。

(2)层次 B 的质量体系程序,是对各项质量活动采取方法的具体描述,包括活动的目的和范围;做什么和谁来做,何时、何地以及如何做,应采用什么材料、设备和文件;如何对活动进行控制和记录。

(3)层次 C 的作业指导书,是用以指导某个具体过程、事物形成的技术性细节描述的可操作性文件,也包括各种表格、报告等,用于质量体系运行的证实。

(4)层次 D 的质量策划,包括质量计划的编制、配备必要的资源、确保程序和有关文件的相容性、产品验证验收有关工作和确定与准备质量记录等。

二、投资项目质量管理的含义、特点、影响因素、原则和任务

(一)投资项目质量的含义

投资项目的质量有广义和狭义之分。狭义的投资项目质量是指产品质量;广义的投资项目质量则除产品质量之外,还包括投资项目建设全过程的工序质量和工作质量。

1. 投资项目产品质量

投资项目产品质量是指投资项目具有的满足相应设计和规范要求的属性。投资项目产品质量通常体现在以下五个方面:

(1)适应性,即投资项目具有的满足相应设计和使用的各项要求的属性。

(2)可靠性,即投资项目的坚实、稳固,以承担其负载的人和物的质量,即满足抗风和抗震要求的属性。

(3)耐久性,即投资具有的材料和构造上满足防水、防腐,从而满足使用寿命要求的属性。

(4)美观性,即投资项目具有的在布局上和造型上满足人民精神需要的属性。

(5)经济性,即投资项目在形成中和交付使用后的经济节约属性。

2. 投资项目工序质量

工序就是人、机器、材料、方法和环境综合作用于某一项目的过程,这个过程中所反映的产品质量就叫工序质量。在项目中有着不同的施工工序,每一道工序的质量就是其满足下一道工序相应要求的属性。

3. 投资项目工作质量

投资项目工作质量是指投资项目建设中所必须进行的组织管理、技术运用、思想政治工作、后勤服务等对提高投资项目质量的属性,它虽不像工序质量和产品质量那样直观,但体现在整个投资项目建设过程中。一般来说,工作质量决定工序质量,而工序质量又决定产品质量;也可以说,产品质量是工序质量的目的,而工序质量又是工作质量的目的。所以,必须通过保证和提高工作质量来保证和提高工序质量,再在此基础上达到投资项目质量的最终目标,即保证达到设计所要求的产品质量。

(二)投资项目质量的特点和影响因素

1. 投资项目质量的特点

投资项目质量的特点是由其自身的特点所决定的,这就决定了投资项目的质量有如下特点:

(1)涉及面广,影响因素多。投资项目建设周期长、项目投资大,因此,有很多人为因素和自然因素影响投资项目的质量。诸如论证决策阶段的不缜密,造成投资项目与

地质条件不符;设计阶段的粗心大意,导致结构不合理;施工阶段盲目追求经济利益、偷工减料,且施工工艺、施工方案、施工环境、施工人员素质、管理制度、技术措施、操作方法、工艺流程等都会影响投资项目的质量。

(2)质量离散,变异性大。由于投资项目的建设具有不可重复性,即使某一处某一部位质量好,另一处也可能质量不好。如果某一关键部位质量不好,就可能造成整个单项工程质量不好,或引起整个投资项目质量的变异。

(3)质量隐蔽性强。投资项目建设过程中大部分工序是隐蔽过程,完工后很难看出质量问题。

(4)质量终检局限性大。投资项目完全建成后,才全面检查工程质量,此时的检查结论有很大的局限性,所以在施工过程中,必须实施现场监督管理,以及时发现隐蔽工程的质量问题。因此,投资项目质量管理应重视事前管理、事中监理,以消灭投资质量事故。

2. 投资项目质量的影响因素

影响投资项目质量的因素可概括为人、材料、机械设备、方法和工艺及环境五个方面。因此,事前对这五个方面的因素进行严格管理,是保证投资项目实施阶段质量的关键。

(1)人的因素。这里的人的因素是指从事项目的决策者、管理者和操作者。人的质量意识、质量责任感、技术水平及职业道德等都会直接或间接地影响投资项目的质量。在投资项目质量管理过程中,应具体从人的技术水平、人的生理缺陷、人的心理行为和人的某些错误行为四个方面来考虑人的素质对质量的影响。人的技术水平直接影响项目质量的高低,尤其是技术复杂、难度大、精度高的工序和操作;投资项目的特点和环境、对组织纪律和管理制度的要求及所处社会、经济、环境条件等综合作用有对人的生理、心理及具体行为提出了要求。因此,在投资项目中,对人应从政治素质、思想素质、业务素质和身体素质等方面综合考虑,全面管理。

(2)材料的因素。材料是投资项目施工的基础,没有材料就无法施工。材料质量是项目质量的基础。材料质量不符合要求,质量也就不可能符合标准,甚至会出现重大质量事故。因此,加强材料质量管理,是提高施工质量的重要保障,也是实现投资管理目标和进度管理目标的前提。

(3)机械设备的因素。机械设备是实现施工机械化的重要物质基础,是现代投资项目建设中必不可少的设施,对投资项目质量有直接影响。为此,必须综合考虑施工现场的条件、机械设备性能、施工工艺和方法、施工组织与管理、技术经济等各种因素来制定机械化施工方案,使施工机械设备能够合理装备、配套使用、有机联系,以充分发挥其效能,力求获得较好的综合效益。

(4)方法和工艺的因素。方法和工艺是指投资项目建设所采用的施工工艺和施工方法。是否选择了适合结构特点、质量要求与材料性能的施工工艺和方法,将直接影响施工质量。因此,在指定施工方案时,必须结合投资项目实际,从技术、组织、管理、经济等方面全面分析、综合考虑,确保所选择的施工工艺与方法在技术上可行、经济上节约,并有利于提高投资项目质量。同时,还应加强技术业务培训和工艺管理,严格贯彻工艺纪律,保证施工方法的正确执行。

(5)环境的因素。影响项目质量的环境因素较多,如技术环境、管理环境、自然环境等,每种因素的作用特点和效果也复杂多变,而且往往前一道工序就是后一道工序的环境,前一分项、分部工程也就是后一分项、分部工程的环境。因此,根据项目的特点和具体条件,应对影响质量的环境因素采取有效的措施严加管理,排除环境因素的干扰,创造良好的工序环境,以保证投资项目质量达到预定的质量标准。

(三)投资项目质量管理的原则和任务

1. 投资项目质量管理的原则

(1)质量第一原则。质量的好坏,直接关系到国家的综合国力与竞争力、人们的生命财产安全,因此必须确立强烈的"质量第一"的思想。确立质量第一的原则,首先必须弄清楚质量和数量、质量和进度之间的关系。不符合质量要求的投资,其数量和进度也就没有意义,没有价值。而且数量越多、进度越快,造成的损失也就越大。因此,好中求多、好中求快、好中求省、好中求优,才是符合质量管理所要求的质量水平。

(2)预防为主原则。对于投资项目的质量,长期以来我们采取事后检验的方法,认为严格检查,就能保障质量,实际上这是远远不够的,应该从消极防守的事后检验变为积极预防的事先管理。因为好的投资项目是好的设计、好的施工所产生的,不是检查出来的,必须在投资项目管理的全过程中事先采取各种措施,消灭种种不合质量要求的因素,以保证投资项目的质量。如果质量因素预先得到保证,投资项目的质量就有了可靠的前提条件。

(3)为用户服务原则。投资项目的建设是为了满足用户的要求,尤其是满足用户对质量的要求。真正好的质量是用户完全满意的质量。进行质量管理,就是要把为用户服务的原则作为投资项目管理的出发点,贯穿到各项工作中去。同时,要在项目内部树立"下道工序就是用户"的思想。各个部门、各项工作、各种人员都有个前后的工作顺序,每道工序的工作一定要保证质量,凡是达不到质量要求就不能交给下道工序,一定要使"下道工序"这个用户满意。

(4)基于真实数据原则。首先,质量管理必须建立在有效的数据基础上,必须依靠反映客观实际的数字和资料,否则就谈不上科学的管理。用数据说话就是要求我们必须使用数理统计方法,对投资质量管理工作对象进行科学的分析和整理,从而发现影响投资项目质量的各种原因,并分清主次。其次,必须形成用数据说话的意识,从积累的大量数据中找出控制质量的规律性,从而确保投资质量优质。

2. 投资项目质量管理的过程

任何投资项目都是由分项工程、分部工程和单位工程所组成,而投资项目的建设,则是通过一道道工序来完成的。所以,施工项目的质量控制是从工序质量到分项工程质量、分部工程质量、单位工程质量的系统管理过程;也是一个由对投入原材料的质量管理开始,直到完成工程质量检验为止的全过程的系统管理过程。

为了加强对施工项目的质量管理,明确各施工阶段质量管理的重点,可把投资项目质量分为事前管理、事中管理和事后管理三个阶段。

第一阶段:事前质量管理。事前质量管理指在投资项目正式实施(施工)前进行的质量管理。其重点是做好施工准备工作,且施工准备工作要贯穿于施工全过程中。

(1)施工准备的范围:

①全场性施工准备,是以整个项目施工现场为对象而进行的各项施工准备。

②单位工程施工准备,是以一个建筑物或构筑物为对象而进行的施工准备。

③分项(部)工程施工准备,是以单位工程中的一个分项(部)工程或冬、雨季施工为对象而进行的施工准备。

④项目开工前的施工准备,是在拟建项目正式开工前所进行的一切施工准备。

⑤项目开工后的施工准备,是在拟建项目开工后每个施工阶段正式开工前进行的施工准备。

(2)施工准备的内容:

①技术准备,包括项目扩大初步设计方案的审查;熟悉和审查项目的施工图纸;项目建设地点的自然条件、技术经济条件调查分析;编制项目施工图预算和施工预算;编制项目施工组织设计等。

②物质准备,包括建筑材料准备、构配件和制品加工准备、施工机具准备、生产工艺设备的准备等。

③组织准备,包括建立项目组织机构;集结施工队伍;对施工队伍进行入场教育等。

④施工现场准备,包括控制网、水准点、标桩的测量;"七通一平";生产临时设施等的准备;组织机具、材料进场;拟定有关试验、试制和技术进度项目计划;编制季节性施工措施;制定施工现场管理制度等。

第二阶段:事中质量管理。事中质量管理指在施工过程中进行的质量管理。事中质量管理的策略是:全面控制施工过程,重点控制工序质量。其具体措施是:工序交接有检查;质量预控有对策;施工项目有方案;技术措施有交底;图纸会审有记录;配制材料有试验;隐蔽工程有验收;计量器具校正有复核;设计变更有手续;钢筋代换有制度;质量处理有复查;成品保护有措施;行使质控有否决(如发现质量异常、隐蔽工程未经验收、质量问题未处理、擅自变更设计图纸、擅自代换或使用不合格材料、无证上岗未经资质审查的操作人员等,均应对质量予以否决);质量文件有档案(凡是与质量有关的技术文件,如水准、坐标位置,测量、放线记录,沉降、变形观测记录,图纸会审记录,材料合格证明,试验报告,施工记录,隐蔽工程记录,设计变更记录,调试、试压运行记录,试车运转记录,竣工图等都要编目建档)。

第三阶段:事后质量控制。事后质量控制指完成施工过程形成产品的质量控制,其具体工作内容有:

(1)准备竣工验收资料,组织自检和初步验收。

(2)按规定的质量评定标准和办法,对完成的分项、分部工程,单位工程进行质量评定。

(3)组织竣工验收。

三、投资质量监督

(一)投资质量监督的概念

政府对投资项目的质量监督,在决策阶段,主要是审批项目的建议书和可行性研究报告,以及项目的用地和场址的选择等;在设计阶段,主要是审核设计文件和土质;在施工阶段,政府对投资的质量监督主要是通过由政府认可的第三方——质量监督机构依据法律、法规和投资建设强制性标准对投资的质量实施监督管理。其主要监督的内容是地基基础、主体结构、环境质量和与此相关的投资建设各方主体的质量行为;主要手段是施工许可制度和竣工验收备案制度。

投资质量监督机构是经省级以上建设行政主管部门,或有关专业部门考核认定的独立法人。投资质量监督机构接受县级以上地方政府建设行政主管部门或有关专业部门的委托,依法对投资质量进行强制性监督,并对委托部门负责。

质量监督机构的主要任务有:

(1)根据政府主管部门的委托受理建设投资项目的质量监督。

(2)制定质量监督方案,确定负责该项投资的质量监督工程师和助理质量监督工程师。根据有关法律、法规和投资建设强制性标准,并针对投资特点来明确监督具体内容、监督方式,在方案中对地基基础、主体结构和其他涉及结构安全的重要部位和关键工序,作出实施监督的详细计划安排。投资质量监督机构应将质量监督方案通知建设、勘察、设计、施工、监理单位。

(3)检查施工现场投资建设各方主体的质量行为,包括检查施工现场投资建设各方主体及有关人员的资质及资格;检查勘查、设计、施工、监理单位的质量管理体系和质量责任落实情况;检查有关质量文件、技术资料是否齐全并符合规定。

(4)检查投资的实体质量。按照质量监督工作方案,对工程地基基础、主体结构和其他涉及结构安全的关键部位进行现场实地抽查,对用于投资的主要建设材料、主要构配件的质量进行抽查,对地基基础分布、主体结构分部工程和机器设计结构安全的分部工程的质量验收进行监督。

(5)监督投资竣工验收。主要是监督投资验收的组织性、验收程序及在验收过程中提供的有关资料和形成的质量评定文件是否符合有关规定,实体质量是否存在严重缺陷,投资质量的检验评定是否符合国家验收标准。

(6)报送检验报告。投资项目竣工验收5日后,影响委托部门报送投资质量监督报告。

(7)政府主管部门所委托的投资质量监督方面的其他工作。

(二)投资质量监督管理基本制度

1. 投资竣工验收备案制度

《建设工程质量管理条例》(国务院令第279号,经2000年1月10日国务院第25次常务会议通过,2000年1月30日发布起施行。根据2017年10月7日中华人民共和国国务院令第687号《国务院关于修改部分行政法规的决定》修订)确立了工程竣工验收备案制度。该项制度是为加强政府监督管理,防止不合格投资流向社会的一个重要手段。根据《建设工程质量管理条例》第49条和《房屋建筑工程和市政基础设施工程竣工验收备案管理暂行办法》(建设部令第78号,自2000年4月7日起施行)的有关规定,建设单位应当自建设工程竣工验收合格之日起15日内,将建设工程竣工验收报告和规划、公安消防、环保等部门出具的认可文件或者准许使用文件报建设行政主管部门或者其他有关部门备案。

2. 投资质量事故报告制度

投资质量事故报告制度是《建设工程质量管理条例》确立的一项重要制度。投资发生质量事故后,有关单位在24小时内向当地建设行政主管部门和其他有关部门报告。对于重大质量事故,事故发生地的建设行政主管部门和其他有关部门应按照事故类别和等级向当地人民政府和上级建设行政主管部门及其他有关部门报告。《工程建设重大事故报告和调查程序》规定对重大事故的等级、重大事故的报告和现场保护、重大事故的调查均有详细规定。事故发生后隐瞒不报、谎报,故意拖延报告期限、故意破坏现场、阻碍调查工作正常进行、无正当理由拒绝调查组查询或者拒绝提供与事故有关的情况、资料以及作伪证的,由其所在单位或上级主管部门按照有关规定给予行政处分;构成犯罪的,由司法机关依法追究刑事责任。

3. 投资质量检举、报告、投诉制度

《中华人民共和国建筑法》(经 1997 年 11 月 1 日第八届全国人大常委会第 28 次会议通过，自 1998 年 3 月 1 日起施行；根据 2011 年 4 月 22 日第十一届全国人大常委会第 20 次会议《关于修改〈中华人民共和国建筑法〉的决定》修正)、《建设工程质量管理条例》均明确规定：任何单位和个人对建设投资的质量事故、质量缺陷都有权检举、控告、投诉。工程质量检举、报告、投诉制度是为了更好地发挥群众监督和社会舆论监督的作用，是保证质量的一项有效措施。1997 年 4 月 2 日，建设部发布的《建设工程质量投诉处理暂行规定》就对该项制度的实施作出了规定。

第二节 投资项目各阶段的质量管理

一、勘察设计阶段的质量管理

勘察测量和规划设计，是投资项目的重要基础工作。保证勘察设计质量，是保证建筑投资质量的基本前提，也是必要条件。

勘察工作的基本内容是：做好资源勘探、地形测量、投资地质和水文地质勘查工作，为规划设计和技术设计以及投资施工提供完整、准确的资料和数据。

规划设计工作的基本内容是：根据已经批准的设计任务书，并以勘察资料为依据，按照初步设计、扩大初步设计、施工图设计三个（或两个）阶段，做好选址定点工作。确定合理的生产工艺，搞好项目规划布局，为整个项目提供完整的施工图纸和设计文件。

在整个投资项目质量管理系统中，勘察设计过程质量管理的基本内容是：取全、取齐勘察资料，在充分调查研究和多方案技术经济比较的基础上，确保设计文件符合实际，做到图纸完整、资料齐全、计算准确、说明清楚，以保证投资项目安全适用、经济合理、技术先进、施工方便。

为保证工程质量，勘察设计工作应遵照国家关于保证基本建设投资质量的有关规定，做到以下几点：

(1) 勘察规划设计工作，必须严格执行基本建设程序和审批制度。凡列入基本建设计划的投资项目，都要按照已经批准的计划任务书，根据有关规定认真进行资源勘探、地形测量、投资地质和水文地质勘查工作，为设计工作提供齐全、准确的勘察资料。未经勘察或没有勘察资料，不准进行设计；没有经过主管部门批准的初步设计，不能出施工图；没有施工图，不准施工。对于改建和扩建投资，必须首先搞活原有的投资设计意图、技术条件、基础资料、施工质量、生产和使用情况，只有当具有主管部门批准的改、扩建计划任务书后,才能进行改、扩建设计。

(2)设计人员要牢固树立"精心设计"的思想,认真贯彻国家的有关方针、政策,严格遵守设计规范,使投资设计符合技术先进、经济合理的原则。

各设计部门都要建立健全设计人员、校核人员、制图人员和设计负责人的质量责任制,明确各自的职责,层层把住设计质量关,并需在设计文件上签署姓名,以示负责。土建投资、公用投资和设备工艺图纸都要经有关工种技术负责人会签,出施工图之后,必须向施工单位进行技术交底。

大中型投资项目,要派设计人员常驻现场,及时解决施工中出现的设计问题。一项建设投资由两个以上单位配合设计时,应指定一个设计单位对设计质量全面负责。

(3)设计文件经审查批准后,不得任意修改。凡涉及建设地点、建设规模、工艺流程、关键设备和主体结构等重大变更的,必须经原审批部门批准。由于施工条件、材料规格、品种、质量不符合设计要求,或原设计不合理需作变更时,应由设计单位会同建设单位、施工单位协商解决,并由设计单位作出修改补充图和设计变更通知书。

重复套用的设计图纸,要结合本地的自然条件、使用要求、施工条件和材料质量等具体情况,进行复核,并经主管部门批准,严禁乱改、乱套设计图纸。

尽管设计质量主要由设计单位负责,但是施工单位可从以下几个方面对设计质量进行管理:

①积极地参与设计方案的讨论、审订和图纸会审,特别是对于某些有特殊施工工艺要求的投资,参与设计方案的讨论是很重要的。这样做,不仅是考虑施工方便,而且可将通过回访得到的用户意见和要求反馈给设计部门。

②主动地向设计单位提供有关本企业的技术装备、施工技术水平和投资质量保证情况等资料,使其设计尽量地考虑施工单位的实际水平。

③做好施工过程中的技术核定,及时修改不符合现场实际的设计差错或原设计方案。

二、施工准备阶段的质量管理

施工准备,是整个投资施工过程的开始,只有认真做好施工准备工作,才能顺利地组织施工,并为保证和提高投资质量、加速施工进度、缩短建设工期、降低投资成本提供可靠的条件。

施工准备工作的基本任务是:掌握施工项目投资的特点;了解对施工总进度的要求;摸清施工条件;编制施工组织设计;全面规划和安排施工力量;制定合理的施工方案;组织物资供应;做好现场"三通一平"和平面布置及兴建施工临时设施,为现场施工做好准备工作。

施工准备工作要有步骤、分阶段地进行，一般可分为调查研究、施工组织设计及分部分项工程施工方案编制、施工现场准备三个阶段。各阶段质量管理的工作内容是：

1. 调查研究阶段

在调查研究阶段，建设单位和设计部门应向施工单位进行建设项目的基本交底，并提供有关规划设计图纸和技术资料。施工单位应积极参加投资设计方案的选定审议，从而弄清设计意图，了解结构特点和关键部位的技术质量要求。施工单位还要认真调查施工所在地区的自然条件、地理环境、地方材料的生产和供应情况，以及工地所需的水、电、交通运输和劳动力资源情况，并了解清楚施工区域内的生活福利设施、商业供应和医疗机构的设置情况等。如果建设项目是国外引进的，施工单位还应参加与外商的工作联系，以弄清设计意图和投资质量要求，熟悉和审核初步设计资料，并了解设计文件或成套设备的交付进度。

调查研究阶段，质量保证的重点是认真地、全面地搜集资料，熟悉与施工有关的一切情况，为编制施工组织设计和质量管理计划以及制订质量保证措施提供可靠的依据。

2. 施工组织设计和分部分项工程施工方案编制阶段

施工组织设计或施工方案，是指导施工的全面性技术经济文件。技术措施是其中的重要内容。这个阶段的主要工作有以下几点：

(1) 签订承发包合同和总分包协议书。

(2) 根据建设单位和设计单位提供的设计图纸和有关技术资料，结合施工条件编制施工组织设计。

(3) 及时编制并提出施工材料、劳动力和专业技术工种培训，以及施工机具、仪器的使用计划。

(4) 认真编制场地平整、土石方工程、施工场区道路和排水投资的施工作业计划。

(5) 及时参加全部施工图纸的会审工作，对设计中的问题和疑问之处应随时解决，要协助设计部门消除图纸差错。

(6) 属于国外引进投资项目，应认真参加与外商进行的各种技术谈判和引进设备的质量检验，以及包装运输质量的检查工作。

施工组织设计编制阶段，质量管理工作除上述几点外，还要着重制订好质量管理计划，编制切实可行的质量保证措施和各项投资质量的检验方法，并相应地准备好质量检验测试器具。质量管理人员要参加施工组织设计的会审，以及各项保证质量技术措施的制定工作。

3. 施工现场准备阶段

施工现场的准备工作，要以施工组织设计或施工方案中的施工总平面图为指导，有计划、有步骤地分期分批进行。其主要工作内容是：进行现场施工测量，确定并设置永久性的经纬坐标桩及水平基准桩，必要时可建立地下水观测井；清除现场障碍物，进行场地平整；接通施工用水、供电、通信、供气线路；铺设施工道路和铁路专用线；修建为施工服务的大型临时设施和开辟加工场地；集结施工力量，调整和充实施工管理机构；组织材料设备进场，并做好施工机械维修工作。对国外引进项目，还要组织力量对进口材料、设备进行检验和查对工作。

施工现场准备阶段，质量管理工作的重点是：按规定逐级进行施工计划、质量要求、技术措施交底；重点做好全面质量管理的宣传教育；开展必要的技术培训和考核；落实质量改进措施计划，组织质量管理小组，认真做好经纬仪和水准测量仪器的复核校正，以及各种原材料、半成品、机具设备的质量检验工作。

三、施工过程的质量管理

施工过程的质量管理，是投资项目质量管理的核心，这是因为投资项目在施工过程中的质量好坏直接影响项目建成后的投资运营工作，进而影响项目的经济效益，所以必须加以特别重视。

(一)施工过程质量管理的主要内容

由于施工阶段的质量管理工作主要是由施工单位和业主委托的监理方（或咨询方）来共同完成的，因而在此我们只对二者的质量管理工作作一个简单的说明。

1. 施工单位的质量管理工作

施工单位是投资质量形成的主体，应对投资质量负全部责任，故其质量管理工作主要可从如下几个方面进行：

(1)应设立专门的质量负责人负责质量管理工作，即要建立质量管理职能机构或部门，领导和监督各级施工组织，加强质量管理。

(2)应建立健全质量管理体系，制定质量管理文件，主要应包括质量手册、程序文件、作业手册和操作流程。质量管理体系与文件是施工单位工程质量管理的依据，要加强宣传，组织全体员工认真学习，全面贯彻落实，形成人人重视投资质量的良好环境与氛围。

(3)应将质量责任落实到人、到岗，应根据投资项目的特点，结合施工组织设计的编制制订项目质量计划，并将质量目标层层分解、层层下达、层层落实，切实将其落实到班组，落实到岗位与个人。

(4)确定过程质量控制点、质量检验标准和方法。质量控制点一般是指对项目的性能、安全寿命及可靠性有影响的关键部位或关键程序。如果这些点的质量得到控制，则投资质量就得到了保证。质量检验标准与方法以国家有关部门颁布的规范与标准为准。

(5)按质量计划实施过程控制,前后工序间要有交接确认制度,即应对关键质量控制点实行施工质量认可签字制度,只有上一道工序得到质量认可签字后,才能进行下一道工序的施工。

(6)加强进场材料、构配件和设备的检验工作。材料、构配件和设备是永久性投资的组成部分,对投资质量有着重要影响。施工单位的质检部门应对进场的材料、构配件和设备进行逐项检查,对凡是不符合设计文件和图纸要求的,不符合合同文件质量条款要求的,一律不能进场使用。

(7)建立质量记录资料制度。质量资料是实施投资质量控制活动的记录,贯穿于投资质量控制活动的全过程。它对投资质量控制有着重要作用,对投资项目的竣工验收、投产运营及维修管理都是十分有用的资料。

(8)建立人员考核准入制度。在投资项目的施工过程中,有些岗位和工种需要较高的专业技术,特别是有些关键的、特殊的工种,其要求更为严格,故应严格实行培训、考核及持证上岗制度。

2. 监理方或咨询方的质量管理工作

监理方或咨询方的质量管理工作主要可分为施工前准备及施工过程两个阶段。

(1)施工前准备阶段质量管理工作的主要内容:

①对施工单位资质进行核查,使施工单位的资质等级与承接的投资项目要求相一致。

②对施工组织设计和质量计划进行审查,主要是对施工方案、施工方法或工艺、进度计划、施工措施、专门的质量计划等的合乎规定性、程序性、可操作性、可行性、先进性、合理经济性等进行审查。

③对进场的材料、构配件和设备的监控。

④对施工机械设备的监控,主要包括核对施工机械设备的选择是否考虑了其技术性能、工作效率、投资质量可靠性能及安全合理性,审查施工机械设备的数量是否足够保证施工质量及所需的施工机械设备是否按计划准备到位等。

⑤组织设计交底会议。为了使施工单位了解设计意图,监理方或咨询方应组织由设计单位和施工单位参加的设计交底和设计会审会议。

⑥对施工单位质量管理体系的监督与检查。主要应监督与检查施工单位是否建立和健全了质量管理体系、是否制定了质量管理计划等。

(2)施工过程质量控制的主要内容:

①对施工单位管理体系实施情况的监控,即监控施工单位是否真正按质量管理体系文件执行,管理体系的运行是否发挥应有的作用等。若存在不足和问题,则应监督

其对该体系方法进行持续改进和调整。

②对关键质量控制点的跟踪监控。监督和检查在工序施工过程中的施工人员、施工机械设备、材料、施工方法及工艺等是否处于良好状态,是否符合保证质量的要求。对于重要的工序和部位及质量控制点,应在现场施工过程中进行监督与控制,确保工程质量。

③处理设计变更。因为设计变更会涉及投资变更,所以要做好设计变更的控制工作。

④做好施工过程中的检查验收工作。

⑤及时处理质量问题和质量事故。质量问题和质量事故是由于各种主、客观原因造成的,施工过程中出现不合格产品或质量问题往往在所难免。当施工出现质量问题时,应立即向施工单位发出通知,要求其采取补救措施及时处理。

⑥下达停工和复工指令并确保投资质量。当施工现场出现质量异常而未采取有效措施、未经同意擅自更改设计或图纸、使用不合格的材料与构配件等情况时,应下达停工指令,待纠正之后再下达复工指令。

⑦材料配合比的质量控制。在投资项目的实施过程中,不可避免地会涉及材料的配合比,且其配合比及拌制后的产品对最终投资质量有着重要的影响,因此,监理方或咨询方要做好相关的管理与控制工作。

⑧计量工作的质量控制。主要是对施工过程中的各种计量食品设备、检测设备、称重衡器等进行质量控制。

(二)施工过程质量管理的依据

1. 设计图纸和有关规范

严格按照设计图纸和技术规范中写明的试验项目、材料性能、施工要求和允许偏差等有关规定进行施工,没有监理工程师的同意,不得采用其他任何标准。

2. 合同条款

图纸和技术规范是对投资的具体要求,而合同条款则是要求承包人执行规范,按图纸施工的法律保证,二者结合起来才能保证投资质量达到规定水平。

(三)施工过程的工序质量管理

1. 工序管理及其意义

工序是人、机器、材料、方法、环境对投资质量综合作用的过程与结果。工序是施工过程中质量特性发生变化的"单元"。

工序管理是施工过程中保证投资质量非常重要的职能。工序管理是利用各种手段管理好施工过程中的人、机器、材料、方法、环境要素。工序质量管理是稳定生产、优质投资的关键,是质量体系的基础。不搞好工序管理,就很难保证质量稳定。

2. 工序分析

工序分析,概括地讲,就是要找出对供需的关键或重要质量特征起支配性作用的全部活动。对这些支配性要素,要制定成标准,加以重点控制。不进行工序分析,就搞不好工序管理,也就不能保证工序质量。工序质量不能保证,投资质量也就不能保证。如果搞好工序分析,就能迅速提高质量。工序分析是施工现场质量管理的一项基础工作。

工序分析可按下面三个步骤进行:

(1)应用因果分析图法进行分析,通过分析,在书面上找出支配性要素。该步骤包括五项活动:

①选定分析的工序。对关键、重要的工序或根据过去的资料认定经常发生问题的工序,可选定为工序分析对象。

②确定分析者,明确任务,落实责任。

③对经常发生质量问题的工序,应掌握现状和问题点,确定改善工序质量的目标。

④组织开会,应用因果分析图法进行工序分析,找出工序支配性要素。

⑤针对支配性要素拟定对策计划,决定试验方案。

(2)实施对策计划。按试验方案进行试验,找出质量特性和工序支配性要素之间的关系,经过审查,确定试验结果。

(3)制定标准,控制工序支配性要素。

①将试验核实的支配性要素编入工序质量表,纳入标准或规范,落实责任部门或人员,并经批准。

②各部门或有关人员对属于自己负责的支配性要素,按标准规定实行重点管理。

工序分析方法的第一步是书面翻译,用因果分析图法;第二步是进行试验核实,可根据不同的工序用不同的方法,如选优法;第三步,制定标准进行管理,主要应用系统图法和矩阵图法。

(四)施工过程中质量控制的基本方法

1. 设立管理点,运用数理统计方法实施质量控制

所谓管理点,就是设在质量需要加强的部位,如质量管理的重点工序(或重点部位)的测试点。正确设立管理点是进行工序质量管理的前提。管理点通常设置在:

(1)关系到投资主要性能和使用安全的关键工序或部位。

(2)工艺上有特殊要求,对下道工序或后续投资有重大影响的工序或部位。

(3)质量不稳定,出现不合格品较多的工序或部位。

(4)根据反馈信息,质量不良的部位。

2. 开展质量统计分析

掌握投资质量动态,开展工人和班组的自检和互检,专业人员进行专门检验。

为了充分发挥施工过程中质量控制的预防作用,必须系统地、经常地拿捏各施工处、施工班组在一定时间(月、季度等)内产品质量或工作质量的现状及发展动态,为此,就必须开展质量状况的统计分析。统计分析的指标一般有两类:

(1)投资质量指标。主要有优良品率、合格率及其分布情况,用以考核分部(项)工程的质量水平。

(2)工作员日指标。主要有废品率、返修率等。

通过分析,查出发生质量问题的原因,如图纸错误、材料不合格、不按图施工、不符合工艺及操作规程、技术指导错误等。在几个原因同时起作用的情况下,则要分清主次。力求具体,以便采取预防措施和防范对策。

四、投资项目运行质量管理

(一)运行条件准备

投资的运行条件准备是项目施工和运行两个重要阶段的中间环节,并涉及很大的费用。对许多复杂的投资项目,是运行本身包括极其复杂的内容,它具有项目的特征,可以作为一个独立的子项目进行全面的计划、准备、协调和控制。

(1)提供运行文件,包括系统运行手册、维护要求、技术要求、使用条件说明。

(2)培训操作人员及维护人员。他们掌握操作技术和各种规程,对专业性强的工作常常必须经过正规的培训,避免操作失误,并防止由此造成损坏。

(3)物质准备,包括生产用原材料、能源、设备运行的备用件等一切必要的生产条件,在承包合同中应注明这些供应的责任人。

对于有新项目组建的企业或企业分部,则必须建立新企业的运行机制、生产管理规章制度、管理组织及管理系统。

(二)试运行

(1)项目运行是对整个项目的设计、计划、实施和管理工作的综合检验。作为使用单位,应尽可能地按设计生产能力满负荷运行,以考验投资。由于保修期是从移交开始的,所以一经移交就应进入使用状态。有的投资师分批移交的,则从计划起就应考虑到移交后能进行局部运行,否则会减轻施工单位的保修责任。

(2)在保修期中应定期派人进行系统检查,进行各种检测,因为早期几乎所有的质量问题都能暴露,所以能及时地按合同解决出现的问题。

(3)必须完全按照操作规程和规定的条件运行,否则质量问题的责任由运行者负责。

(4)当然运行中的质量管理更重要的是通过各种措施保证投资设备良好的运行状

态和高生产率、低费用。通过质量保证措施的投入使产品质量好,竞争力强,销量增加,废品少,返修少,设备运行期延长。

(5)做好运行状态的全部记录,为落实保修责任做准备。

五、投资项目质量管理的经济性分析

投资项目的质量对经济效益的影响特别是从长远观点来看是至关重要的,因此,必须重视从经济性角度来衡量质量管理体系的有效性。

(一)质量成本的含义

总经营成本中支出一部分费用,被用于保证投资质量达到指定的质量目标,这部分费用即为质量成本。然而必须清楚地识别,是为达到适宜的质量所进行活动的费用支出,还是由于不适当的管理造成的费用支出。

(二)质量成本的组成

一般认为,质量成本主要由预防质量成本、鉴定质量成本、内部质量成本、外部质量成本和其他质量成本组成。

(1)预防质量成本:为保证产品质量,提高优质率而采取的措施所需的费用,包括质量管理宣传费、教育费、计划费、活动费、设备费、机构费、奖励费、资料搜集分析费、质量经济信息费及新产品评审费等。

(2)鉴定质量成本:从施工设备到投资竣工,按质量标准进行测试、检验、鉴定所需的费用,包括来料检验费、材料试验费、构件检验费、构件试验费、设备试验费、竣工验收时所进行的质量检测和质量鉴定费等。

(3)内部质量成本:由于内部责任,造成产品缺陷所带来的损失及处理质量事故所花费的费用,包括废品损失、返工损失、复试费、停工损失等。

(4)外部质量成本:由于材料采购和建筑产品交付使用后,因质量缺陷所引起的损失费用,包括质量申诉受理费、退货损失费、保修费等。

(5)其他质量成本:属于质量成本项目而又不宜列入上述成本费用者均可列入其他质量成本,如质量成本损失费。

(三)管理部门的任务

在实施投资项目质量控制的过程中,应定期向管理部门报告质量成本状况,由管理部门对其监控。具体任务为:评价质量管理体系是否适当和有效;提出应该注意的其他方面;确定质量和成本的目标,以实现质量水平的最佳化。

(四)最佳质量成本

研究最佳质量成本时,通常把影响质量成本的因素归纳为事故成本、鉴定成本和预防成本三项。当这三项成本费用之和最低时,称为最佳质量成本。一般来说,当产品不符合质量要求时,事故成本就会上升;反之,则会下降。若达到较高的合格产品率,则预防成本通常会上升。不论在什么情况下,鉴定成本一般变化不大,如图8－1所示。

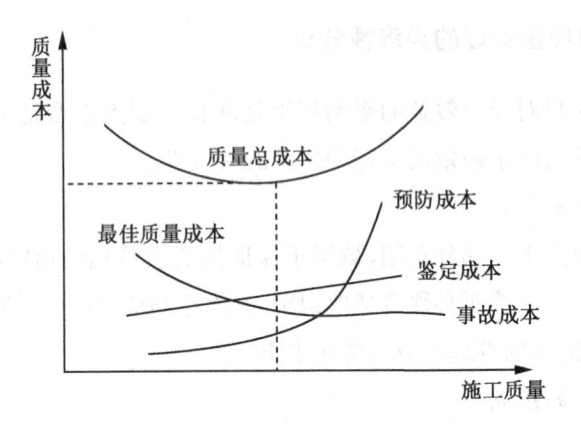

图8－1 质量成本分析图

第三节 投资项目质量管理的方法

最近几年来,统计方法在商业、工业和科学领域都比较盛行。在可以进行聚类、制表和分析数据的高级自动系统的帮助下,这些定量方法的实际应用也在不断发展。统计在现代商业的所有阶段都起着重要作用。

比定量方法本身更重要的是它们对商业基本思想的影响。它提供了在定量事实基础上进行客观决策的基础,使得决策排除了主观独裁决策的做法。这些变化会带来特有的好处:改善信息处理;改善沟通;在实施基础上进行讨论;在采取行动前要达成一致意见;过程变化的信息。

统计控制利用了过程的自然特征。所有的商业活动都可以描述成具有已知公差和可度量方差的特殊过程。这些度量方差的测量和信息结果可以为连续过程的改进奠定基础。这里所说的工具提供了过程数据的图形表示和测度。柱状图、散点图和过程控制图这三个基本工具有助于有效的聚类、数据特征的确定和方差的测度。图8－2表示质量控制技术和方法之间的联系以及用于改进机会的确认和分析。

统计学的程序控制基本工具是数据表、帕雷托分析、因果分析、趋势分析、柱状图、散点图,以及程序控制图。这些基本工具用于有效的资料收集,可以对资料样式进行辨析,并对可变性进行测量。

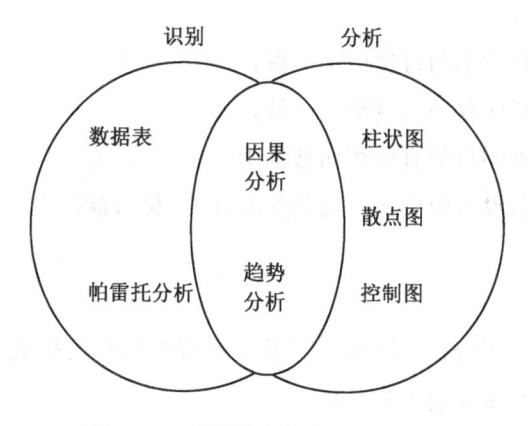

图 8－2　质量控制技术和方法之间

一、数据表

数据表和数据对列为数据的分类和展示提供了系统方法。大多数情况下，数据表表示为进行数据分类而编制的表格。当数据来源于自动媒体时经常用到这些表。它们提供了收集数据的一致、有效和经济的方法，将这些数据组织在一起进行分析，以及为了简单地讨论而进行展示。当没有自动数据时，数据表经常以手工表格的形式出现。数据表或检查表应该设计成复杂信息输入需要最小的样式。简单易懂、直接的表格是成功数据聚类的关键。

表 8－2 是一个确认发货单属性（有效/无效）的例子。从简单的检查单中很明显可以看到几个数据点。总错误次数是 34。错误最多的来自供应商 A，最常出现错误的是实验纪录。利用帕雷托分析、控制图和其他统计工具，我们可以对这些数据进行进一步分析，表 8－2 列示了材料接受和检查的核对情况。

表 8－2　　　　　　　　　　材料接受和检查的核对情况

错　误	供应商				总计
	A	B	C	D	
错误的发货单	////	/		//	7
错误的库存	/////	//	/	/	9
材料有破损	///		//	///	8
错误的实验纪录	/	///	////	//	10
总　计	13	6	7	8	34

在这个检查表中，类别表示在材料接受和性能检查过程中发现的错误。下面的错

误类别解释了检查表:

错误的发货单:发货单与订货单不一致;

错误的库存:材料库存与发货单不一致;

材料有破损:收到的材料有破坏而被拒绝;

错误的实验纪录:没有收到供应商的实验证明,材料被拒绝。

二、因果分析

确定问题后,有必要分析其原因。因果关系有时候是模糊的,为了确定问题的一个或几个具体原因,经常需要大量分析。

因果分析用图形技术来确定原因和结果之间的关系,因而也被称作鱼骨图,具体可见图 8—3。

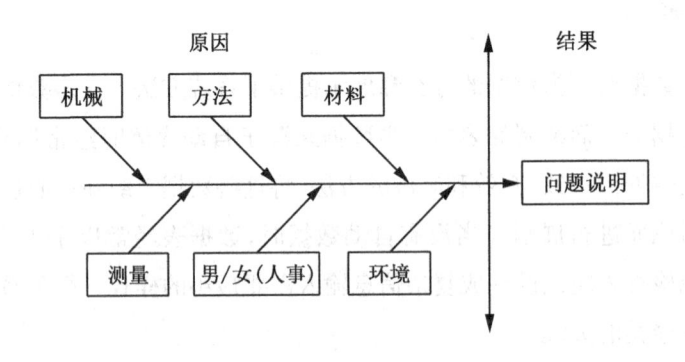

图 8—3 因果图(鱼骨图)

其因果分析步骤为:

步骤一:确定问题。这个步骤经常包括其他统计过程控制工具,比如帕雷托分析、柱状图和控制图,还有头脑风暴法。其结果可以对问题进行简洁、清晰的描述。

步骤二:选择各学科的头脑风暴班子。按照确定问题所需要的技术、分析和管理知识来选择不同学科的专家,组成头脑风暴班子。

步骤三:画问题框和主箭头。包括用于因果评价的问题说明,主箭头作为主要类别的分类基础。

步骤四:具体化主要分类。确定问题框中所说问题的主要类别。产生问题的主要原因的六个基本类别是人事、方法、材料、机械、测量和环境,如图 8—4 所示。其他类别可以具体说明,依分析需要而定。

步骤五:甄别问题原因。当你已识别问题的主要原因时,你可以确定与每一主要类别相关的原因。对此有三种方法:随机方法、系统方法和过程方法。

(1)随机方法:同时列举导致出现问题的 6 个原因,确定与每个类别相关的可能原因,具体可见图 8—4。

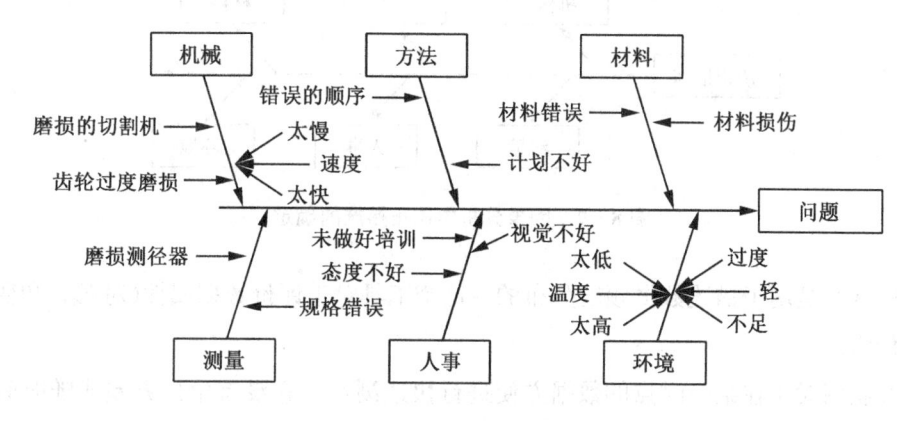

图 8—4 因果分析中的随机方法

(2)系统方法:同时将分析集中于一个主要类别,按照重要性的降序排列。只有当完成了最重要的一个之后才转向下一个次重要的类别,此过程可见图 8—5。

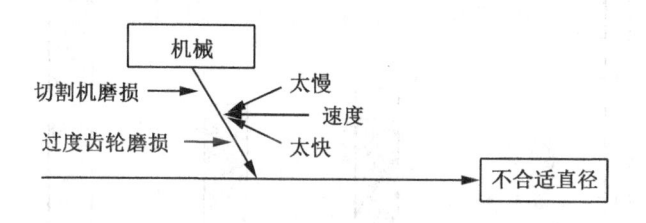

图 8—5 因果分析中的系统方法

(3)过程方法:确认过程中的每一个序贯步骤,对每一步进行因果分析,一次一个步骤,具体可见图 8—6。

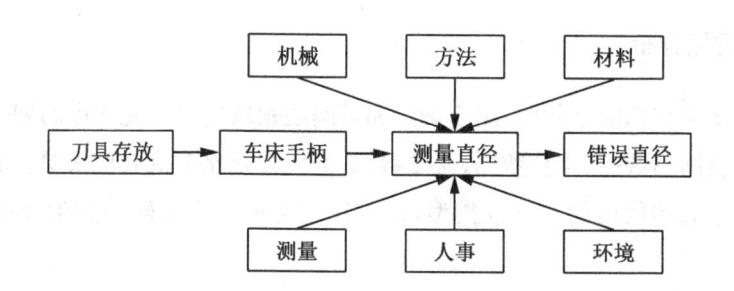

图 8—6 因果分析中的过程分析方法

步骤六:确定矫正措施。首先对问题进行因果分析,其次确定每个主要类别的原因,然后在这两个步骤的基础上确定矫正措施。矫正措施分析同因果分析的方式一样。因果图是相反的,因此问题框就成了矫正措施框,具体可参见图8—7。

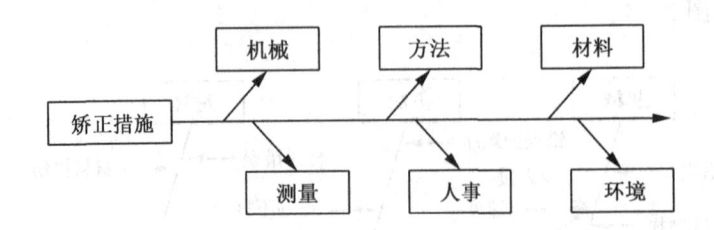

图8—7 因果分析中校正措施的确定

柱状图是用于描述数据频度分布的。这个工具对于评价数据属性(对/错)和变量很有价值。

柱状图对于在某一时点的数据方便进行快速浏览。它没有给出方差或随时间变化的趋势,只是展示了累积数据到当前的状况,在浏览数据的相对频率和频度,以及数据如何分布时是非常有用的。图8—8列示了再生产过程中错误频度的柱状图分布。

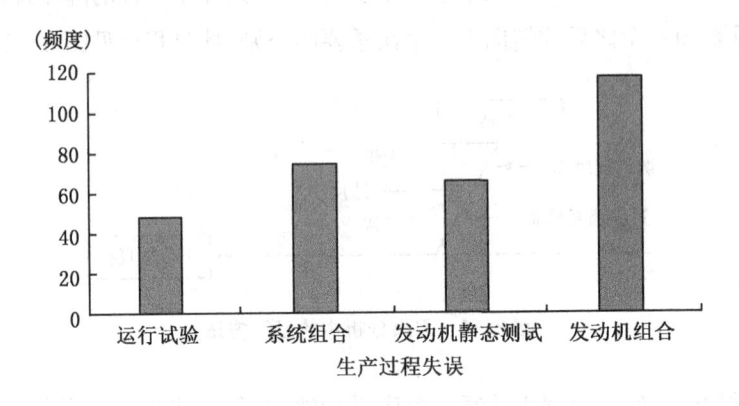

图8—8 因果分析中的变量柱状图

三、帕雷托分析

帕雷托图是特殊的柱状图,用于确定和对问题领域进行优先次序的划分。帕雷托图的建立包括图形数据、维护数据、修复数据、部件废弃比率或其他来源。通过确认任何来自这些来源的数据的不一致类型,帕雷托图能将注意力转向发生频率最高的元素。

帕雷托分析有三种用途和类型。基本的帕雷托分析能够解释导致任何系统质量问题的原因。帕雷托比较分析集中于项目选择和行动的数量。加权帕雷托分析给出了因素相对重要性的测度,有些因素可能最初看起来不重要,比如成本、时间和危机程度等。

基本帕雷托分析提供了给定数据集合时发生频度最高的事件的评价方法。帕雷托分析中的材料接收和核对过程及步骤见表8-3及图8-9(A)、(B)。这种方法量化和图形化了的材料接收和核对事件发生频度,进一步确定了最重要的因素。

表8-3　　　　　　　　　　材料接收和检查的故障频度

供应商	故障频度	故障百分比(%)	累计百分比(%)
A	13	38	38
B	6	17	55
C	7	20	75
D	9	25	100

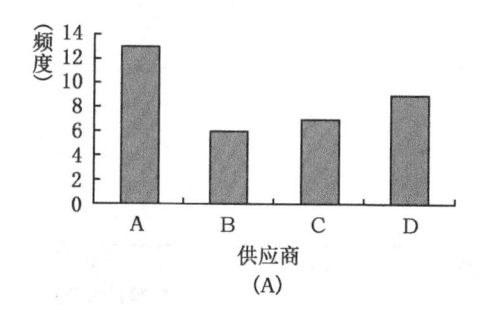

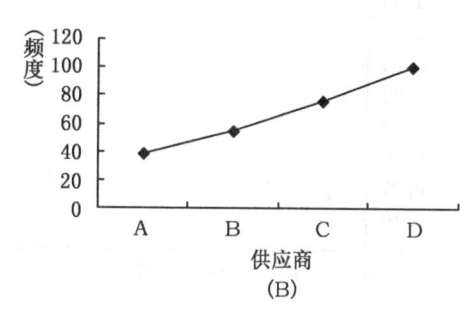

图8-9　基本帕雷托分析

对事件用基本帕雷托分析法的讨论表明供应商A在所有的故障中占的比例最大,为38。

帕雷托分析图也用于确定矫正行动的影响,或分析两个或多个过程和方法之间的差别。图8-10表示用帕雷托法评估矫正行动前后错误差别的过程。

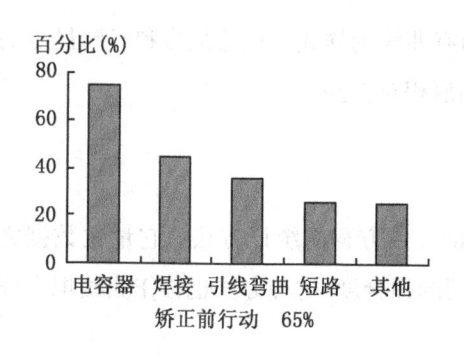

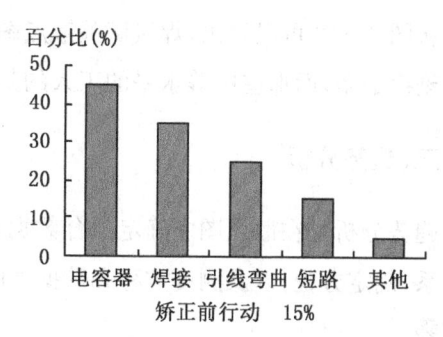

图8-10　帕雷托法评估矫正行动前后错误差别

四、散点图

另一种过程控制数据的画面表示是散点图或图表。散点图用两个变量组织数据：因变量和自变量，然后将这些数据描绘在 X 和 Y 坐标图中，以表示变量之间的关系。图 8－11 为一个投资焊接质量试验刻痕的两个数据元素的相互关系图。自变量月份用 X 轴表示，因变量刻痕用 Y 轴表示。

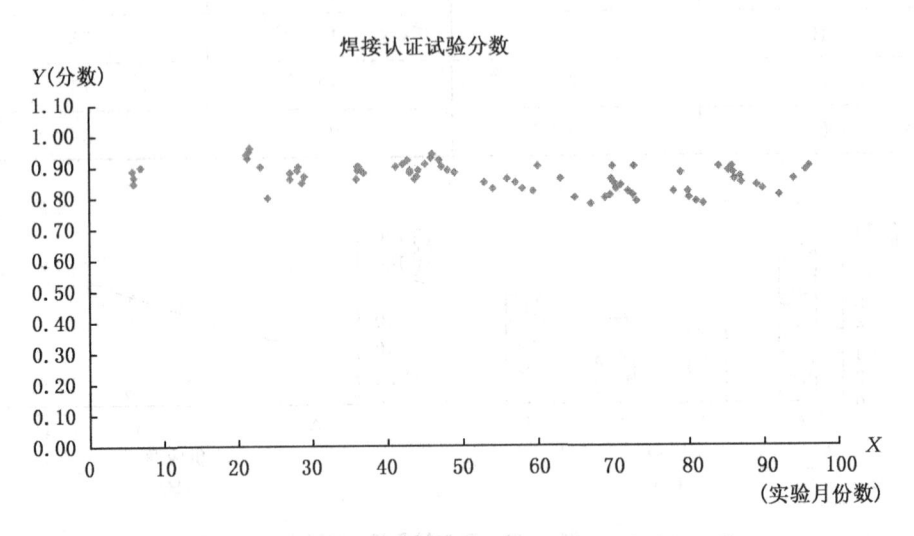

图 8－11　投资焊接质量试验刻痕的两个数据元素的相互关系

这些关系可分成四类，如图 8－12 所示。在第(1)个散点图中，数据点分布分散，没有明显的关系形式；第(2)个散点图是用 U 形图表示的曲线关系；第(3)个散点图有负的相关性，以一个向下倾斜的线表示；第(4)个散点图有正相关性，并且有上升的趋势。

从图 8－12 可以看出，焊接试验散点图有曲线的样式。检验最多和经验最少的工人的刻痕最多，而那些中等水平的工人的刻痕相对差些。

五、趋势分析

趋势分析是在散点图中确定拟合数据最好的方程的统计方法。它量化数据之间的关系，确定方程，以及测度方程和数据之间的拟合度，这种方法也称作曲线拟合或最小二乘。

通过提供因变量和自变量之间关系的方程，趋势分析可以确定最佳的操作条件。焊接中经验和刻痕之间的关系就是一个例子，如图 8－13 所示。

回归方程或趋势线方程为自变量或输入变量的每一个增量变化引起的因变量的

(1) 不相关　　　　　　　　　(2) 正相关

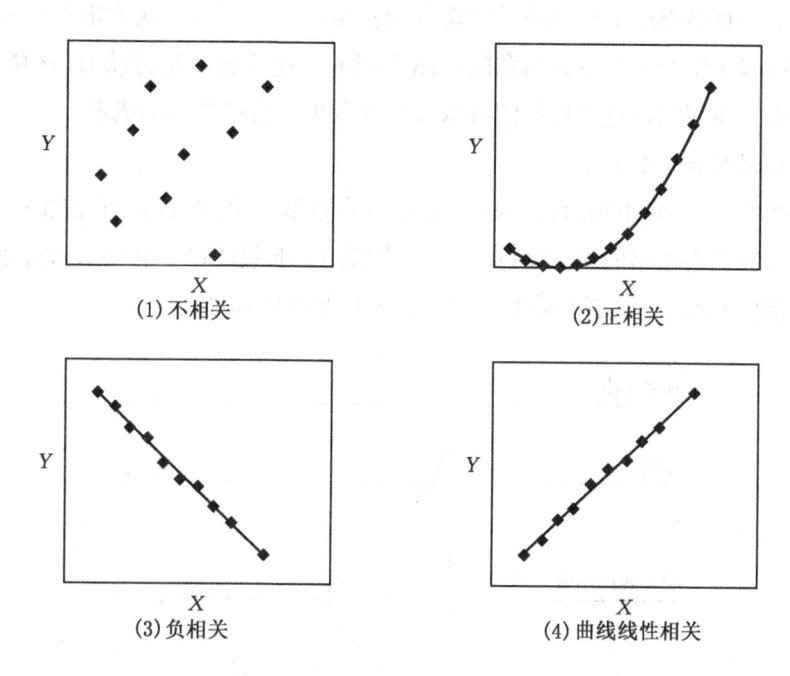

(3) 负相关　　　　　　　　　(4) 曲线线性相关

图 8-12　投资焊接质量试验刻痕的两个数据元素的相互关系分类图

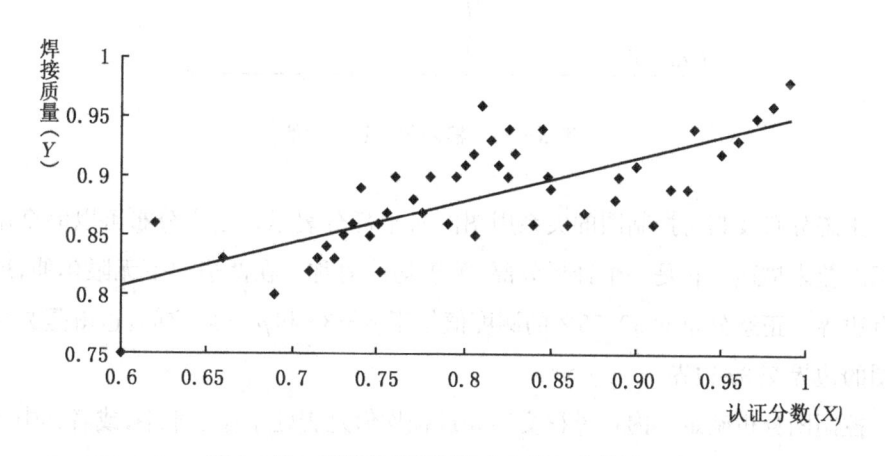

图 8-13　投资焊接质量散点与认证分数图

变化提供了清晰易懂的测度。运用这一原则,我们可以预测过程发生变化后的影响。

趋势分析最重要的贡献之一是预测。预测可以使我们预知未来将发生什么。根据回归线,当自变量的取值超出了现有数据范围时,我们可以预测将发生什么。

六、控制图

控制图的主要用途是防止错误,而不是探测和拒绝错误。在商业、政府和工业中,经济和效率一直是通过采取预防措施得到的。生产一个不令人满意的产品或服务的花费要远远多于生产一个令人满意的产品或服务。这些成本是劳动力、材料、设备和客户的损失。应用统计过程控制图可以大大降低生产合适产品的成本。

(一) 控制图和正态分布

控制图的建立、应用和组合是建立在正态分布基础上的,具体可见图 8-14。控制图的中心线代表数据的平均值(μ)。控制图的上、下限(UCL 和 LCL),分别代表均值加减三倍标准差。s 或者是希腊字母 σ 代表控制图的标准差。

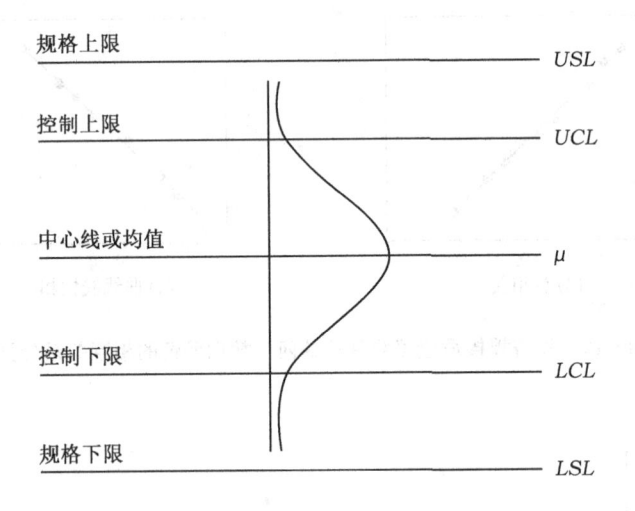

```
规格上限 ──────────────── USL
控制上限 ──────────────── UCL
中心线或均值 ─────────── $\mu$
控制下限 ──────────────── LCL
规格下限 ──────────────── LSL
```

图 8-14 控制图和正态曲线

正态分布及其与控制图的关系用图的右半部分表示。正态分布可以完全用均值和标准差来描述。它是一个钟形分部,关于均值对称。在两边向下无限延伸,理论上没有边界。正态分布的 99.73% 的测度值位于 $\mu+3\sigma$ 和 $\mu-3\sigma$ 之间,这就是为什么控制图的边界交 3σ 边界。

控制图分析确定了内在过程变异和过程均值是否处于稳定水平,或者其中之一或两者都处于统计之外即不稳定,或是否应该采取适当的行动。用控制图的另外一个目的是区分过程内在和随机变异以及导致可指定原因的变异。随机变异的来源一般作为共同原因。在过程没有改变结构的时候,它们是不能随意改变的。相比之下,特殊原因变异要依据过程控制视对过程的纠正情况而定。

1. 共同原因变异或变化

这种随机变异出现在任何过程中。这种变异是过程内在的,只有当管理者决定改变主要过程的时候,这种变异才可以被纠正。

2. 特殊原因变异或变化

这种变异可以控制在局部或作业层。特殊原因在控制图中用一个点表示，它超出了控制限度范围或者是一致性趋近于控制限度。

为了有效运用过程控制测度数据，理解变异的概念是很重要的。没有两个产品或过程是完全相像的，因为任何一个过程都包含了许多变异。产品之间的区别可能很大，也可能小到不可测量，但是区别是确实存在的。过程中的一些变异源可以立即引起产品的变化，比如供应商的变化或者个人工作准确度的变化。其他的变异源比如工具磨损、环境变化或增加的管理控制，只可能在长时间内引起生产或服务变化。

为了控制和改进过程，我们必须追踪整体及其源头。同样，其来源也是共同原因和特殊原因变异。共同原因是出于统计范围之内的变异的来源。特殊原因是不能像处在统计控制范围内的过程那样输出的分布来解释引起变异的因素。除非所有特殊变异原因都能够被确认和纠正，否则它们将以一种不可预见的方式继续影响过程的输出。

引起过程重大变异的主要因素可以在因果分析图上发现，它们是人事、机械、方法、材料、测量和环境。这些原因可能来自过程内在的特殊原因或者共同原因。

(1)控制图理论表明如果变异源只是偶然引起的，过程会保持在 3σ 限度内。

(2)如果过程不能控制就存在特殊的原因，这就需要调查，必须采取纠正措施。

(二)控制图的类型

正如数据有离散和连续两种类型一样，控制图也有两种类型：用于连续数据的变量图和用于离散数据的属性图。每种类型的控制图都可以用于具体类型的数据。表8—4总结了两种类型的控制图及其运用。

表8—4　　控制图的类型及应用

变量图	属性图
μ 和 R 图：为了观测过程的均值和方差变化 μ 和 s 图：用于变量均值和标准差 μ 和 s^2 图：用于变量均值和标准差	p 图：用于大小不同的样本，属性不一致或出现错误的比例 np 图：用于大小固定的，样本属性不一致或出现错误次数的情况 c 图：用于单一项目的子群、批量或大小固定的样本，属性不一致或出现错误的比例 u 图：用于单一项目的子群、批量或大小固定的样本，属性不一致或出现错误的比例

1. 变量图

变量控制图是非常有用的工具，当过程的测度发生变化时我们可以应用它。数据变量的例子有轴的直径、电子输出或支撑物的扭矩。

表8—4中，μ 和 R 图用于测度连续变量特征的控制过程，比如重量、长度、时间、货物容量。p 图和 np 图用于测度和控制用样本展示特征的过程。当错误次数用比例表

示的时候我们用 p 图,用数字表示的时候用 np 图,c 图和 u 图用于测度单一项目的错误数量或比例。样本大小或区域固定时用 c 图,样本大小或区域不固定时用 u 图。

2. 属性图

尽管控制图通常根据变量来考虑问题,但也有根据属性的。属性变量有两个值,如一致/不一致、通过/未通过、做/不做,但它也可以用来统计、记录和分析。这样的例子有:具备所要求的标签、具备所要求的支撑物等。如果结果用简单的是/否形式记录的话,我们也可以将属性图用于可测度的特征,比如用测量/不测量测度轴直径的一致性,或用目测或仪器测量极限边际的可接受性。

当属行为检测的基础时,可以将控制图用于作业。其方式在某种意义上同变量的使用方式相似,但有一定的区别。在讨论被拒绝样品的比例时,所用控制图的类型称为 p 图;当讨论被拒绝的数量时为 np 图。如果产品有多个不一致性,并且所有都按照固定大小的子群来统计,控制图则被称为 c 图。最后,如果每单位不一致性的数目是利益的数量,控制图为 u 图。

控制图的功用在于它确定下属问题的能力:变异原因是特殊原因,还是共同原因。控制图的信息可以用于指导投资、技术、管理者的投入量。

为了保持令人满意的控制状态,统计工具图的引用目的在于研究正在进行的过程;相反,后期检测的目的是为了找出错误。换句话说,控制图致力于防止错误而不是监测和拒绝。这看起来是合理的,在实践中也得到了验证,即经济和效率是通过采取预防措施而不是检测实现的。

(三)控制图元素

所有的控制图都有某些共同特征,如图 8—15 所示。每个控制图都有一个中心线、统计控制限度和计算属性或控制数据。另外,一些控制图还有特定限度。

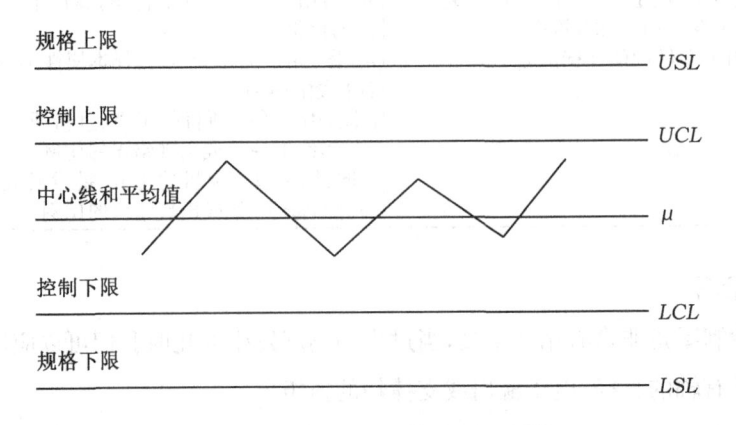

图 8—15 控制图元素

中心线代表测度值或统计值的均值或算术平均值。这条线也称为 μ 棒线。有两个控制限度：大于均值的上限或小于均值的下限。

当过程、产品或操作存在具体参数要求时，就用特定限度。这些限度通常用于数据和通过/未通过的作业准则。它们同统计限度不同，因为它们应用于过程，而不应用于过程测度结果。

控制图的数据元素随变量和属性控制图不同而略有不同。

(四)控制图解释

控制图的变化和形式的不同有许多种可能的解释，具体如图8-16所示。统计指南是很重要的，但是对所研究的过程有更多的了解对提高研究水平也很关键。

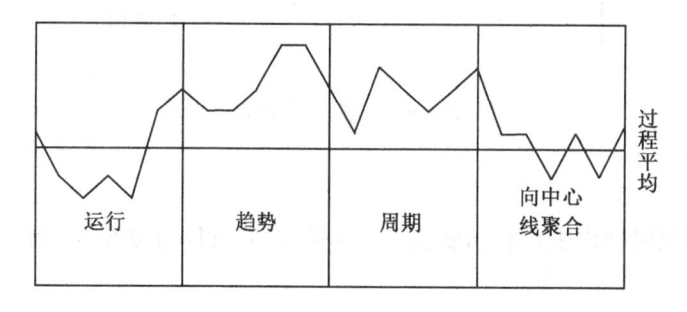

图8-16 控制图诠释

控制图可以告诉我们什么时候有麻烦，但它本身不会告诉我们哪里会出问题，或者会发现什么原因。实际上，在许多情况下控制图的最大优势之一就是它能告诉我们什么时候不需要人为干预。当操作工人不断作出小改动，而不是使变量稳定地处于自然范围时，就会造成不必要的变异。接下来将描述所讨论的分布形式正确或错误的一些做法。

1. 运行

当许多连续的点在中心线的一侧汇成一条线时，这个模式就叫做一个运行。这个运行点的数量叫运行的长度。根据大拇指定律，如果运行的长度为七点，表示过程不正常。图8-17所列示的就是一个运行的例子。

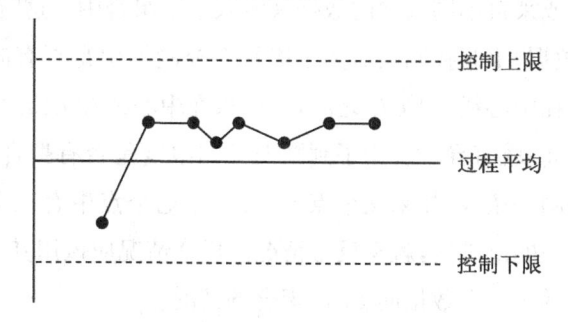

图8-17 控制图中的过程运行

2. 趋势

如果一系列点连续上升,叫做趋势。总的来说,如果七个连续点连续上升就出现了反常。通常在达到第七点之前,一些点已经超过了控制限度。图 8—18 列示的就是趋势的一个例子。

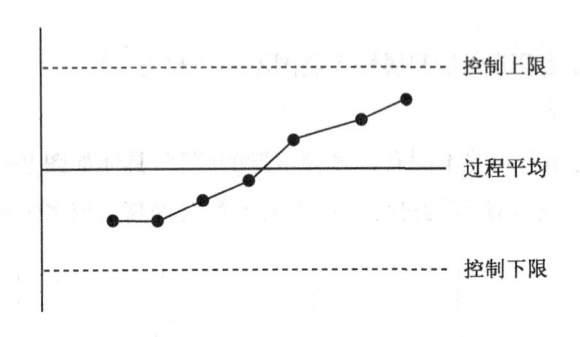

图 8—18　控制图趋势

3. 周期

在相同间隔时期内表现相同变化方式叫做周期,具体可见图 8—19。

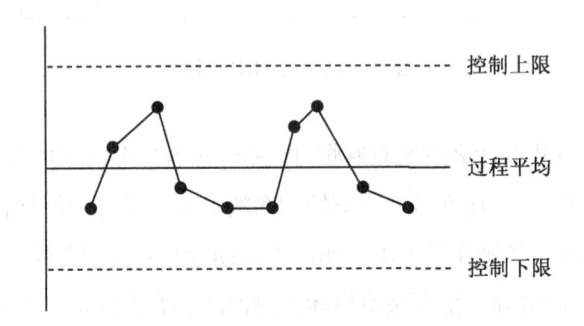

图 8—19　控制图周期

4. 向中心线或控制限度聚合

控制图中的点向中心线或控制限度靠近叫做向中心线聚合。在这种情况下,通常是不同类型的数据或来自不同因素的数据被混入了子组合中。这时,有必要重新改变子组合,重新组合数据,重画控制图。为了确定在控制图中是否有向中心线聚合的现象,画两条线:一条在中心线和 UCL 之间,另一条在中心线和 LCL 之间。如果大多数点都在这两条线之间,就有异常。为了判断向控制限度是否有聚合,在两条中心线之间三分之二处分别画一条线,如果三个点中有两个,七个点中有三个或十个点中有四个在其余的三分之一的范围内,就有反常情况。反常情况应该用其原因和矫正行动来评价。图 8—20 列示了一个数据向 LCL 聚合的情况。

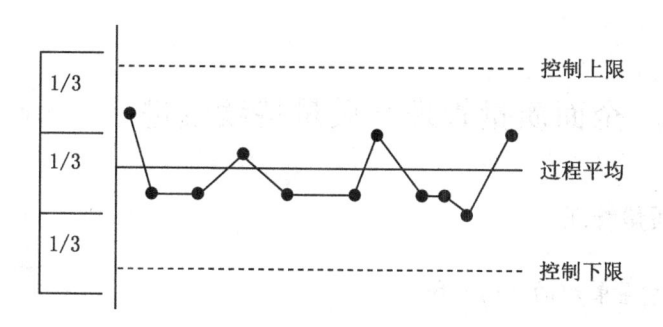

图 8—20 控制图中向中心聚合的情况

5. 失控

当数据点超出了控制的上、下限时,就出现了反常,具体见图 8—21。

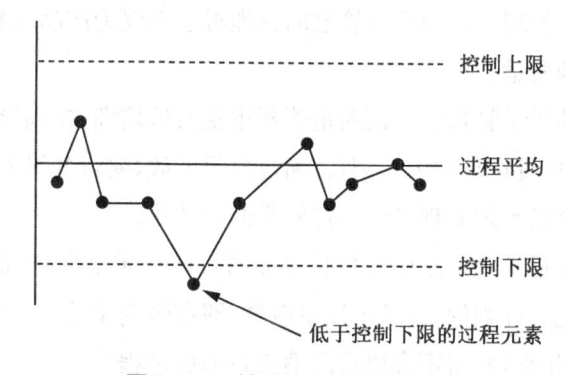

图 8—21 控制图中的失控情况

6. 受控

在控制图中没有明显的反常情况,具体见图 8—22。

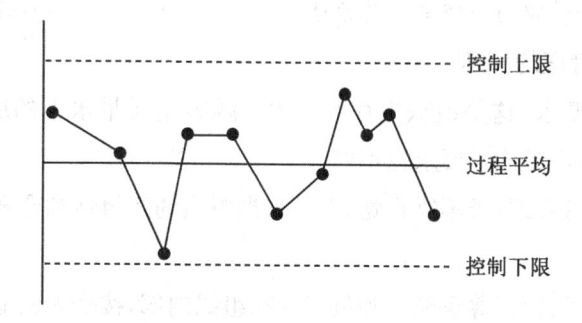

图 8—22 控制图中的受控过程

第四节 全面质量管理与质量持续改进

一、全面质量管理

(一)全面质量管理的概念与特点

1. 全面质量管理的概念

全面质量管理是指一个以质量为中心,以全员参与为基础,目的在于通过让顾客满意和本组织所有成员和社会受益提高而达到长期成功的管理途径。

2. 全面质量管理的特点

(1)全面的质量管理。全面质量管理的管理对象不仅为产品质量,还包括成本、交货期、人员干劲等的质量。

(2)全员参加的质量管理。全面质量管理重视人员培训,在领导重视的前提下,企业中每个员工明确自身在组织中的职责,通过权限下放,实行各级人员的自主管理,对自己的工作负责,全员参加实现组织整体效果的最佳化。

(3)全过程的质量管理。全面质量管理强调对产品质量生产、形成和实现的各阶段过程的控制,重视有计划的、持续的质量改进,即在研究设计、生产制造、售后服务等系列环节进行系统化管理,将不合格产品消灭在形成过程中。

(4)全面的质量管理方法。全面质量管理不仅利用数理统计方法,而且结合专业技术、经营管理方法和人员培训等,建立一套质量管理方法体系,更有针对性地进行质量管理。

(二)全面质量管理的原理与操作方法

1. 全面质量管理的原理

(1)满足顾客要求,这是组织生存的理由。顾客是质量水平的决定因素,顾客不同,需求不同,从而产品质量要求也不同。

(2)用事实进行管理,既不靠直觉,而是根据事实的逻辑性和合理性进行判断和管理。

(3)对人的尊重,包括尊重顾客和员工。在组织内部,按个人的能力明确各人的职责,并信任其能够完成,同时获取员工的信任,鼓励员工的干劲。

(4)PDCA循环为一个纠偏过程,即计划行动—执行计划—针对偏差用标准和准则加以检查—对偏差的纠正。

2. 全面质量管理的组成元素

(1)以顾客为中心,首先通过鉴定顾客,再将产品或服务与顾客相联系,最终确定顾客期望,从而满足顾客要求。

(2)不断改进,通过鉴定缺陷的详细方法,不断地改进产品或服务。

(3)坚持目标,指坚持企业的长远目标,避免追求短期效应。

(4)领导视野,领导应高瞻远瞩,视组织长期以质量为战略性目标。

(5)过程管理,质量不是来自检查,而是来自过程改进,合同过程管理保证提供正确、有效的产品或服务。

3. 全面质量管理的操作方法

全面质量管理是一种长期承诺,首先建立质量计划,其次进行持续的过程改进。

(1)质量计划的建立。创立并坚持长远目标,从而改进产品或服务;拒绝错误和消极的态度;注重改进,不单纯依靠检查,尤其是事后检查;寻求建立一种与供应商长期稳定的关系,选择最佳质量的单一供应商,不单纯考虑价格因素;坚持连续不断的改进;专业培训和教育职工;领导对下属工作的管理是通过引导,非行政性的、强制性的;增加员工的信心,敢于接受任务,正视所犯错误;协调部门间的目标;实现员工的自主管理;不单纯满足于数字定额的视线,应首先考虑质量和成本;克服阻碍,不急于求成;切合实际且有活力的职工教育培训计划;建立专门的上级管理小组,引导主管和职员共同实现质量管理。

(2)全面质量管理的实施程序(PDCA 循环):

①计划阶段,主要是分析现状,找出原因,制订计划。

第一步:分析现状,找出存在的主要质量问题,并尽可能用数据加以说明。

第二步:找出产生问题的各种因素,要从组织内部、外部影响质量的人、原材料、方法和环境等多方面因素进行分析。

第三步:找出影响质量的主要因素。

第四步:针对影响质量的主要因素,制定具体、明确的措施。

②执行阶段:执行既定的措施、计划。

③检查阶段:根据计划措施对照执行情况进行检查。

④处理阶段:

第一步:根据检查结果进行总结,把成功的经验和失败的教训都纳入有关的标准、制度和规定之中,实行标准化,巩固已取得的成绩。

第二步:提出这一循环想要解决的问题,转入下一个循环。

总之,大循环套小循环,互相促进。整个项目组织是一个大的 PDCA 循环,各部门又有各自的 PDCA 循环,依次划分。上一级循环是下一级循环的根据;下一级循环是上一级循环的贯彻落实、具体化。不断循环,不断上升,每一次循环都有新内容和目标,都解决了一批问题,提高了质量水平。推动 PDCA 循环,关键在于总结阶段。总结经验、肯定成绩和纠正错误,这是 PDCA 循环上升前进的关键。

二、质量持续改进

(一)质量持续改进理念

《ISO9000:2008 质量管理体系基础和术语》给出了质量改进的概念:质量改进"是质量管理的一部分,致力于增强满足质量要求的能力"。就投资项目而言,任何一个组织在实际的投资项目实施过程中,都要对其所进行的投资项目、实施过程或管理进行或多或少的改进,这些改进可以称为质量改进。但是,这样的改进往往是就事论事的改进,是离散的、被动的。这样的改进不能称为持续的改进。在上述标准中,关于持续改进是这样定义的:持续改进是增强满足要求的能力的循环活动。就一个组织而言,坚持持续改进,组织才能不断进步;就一个投资项目来说,只有坚持持续改进,才能改进投资质量,以满足顾客和其他相关方日益增长和不断变化的需求和期望。

持续改进是通过改进过程得以实现的,即持续改进需要以自觉的、有计划的、系统的质量改进为基础。只有不断地、广泛地、系统地开展质量改进活动,才能称为持续改进。从这个意义上说,质量改进是组成持续改进的要素。要达到持续改进的要求,必须以广泛的质量改进活动为前提。

(二)项目质量持续改进的特征

(1)持续改进是质量改进的渐进过程。"质量改进"就是一次一次不断进行的过程,而绝不是"毕其功于一役"。

(2)持续改进是积极、主动的。持续改进应是积极、主动地寻求改进机会,而不是质量出了问题才改进。

(3)持续改进的内容是广泛的。持续改进不仅包括对投资项目或是过程的改进,而且包括对管理的改进。

(4)投资质量的持续改进与相关组织的持续改进是密切相关的。与投资项目相关的组织包括投资方、使用方、设计方、承包方、供应方、监理方等,投资质量的持续改进是这些相关组织的持续改进所追求的目标之一,也是这些组织持续改进的主要内容。

(5)持续改进的目的是提高有效性和效率,确保实现预期目标。

(三)项目质量持续改进的主要对象

(1)对投资产品本身的改进。这是一种技术改进,这种改进可能会使投资产品质量提高,也可能会使投资产品的成本降低,甚至可以促成投资产品的创新。

(2)对投资实施过程的改进。这是对投资实施方案、实施环节及实施过程中各种生产要素等方面的改进,这种改进可能会使投资质量提高,也可能会使投资成本下降,还可能提高实施过程的有效性。

(3)对管理过程的改进。这是项目质量持续改进的最主要方面,它包括对质量方针、质量目标、组织机构、管理制度、管理方法等各方面的改进,这种改进会使投资质量保证能力得到加强,从而能使投资质量得以提高,可以提高质量管理效率,增强组织活力。

(四)质量持续改进的方法

(1)质量持续改进应坚持全面质量管理的 PDCA 循环方法。

(2)坚持全过程—全员—全面质量管理。

(3)质量持续改进要运用先进的管理办法、专业技术和数理统计方法。

(五)项目经理对不合格控制的规定

(1)应按企业的不合格控制程序,控制不合格物资进入项目施工现场,严格不合格工序未经处置而转入下道工序。

(2)对验证发现的不合格产品和过程,应按规定进行鉴别、标示、记录、评价、隔离和处置。

(3)应进行不合格审查。

(4)不合格处置应根据不合格严重程度,按返工、返修或让步接收、降级使用、拒收或报废四种情况进行处理。构成登记质量事故的不合格,应按国家法律、行政法规进行处置。

(5)对返工或返修后的产品,应按规定重新进行检验和试验,并应保存记录。

(6)进行不合格让步接收时,项目经理不影响发包人提出书面让步申请,记录不合格程度和返修情况,双方签字确认让步接收协议和接收标准。

(7)对影响建筑主体结构安全和使用功能不合格的,应邀请发包人代表或监理工程师、设计人,共同确定处理方案,报建设主管部门批准。

(8)检验人员必须按规定保持不合格控制的纪录。

(六)纠正措施规定

(1)对发包人或监理工程师、设计人、质量监督部门提出的质量问题,应分析原因,制定纠正措施。

(2)对已发生或潜在的不合格信息,应分析并记录结果。

(3)对检查发现的投资质量问题或不合格报告提及的问题,应由项目负责人组织有关人员判定不合格程度,制定纠正措施。

(4)对严重不合格或重大质量事故,必须实施纠正措施。

(5)实施纠正措施的结果应由项目技术负责人验证并记录,对严重不合格或等级质量事故的纠正措施和实施效果应验证,并应报企业管理层。

(6)项目经理部或责任单位应定期评价纠正措施的有效性。

(七)预防措施的规定

(1)项目经理应定期召开质量分析会,对影响投资质量的潜在原因采取预防措施。

(2)对可能出现的不合格,应制定防止再发生的措施并组织实施。

(3)对质量通病应采取预防措施。

(4)对潜在的严重不合格,应实施预防措施控制程序。

(5)项目经理部应定期评价预防措施的有效性。

本章小结

投资项目的质量包括狭义的质量和广义的质量两个方面。狭义的投资项目质量是指产品的质量;广义的投资项目质量,除产品质量之外,还包括投资项目的各工程之间和全过程的工序质量和工作质量。投资项目质量,是国家现行的有关法律、法规、规程、技术标准、设计文件及投资合同对投资项目的安全、使用、经济、美观等性能在规定期限内的综合要求。投资项目质量有其自身的特点、形成过程和影响因素。影响投资项目质量的因素可概括为人、材料、机械、施工工艺和环境五个方面。

质量管理是在质量方面指挥和控制组织的协调活动。与质量管理有关的活动,通常包括质量方针和质量目标的建立、质量策划、质量控制、质量保证和质量改进。因此,质量管理可进一步解释为确定和建立质量方针、目标和职责,并在质量体系中通过诸如质量策划、质量控制、质量保证和质量改进等手段来实施全部职能的活动。

投资项目质量管理是指为了满足投资项目质量需求而采取的作业技术和活动。投资项目质量管理是一个系统的控制过程,既是从工序质量到分项工程质量、分部工程质量、单位工程质量的系统管理过程,也是一个从对投入原材料的质量管理开始,直到完成投资质量检验为止的全过程的系统管理过程。

为了加强对施工项目的质量管理,明确各施工阶段质量管理的重点,可把投资项目质量分为事前管理、事中管理和事后管理三个阶段。

投资项目管理必须遵循质量第一的原则、预防为主的原则、为用户服务的原则和用数据说话的原则。

对投资项目进行质量管理,应按照其形成过程,按阶段进行并完成每个阶段的质量管理任务。投资项目质量管理主要涉及投资项目设计阶段的质量管理、实施阶段的质量管理和运行阶段的质量管理。

投资项目勘察测量和规划设计,是投资项目的重要基础工作。保证勘察设计质量,是保证建筑投资质量的基本前提,也是必要条件。施工准备,是整个投资施工过程的开始,只有认真做好施工准备工作,才能顺利地组织施工,并为保证和提高投资质量、加速施工进度、缩短建设工期、降低投资成本提供可靠的条件。施工过程的质量管理,是投资项目质量管理的核心,这是因为投资项目施工过程中的质量好坏直接影响项目建成后的投资运营工作,进而影响项目的经济效益,所以必须加以特别重视。施工过程质量管理主要包括施工单位、监理方或咨询方两方面的内容。施工单位是投资质量形成的主体，应对投资质量负全部责任，其质量管理工作主要包括应设立专门的质量负责人负责质量管理工作，应建立健全质量管理体系、制定质量管理文件，应将质量责任落实到人、到岗，确定过程质量控制点、质量检验标准和方法，按质量计划实施过程控制，前后工序间要有交接确认制度，加强进场材料、构配件和设备的检验工作，建立人员考核准入制度等内容。监理方或咨询方在投资施工过程中的质量管理工作主要包括对施工单位管理体系实施情况的监控，对关键质量控制点的跟踪监控，处理设计变更，做好施工过程中的检查验收工作，及时处理投资质量问题和质量事故，下达停工和复工指令并确保投资质量，材料配合比的质量控制，计量工作的质量控制等内容，主要是对施工过程中的各种计量食品设备、检测设备、称重衡器等进行质量控制。

投资项目质量管理的分析方法主要有数据表、帕雷托分析、因果分析、趋势分析、柱状图、散点图以及程序控制图等。

在投资项目管理过程中，既要坚持质量领导，也要分清质量责任；既要坚持全面质量管理，也要坚持质量持续改进。

复习思考题

一、名词解释

质量　质量管理　质量保证　质量方针　质量体系　质量策划　质量控制　流程图　质量改进　投资项目质量监督　全面质量管理　质量持续改进

二、简答题

1. 简述投资项目质量的特点。
2. 简述投资项目质量的影响因素。
3. 简述投资项目质量的管理原则。
4. 简述投资项目质量管理过程的主要内容。
5. 简述项目设计阶段质量管理的主要内容。
6. 简述项目施工准备阶段质量管理的主要内容。
7. 简述项目施工阶段质量管理的主要内容。
8. 简述投资项目质量管理的方法及其特色。

三、论述分析题

1. 如果一个房屋建筑项目延期完成，试用因果图对其原因进行分析。
2. 假设要进行房屋投资项目建设，请分析其成本构成并划出最佳成本曲线图。

第九章　投资项目合同管理

投资项目在投资建设过程中不可避免地会涉及方方面面,要协调处理各种关系。如涉及的人主要有项目的业主、项目小组、项目的承包方、项目的咨询者、项目物资材料设备的供应方及项目的其他参与方;另外,也会消耗各种资源等。为此,为了保证项目的正常实施、保护项目各方的合法权益,这就要求以合同形式明确投资项目的各参与方的责权利及其相互关系。投资项目合同是指在项目建设过程中各个主体之间订立的合同,旨在明确对项目合同进行管理,使合同各方当事人加强协商,促进交流,消除分歧,为保证项目的顺利实施铺平道路。

第一节　投资项目合同概述

一、合同的含义、特点及一般内容

(一)合同的含义

合同,又称契约,是平等主体的自然人、法人、其他组织之间设立、变更、终止民事权利义务关系的协议。

(二)合同的特点

根据《中华人民共和国合同法》(1999年3月15日由中华人民共和国第九届全国人民代表大会第二次会议通过,自1999年10月1日起施行)的规定,合同法具有以下法律特征:

1. 合同是平等主体之间的民事法律关系

合同当事人的法律地位平等,一方不得凭借行政权力、经济实力等将自己的意志强加给另一方,各方应在权利义务对等的基础上订立合同。

2. 合同是多方当事人的法律行为

合同的主体必须有两个或两个以上,合同的成立是各方当事人意思表示一致的结果。

合同是从法律上明确当事人间特定权利与义务关系的文件。

合同在当事人之间设立、变更、终止某种权利义务关系以实现当事人特定的经济目的。

合同是具有相应法律效力的协议。

合同依法成立,即发生法律效力后,当事人各方都必须全面、正确地履行合同中规定的义务,不得擅自变更或者解除。若当事人不履行合同中规定的义务,则要依法承担违约责任。

(三)合同的一般内容

(1)当事人的名称或者姓名和住所;

(2)标的;

(3)数量;

(4)质量;

(5)价款或者报酬;

(6)履行期限、地点和方式;

(7)违约责任;

(8)解决争议的方法。

当事人可以参照各类合同的示范文本订立合同。

二、投资项目合同的含义及特点

(一)投资项目合同的含义

投资项目合同,是指在项目建设过程中各个主体之间订立的合同,旨在明确相互的权利、义务和责任关系的合法协议。投资项目合同是经济合同的一类。投资项目的执行机构与项目实施各个阶段提供货物、服务及工程的对方当事人之间都应缔结合同,具体可以分为资本设备(包括专利、专有技术及商标的技术转让)、各种咨询服务与施工承包这三类。按国际惯例,在同一项目中,除所有咨询服务合同需单独签订外,资本设备引进或采购中的技术转让合同也必须独立签订。合同确立项目执行机构与所有对方当事人之间的关系,规定采购的内容、双方的权利与义务。对合同对方当事人及合同定价的方式选择,取决于项目执行机构或融资机构的采购准则。

(二)投资项目合同的特点

投资项目合同是经济合同的一种,除了具有经济合同的一般法律特征外,还具有下述特征:

1. 经济法律关系多元性

在合同的签订和实施的过程中会涉及很多方面的关系,如建设单位可能聘请咨询机构人员参与管理,而承包方则会涉及专业分包、材料供应、构配件生产和设备加工,以及银行、保险公司等众多的单位。尤其在一些大型的投资项目中,可能会出现几家、十几家甚至几十家的国内外分包单位,从而产生错综复杂的关系。这些关系都要通过投资项目合同来体现。

2. 内容的庞杂型和条款的多样性

投资项目经济法律关系的多元性决定了投资项目的特殊性和项目受多方面、多因素的制约和影响,这些都应体现在投资项目合同中,所以除了工作范围、工期、质量等一般条款外,还应根据项目的具体情况制定特殊条款,并涉及保险、税收、专利等多种条款,所以在签订合同时应全面考虑各方面的因素。

3. 合同履行方式的连续性和履约的长期性

由于投资项目的实施必须连续而循序渐进地进行,履约方式也表现出连续性和渐进性。这就要求项目合同管理人员随时按照合同的规定并结合实际情况对投资质量、进度、成本等予以检查,以确保合同的顺利实施。

由于投资项目的规模大,内容复杂,所以履约周期长,这就要求在长时间内按照合同约定的权利,认真履行合同规定的义务。

4. 合同的多变性

由于投资项目庞大、复杂,项目的施工周期较长,因而在项目建设的过程中相应地受地区、环境、气候、地质、政治、经济及市场变化等多因素影响,经常出现设计变更及进度计划的修改,以及对合同某些条款的变更。所以,要及时做好设计或施工变更洽谈记录,明确各方相关责任,妥善保存好相关资料,作为索赔、变更或终止合同的依据。

5. 合同的风险性

由于上述投资项目关系的多元性、复杂性、多变性、履约周期长等特征及金额大、市场竞争激烈等,增加了项目承包合同的风险性。在履行合同中采取有效措施,防范风险的发生是十分重要的。

三、投资项目合同的内容以及作用

(一)合同的组成文件

合同文件通常包括总标单(即投标书)、协议书、合同的一般条件和标准规范、为项目特殊需要所做的规定、设计图纸和对前几项进行补充、更改或修正的附录六个基本部分。

(二)投资项目合同的示范文本

1. 合同示范文本的含义

合同示范文本是针对当事人缺乏订立合同的经验和必要的法律常识,由有关部门和行业协会制定的,目的在于指导当事人订立合同的一种文本形式。它对合同当事人的权利义务进行陈列,以便当事人在订立合同时参考。

2. 我国的工程投资项目合同示范文本

经过 40 年的改革及社会主义市场经济的发展实践,我国工程投资项目建设领域已经初步形成了市场经济框架。作为建设领域的重要改革成果,投资项目合同示范文本在我国已陆续编制并颁布实施,初步形成了合同文本体系。

我国现阶段的工程投资项目合同示范文本主要有:

(1)2012 年 2 月,住房城乡建设部、国家工商行政管理总局颁发了《建设工程施工专业分包合同(示范文本)》;

(2)2012 年 2 月,住房城乡建设部、国家工商行政管理总局颁发了《建设工程施工劳务分包合同(示范文本)》;

(3)2012 年 4 月,住房城乡建设部、国家工商行政管理总局颁发了《建设工程监理合同示范文本》(GF—2012—0202);

(4)2015 年 4 月,住房城乡建设部、国家工商行政管理总局颁发了《建设工程设计合同示范文本(房屋建筑工程)》(GF—2015—0209);

(5)2015 年 9 月,住房城乡建设部、国家工商行政管理总局颁发了《建设工程设计合同示范文本(专业建设工程)》(GF—2015—0210);

(6)2016 年 10 月,住房城乡建设部、国家工商行政管理总局颁发了《建设工程勘察合同(示范文本)》(GF—2016—0203);

(7)2017 年 10 月,住房城乡建设部、国家工商行政管理总局颁发了《建设工程施工合同(示范文本)》(GF—2017—0201)。

另外,世界银行也自 2003 年规定其所有贷款项目一律使用国际咨询工程师联合会(FIDIC)1999 年新版合同范本。这些合同范本主要有《施工合同条件》《生产设备和设计—施工合同条件》《设计、采购、施工(EPC)/交钥匙合同条件》和《简明合同格式》。

(三)投资项目合同的一般内容

各个项目由于性质、类型不同,在合同格式上有所差别,但是不论哪种合同都有其共同点。我国的《合同法》规定,在不违反法律强制性规定的情况下,合同的内容由当事人约定,一般包括以下内容:

1. 合同序文

主要包括当事人的名称或者姓名和住所,以及在合同中频繁出现、可能引起歧义、含义较复杂的名次或术语作出明确、规范的定义解释部分。

2. 合同的目的

确定承包商应该承担并完成的工作范围,与合同条款和条件密切相关。主要说明投资项目进行施工的依据,各项技术规范和标准,项目建设的性质、规模、种类、质量要求等。

3. 合同各方的职责

主要规定了业主和承包商应承担的义务和职责范围。分别逐条详细列举这些内容,并详细规定由于一方未能认真履行合同而造成对方损失的责任承担办法。

4. 合同价格和支付条款

一般包括合同总价以及单项价格、计价货币、支付期限、地点、方式、延期付款加利息、预付款和结算等内容。它贯穿于项目的全过程,在投资项目合同中占有很重要的地位,因此,合同各方都要认真核算,反复协商,逐步达成一致。

5. 投资项目的工期

工期是投资项目合同的关键条件之一,是影响价格的一项重要因素,同时它也是违约、误期、罚款的唯一依据。因此,在合同中必须规定承包商在规定的期限内开工以及施工的全部工期。

6. 保险条款

在投资项目中,合同各方都有可能存在风险,因此,按照国际惯例和国际通用合同条件的规定,承包商必须对投资进行保险。

7. 投资项目的变更和增减

投资项目变更应有一个合适的限额,如国际承包合同中有时规定为15%、20%或25%。超过限额,承包商有权修改单价。合同应规定由谁来承担由于单项工程的大幅度变更而造成的损失。根据惯例,单项工程的大幅度增加,应由开发商承担材料、工资价格上涨而引起的额外费用,而大幅度减少单项工程,开发商也应承担因材料业已订货而造成的损失。

8. 验收条款

合同中应规定验收范围、验收时间、验收方式以及验收的质量标准。而验收主要包括对中间和隐蔽工程的验收、竣工验收和对材料设备的验收。合同中同样还应载明验收不合格的投资缺陷,必须载明维修期内返工、修补,直至验收机构满意为止。

9. 违约责任

合同当事人任何一方如果不按照合同中规定的内容履行自己的责任和义务,就构成了违约。业主或承包商任何一方违约,都应当承担继续履行、采取补救措施或者赔偿损失等违约责任。如果都违反合同的,则应当各自承担违约责任。

10. 不可抗力条款

在合同中应包括不可抗力条款,在项目中如果发生了诸如战争、地震、火灾等一切非人力所能控制的事件时,承包商可以解除合同或者延迟履行合同,并有权要求业主对特殊风险所造成的损失支付赔偿金。

11. 仲裁条款

当事人可以决定一旦发生合同争议时是否申请仲裁和向哪一个仲裁机构申请仲裁,附有仲裁条款的合同所发生的争议,排除司法管辖,即不得就该技术合同争议向人民法院起诉。仲裁条款一般包括仲裁地点、仲裁机构、仲裁程序和仲裁效力等内容。

12. 其他规定

施工合同必须明确规定合同的生效和失效日期。通常施工合同在全部投资验收合格后失效,施工合同的未尽事宜需经双方协商,作出补充规定。补充规定与原合同具有同等效力,但不得与原合同内容冲突。

(四)投资项目承包合同的主要内容

由于在投资项目合同中,投资项目承包合同是一个极其重要的合同,故在此对其主要内容作一简单的说明。

1. 工程范围

工程范围是施工的界定,是施工承包人进行施工的工作范围,是施工合同的必要条款。

2. 工期

工期是施工承包人完成施工任务的期限。每一项投资根据性质不同,所需的工期也各不相同。

3. 中间交工工程

中间交工工程是指在施工过程中的阶段性工程。为了保证投资各阶段的交接,顺利完成投资建设任务,当事人应明确中间交工工程的开工和交工时间。

4. 工程质量

工程质量是指承包方在施工过程中应按规范和投资等级要求进行。它是投资承包合同的核心内容。工程质量往往通过设计图纸和技术要求说明书、施工技术标准来加以确定。工程质量条款是明确承包人施工(或含设计)要求,确定承包人责任的依据,是投资承包合同的必备条款。

5. 投资造价或合同价款

投资造价是指建设该投资项目所需的费用。当事人应根据投资质量要求,依投资项目的概、预算,合理地确定投资造价。

6. 各种技术资料的交接时间

技术资料主要是指勘察、设计文件以及其他承包人据以施工所必需的基础资料。因技术资料的交付是否及时往往会影响到施工进度,故当事人应当在承包合同中明确技术资料的交付时间。

7. 材料和设备供应责任

材料和设备供应责任是指由哪一方当事人提供投资建设所必需的材料以及设备,其供应责任也应由当事人在合同中作出明确约定。

8. 支付

支付主要是指投资款的拨付与结算。它是承包人请求发包人支付投资款和报酬的依据。

9. 竣工验收

竣工验收是投资交付使用前的必经程序,是发包人支付投资价款的前提。竣工验收条款一般包括验收的范围和内容、验收的标准与依据、验收人员的组成、验收方式和日期等内容。投资项目竣工后,发包人应根据施工图纸及说明书、国家颁发的施工验收规范和质量标准等及时验收。

10. 保修范围

建设投资的保修范围应当包括地基基础工程、主体结构工程、屋面防水工程和其他工程学,以及电气管线、上下水管线的安装工程,供热、供冷工程等。质量保修期是指投资各部分正常使用的年限,在实践中也称质量保修期。质量保修期应当与投资的性质相适应,当事人应保证投资合理寿命年限内的正常使用,维护使用者合法权益的原则,约定质量保证期,且不得低于国家规定的最低保证期。

11. 双方协作条款

双方协作条款一般包括双方当事人在施工前的准备工作,如施工承包人应及时向发包人提出开工通知书、施工进度报告书,对发包人的监督检查提供必要的协助等。双方当事人的协作是施工过程的重要组成部分,是投资项目顺利施工的重要保证。

(五)建设工程项目施工合同(示范文本)的主要内容

根据2017年10月住房城乡建设部、国家工商行政管理总局颁布实施的《建设工程施工合同(示范文本)》(GF—2017—0201),其主要内容包括三大部分:合同协议书、通用合同条款、专用合同条款。

1. 合同协议书

合同协议书主要包括工程概况、合同工期、质量标准、签约合同价与合同价格形式、项目经理、合同文件构成、承诺、专业词语含义、签订地点、补充协议、合同生效、合同份数等。

2. 通用合同条款

通用合同条款包括一般约定、发包人、承包人、监理人、工程质量、安全文明施工及环境保护、工期和进度、材料与设备、实验与检验、变更、价格调整、合同价格及计量与支付、验收和工程试车、竣工结算、缺陷责任与保修、违约、不可抗力、保险、索赔、争议解决等。

3. 专用合同条款

专用合同条款的内容与通用合同条款的内容一致。

第二节 投资项目合同的分类与选择

一、投资项目合同的分类

对于投资项目合同我们可以从不同的角度进行分类，这样有利于我们更好地认识投资项目合同，从而加强对合同的管理。按照项目合同的规模、复杂程度、项目承包方式以及范围不同可以分为不同的类型。

(一)按照签约各方的关系

按照签约各方的关系，投资项目合同主要可分为如下类型：

1. 投资项目总承包合同

投资项目总承包合同是指项目发包方与承包商之间签订的合同，其范围包括项目执行的全过程。

2. 投资分包合同

承包商在投资项目中标后，将投资项目的部分分包给分包商，并与分包商签订有关合同。这个分包合同的内容属于总承包合同的组成部分，应符合总承包合同的相关的合同条款的规定。在签订分包合同后，承包商仍应全部履行与项目组织签订的合同中所规定的责任和义务。

3. 货物购销合同

它主要是指项目业主为从组织外部获得产品或服务而与供应商签订的合同。

4. 转包合同

转包合同主要发生在承包商之间，是一种承包权的转让。在合同中明确原承包商与项目组织签订的合同中所规定的权利、义务和风险由另一承包商来承担。而原承包商则在转包合同中获取一定的报酬。

5. 劳务分包合同

劳务分包合同即包工不包料合同或包清工合同。分包商签订这种合同主要是为了在合同实施过程中不承担材料涨价的风险。

6. 劳务合同

承包商或分承包商雇用劳务所签订的合同。提供劳务的一方不承担任何风险,但也难获得较大的利润。

7. 联合承包合同

指两个或两个以上合作单位之间,以承包人的名义,为共同承担项目的全部工作而签订的合同。

(二)按合同承包的范围

按合同承包的范围大小,投资项目的合同主要可分为如下类型:

1. 建设全过程承包合同

也称"交钥匙"合同,建设单位一般只要提出使用要求和建设期限,总承包商即可对项目建议书、可行性研究、勘察设计、设备询价与选购、材料供应、建筑安装施工、生产职工培训直至竣工投产,实行全面总承包,并负责对各阶段各专业的分包商进行综合管理、协调和监督工作。为了有利于建设和生产(使用)的衔接,必要时也可吸收建设单位的部分人员,在总承包单位的统一组织下参加投资项目建设的有关工作。

采用这种合同的投资项目,主要是大中型工业、交通和基础设施。同时要求承包商对项目非常熟悉,业主也必须很有经验,通过承发包双方密切配合协作,共同商讨工作范围、技术要求、投资款支付和监督施工的方式、方法等,并对建设过程中不同阶段双方的权利、义务和责任分别作出明确规定。其优越性是可以积累经验和充分利用已有的成熟经验,达到节约投资、缩短建设周期、保证投资质量、提高经济效益之目的。

2. 各种专项承包合同

是以建设过程中某一阶段某一专业性项目为标的的承包合同,包括设计←采购供应←施工合同、设计←采供合同、承包设计合同、施工承包合同、技术承包合同、劳务承包合同、承包管理服务合同、咨询服务合同等。这种合同通常由总承包单位与相应的专业分包单位签订;有时也可由建设单位与专业承包商签订直接合同。总承包商应为专业承包商的工作提供便利条件,并协调现场有关各方面的关系。

3. 分期式合同

要求承包商递交项目的阶段或部分结果的文件,而不是项目的最终结果。在最终合同约定的产品或服务的提交得以完成后,承包商便不再承担其他义务。

(三)按计价方式分

按计价方式,投资项目的合同主要可分为如下类型:

1. 固定价或总价合同

这种类型的合同对一个明确定义的产品或服务采用一个总价格固定下来,如果该产品不是各方面都很明确,则买方和卖方都会面临风险——买方可能得不到想要的产品或服务,而卖方可能要支付额外的费用才能提交该产品或服务。通常固定价格合同也包括对达到或超过既定项目目标的激励措施。而总价合同又分为如下两种类型:

(1)固定总价合同。承包商与业主一旦签订合同,如业主的设计图纸无变更,承包人不得要求变更承包价。由于合同的工程价格在实施期间不因价格变化而调整,承包商要承担投资中的一切风险,很可能要为许多不可预见的因素付出代价,所以在工程价格中应考虑价格风险因素并在合同中明确固定价格包括的范围。

(2)可调价的总价合同。双方在签订合同后,在施工期间投资价格可随投入成本的上升进行调整,调整的范围和方法应在合同中约定。这种合同业主承担了物价上涨的风险,其他的风险还是承包商承担。这种合同使用于工期较长(1年以上)的投资。

2. 单价合同

单价合同是以投资量表为基础,以工程单位表为依据来计算合同价格的投资承包合同形式。具体地说,单价合同是以付给承包商的报酬按单位服务或单位产品价格为计价方式,因此合同的总金额是完成该项目所需工作量的函数。

单价合同分为:(1)按分项工程单价承包;(2)按最终产品单价承包;(3)按总价投标和决标,按单价结算出工程价款。由于合同总价难以控制,所以我们很少采用这种合同,世界银行项目一般也不用这种合同形式。

3. 成本加酬金合同

这类合同包括向承包商支付的直接和间接实际成本。直接成本指项目直接花费的成本,能够通过经济的方法直接摊销;而间接成本指项目的管理费用,它不能通过很经济的方法直接摊销,一般是按直接成本的一定百分比计算的。这类合同经常包括某些激励措施,以便达到或超过某些预定的项目目标。

按照买方承担风险的大小,成本补偿合同在实践中有四种具体做法:

(1)成本加固定百分比酬金(CPPC)。业主支付给承包商能够完成任务的成本,加上事先约定的总成本的一定百分比,可由下面的公式表示:

$$C = C_d \times (1+P)$$

其中,C 为合同总价;C_d 为实际发生的项目成本;P 为固定百分比。

从上式可以看出,承包商的利润按照百分比增加,承包商对于缩短项目工期和降低成本一点积极性都没有,反而会尽可能地增加成本,对于业主来说将承担所有的风险,在实际中较少采用。

(2)成本加固定酬金合同(CPFF)。项目的成本按照实际的花费进行计算,但酬金是事先商定的一个固定数目,可用下式来表示:

$$C = C_d + F$$

式中，F 为固定酬金。

除非合同的范围发生变更，否则固定酬金通常不会改变，这类合同虽然不能激励承包商降低成本，但承包商希望能尽快取得酬金，努力缩短工期。

(3) 成本加浮动酬金合同($CPIF$)。业主向承包商支付容许完成任务的成本以及事先决定的酬金和激励奖金，根据实际成本与预期成本的离差，酬金上下浮动，计算公式为：

当 $C_d = C_0$，则
$$C = C_d + F$$

当 $C_d > C_0$，则
$$C = C_d + F - \Delta F$$

当 $C_d < C_0$，则
$$C = C_d + F + \Delta F$$

式中，C_0 为预期成本；ΔF 为酬金的增减部分(可以是百分比，也可以是绝对数)。

如果最终成本等于预期成本，则和 $CPFF$ 相同；如果最终成本大于预期成本，则承包商将遭受一定的损失；如果最终成本小于预期成本，业主和承包商都可以从节省的成本中受益。这是对于业主来说承担风险比较小的一种合同。

(4) 计量估价合同。以承包商提供的产品或服务的清单以及价格表为计算价款的依据。目前国际上采用这种方式的比较少。

二、投资项目合同的选择

项目合同涉及合同各方的利益和责任，所以在选择合同时应根据项目具体的实际情况，综合考虑各方面的因素，权衡利弊，通过项目各方的充分协商，选择最为合适的合同方式。在选择时应综合考虑的因素归纳如下：

(1) 买方因素。主要包括项目的目标、实施战略、资信程度、管理水平、资金充足程度、组织能力、买方对承包商的要求以及信任程度。

(2) 卖方因素。主要包括承包商经营项目的能力、技术力量、管理效率、组织能力、财务能力评价、历史绩效以及与业主之间的相互协调程度。

(3) 项目本身的因素。主要包括项目本身的特点、规模、周期、风险程度、项目的财务分析指标、所需资源的供应程度等。

(4) 环境因素。有政治、经济、法律方面的因素，主要是市场竞争的程度、物价是否稳定、相关的法律是否健全等。

第三节　投资项目的合同管理

所谓合同管理就是保证承包商的实际工作满足合同要求的过程。在一些需要多个承包商的大型项目上,合同管理的主要方面就是管理不同承包商之间的关系。合同关系是一种法律关系,所以在合同的起草和管理各阶段中,有法律和合同专业人士的参与是非常必要的。合同关系的法律性质要求项目组织必须十分清醒地认识到管理合同时所采取的各种行动的法律后果。

合同管理包括在处理合同关系时使用适当的项目管理程序,并将这些程序的结果统一到该项目的总体管理中。

一、合同管理概述

（一）合同管理的含义及内容

1. 合同管理的含义

投资项目合同管理是指对投资合同的签订、履行、变更和解除进行监督检查,对合同的争议和纠纷进行处理和解决,参与项目的各方均应在合同实施过程中自觉、严格地遵守所签订合同的各项规定和要求,按照各自的职责行使各自的权利、履行各自的义务、维护各方的权利,做好各自的项目管理工作,使项目目标得到完整的体现。合同管理贯穿于合同签订、履行到合同期满直至归档的全过程。按照主体的不同,可分为业主的合同管理、承包商的合同管理以及监督单位的合同管理。

2. 合同管理的主要内容

合同管理的主要内容包括合同的前期管理和合同实施期的管理。合同的前期管理是指针对项目的勘测设计、招投标、合同的谈判与签订阶段的管理。合同实施期的管理是指依据有关的法律、法规、办法、合同文件等,履行各自应尽的义务,同时从投资的进度、质量控制的目标出发,认真分析、处理投资实施过程中出现的违约、变更、索赔、延期、分包、仲裁等问题。

（二）合同管理的意义

合同管理是贯穿项目管理全过程的核心和灵魂,加强投资项目合同管理有利于规范业主和承包商的市场行为,维护双方的合法权益,推动建筑市场的正常运转;能够提高建设单位的信誉和竞争能力;能够保证投资及时保质保量完成;减少和避免不完善合同的出现,预防合同纠纷和减少诉讼。

二、投资项目中主要的合同关系

投资项目是一个十分复杂的社会生产过程,其特点决定了投资项目中合同关系的复杂性,投资项目的建设过程实际上就是一系列合同的签订和履行过程,因此,我们有必要把握一些主要的合同关系。

(一)业主的主要合同关系

业主根据投资项目的总体目标和需要,将与主要投资的承建单位以及中介服务机构签订以下合同:

(1)咨询合同。业主与专门的咨询机构所签订的合同,咨询机构负责投资项目的可行性研究、招标和施工阶段监理等一项或几项工作。

(2)勘察设计合同。业主与勘察设计单位签订的合同,勘察设计单位负责投资项目的地质勘查和投资设计等方面的工作。

(3)供应合同。业主与有关材料和设备供应单位签订的合同,对业主负责提供投资项目所需的材料和设备。

(4)贷款合同。业主与金融机构签订的合同,由金融机构负责向投资项目提供所需的资金。按照资金来源的不同,有贷款合同、合资合同和 BOT 合同。

(5)投资施工合同。业主与承包商签订的合同。

(二)承包商的主要合同关系

承包商是投资项目的具体实施者,是投资施工合同的执行者。承包商常常面临着非常复杂的合同关系,具体可见图 9—1。

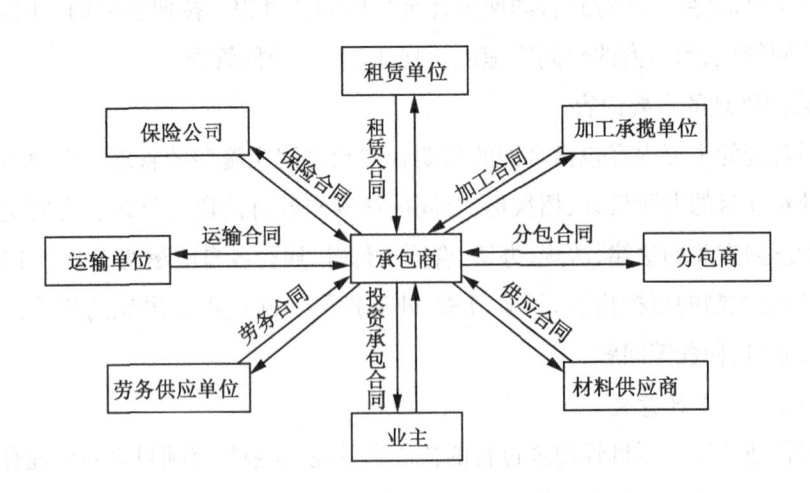

图 9—1 承包商的主要合同关系

(1)投资承包合同。承包商通过投标竞争获得投资承包权,与业主签订投资施工合同。

(2)分包合同。投资承包单位可以将其承包投资中的部分投资发包给具有相应资质条件的分包单位。分包投资除总承包合同中约定的分包外,必须经建设单位认可,承包商与分包商签订分包合同。承包商在承包合同下可以签订若干个分包合同,各分包单位仅完成总承包商分包的投资。分包单位按分包合同的约定对总承包商负责,与业主无合同关系。总承包商和分包单位就分包投资对发包人承担连带责任。

(3)供应合同。承包商与供应商签订供应合同以采购投资所需要的材料和设备。

(4)劳务合同。承包商与劳务供应单位签订合同,由它们提供投资所需的劳务。

(5)运输合同。承包商与运输单位签订的合同以解决材料以及相关设备的运输问题。

(6)保险合同。承包商按施工合同的要求,对投资项目进行保险,与保险公司签订的合同。

(7)租赁合同。在投资施工合同中,常常需要很多机械设备或者运输设备,而有些设备在平时利用率较低,或者自己购买需要大量的资金,承包商就没必要自己出资购买这些设备,可以采用租赁的形式,与租赁单位签订租赁合同。

(8)加工合同。承包商将建筑材料、构配件、特殊构件加工任务委托给加工承揽单位而签订的合同。

三、项目的合同管理

(一)业主的合同管理

业主的合同管理是站在业主的角度来对项目合同进行管理,主要分为项目前期的合同管理以及项目实施期的合同管理。

1. 项目前期的合同管理

项目前期的工作内容主要包括地区开发、行业发展规划、项目的可行性研究,然后确定项目做好上述工作的关键点在于选择高水平的咨询机构来从事各项咨询工作,客观地评估自己各方面的能力,以科学的可行性研究报告来确定项目是否立项。

2. 项目实施期的合同管理

项目评估立项后,进入实施期,这主要是指项目的勘测、设计、专题研究、招投标、施工设备和材料的采购、项目的调试竣工以及验收。在这个阶段,业主方对项目的管理主要体现在:

(1)设计阶段。在项目的设计阶段,业主的主要职责是委托咨询设计公司对项目进行设计,进行相关的勘测和研究,并对咨询公司所提出的方案进行审查、选择和确定,采用招标或议价方式进行施工前期的各项准备工作。在这个阶段,业主应该要求咨询公司精心审查,尽可能减少项目开工后的变更。

(2)施工阶段。项目开工后,虽然业主不用再负责具体的监督和管理工作,但是也应和承包商联系,执行处理合同中的有关事宜,主要体现在:抓紧时间完成项目施工前未完成的项目如土地征用等;负责项目的融资以及保证项目的顺利实施;协助承包商解决生活物资供应、材料供应、设备运输等问题;对承包商的信函及时给予回复;解决合同中的纠纷,如需对合同条款进行必要的变动和修改,需要与承包商进行协商;批准经投资师研究后提出建议并上报的项目延期报告等。对于一些重要问题,如项目的变更、支付、工期的延长等,均应由业主负责审批。

(二)承包商的合同管理

1. 承包商合同管理的含义

承包商合同管理是指从承包商的角度来看待合同实施阶段的管理工作,即按照合同的要求组织实施有关的管理。在合同的实施阶段,承包商的主要任务就是按照合同的要求,保证投资质量,按规定的工期完成投资并负责维修。

2. 承包商合同管理的内容

承包商的合同管理也同样分为投标阶段和施工阶段两阶段管理。

(1)投标阶段。在这个阶段,承包商的职责主要是:分析合同文件,制定标价;中标后在与业主谈判签订合同前,确认合同文件中不一致或有错误的地方及时纠正;同时办理履约保证和其他各种保险手续。

(2)施工阶段。签约后的施工阶段,承包商的主要职责是:在取得投资预付款前,办理预付款保证;保管好招投标文件、图纸以及与项目相关的往来文件,以便复查;核对施工中项目与原标书、图纸是否相符,研究其有无漏洞,保证投资质量;做好暂定项目和金额的投资记录,保存好一切原始单据等。

为了切实执行和完成以上这些合同规定的责任和义务,承包商应建立合理的合同管理制度,搞好合同实施控制与合同变更管理,并处理好合同纠纷。

四、合同管理制度的建立

合同管理制度是组织为保证其任务的完成和目标的实现,对例行活动应遵循的方法、程序、要求及标准所做的规定。合同管理制度的建立有利于规范施工项目组织及员工的行为,使之按合同规定的方法、程序、要求、标准进行施工和管理,保证施工的正常运转,保证各项工作的质量和效率达到合同的要求。合同管理制度的建立包括合同责任制、合同管理规程、合同文档系统三个方面的内容。

(一)合同责任制

根据项目中各个部门、职位、岗位的重要程度以及责任轻重不同而制定的多层次的合同责任制,规定每人应承担的责任,强调创造性地完成各项任务来保证合同的顺利履行。责任制建立的基本要求是:一个独立的职责,必须由一个人全权负责,同时应做到人人有责可负。

由于项目经理在施工中所处的中心地位,因此施工项目经理既是生产经营活动的中心,又是合同履行的主体。作为投资现场的直接负责人,项目经理要注意掌握项目合同执行中的变化以及合同规定中的未尽事宜。善于利用有利变化,排除不利的变化和干扰,妥善处理好各项合同争端,使投资顺利进行。

在投资变更以及发生业主违约时,合同管理组要及时按合同规定的条件向业主提出费用索赔和投资延期报告,以获得时间和经济方面的补偿。

(二)合同管理规程

合同管理规程是以各种活动、行为为主体,明确规定人们的行为和活动不得逾越规范和准则。对于承包商来说,要建立健全投资项目的合同管理制度和程序,应主要建立合同管理工作流程图、分包项目招标规程和操作办法、合同评审办法、合同文档管理办法、合同变更管理办法、合同结算管理办法、合同纠纷管理办法、合同计量管理办法、项目索赔管理办法等。

(三)合同文档系统

建立合同文档系统有利于承包商搜集工期延长和费用索赔的证据,并搞好投资进度控制,建立和完善投资项目的报告制度。

在建立和保管合同文档的过程中,应注意的事项有:保管与项目相关的往来函件时注意函件中的时效和经济关系;对投资的设计或施工的变更做好记录;留意补充协议和原合同条款的内容有无冲突等。

第四节 投资项目合同的签订与履行

一、项目合同的签订

(一)项目合同的谈判

合同在项目建设过程中对合同各方都有很强的约束力,因此合同各方必然利用一切时机力争使条款对自己有利,争取集中体现在项目合同的谈判上。合同的谈判过程分为以下几个阶段:

1. 谈判的基础与准备阶段

谈判的基础与准备阶段又分为前期准备和初步接洽阶段。

(1)前期准备阶段。在这一阶段,主要应做好市场调查,签约资格审查和信用审查等工作。

(2)初步接洽阶段。在初步接洽中,合同各方当事人可以就项目的有关事项作一个初步的了解,例如,项目的名称、规模、内容以及目标等,也可以就双方都感兴趣的事情作一个了解,比如,当事人主体的性质、双方主体是否从事过同类项目的开发、资信状况以及财务状况,以往的业绩等,通过接触和双方的交流,为下一阶段的实质性谈判做准备。

2. 实质性谈判阶段

在双方相互了解的基础上,合同双方可以就项目合同的主要条款进行具体的商谈。项目合同的主要条款一般包括标的,数量和质量,价款和酬金,履行的期限、方式和地点,验收方法,违约责任等。

(1)标的。项目合同的标的是指合同主体权利义务所指向的对象。在关于标的谈判时应谨慎,务求准确,不能出现错误。

(2)质量和数量。项目合同中的质量和数量应严格注明各标的物的数量和质量要求与范围。由于涉及双方的权利和义务,所以应认真对待,在涉外合同中还应对质量和数量的标准达成共识。

(3)价款和酬金。价款和酬金是合同谈判中最主要的议项之一。在谈判时必须掌握各类产品的市场动态,可以通过比价、询价、生产厂家让利或者组织委托招标等手段使自己处于有利地位。在涉外合同的谈判中还应考虑采用何种货币计算和支付酬金,并选择一个合适的汇率。

(4)履行的期限、方式和地点。在合同的谈判中应对履行的期限、方式和地点逐项加以明确规定。履行的方式和地点直接关系到以后可能发生纠纷的管辖地。此外,履行的方式和运杂费、保险费由何方承担,关系到标的物的风险何时从一方转向另一方。

(5)验收方法。合同谈判中应明确规定何时验收、验收的标准及验收人员或机构。

(6)违约责任。合同当事人应该就双方可能出现的失误导致项目受到影响而订立的违约责任条款,明确双方的责任。

3. 签约阶段

在签订项目合同时应尽可能具体、明确,包括条款完备,双方的权利义务明确等,避免使用含混不清的词句,一般情况下应严格控制合同中的限制性条款;明确规定合同的生效条件以及延长条件等;明确规定选择仲裁还是诉讼条款。在合同双方意思一致的条件下签订合同。

(二)合同的签订

项目合同的签订,是指发包人和承包人之间为了确立发包和承包关系,通过对投资合同具体内容进行协商而形成合意的过程。

1. 合同签订的基本原则

为了保护项目合同当事人的合法权益,维护社会主义市场经济秩序,保证项目管理工作的顺利进行,合同各方在确认合同条款和签订合同时应遵循以下原则:

(1)平等原则。合同当事人法律地位一律平等,一方不得将自己的意志强加给另一方,各方应在权利义务对等的基础上订立合同。

(2)自愿原则。自愿是贯彻合同活动整个过程的基本原则。当事人依法享有自愿订立合同的权利,任何单位和个人不得非法干预。自愿是活动准则,而前提是依法,即在不违反强制性法律规范和社会公共利益的基础上,当事人可自愿地进行合同法律行为。

(3)公平原则。当事人应遵循公平原则,确定各方的权利和义务。任何当事人不得滥用权力,不得在合同中规定显失公平的内容,要根据公平原则确定风险的承担,确定违约责任的承担。

(4)诚实信用原则。《合同法》规定,当事人行使权利、履行义务应当遵循诚实信用原则。当事人应当诚实守信,善意地行使权利、履行义务,不得有欺诈等恶意行为。在法律、合同未做规定或规定不明确的情况下,要依据诚实信用原则来解释法律和合同,以平衡当事人间的利益关系。

(5)守法,不损害社会公共利益原则。当事人订立、履行合同,应当遵守法律、行政法规,尊重社会公德,不得扰乱社会经济秩序,损害社会公共利益。

(6)等价有偿的原则。等价有偿是指一方给付,另一方也必须按价值相等的原则作相应的给付,不允许一方无偿占有和使用另一方的财产。

2. 合同签订的程序

项目合同的签订没有统一固定的模式,一般包括要约邀请、要约、新要约与承诺四个阶段。其中,要约和承诺是两个最基本和最主要的阶段,是合同签订的两个必不可少的步骤。

(1)要约邀请。要约邀请是当事人一方向对方发出的一种询问,在要约邀请中向对方表示希望签订某种合同的意向,探询签订该合同的相关交易条件。要约邀请只是一种愿意进行交易的表示,没有法律上的约束力,也不是合同磋商所必须经过的步骤。通过要约,可以了解对方的交易条件和交易诚意,从而决定是否有与对方继续谈判协商的必要。

(2)要约。要约就是希望和他人订立合同的意思表示。提出要约的一方,称为要约人。收到要约的一方称为受要约人。要约具有法律效力,对当事人具有约束力,不得随意撤回和撤销。构成要约的条件是:

①内容具体、明确,即表达出订立合同的意思,并包括一经承诺,合同即足以成立的各项基本条款。因为订约当事人双方就合同主要条款达成一致,合同才能成立。订立合同的提议,必须包括能够足以决定合同主要条款的内容,受要约人才能决定是否接受该要约。

②表明经受要约人承诺,要约人即受该意思表示的约束。要约必须具有缔结合同的目的。当事人发出要约,是为了与对方订立合同,要约人要在其意思表示中将这一意愿表示出来。

要约可以撤回,也可以撤销。

(3)新要约。受约人收到要约人的要约,应当作出一定的表示,如果受要约人不同意或不完全同意对方提出的要约内容,而是对要约提出修改条件后回答对方,就叫新要约,或者叫欢约。

新要约是受约人以要约人身份向对方发出新的要约。如果对方完全接受,合同即告成立。如果对方对新要约又有所修改,再要约,就构成又一个新要约。一项合同从要约开始可以经过新要约、再要约的多次往返,反复磋商。新要约是有约束力的一项新要约,是对原要约的拒绝。新要约发出后,原要约即行失效。

(4)承诺。承诺是受要约人同意要约的意思表示。承诺应当由受要约的特定人或非特定人向要约人以通知的方式作出,通知的方式依要约要求可以是口头或书面形式,但根据交易习惯或者要约表明可以通过行为作出承诺的除外,如受要约人根据交易习惯作出履行行为等。不过,通常对沉默或不行为不能视为承诺。

承诺应当在要约确定的期限内到达要约人。承诺的法律效力表现为承诺生效时合同成立。承诺可以撤回但不得撤销。

根据《招投标法》对招标、投标的规定,招标、投标、中标的实质就是要约、承诺的一种具体方式。招标人通过媒体发布招标公告,或向符合条件的投标人提交投标文件,为要约邀请;投标人根据招标文件内容在约定的期限内向招标人提交投标文件,为要约;招标人通过评标确定中标人,发出中标通知书,为承诺;招标人和中标人按照中标通知书、招标文件和中标人的投标文件等订立书面合同时,合同成立并生效。

(三)投资合同的文件组成及主要条款

1. 投资合同文件的组成及解释秩序

对于不需要通过招标、投标方式订立的合同,合同文件常常就是一份合同或协议书,最多在正式的合同或协议书后附一些附件,并说明附件与合同或协议书具有同等的效力。而通过招投标方式订立的投资合同,因经过招标、投标、开标、评标、中标等一系列过程,合同文件不单单是一份协议书,而通常由以下文件共同组成:本合同协议书;中标通知书;投标书及其附件;本合同专用条款;本合同通用条款;标准、规范及有关技术文件;图纸;投资量清单;投资报价书或预算书。

当上述文件间前后矛盾或表达不一致时,以在前的文件为准。

2. 投资合同的主要条款

由于投资项目合同的特点,除了应具备一般合同的条款外,还应具有以下的条款:

(1)承包范围。建筑安装投资通常分为基础投资、土建投资、安装投资、装饰投资、合同应明确哪些内容属于承包范围、哪些内容发包方另行发包。

(2)工期。项目的工期在一定程度上与项目的成本有关,所以工期在合同中也是十分重要的一个事项,应根据承包商和发包人的具体情况以及项目的特点来确定一个合理的工期。

(3)中间交工投资的开工和竣工时间。确定中间交工投资的工期,需与投资合同确定的总工期相一致。

(4)投资质量等级。投资质量等级标准分为不合格、合格和优良,不合格的投资不得交付使用。发包与承包双方可以约定投资质量等级达到优良或更高标准,但是,应根据优质价原则确定合同价款。

(5)合同价款(即投资造价)。

(6)技术资料交付时间。发包人应当在合同约定的时间内向承包人按时提供与本投资项目有关的全部技术资料,否则造成的工期损失或者投资变更应由发包人负责。

(7)材料和设备供应责任。发包与承包双方需明确约定哪些材料和设备由发包方提供,以及在材料和设备供应方面双方各自的义务和责任。

(8)付款和结算。发包与承包双方应在合同中明确规定付款的方式和期限,以免造成不必要的纠纷。

(9)竣工验收。竣工验收是合同的重要条款之一,是投资建设的最后一道程序,是全面考核设计、施工质量的关键环节,合同双方还将在该阶段进行决算。

(10)质量保修范围和期限。合同当事人应该根据实际情况确定合理的质量保修范围和期限,但不得低于《建设投资质量管理条例》规定的最低质量保修期限。

除了以上 10 项合同条款外,当事人还可以根据实际情况约定其他条款,如施工准备工作的分工、安全施工、投资变更、投资分包、合同解除等条款。

二、项目合同的履行

(一)项目合同的履行原则和违约责任

1. 项目合同的履行原则

项目合同的履行,是指项目合同的各方当事人正确、适当、全面地完成合同中规定的各项义务的行为。严格履行合同是双方当事人的义务。因此,合同当事人必须共同按计划履行合同,实现合同所要达到的各类预定的目标。项目合同的履行分为实际履行和适当履行两种形式。

(1)项目合同的实际履行。项目合同的实际履行,就是要求项目合同当事人按照合同规定的目标来履行。实际履行已经成为我国合同法规的一个基本原则,对项目合同的履行具有十分重大的意义。由于项目合同的标的物大多为指定物,因此,一般而言,不得以支付违约金或赔偿损失来免除一方当事人继续履行合同规定的义务。如果允许合同当事人的一方可用货币代偿合同中规定的义务,那么合同当事人的另一方可能在经济上蒙受更大的损失或无法计算间接损失。此外,即使当事人一方在经济上的损失得到一部分补偿,但还是会妨碍预定的项目目标或任务,甚至国家计划的完成,某些涉及国计民生、社会公益项目不能得到实现的,会有更大的损失。所以,实际履行的正确含义只能是按照项目合同规定的标的来履行。

在贯彻以上原则的时候,还应考虑到项目的实际情况,在某些情况下,过于强调实际履行,不仅在客观上不可能,还可能给项目合同的另一方当事人和社会利益造成损失,应当允许使用支付违约金和赔偿损失的办法,代替合同的履行。

(2)项目合同的适当履行。项目合同的适当履行,即项目合同当事人按照法律和项目合同条款规定的标的,按质、按量、按时履行。为了方便一方当事人对合同的履行,也为了另一方当事人对合同的验收,合同双方当事人在签订项目合同时必须对标的物的规格、数量、质量等要求作出具体规定。

合同履行的期限,是指义务人向权利人履行的时间。双方当事人应当在合同中明确规定年月日,不能明确规定的,也必须注明某年某季或某年上半年、下半年。

明确规定合同履行的地点,也是十分重要的。合同履行的方法,应当符合权利人的利益,同时也应当有利于义务人履行。

2. 违约责任

项目合同当事人一方不履行合同义务或者履行合同义务不符合约定的,即构成违约,违约的一方应承担继续履行、采取补救措施或者赔偿损失等违约责任。

追究不履行合同的行为,必须具备以下条件:

(1)要有不履行合同的行为。当事人一方不履行或不适当履行都是一种不履行合同的行为。

(2)要有不履行合同的过错。过错包括故意和过失,这是承担法律责任的一个必要条件。法律只对故意和过失给予制裁。因此,故意和过失是行为人承担法律责任的主观条件。根据过错原则,违反合同的不管是谁,都必须承担赔偿责任。

(3)要有不履行合同造成损失的事实。不履行或不适当履行合同必然会给对方造成一定的经济损失。一般来说,经济损失包括直接损失和间接损失两部分。通常情况下,直接损失通过支付违约金赔偿,而间接损失在实际经济生活中很难计算,多不采用。但是,法律、法令另有规定的除外。

如前所述,法律只对过错给予制裁,对于不可抗力造成的违约行为,则不能要求合同当事人承担责任。在下列情况下,可以免除不履行合同当事人的赔偿责任。

①合同方不履行或不适当履行,是由于当事人无法预知或防止的事故所造成时,可免除赔偿责任。这种事故在法律上称为不可抗力。

②法律规定和合同约定的负责条件,当这些条件发生时,可不承担责任。

③由于一方的故意和过失造成不能履行合同,另一方不仅可以免除责任,而且还有权要求赔偿损失。

(二)合同的变更

1. 合同变更的定义和特征

合同变更通常是指由于一定的法律事实而改变合同的内容和标的的法律行为。它具有以下特征:

(1)合同变更是通过双方当事人协商一致达成的。也就是说,合同变更必须是在原合同的基础上达成协议。任何一方未经对方同意,擅自变更原合同内容的,不但不具有法律约束力,而且会构成违约。

(2)合同的变更是合同内容的局部变更,一般是合同条款的修改,而不是合同内容的全部变更。如果合同内容全部变更,实际上导致了原合同权利义务关系的消灭,而新合同权利义务关系的产生,则不属于合同的变更,而属于合同的更新。

(3)合同的变更产生了新的债务债权关系。

2. 项目合同的变更管理

(1)合同变更的原因和依据。合同变更的原因和依据应在投资变更指令中详细说明。对合同文件的变更应附有合同双方签订的有关修改变更部分的协议书。需注意的是合同变更必须事先经监理工程师审核批准。

(2)合同变更的范围。合同变更主要是改变合同的内容和标的,具体包括投资数量、技术规范、合同条件等。

(3)合同变更的程序。合同变更程序如图9-2所示。

①提出合同变更。对于承包商来说,多从施工条件出发,提出时,除说明原因外,还需提供有关变更后的设计图纸和计算书。

②审查投资变更。对投资变更的审查工作一般都由监理工程师来完成,同时应与业主和承包商进行适当的协商,征得双方的事先同意后才能予以批准。

③编制工程变更文件。一项投资变更应包括工程变更令、工程量清单、设计文件和其他有关文件。投资变更令一般应按固定的格式填写,说明变更的理由、投资变更

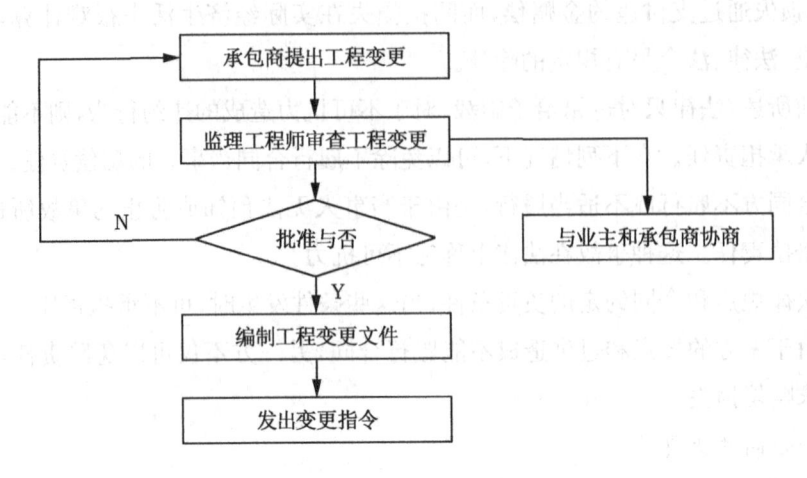

图 9-2 投资变更程序

的概况和投资变更估价等。工程清单、设计文件和其他有关文件是组成投资变更的基础文件。

(4)投资变更价格的确定。按照 FIDIC 合同条款，投资变更价格须由监理工程师确定。监理工程师应按照合同条件的规定，遵循以原合同价格为基础的原则，公正地确定投资变更价格。如果监理工程师确定的投资变更价格不合理，承包商则有权提出费用索赔。有关确定投资变更价格的程序如图 9-3 所示。

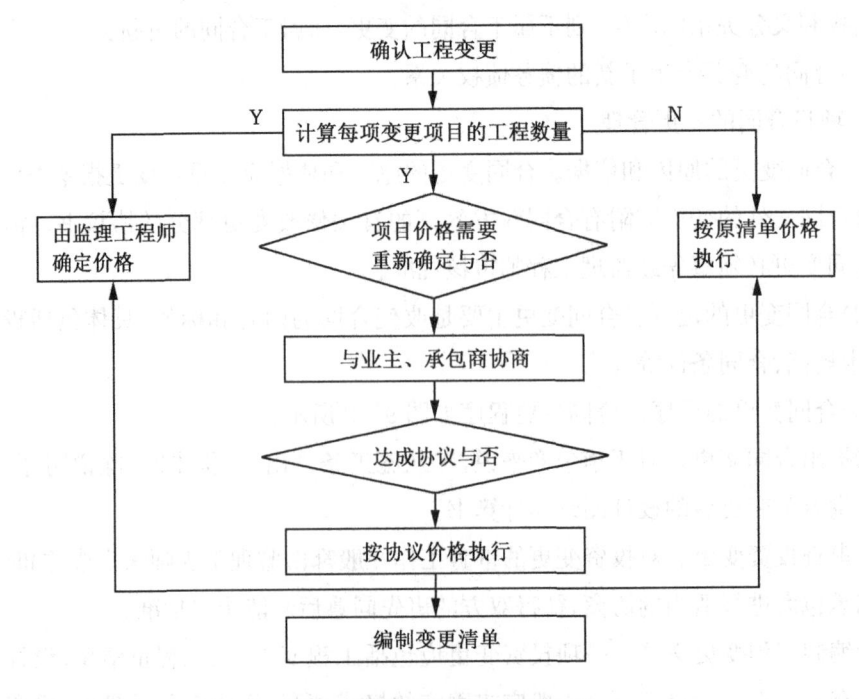

图 9-3 确定变更价格的程序

3. 合同变更的法律效力

(1)变更后的合同部分,原有的合同内容失去效力,当事人应按照变更后的合同内容履行。

(2)合同的变更只对合同未履行的部分有效,不对合同已经履行的内容发生效力。合同的当事人不得以合同发生了变更,而要求将已履行的部分归于无效。

(3)合同的变更不影响当事人请求损害赔偿的权利。

(三)合同的转让、终止

1. 合同的转让

(1)合同转让的含义。

合同的转让,即合同主体的变更,指当事人一方依法将其合同的权利和(或)义务全部或部分地转让给第三人。合同的转让包括权利的转让、义务的转让、合同的权利义务的一并转让。

(2)合同转让的特征。

①合同的转让以有效合同的存在为前提条件。合同的转让是合同权利义务的转让,合同没有成立、被确认无效或者被撤销,合同的权利义务关系不复存在,也不会有合同的转让。

②合同的转让是合同主体的变更。通过合同的转让,一方当事人将合同的权利义务全部或部分地转让给第三人,这样就由第三人代替合同当事人一方成为合同当事人或者由第三人与合同当事人共同成为合同当事人。

③合同的转让不改变原合同的权利义务内容。合同一方当事人转让出的是原合同的全部或部分权利义务,第三人受让的权利义务既不会超出原合同权利义务的范畴,也不会实质变更原合同的权利义务的内容。

④合同权利的转让必须是转让依法能转让的权利。合同权利的转让是有限制的,有些合同权利是不能转让的。

⑤必须经债权人同意或通知债务人。

2. 合同的终止

合同的终止,是指因发生法律规定或当事人约定的情况,使当事人之间的权利义务关系消灭,而使合同终止法律效力。

我国《合同法》所认可的合同终止原因有以下几种:当事人全部履行合同义务而宣告合同终止;合同的权利人和义务人混同一人时,合同自行终止;合同因不可抗力无法继续执行而终止;合同双方当事人协商同意而终止;仲裁机构裁决或法院判决宣告合同终止。

(四)合同纠纷的处理

1. 合同纠纷产生的原因

项目合同的争端和纠纷是不可避免的。诱发合同纠纷的因素很多,归结起来有以下三个方面:

(1)合同本身的原因。虽然合同的条款一般都经过了认真的审查且订立得详细、具体,但不可避免地会出现一些缺陷,这就有可能成为日后争端的导火索。

(2)不可预见的原因。这主要是因为在执行合同过程中发生的不可抗力和不可预见的自然灾害和社会政治变动等给项目的实施造成实质性的损害。

(3)人为的原因。主要是在执行合同过程中发生错误或组织管理不当而产生争议,这种因素最常见的是合同的变更。

2. 处置合同纠纷的主要方式

(1)友好协商。双方当事人进行磋商,为促进双方当事人的关系和相互谅解,愿意做出一些有利于纠纷实际解决的有原则的让步,并在双方都认为可以接受、可以继续合作的基础上达成和解协议。采用这种形式灵活性较大,而且能够省去仲裁和诉讼的麻烦和费用,有利于双方的合作和发展。然而,如果争议所涉及的金额较大,当事人双方都不愿意让步,或者经过反复协商无法达成一致的协议,就必须进行调解、仲裁、诉讼。

(2)调解。当纠纷发生时,由双方推举的第三者从中调解,促使双方当事人和解。调解可以在交付仲裁和诉讼前进行,也可以在仲裁和诉讼的过程中进行。调解成功后,不可再求助于仲裁或诉讼。

(3)仲裁。双方当事人根据合同中的仲裁条款或者事后双方达成的书面协议,自愿把纠纷提交双方同意的第三者依照一定的仲裁程序做出裁决。仲裁机构做出裁决后,当事人应当履行仲裁机构的仲裁裁决,如果一方在规定的时间内不履行仲裁机构所做出的仲裁裁决,另一方可以申请法院强制执行。

(4)诉讼。司法机关和当事人在其他诉讼参与人的配合下,为解决合同争议或纠纷依法定诉讼程序所进行的全部活动。项目合同中的诉讼一般是民事和经济诉讼,当事人在提起诉讼前应做好充分的准备,搜集对方违约的各种证据,进行必要的取证工作,整理双方往来的财务凭证、信函、传真等,还要向律师咨询或聘请律师处理案件。除此之外,当事人还应注意诉讼管辖地和诉讼时效问题。

第五节 投资项目合同的索赔管理

一、索赔的概述

(一)索赔的含义

索赔是项目合同管理的重要一项。索赔是经济合同履行过程中合同当事人的一方依据法律、合同规定及惯例,对并非由于自己的过错而应由合同另一方承担责任所造成的损失,向另一方提出赔偿要求的行为。索赔具有以下基本特点:

(1)索赔作为一种合同赋予双方的具有法律意义的权利主张,其主体是双向的。在合同的实施过程中,不仅承包商可以向业主索赔,业主同样可以向承包商索赔。

(2)索赔必须以法律或合同为依据。索赔的前提就是合同一方有违约的法律事实。

(3)索赔应建立在经济损失或权利损害已客观存在的基础上,没有损失的事实而提出索赔是不能成立的。经济损失是指因对方因素造成合同外的额外支出,如人工费、机械费、材料费、管理费等;权利损害是指虽然没有经济上的损失,但造成了一方权利上的损害,如由于恶劣气候条件对投资的不利影响,承包商有权要求工期延长。

(4)索赔应采用明示的方式,即索赔应有书面文件,索赔的内容和要求应该明确肯定。

(5)索赔是一种未经对方的单方面行为。

(二)索赔的类型

索赔在执行合同的任何一个阶段都可能发生,而且由于各投资项目的复杂性和特殊性,索赔的内容和形式也呈现出多样性。

(1)按索赔的对象分,可以分为施工索赔和商务索赔。施工索赔,就是由于业主或其他有关方面的过失或责任,使承包商在投资施工中增加了额外的费用,承包商根据合同条款的有关规定,以合法的程序要求业主或其他有关方面偿还在施工中遭受的损失。一般来说,施工索赔分为延长工期和要求赔偿款项两种方式。而商务索赔,是指承包商为承包投资,在采购物资中,由于供应商、运输商等有关方面在数量、质量、损坏及延期交货等方面不符合合同规定而提出的索赔。

(2)按索赔的当事人分,可以分为承包商与业主之间的索赔、承包商与分包商之间的索赔、承包商与供货商之间的索赔等。

(3)按索赔的依据分,可以分为合约索赔、合约外索赔和优惠补偿。合约索赔是指索赔内容可以在合同中找到依据的索赔;合约外索赔,是指索赔内容和权利虽然难以在合同条款中找到依据,但权利可以来自法律;优惠补偿,是指索赔的依据既不能在合同中找到,业主也没有违约或触犯事件,是承包商对其损失寻求某些优惠性付款。

(4)按索赔的目的分,可以分为经济索赔和工期索赔。经济索赔是指承包商向业主要求取得合理的赔偿来弥补不应该由承包商自己承担的经济损失或额外开支。工期索赔是指承包商向业主要求延长施工的时间,使原定的竣工日期顺延一段合理的时间。

(5)按索赔发生的原因分,可以分为业主违约索赔、变更索赔、业主的指令引起的索赔、暂停索赔、业主风险索赔、不利自然条件和客观障碍引起的索赔、合同缺陷索赔、其他原因引起的索赔等。

另外,还有按索赔的业务范围分类、按索赔的处理方式分类等。

(三)索赔的原因

引起投资索赔的原因非常多,而且很复杂,大致可以分为以下几个方面:

(1)投资项目变更引起的索赔。在投资施工过程中业主提出的有关设计变更、追加或者取消某些投资、加速施工或改变施工顺序等。

(2)合同文件引起的索赔。由于合同文件格式不规范,合同文件的组成问题以及合同文件的缺陷等,这些都是合同本身的错误、矛盾或遗漏等。

(3)由于投资中的违约和风险引起的索赔。包括业主未按合同规定的条件提供施工场地及通道,提供的原始资料和数据有差错,以及未按合同规定支付投资款项等。

(4)由于不可抗力的自然因素引起的索赔。主要包括不可抗力的自然灾害和不可抗力的社会因素。自然灾害主要包括恶劣的气候条件、地震、洪水等;社会因素主要包括国家政策的变化、法律的变化等。

(四)索赔的依据

投资索赔必须以合同为准则,以事实为基础,并参照与投资有关的法律法规及一般的国际惯例,以成功地完成索赔。在实际操作过程中主要包括招标文件,投标报价文件,经签证认可的投资图纸、技术规范和实施性计划,会议记录,来往信件,施工日期,投资财务记录等。

二、项目合同的索赔管理

(一)项目合同索赔管理概述

合同的组织索赔管理是投资项目合同管理中非常重要的一个环节,在业主与承包商之间、承包商与分包商之间、业主与供应商之间、承包商与供应商之间、承包商与保险公司之间都可能发生索赔事件。在实际的投资中,索赔额通常都很大,一般为合同

价的10%～20%,甚至在国际投资承包中超过合同价100%的索赔要求也很常见。索赔管理包括索赔和反索赔两个方面:

1. 索赔

索赔是对业主已经受到的损失进行追索,包括在日常的合同实施过程中预测索赔机会,即对引起索赔的事件进行预测;自合同实施中及时发现索赔机会;处理索赔事件,及时提出索赔要求,妥善解决争执。

2. 反索赔

反索赔着眼于防止或减少损失的发生。通常反索赔有:反驳对方不合理的索赔要求,即反驳索赔报告,推卸自己对已发生的索赔事件的责任,否定或部分否定对方的索赔要求;防止对方提出索赔,通过有效的合同管理,使自己不违约,处于不能被索赔的地位。

(二)合同的索赔程序

索赔程序是指从索赔事件产生到最终处理全过程所包括的工作内容和工作步骤。索赔工作实质上是承包商和业主在分担投资风险方面的重新分配过程,涉及合同各方的经济利益,因此,合同实施各阶段的每一个施工索赔事项,都应该依照合同规定办事,按合同规定的索赔程序工作,才能获得成功的索赔。按照国际惯例,索赔工作包括提交索赔要求、起草并提交索赔报告、解决索赔。

1. 提出索赔要求

按照FIDIC合同条件的规定,无论合同中有何规定,承包商如果根据本条件的任何条款或其他有关规定企图索取任何追加付款的话,都应在引起索赔的事件第一次发生之后的28天内,将他的索赔意向通知监理工程师,同时将一份副本呈交雇主。当索赔事件发生后,承包商必须迅速做出反应,在规定的时间内发出索赔通知书。索赔通知书的内容一般比较简洁,仅说明索赔事项的名称、发生的时间、事件的简单描述以及可依据的相关的合同条款,提出自己的索赔要求。

2. 起草并提交索赔报告

在发出索赔意向通知书后28天内,或监理单位可能同意的其他合理的时间内,项目单位必须提交正规的索赔报告(包括账单、各种书面证据等)。在这个阶段,项目组有大量的管理工作,主要有以下几个方面:

(1)对索赔事件的起因、过程和情况进行调查,了解索赔事件的前因后果。

(2)分析索赔事件的原因,分清各方应承担的责任。

(3)进行全面的合同分析,明确支持索赔的依据。

(4)调查实际损失,确定索赔额。

(5)仔细察看和分析平时工地的会议记录、来往信件、各种施工备忘录等,收集证据来反映和支持索赔理由。

(6)起草索赔报告。

(7)提交索赔报告。

一份完整的索赔报告应包括以下几个部分：

(1)总论部分。一般包括序言、索赔事项概述、具体的索赔要求、工期延长天数或者索赔款额、报告书编写及审核人员名单。总论部分的阐述要简明扼要，说明问题。

(2)合同引证部分。这部分主要说明自己具有的索赔权利，是索赔能否成功的关键。内容主要来自该项目的合同文件及参照有关的法律法规，主要包括索赔事件的发生情况、递交索赔意向通知书的情况、索赔事件的处理过程、索赔要求的合同根据、所附的证据资料。

(3)计算部分。通过计算来确定合理的索赔额或者延长的工期。在这部分应阐明以下问题：索赔款的汇总额，分项索赔款的计算，由于索赔事件引起的额外开支的人工费、材料费、设备费、工地管理费、投资利息、税收、利润等。

(4)证据部分。这部分通常以索赔报告的附件形式出现，它包括该索赔事件所涉及的一切证据资料以及对这些证据的说明，这是索赔报告中必要的组成部分，是索赔取得成功的重要保证。

3. 解决索赔

对索赔的解决可采取协商解决、调解、仲裁和诉讼四种方式。

本章小结

投资项目合同是指在项目建设过程中各个主体之间订立的合同，旨在明确相互的权利、义务和责任关系的合法协议。按照签约各方的关系、合同承包的范围大小、计价方式等不同的角度可以将投资项目合同进行不同的分类。在进行投资项目合同选择的时候要综合考虑买方、卖方、项目本身、环境等因素。在投资项目合同中，主要存在着业主的合同关系和承包商的合同关系，业主的主要合同关系包括咨询合同、勘察设计合同、供应合同、贷款合同、投资施工合同等，承包商的主要合同关系包括投资承包合同、分包合同、供应合同、劳务合同、运输合同、保险合同、租赁合同、加工合同等。

投资项目合同管理是投资项目管理的重要一环，投资项目合同管理是对于投资项目合同的签订、履行、变更和解除进行监督检查，对合同履行过程中发生的争议或纠纷进行处理，以确保合同依法订立和全面履行。它贯穿于从合同签订、履行到合同终结直至归档的全过程。在合同的前期和合同的实施期，合同管理的内容有所不同。

投资项目合同管理包括合同的签订和履行，合同的变更、转让和终止，合同的索赔。投资项目合同的签订包括谈判和签订两个阶段，项目合同的主要条款包括承包范围、工期、中间交工投资的开工和竣工时间、投资质量等级、合同价款、技术资料交付时间、材料和设备供应责任等。投资项目承包合同是投资项目合同中的一个非常重要的合同。它主要包括投资范围、工期、中间交工投资、投资质量、投资造价、材料和设备供应责任、支付、竣工验收、保修范围、双方相互协作条款等方面的内容。投资项目合同的履行是指合同的各方当事人正确、适当、全面地完成合同中规定的各项义务的行为。项目合同当事人一方不履行合同义务或者履行合同义务不符合约定的,即构成违约,违约一方应承担继续履行、采取补救措施或者赔偿损失等违约责任。合同的变更主要是改变合同的内容和标的,合同变更后,原有的合同内容失去效力,当事人应按照变更后的合同内容履行。合同的转让,是指当事人一方依法将其合同的权利和(或)义务全部或部分地转让给第三人,包括权利的转让、义务的转让、合同权利义务的一并转让。合同的终止是指因发生法律规定或当事人约定的事由,使当事人之间的权利义务关系消灭,而使合同终止法律效力。由于合同本身、不可预见以及人为等原因,会产生合同纠纷,处理好合同纠纷主要采用友好协商、调解、仲裁、诉讼的方式。

索赔是投资项目合同管理中的重要一项。合同主要包括索赔和反索赔两个方面,索赔是对业主已经受到的损失进行追索,而反索赔着眼于防止或减少损失的发生。项目合同索赔的程序包括提出索赔要求、起草并提交索赔报告、解决索赔。对索赔的解决可采取协商解决、调解、仲裁和诉讼四种方式。

复习思考题

一、名词解释

投资项目合同 固定总价合同 成本补偿合同 投资项目合同管理 要约 投资项目合同的履行 违约 合同的转让 合同的终止 索赔 反索赔

二、简答题

1. 简述投资项目合同的特点。
2. 简述投资项目合同的类型。
3. 简述如何进行项目合同的选择。
4. 简述加强投资项目合同管理的意义。
5. 简述项目合同的一般内容。
6. 简述投资承包合同的主要内容。
7. 简述投资项目合同管理的内容。
8. 简述项目合同的签订程序。
9. 简述项目合同纠纷的处理方式。
10. 简述索赔的类型、原因及程序。

三、案例分析

案例一:某建设单位拟建造一住宅小区,采取招标方式由某施工单位承建,合同工期为 35 个月。招标文件中的合同条件摘要如下:

投资地点：市区。

投资内容：建筑面积 480 000m² 的砖混住宅楼。

投资范围：施工图所包括的土建、装饰、水电安装。

合同价款：合同总价 18 560 万元，按每平方米 600 元包干。

调整条件：建筑面积增减变化。

调整方式：按实际完工面积和每平方米 600 元包干。

合同签订后又签订了补充合同条款。摘要如下：挑阳台改为用铝合金窗封闭。

问题：上述合同实际属于哪一种计价方式的合同类型？该合同最好采用的合同类型是什么？

案例二：业主与施工单位对某项投资建设项目签订了工程施工合同，未进行投保。在工程施工过程中，遭受暴风雨不可抗力的袭击，造成了相应的损失，施工单位及时向监理工程师提出索赔要求，并附索赔有关的资料和证据。索赔报告的基本要求如下：

(1) 遭暴风雨袭击是非施工单位原因造成的损失，故应由业主承担赔偿施工方的全部损失。

(2) 给已建部分工程造成破坏，损失计 20 万元，应由业主承担修复的经济责任，施工单位不承担修复的经济责任。

(3) 施工单位人员因此灾害使数人受伤，处理伤病医疗费用和补偿金总计 5 万元，业主应给予赔偿。

(4) 施工单位进场的在使用的机械、设备受到损坏，造成损失 10 万元，由于现场停工造成的台班费损失 5.2 万元，业主应负担赔偿和修复的经济责任。工人窝工费 4 万元，业主应予支付。

(5) 因暴风雨造成现场全面停工 9 天，要求合同工期顺延 9 天。

(6) 由于投资破坏，现场清理需要费用 3 万元，业主应予支付。

问题：对这六项索赔进行判断、哪些合法、哪些不合法，并说明理由。

第十章　投资项目的风险管理

客观事物发展多变的特点以及人们对客观事物认识的局限性,使得对客观事物的预测结果可能偏离人们的预期而具有不确定性,从而产生潜在的风险,投资项目也不例外,故有必要对投资项目进行风险管理。投资项目的风险管理是健全的项目管理投资体系及过程中的一个组成部分及重要方面。项目的风险管理强调对项目目标的主动控制,对项目实施及项目目标实现过程中遭遇的风险可以做到防患于未然。它主要通过综合分析识别拟建投资项目在建设和运营中潜在的主要风险分因素,揭示风险来源,判别风险程度,提出规避风险对策,减少和避免损失。因为只有这样,才能更好地搞好项目管理工作,从而更好地实现项目的预期目标。

第一节　投资项目风险管理概述

一、风险概述

(一)风险

关于风险,国内外有很多专家、学者对其作出过定义与解释,虽然表述各有不同,但其基本的含义可以表达为:在给定情况下和特定时间内,预期结果与实际结果之间的差异,即风险的大小及风险程度的高低取决于结果的差异。一般来说,风险应具备下列要素:

(1)事件(不希望发生的变化);

(2)事件发生的概率(事件发生具有不确定性);

(3)事件的影响(后果);

(4)产生风险的原因。

风险中包含不确定性的成分,因而风险可以使用概率计算。同时,由于风险引起

的后果也必须考虑,所以每个事件的风险可以定义为不确定性和后果的函数:

$$风险 = f(事件,不确定性,后果)$$

也就是说,不确定性的后果的严重性程度越大,风险也越大。

当然,风险中还存在着另一个重要因素,即风险起因。某个事物或某个事物的缺乏引起风险,我们可以称之为风险源。特定事故能通过对事故的了解和采取必要的措施而最大限度地得到避免。因此,风险也可表示为事故与安全措施的函数:

$$风险 = f(事故,安全措施)$$

风险随着事故的增多而加大,随着安全措施的加强而减少,这说明好的项目管理应该能识别事故,并采取安全措施以降低风险。

(二)风险与不确定性的关系

风险与不确定性既有紧密的联系,也有明显的区别。二者的关系表现为如下几个方面:

1. 两者的联系

(1)不确定性是风险的起因。人们对未来事物认识的局限性,可获信息的不完全性以及未来事物本身的不确定性使得未来经济活动的实际结果偏离预期目标,这就形成了经济活动结果的不确定性,从而使经济活动的主体可能得到高于或低于预期的效益,甚至遭受一定的损失,导致经济活动"有风险"。

(2)不确定性与风险相伴而生。正是由于不确定性是风险的起因,不确定性与风险总是相伴而生。如果不是从定义上去刻意区分,往往会将它们混为一谈。即使从理论上刻意区分,现实中这两个名词也常混合使用。

2. 两者的区别

不确定性的结果可以优于预期,也可能低于预期。而普遍的认识是将结果可能低于预期,甚至遭受损失称为"有风险"。另外,还可以用是否得知发生的可能性来区分不确定性与风险,即不知发生的可能性时,称之为不确定性;而已知发生的可能性时,就称之为有风险。

(三)投资项目风险

投资项目风险是指所有影响投资项目目标实现的不确定性因素集合。这些不确定性因素的出现及相互作用,影响着项目目标的实现程度及项目实际完成结果与预期目标的偏离程度。

二、投资项目的风险分析

(一)风险因素识别

风险因素识别首先要认识和确定项目究竟可能会存在哪些风险因素,这些风险因素会给投资项目带来的影响及其原因,同时结合风险程度的估计,找出项目的主要风险因素。

(二)投资项目风险的基本特征

(1)具有不确定性和可能造成损失是风险最基本的特征,因此,在实际中,应从这个基本特征去识别风险因素。

(2)投资项目风险具有阶段性,即在项目周期的各个不同阶段存在的主要风险有所不同,因此,在进行风险因素识别过程中应注意这一特征。

(3)投资项目风险依行业和项目的性质不同而具有特殊性,因此,风险因素的识别要注意针对性,对具体项目应进行具体分析。

(4)投资项目风险具有相对性,即对于项目的有关各方(不同的风险管理主体)可能会有不同的风险,或者同样的风险因素对不同方面体现出的影响程度可能会有所不同。因此,识别风险因素时,应注意这种相对性。

(三)投资项目常见的风险种类

投资项目风险分析贯穿于建设和生产运营的全过程。一般来说,常见的风险主要有:

(1)市场风险。市场风险一般来自三个方面:一是市场供需实际情况与预测值发生偏离;二是项目产品市场竞争力或者竞争对手情况发生重大变化;三是项目产品和主要原材料的实际价格与预测价格发生较大偏离。

(2)资源风险。资源风险主要是指资源开发项目,如金属矿、非金属矿、石油、天然气等矿产资源的储量、品位、可采储量、投资量等与预测发生较大偏离,导致项目开采成本增加,产量降低或者开采期缩短。

(3)技术风险。项目采用技术(包括引进技术)的先进性、可靠性、适用性和可得性与预测方案发生重大变化,导致生产能力利用率降低、生产成本增加、产品质量达不到预期要求等。投资项目的技术风险主要来自投资设计技术、施工技术及生产工艺等方面。

(4)工程风险。工程地质条件、水文地质条件与预测发生重大变化,导致工程量增加、投资额上升、工期拖长。

(5)资金风险。资金供应不足或者来源中断导致项目工期拖期甚至被迫终止;利率、汇率变化导致融资成本升高。

(6)政策风险。政策风险主要是指国内外政治、经济条件发生重大变化或者政府政策做出重大调整,以致使投资项目原定目标难以实现甚至无法实现。

(7)外部协作条件风险。交通运输、供水、供电等主要外部协作配套条件发生重大变化,给投资项目的建设和运营带来困难。

(8)社会风险。预测的社会条件、社会环境发生变化,给投资项目的建设和运营带来损失。

(9)合同风险。合同风险主要是指由于合同条款遗漏、表达有误,合同类型选择不当,承发包模式选择不当,索赔管理不力及合同纠纷等可能对项目造成的危害及损失。

(10)其他风险。对于某些项目,还需考虑其特有的风险因素,如组织协调、人员及材料设备等方面可能也会存在着风险。

三、投资项目的风险管理

(一)投资项目风险管理的含义

风险管理在不同的国家有着不同的含义。德国人早在20世纪初第一次世界大战结束后,就为重建提出了风险管理。他们强调风险的控制、风险的分散、风险的补偿、风险的防范、风险的转嫁、风险的转移、风险的回避与抵消等。美国人一开始对风险管理的理解比较狭窄,即他们只是以费用管理为出发点,认为风险管理只是作为经营合理化的一种手段,直到第二次世界大战后才过渡到全面的风险管理。而法国人及其他国家直到20世纪70年代中期才接受风险管理概念。

所谓风险管理,是指识别和评估风险,建立、选择、管理和解决风险的可选方案的组织方法。美国项目管理学会对风险管理的定义主要可以表述为:

(1)风险管理是系统识别和评估风险因素的形式化过程。

(2)风险管理是识别和控制能够引起不希望的变化的潜在领域和事件的形式、系统的方法。

(3)在项目中,风险管理是在项目期间识别、分析风险因素,采取必要对策的决策科学和决策艺术的结合。

项目的风险管理不是一项孤立的项目活动,而是健全的项目管理过程中的一个组成部分与重要方面。

(二)投资项目风险管理的目标

投资项目风险管理的目标从属于项目的总目标,主要通过对项目风险的识别,将其量化以进行分析与评价,选择风险管理与应对防范措施,以避免项目风险的发生;或在风险发生时,将损失降低到最低程度。具体来说,投资项目风险管理的目标主要有如下几个方面:

(1)促使项目获得成功;

(2)为项目实施创造一个安全的环境,保证项目按计划、有节奏地进行,使项目实施始终处于一种良好的受控状态;

(3)降低投资费用或使项目投资不突破限度;

(4) 保证投资项目质量。

总之，项目的风险管理是一种主动控制的手段，其最重要的目标是使项目的三大基本目标即费用、质量、进度得到控制。它的主动控制体现在通过主动识别干扰因素并予以分析，并在事先采取风险处理措施，做到防患于未然。

(三) 投资项目风险管理的内容

1. 制订风险管理计划

主要确定怎样着手并为项目的风险管理活动或工作制订计划。

2. 风险识别

主要确认可能会影响项目的风险，并把风险所具有的特征整理出来。它是项目风险管理中最重要的步骤，主要包括确定风险的来源、风险产生的条件，并描述其风险特征和确定风险将会对项目产生的影响等。

3. 定性风险分析

主要是对风险进行定性分析，以便将其对项目的影响程度排出先后次序。定性分析的任务主要是确定风险发生的可能性及其带来的后果。

4. 定量风险分析

主要是通过预测并量化风险的概率和后果，估计出它们对项目目标造成的影响程度，确定该风险的社会、经济意义以及处理的经济效果分析。

5. 风险应对计划

主要是为增大项目目标的实现机会和减少危害而建立的一些程序和技术手段方案。风险应对计划的编制必须与风险的等级、严重性、应对费用、影响因素的现实性等相适应，应得到项目参与方的认同，并由专人负责。

6. 风险监测与控制

主要内容包括对整个寿命期间的风险进行监测，并识别新风险、执行风险应对计划以及对其效果进行评价。它主要是跟踪已识别的风险，监测剩余风险并不断识别新出现的风险，修订风险管理计划并保证其切实执行，评估计划在执行中的效果。

第二节 投资项目风险分析方法

一、投资项目风险等级划分

风险等级的划分既要考虑风险因素出现的可能性，又要考虑风险出现后对项目的影响程度，有多种表示方法，如可将其分为一般风险、较大风险、严重风险和灾难性风险四个等级。其中,一般风险发生的可能性不大,或者即使发生,造成的损失较小,一般不影响项目的可行性。较大风险发生的可能性较大,或者发生后造成的损失较大,但造成的损失程度是项目可以承受的。严重风险有两种情况:一是风险发生的可能性大,风险造成的损失大,使项目由可行变为不可行;二是风险发生后造成的损失严重,但是风险发生的概率很小,采取有效的防范措施,项目仍然可以正常实施。灾难性风险发生的可能性很大,一旦发生将产生灾难性后果,项目无法承受。而在可行性研究和项目评估实际中,一般应选择矩阵列表法划分风险等级。矩阵列表法简单、直观,就是将风险因素出现的可能性及对项目的影响程度构造成一个矩阵,表中每一个单元对应一种风险的可能性及影响程度,具体可见表10-1。该表是以风险应对的方式来表示风险的综合等级,所示风险也可采用数学推导和专家判断相结合的方式确定。

表 10-1 综合风险等级分类表

综合风险等级		风险影响的程度			
^	^	严重	较大	适度	低
风险的可能性	高	K	M	R	R
^	较高	M	M	R	R
^	适度	T	T	R	I
^	低	T	T	R	I

根据表10-1,综合风险等级可分为K、M、T、R、I五个等级:K(Kill)表示项目风险很强,出现这类风险就要放弃项目;M(Modify Plan)表示项目风险强,需要修正拟议中的方案,通过改变设计或采取补偿措施等;T(Trigger)表示风险较强,设定某些指标的临界值,指标一旦达到临界值,就要变更设计或对负面影响采取补偿措施;R(Review and Reconsider)表示风险适度(较小),适当采取措施后不影响项目;I(Ignore)表示风险弱,可忽略。

二、风险评估方法

风险评估可采用多种方法,一般可视项目的具体实际情况采用。下面主要介绍几种常见的方法:

(一)简单估计法

简单估计法一般有以下几种方法:

1. 专家评估法

这种方法是以发函、开会或其他形式向专家咨询,对项目风险因素及其风险程度进行评定,将多位专家的经验集中起来形成分析结论。为减少主观性和偶然性,评估专家的人数一般不少于10位。具体操作上,可先请每位专家凭借经验独立对各类风险因素的风险程度做出判断,然后将每位专家的意见归集起来进行分析,将风险程度按一般风险、较大风险、严重风险和灾难性风险进行分类,并编制项目风险因素和风险程度分析表,如表10-2所示。

表10-2　　　　　　　　　项目风险因素和风险程度分析表

序号	风险因素名称	风险程度				说明
		灾难性	严重	较大	一般	
1	市场风险					
1.1	市场需求量					
1.2	竞争能力					
1.3	价格					
2	资源风险					
2.1	资源储量					
2.2	品位					
2.3	采选方式					
2.4	开拓投资量					
3	技术风险					
3.1	先进性					
3.2	适用性					
3.3	可靠性					
3.4	可得性					
4	投资风险					
4.1	投资地质					
4.2	水文地质					
4.3	投资量					
5	资金风险					
5.1	利率					
5.2	汇率					
5.3	资金来源中断					
5.4	资金供应不足					
6	政策风险					
6.1	政治条件变化					

续表

序号	风险因素名称	风险程度				说明
		灾难性	严重	较大	一般	
6.2	经济条件变化					
6.3	政策调整					
7	外部协作条件风险					
7.1	交通运输					
7.2	供水					
7.3	供电					
8	社会风险					
9	其他风险					

2. 风险因素取值评定法

这种方法是通过估计风险因素的最乐观值、最悲观值和最可能值,计算期望值,将期望值的平均值与已确定方案的数值进行比较,计算二者的偏差值和偏差程度,据以判别风险程度。偏差值和偏差程度越大,风险程度越高,具体方法见表10-3所示。

表10-3　　　　　　　××风险因素取值评定表　　　　已确定方案值：

专家号	最乐观值(A)	最悲观值(B)	最可能值(C)	期望值(D) D=[(A)+4(C)+(B)]/6
1				
2				
3				
…				
n				
期望平均值				
偏差值				
偏差程度				

注：(1)表中期望平均值 $= \left[\sum_{i}^{n}(D)_i\right]/n$,式中,$i$ 为专家号；n 为专家人数。(2)表中偏差值 = 期望平均值 - 已确定方案值。(3)表中偏差程度 = 偏差值/已确定方案值。

简单估计法只能对单个风险因素判断其风险程度。若需要研究风险因素发生的概率和对项目的影响程度,应进行概率分析。

(二)概率分析法

1. 概述

概率分析法是运用概率方法和数理统计方法,对风险因素的概率分布和风险因素对评价指标的影响进行定量分析的一种方法。概率是指事件的发生所产生某种后果的可能性的大小。概率分析是在选定不确定因素的基础上通过估计其发生变动的范围,然后根据已有资料或经验等情况,估计出变化值下的概率,并根据这些概率的大小来分析测算事件变动对项目经济效益带来的结果和所获结果的稳定性。它是一种定量分析方法。同时,又因为概率的发生具有随机性,故概率分析又称为简单风险分析。

概率分析,首先预测风险因素发生的概率,将风险因素作为自变量,预测其取值范围和概率分布;再将选定的评价指标作为因变量,预测评价指标的相应取值范围和概率分布,计算评价指标的期望值,以及项目成功的概率。概率分析一般按下列步骤:

(1)选定一个或几个评价指标,通常是将财务内部收益率、财务净现值等作为评价指标。

(2)选定需要进行概率分析的风险因素,通常有产品价格、销售量、主要原材料价格、投资额,以及外汇汇率等。针对项目的不同情况,通过敏感性分析,选择最为敏感的因素进行概率分析。

(3)预测风险因素变化的取值范围及概率分布,一般分为两种情况:一是单因素概率分析,即设定一个自变量因素变化,其他因素均不变化,进行概率分析;二是多因素概率分析,即设定多个自变量因素同时变化,进行概率分析。

(4)根据测定的风险因素值和概率分布,计算评价指标的相应取值和概率分布。

(5)计算评价指标的期望值和项目可接受的概率。

(6)分析计算结果,判断其可接受性,研究减轻和控制风险因素的措施。

风险因素概率分布的测定是概率分析的关键,也是进行概率分析的基础。例如,将产品售价作为概率分析的风险因素,需要测定产品售价的可能区间和在可能区间内各价位发生变化的概率。风险因素概率分布的测定方法,应根据评价需要以及资料的可得性和费用条件来选择,或者通过专家调查法,或者用历史统计资料和数理统计分析方法进行测定。

评价指标的概率分布可用数理统计分析方法或者模拟计算方法。风险因素概率服从离散型的,可采用理论计算法,即根据数理统计原理,计算出评价指标的相应数值、概率分布、期望值方差、标准差等;当随机变量的风险因素较多,或者风险因素变化值服从连续分布,不能用理论计算法计算时,可采用模拟计算法,即以有限的随机抽样数据,模拟计算评价指标的概率分布,如蒙特卡洛模拟法。

2. 期望值的计算和分析步骤

(1)期望值计算的一般公式。期望值也称数学期望,它是随机事件的各种变量与相应概率的加权平均值。不确定因素可能发生的变化值为随机变量,其可能出现的可能性大小为随机变量的概率。一系列随机变量所发生的概率排列称为概率分布,一个事件发生的全部概率分布的总和为1,期望值就代表了不确定因素在实际中最可能出现的数值。

随机变量可分为离散型随机变量和连续型随机变量。离散型随机变量是指事件发生的可能性变化为有限次数,并且每次发生的概率值为确定的随机变量。其期望值计算公式为:

$$E(x)=\sum X_i P_i$$

式中,$E(x)$ 为期望值;i 为随机变量的序数,等于 $1,2,3,\cdots,n$;X_i 为随机变量值;P_i 为随机变量发生的概率。

连续型随机变量是指事件发生的可能变化在有限的区间内可以无限次数,且其概率的总和为1的随机变量。其期望值的计算公式为:

$$E(x)=f(x)\mathrm{d}x$$

式中,$f(x)$ 为随机变量的变化函数。

在项目风险管理实践中,任一不确定因素的变化一般为有限次数,故在分析计算时,只使用离散型变量情况下的期望值计算公式。

(2) 期望值的计算步骤:

① 选取一个不确定性因素为随机变量,将其可能出现的结果一一列出,并分别计算各种可能结果下的效益值(X_i)。

② 分别计算各种可能结果出现的可能性(P_i)。

③ 根据以上资料,计算在不确定因素影响下的效益值的期望值。

效益值的期望值的计算公式为:

$$E(x)=\sum X_i P_i$$

式中,符号的含义与前面离散型变量下期望值公式中各符号的含义一致。

(3) 计算标准偏差和变异系数。

标准偏差也称"均方差"。其计算公式为:

$$\sigma=\sum P_i[X_i-E(x)]^2$$

式中,σ 为标准偏差;P_i 为第 i 次事件发生的概率;X_i 为第 i 次事件发生的变量值。

标准偏差(σ)表示事件发生的变量与期望值的偏离程度,即该指标越小,说明实际发生的可能情况与期望值越接近,期望值的稳定性也越高,项目的风险就小;反之亦然。因此,一个好的项目应该具有较高的期望值和较小的标准偏差。

在进行概率分析中,一般可根据期望值与标准偏差确定其效益水平及获得这一水平的可能性:

$E(x)+\sigma$ 的可能性为 68.27%；

$E(x)+2\sigma$ 的可能性为 95.45%；

$E(x)+3\sigma$ 的可能性为 99.73%。

另外，在概率分析中，仅用标准偏差来衡量项目的风险也有其局限性。这是因为标准偏差仅是一个绝对值指标，在项目的投资额很大的情况下，一般也存在着不同方案下的期望值和作为绝对指标的标准偏差很大的情况。这时，用标准偏差来判断就不能准确地说明项目有风险。为此，就应采用变异系数来估算项目的相对风险。变异系数的计算公式为：

$$U=\sigma/E(x)$$

式中，U 为变异系数。一般情况下，U 越小，项目的相对风险越小；反之，项目的相对风险就越大。

总之，在用概率分析来选择项目的最优方案时，既应比较期望值的大小，也应用标准偏差和变异系数来衡量风险的大小。一般情况下，若项目的风险基本相同，则应选择期望值大的方案；若项目的期望值相同，则应选择风险小的项目。

第三节 投资项目的风险处理

风险分析的目的是研究如何降低风险程度或者规避风险，减少风险损失，在预测主要风险因素及其风险程度后，应根据不同风险因素提出相应的规避和防范对策，以期减小可能的损失。

投资项目风险管理中有三种风险的处理对策即风险控制、风险自留及风险转移。风险控制对策包括风险的回避、风险损失控制、风险分散、风险分离以及风险控制下的转移。风险自留是由项目业主自设风险基金，将风险留在项目中的方法。风险转移分为无偿的风险转移（无条件免责）和有偿的风险转移（如保险或有偿地免责）两类。

一、投资项目风险的控制

(一)风险回避

风险回避是彻底规避风险的一种做法，即断绝风险的来源。回避风险一般有两种基本途径：一是拒绝承担风险，如了解到某投资项目风险很大，可拒绝项目业主的邀请。又如风险分析显示产品市场存在严重风险，这时项目业主应做出缓建或者放弃项目的建议；二是放弃以前承受的风险，如了解到某设计计划存在着新的未知风险，决定放弃以避免风险。

需要指出的是,回避风险是一种消极的经营手段,即它在某种程度上意味着丧失可能获利的机会,且在现代社会经济中广泛存在着各种风险的前提下,想要完全回避风险是不可能的。因此,只有当风险因素可能造成的损失相当严重或者采取措施防范风险的代价过于昂贵,得不偿失的情况下,才应采用风险回避对策。

(二)风险损失控制

风险损失控制是一种具有积极意义的风险处理手段,因为这一方法通过事先控制或应急方案使风险不发生或一旦发生后使损失额最小或尽量挽回经济损失。损失控制方案可分为预控方案、应急方案及挽救方案三种。具体说明如下:

1. 预控方案

经过风险辨认后,就每一个风险进行详细说明,即包括风险的起因、条件、环境、后果与控制的要领等。这样就会使项目每一个员工都清楚,在做每一项工作前都要了解这一工作的风险和预控措施,以积极的态度应对风险并主动控制风险,从而使风险消灭在萌芽状态。

2. 应急方案

制订应急方案的目的是在损失发生时能起到应急作用,从而使项目的风险损失最小化。从经济性角度考虑,在项目风险管理实践中,并不是对每一个风险都要制定应急方案,而是在风险评价的基础上对那些较大风险或可以分类的风险才制定应急方案,如投资项目实施中的人员伤亡事故应急方案、重大质量事故应急方案等。

3. 挽救方案

挽救方案的目的是在风险发生后,将千万的损失修复到尽可能使用的程度。一般来说,挽救方案可看作应急方案的从属方案,且也不是事先制定的。这是因为,人们不可能在风险发生前就预知损害的部位与程度。

(三)风险分离

风险的分离对策是常用的风险控制对策。它的主要思路是将项目的风险因素进行分离,而不是将它们集中于有可能遭受损害或损失的同一物体上。这样项目借助于风险分离增加了独立风险单位的数量,因而在其他情况相同的前提和条件下,就可以起到降低风险的作用。

(四)风险分散

分散与分离有类似之处。它们的不同点在于:分散是将项目的风险单位增多或扩大,而分离则是将风险单位分开。形象地说,分散风险是通过增加项目规模或项目的活动或任务的量来增强抵御风险的能力;而分离则是通过分离风险因素以减少风险带来的损失。

二、投资项目风险的转移

风险转移是将项目可能发生风险的一部分转移出去的风险防范方式。风险转移可分为保险转移和非保险转移。保险转移是向保险公司投保,将项目部分风险转移给保险公司承担;非保险转移是将项目的一部分风险转移给项目承包方,如项目技术、设备、施工等可能存在风险,可在签订合同中将部分风险损失转移给合同方承担。

三、投资项目风险的自留

风险自留是一种风险的财务对策,即由项目业主或投资项目自身来承担风险。因为这种承担方式是以自身的风险自留基金来保障,所以可将其归结为财务对策。自留风险是与保险或有偿转移风险方式相对立的方式。

风险自留可以分为主动自留和被动自留。主动自留是指已识别了风险,但经评价后决定予以自留;而被动自留则是指根本没有识别出该风险而自留的情况。因此,主动自留是有意识的、有计划的自留;而被动自留是无意识的、无计划的自留。

风险自留是将可能的风险损失留给拟建项目自己承担。这种方式一般主要适用于已知有风险存在,但可获高利回报且甘愿冒险的项目,或者风险损失较小,可以自行承担风险损失的项目。当然,要决定是否自留风险,主要有如下判断标准:

1. 风险自留对策在以下情况下有利:
(1)自留费用低于保险人的附加保费;
(2)项目的期望损失低于保险公司的估计;
(3)项目存在着许多风险单位,即意味着风险较小;
(4)项目的最大潜在损失与最大预期损失较小;
(5)项目在短期内有承受项目预期最大损失的能力;
(6)费用和损失支付分布于较长的一个时期内,因而导致产生很大的机会成本。

2. 风险自留对策在以下情况下不太有利:
(1)自留费用高于保险人的附加保费;
(2)项目的期望损失大于保险公司的估计;
(3)项目存在着较少的风险单位,即意味着风险较大;
(4)项目的最大潜在损失与最大预期损失较大;
(5)投资机会有限且收益率低;
(6)项目在短期内无承受项目预期最大损失的能力。

本章小结

风险是指在给定情况下和特定时间内预期结果与实际结果之间的差异,即风险的大小及风险程度的高低取决于结果的差异。不确定性与风险,不确定性分析与风险分析存在着一定的联系,也有较为明显的差别。投资项目风险是指所有影响投资项目目标实现的不确定性因素的集合。这些不确定性因素的出现及相互作用,影响着项目目标的实现程度及项目实际完成结果与预期目标的偏离程度。

投资项目风险具有不确定性和可能造成损失、阶段性、行业性、相对性等基本特征。一般地,影响投资项目的风险因素主要有市场风险、资源风险、技术风险、工程风险、资金风险、政策风险、外部协作条件风险、合同风险、社会风险等。在风险识别与分析过程中,一般按风险因素对项目影响程度和风险发生的可能性大小来进行风险等级划分。风险等级包括一般风险、较大风险、严重风险和灾难性风险四种。

投资项目风险管理是指在项目期间识别、分析风险因素,采取必要对策的决策科学和决策艺术的结合。项目的风险管理不是一项孤立的项目活动,而是健全的项目管理过程中的一个组成部分与重要方面。投资项目风险管理的目标从属于项目的总目标,主要是通过对风险的识别,研究如何降低风险程度或者规避风险,减少风险损失,在预测主要风险因素及其风险程度后,应根据不同风险因素提出相应的规避和防范应对策略,以期减少可能的损失。

投资项目风险管理主要包括制订风险管理计划、风险识别、定性风险分析、定量风险分析、风险应对计划、风险监测与控制等内容。

项目的风险评估方法主要包括简单估计法和概率分析法。其中,简单估计法又包括专家评估法和风险因素取值评定法。概率分析法则是运用概率方法和数理统计方法,对风险因素的概率分布和风险因素对评价指标的影响进行定量分析的方法。概率分析主要通过计算期望值概率分布、方差及标准差等数值情况来判断项目存在的风险程度。

投资项目风险管理中有三种风险的处理对策即风险控制、风险自留及风险转移。风险控制对策包括风险回避、风险损失控制、风险分散、风险分离以及风险控制下的转移。风险自留是由项目业主自设风险基金,将风险留在项目中的方法。风险转移分为无偿的风险转移(无条件免责)和有偿的风险转移(如保险或有偿地免责)两类。

复习思考题

一、名词解释

风险　项目风险　投资项目风险管理　项目风险的保险转移　项目风险的非保险转移

二、简答题

1. 简述投资项目风险的特征。
2. 简述影响投资项目的常见风险因素。

3. 简述投资项目风险管理的目的。
4. 简述投资项目风险管理的内容。
5. 简述投资项目风险的等级划分。
6. 简述投资项目风险分析方法。
7. 简述投资项目风险处理的主要对策。
8. 简述投资项目风险自留的判断标准。

第十一章 投资项目的竣工验收与总结评价

投资项目在完成施工任务及收尾工作后,就必须对项目进行竣工验收与总结评价,以确认项目是否达到设计要求或预期目标,并衡量项目预期目标的实现程度。投资项目的竣工验收与总结评价是投资项目管理工作中非常重要的一环,是项目管理中一个不可或缺的阶段,一方面,它体现了投资项目全过程管理的结果,另一方面它还直接关系到项目能否及时交付使用及项目的投产运营能否正常进行与效益能否顺利实现。

第一节 投资项目验收概述

一、投资项目竣工验收的概念

投资项目按照批准的设计图纸和稳健的内容全部建成,达到使用条件或住人的标准,叫做投资竣工。

投资项目的竣工验收就是由建设单位、施工单位和项目验收机构,已批准的设计任务书和设计文件,以国家或部门颁发的施工验收规范和质量检验标准为依据,按照一定的程序和手续,在项目建成并试生产合格后,对投资项目的总体进行检验和认证的活动。

工业生产项目,必须试生产合格,形成生产能力,能正常生产出合格产品后,方能进行验收;非工业生产项目,应能正常使用,方可进行验收。

二、投资项目竣工验收的作用

投资项目竣工验收是投资项目建设全过程的一个阶段,是投资成果转入生产或使用的标志。因此,投资项目竣工验收对促进投资项目尽快投入使用、发挥投资效益、全面总结建设过程的经验,都具有很重要的意义和作用。

从整体上看,投资项目竣工验收是全面考核投资项目建设工作,检验投资项目的决策、设计、施工以及管理水平,总结投资项目建设经验的重要环节。投资项目竣工验收,标志着项目投资已转化为能发挥经济效益的固定资产,对促进投资项目及时投入生产或使用、发挥投资效益、总结经验教训,都有重要的作用。投资项目建设投产和交付使用后,能否取得预想的经济效益,需要有关部门按照技术标准、技术规范组织验收确认。

从投资者角度看,投资项目竣工验收是投资者全面检验投资项目目标的实现程度,对工程投资、工程进度和工程质量进行审查的关键环节。通过投资项目竣工验收,可以更好地控制投资项目质量,使投资项目符合设计和使用要求。它不仅关系到投资者在项目建设周期的经济利益,也关系到项目投产的运营效果或销售后的经济效益。因此,投资项目的投资者更应重视和集中力量组织好竣工验收,并督促承包商抓紧收尾投资,通过验收发现隐患,消除隐患,为发挥投资项目的设计能力和满足使用要求创造良好条件。

从承包者角度看,投资项目竣工验收是承包者对所承担的投资项目接受投资者和国家权威机构的一次全面检查,是按合同全面履行义务、按完成的投资量收取投资价款、积极主动配合投资者组织好试生产和试运营、将技术经济资料整理归档、办理竣工投资移交手续的重要阶段。同时,投资项目竣工验收也有利于承包者总结经验教训,提高投资项目的施工和管理水平。

由于投资项目竣工验收需要大量的检验工作,需要各方面的协作配合,容易产生利益上的冲突,应该严格管理。也正因如此,我国有关部门规定,已具备竣工验收和投产条件的投资项目,三个月内不办理验收投产和移交固定资产手续的,取消建设单位和主管部门的基建试车收入分成,由银行监督全部上缴财政,并由银行冻结其基建贷款或停止贷款。如三个月内不办理验收和移交固定资产手续确有困难,经验收主管部门批准,期限可适当延长。

投资项目的竣工验收,有的是等整个投资项目全部完成后,一次集中验收;但也有一些项目不必等项目完成后集中验收,而对一些分期建设、分期受益的投资项目,也可在其部分建成后,只要相应的辅助设施能够配套,并具备生产合格产品的条件,能够正常生产和使用的,就可以分期分批组织验收,以使其投资效益能够及早实现。因此,凡是一个完整的投资项目,或是一个单项工程或单位工程建成后达到正常生产条件的,就应及时组织竣工验收。

三、投资项目竣工验收的内容

投资项目竣工验收的内容随项目的不同而不同,一般包括以下内容:

(一)投资项目技术资料的验收

投资项目技术资料验收包括投资地质、水文、气象、地形、地貌、建筑物、构筑物及重要设备安装位置、勘察报告和记录;初步设计、技术设计、关键的试验和总体规划设计;土地实验报告、基础处理;建筑投资施工纪录、单位投资质量检验记录、管线强度、密封性试验报告、设备及管线施工安装记录及质量检查、仪表安装施工纪录;设备试车、验收运转、维护记录;产品的技术参数、性能、图纸、工艺说明、技术总结、产品检验、包装、工艺图;设备的图纸、说明书、涉外合同、谈判协议、意向书;各单位工程及全部管网竣工图等资料。

(二)投资项目综合资料的验收

投资项目综合资料的验收包括项目建议书及批准文件、可行性研究报告、项目评估报告、环境影响评估报告、设计任务书;土地征用申报及批准文件、承包合同、招投标文件、施工执照、项目竣工验收报告;验收鉴定书。

(三)投资项目财务资料的验收

投资项目财务资料验收包括历年建设资金供应情况和应用情况;历年批准的年度财务决算、历年年度投资计划、财务收支计划;建设成本资料;支付使用的财务资料;设计概算、预算资料;施工决算资料。

(四)投资项目建筑投资的验收

在全部投资验收时,建筑工程早已完工,有的已经进行了交接验收,这时主要是如何运用资料进行审查验收。主要内容有:

(1)建筑物的位置、标高、轴线是否符合设计要求。

(2)对基础工程中的土石方工程、垫层工程、砌筑工程等资料的审查。因为这些工程在交接时已验收过。

(3)对结构工程进行审查验收。

(4)对屋面工程的地基、屋面瓦、保温、防水层进行验收。

(5)对门窗工程的审查验收。

(6)对装修工程的审查验收。

(五)投资项目安装工程的验收

投资项目安装工程的验收包括对建筑设备安装工程的验收、工艺设备安装工程的验收、核动力设备安装工程的验收。

建筑设备安装工程验收是指对建筑物中的上下水管道,暖气、煤气、通风管道、电器照明等工程的验收。对这些工程的验收,应检查设备的规格、型号、数量、质量是否符合设计要求,检查安装时的材料、材质、材种,并进行相关试验。

工艺设备安装工程验收包括生产、起重、传动、试验等设备的安装,以及附属管线敷设和油漆保温等的验收,主要是检查设备的规格、型号、数量、质量、设备安装的位置、联动试车、管道的焊接质量等。

核动力设备安装工程验收是对项目的变配电设备、动力配电线路的验收。

四、投资项目竣工验收的质量核定

投资项目竣工验收质量的核定,是政府对竣工投资项目进行质量监督的一种带有法律性的手段,目的是保证投资项目的质量、投资项目的结构安全和使用功能。它是竣工验收交付使用必须办理的手续。投资项目竣工质量审核的范围包括新建、扩建、改建的工业和民用建筑投资、设备安装投资以及市政投资等,一般由城市建设机关的投资质量监督部门承担这项工作,确定竣工投资项目的质量等级,并颁发《建设投资质量合格证书》。

(一)申报投资项目竣工质量核定的条件

(1)竣工投资项目必须符合国家或地区规定的竣工条件和合同规定。有委托监理的投资,必须提供监理单位对投资质量进行监理的有关资料。

(2)竣工投资项目必须有有关各方前人的验收记录。对验收各方提出的质量问题,施工单位进行返修的,应有投资项目的投资商、开发商或监理单位的复检纪录。

(3)提供按照规定齐全、有效的施工技术资料。

(4)保证竣工质量核定所需的水、电供应及其他必备的条件。

(二)投资项目竣工质量核定的方法和步骤

单位工程完成以后,施工单位要按照国家检验评定标准的规定进行自检,符合有关技术规范、设计文件和合同要求的质量标准后,提交投资项目的投资商和开发商。投资项目的投资商和开发商再组织设计、建立、施工等单位及有关方面,对投资质量评定等级,并向投资质量的监督机构申报竣工投资质量核定。投资质量的监督机构在受理竣工投资质量审定后,按照国家规定的《投资质量检验评定标准》进行核定;经核定合格或优良的投资,发给《合格证书》,并说明其质量等级。投资项目交付使用后,如投资质量出现永久缺陷等严重问题,监督机构将收回《合格证书》,并予以公布。

经监督机构核定不合格的单位工程,不发给《合格证书》,不准投入使用。责任单位在规定期限返修后,再重新进行申报、核定。

在投资质量审核过程中,如施工技术资料不能说明结构安全或不能保证使用功能的,由施工单位委托法定检测单位进行检测。在核定过程中,凡属弄虚作假、隐瞒质量事故者,由监督机构对责任单位依法进行处理。

五、投资项目验收的方法

投资项目验收的方法根据项目的不同特点而灵活采取不同的方法,在实际验收中采用观测的方法非常普遍。对于生产性项目,可采用试生产的办法,检验生产设备是否能达到设计要求;对于系统开发项目,可采取试运行方式检验项目成果的性能;对服务性的项目,一般通过考核其经济效益或社会效益来验收。为了核实项目或项目阶段是否按规定完成,往往验收时需要进行必要的测量、考查、试验等活动。

六、投资项目验收的结果

投资项目验收完成后,如果项目的成果符合项目目标规定的标准和相关的合同条款及法律法规,参加项目验收的各方应在事先准备好的文件上签字,表示接受方已正式认可并验收全部或部分阶段性成果。一般情况下,这种认可和验收可以附有条件,如进行安装投资验收时,可规定若设备使用中发现问题,设备供应方则需派专业人员到现场解决或在一定时期内必须有供应方专业人员驻守现场。

对于投资建设项目,项目验收合格要签署竣工验收鉴定书。竣工验收鉴定书,是表示建设项目已经竣工,并交付使用的重要文件,它是全部固定资产交付使用和建设项目正式动用的依据,也是承包商对建设项目消除法律责任的文件。

验收机构在进行正式的全部验收工作后,有关负责人必须在竣工验收鉴定书中签署姓名和意见。竣工验收鉴定书的具体格式可见表11-1:

表11-1　　　　　　　　　　　竣工验收鉴定书

投资项目名称		投资项目地点	
投资项目范围		建筑面积	
投资项目造价			
开工日期		竣工日期	
日历工作天		实际工作天	
验收意义			
建设单位			
验收日			
建设单位	(公章) 年 月 日	监理单位	(公章) 年 月 日	施工单位	投资项目负责人: 公司负责人: 年 月 日

第二节 投资项目验收的依据与标准

一、投资项目验收的依据

在对投资项目进行验收时,主要依据项目的工作成果和成果文档。工作成果,是项目实施后的结果,项目结束应当提供一个令人满意的工作成果。因此,投资项目验收的重点是针对工作成果进行检验和接受。工作成果验收合格,项目实施才可能最终完成。同时在进行项目验收时,项目团队必须向接受方出示说明项目成果的文档,如项目计划、技术要求说明书、技术文件、图样等,以供审查。对不同类型的项目,成果文档包含的文件不同。具体来说,投资项目验收的依据包括:

(1)上级主管部门审批的计划任务书、设计纲要、设计文件等。
(2)招投标文件和投资合同。
(3)施工图纸和说明、设备技术说明、图纸会审纪录、设计变更签证和技术核定单。
(4)国家和行业颁布的现行施工技术验收规范及投资质量检验评定标准。
(5)有关施工记录及投资所用的材料、构件、设备质量合格文件及检验报告单。
(6)承建单位提供的有关质量保证文件等。
(7)国家颁布的有关竣工验收的文件。
(8)引进技术或进口成套设备的项目还应按照签订的合同和国外提供的设计文件等资料进行验收。

投资项目经过竣工验收,由承包单位交付投资者使用,并办理各项投资转交手续,标志着这个投资建设期的结束。也就是说,投资项目的建设资金已经转化为投资项目投资者的使用资金。

二、投资项目验收的标准

(一)投资项目验收的一般标准

投资项目验收标准是判断项目成果是否达到目标要求的依据,因而应具有科学性和权威性。只有制定科学的标准,才能有效地验收项目结果。作为项目验收的标准,一般选用项目合同书、国家或行业标准和有关政策法规、国际惯例等。

项目合同书规定了在项目实施过程中各项工作应遵守的标准、项目要达到的目标、项目成果的形式以及对项目成果的要求等,它是项目实施管理、跟踪与控制的首要依据,具有法律效力。因此,在对项目进行检验时,最基本的标准就是项目合同书。

国家行业标准和相关的政策法规,是比较科学的、被普遍接受的标准。项目验收时,若无特殊的规定,可参照国家或行业相关的政策法规进行验收。国际惯例是针对一些尝试性的内容而言的,若无特殊说明,则可参照国际惯例进行验收。

(二)投资项目验收的具体标准

一个投资项目涉及多种门类、多个专业,且要求的标准也各异。因此,在对投资项目或单位进行竣工验收时,必须采用相应的标准。

1. 单位工程竣工验收的标准

单位工程包括土建工程、安装工程和室外管线工程等。由于它们的用途及施工过程各不相同,所以具体的验收标准也不同。

(1)土建工程的验收标准。对生产型工程、辅助公用设施及生活设施应该按照设计图纸、技术说明书、验收规范及建筑工程质量检验评定标准验收,合同条款规定的项目内容应全部施工完毕,质量应符合标准的合格要求。不论是生产性建筑还是生活建筑设施,不仅建筑物室内工程要全部完工,而且室外工程的明沟、踏步斜道、散水以及建筑物周围场地应平整,障碍物应清除,并达到水通、电通、道路通。

(2)安装工程的验收标准。按照设计要求的施工项目内容、技术质量要求及验收规范和质量验收标准的规定,各道工序要求全部完毕且质量符合合格要求。各种管道已做好清洗、试压、吹扫、油漆、保温等工作;各项设备、电气、空调、仪表、通信等工程项目全部安装完毕,经过单机、联机无负荷及投料试车,全部符合安装技术的质量要求,基本形成设计能力的条件。

(3)室外管线工程竣工验收的标准。室外管道安装和电气线路敷设工程,全部按项目设计要求,已施工完毕,而且经检验达到项目设计、施工和验收规范的要求;室外管道安装工程,经过闭水试验、施压和检测,质量全部合格;室外电器敷设工程,经过绝缘耐压材料检验,质量全部合格。

2. 单项工程竣工验收的标准

单项工程一般可分为工业和民用两大类。

(1)工业单项工程竣工验收的标准。

初步设计规定的工程全部施工完毕,包括建筑工程、设备安装工程、配套工程及附属工程;上述各项工程经检验达到项目设计文件、施工及验收规范和技术说明书的要求,投资质量合格,且已形成设计规定的生产能力;经单体试车、无负荷联动试车合格,能够生产合格产品;项目生产准备已基本完成,能够连续进行生产。

(2)民用单项工程竣工验收的标准。

全部单项工程均已施工完毕,达到项目竣工验收标准,验收后能够交付使用;与项目配套的室外管线工程已全部施工完毕,达到竣工质量验收标准。

3. 投资项目竣工验收的标准

对于投资项目竣工验收的标准,工业项目和民用项目有所不同。

(1)工业投资项目竣工验收的标准。

工业建设项目竣工验收的标准包括主要生产型投资和扶助公用设施,均按项目设计要求建成,并且能够满足项目生产要求;主要工艺设备、动力设备均已安装配套,经无负荷联动试车合格,并已形成生产能力,能够生产出项目设计文件规定的产品;职工宿舍、食堂、更衣室、浴室,以及初步设计规定的其他生活福利设施,均已能够适应项目投产初期的需要,其中包括生产指挥系统的建立,经过培训的生产人员和机修、电修人员已能上岗操作,生产所需的原材料、燃料和备品、备件的储备,经验收检查,能够满足连续生产的要求。

(2)民用投资项目竣工验收的标准。

民用投资项目竣工验收的标准包括投资项目各单位工程和单项工程,均已符合项目竣工验收标准;投资项目配套投资和附属投资,均已施工完毕,达到设计规定的质量要求,并具备正常使用条件。

第三节 投资项目验收的组织与流程

一、投资项目验收的组织

投资项目验收的组织是指对项目成果进行验收的组成人员及其组织,一般由项目接受方、项目管理人员和项目监理方构成。但由于项目性质的不同,项目验收的组织构成差异较大。具体来说,按照国家的有关规定,投资项目的竣工验收组织有以下三种形式:

(1)国家投资或贷款的一般地方小型项目,由省、自治区、直辖市或当地政府主管部门组织验收。

(2)国家投资或贷款的中型项目,按隶属关系,由国务院有关部门会同省、自治区、直辖市政府组织验收。

(3)国家投资或贷款的大型重要的项目,由国家发改委组成的国家验收机构进行验收。

上述投资项目的验收组织形式,只要是对国计民生有较大影响的项目,而一般工业及民用投资项目通常都由投资项目的投资商或开发商邀请设计单位、质量监管人员及上级主管部门组成验收小组进行验收。投资项目的质量则由当地投资质量监督站核定质量等级。

二、项目验收的程序

项目验收依项目的大小、性质、特点的不同其程序也不尽相同,对大型建设项目而言,由于验收环节较多、内容复杂,因而验收的程序也相对复杂。对一般安装投资、砌筑投资等小项目,其验收也相对简单。但投资项目验收一般应由下面这些过程组成。

(一)投资项目验收的准备工作

投资项目验收的准备工作是竣工验收顺利进行的基础。因此,竣工验收的准备工作应尽早组织安排,不仅投资项目的承建单位、投资商和开发商要做好准备工作,设计单位和监理工程师也要做好准备工作。投资项目竣工验收的准备工作主要由下面这些过程组成:

1. 做好投资项目的收尾工作

当项目接近尾声时,大量复杂的工作已经完成,但还有部分剩余工作需要细致、耐心地处理。一般情况下,一流的工作大多是分散的、零星的、工作量少的棘手工作。这些工作看似较轻,但如果处理不好,将直接影响项目的进行。同时,临近项目结束,项目工作人员通常有松懈的心理,因而对项目工作的热情不如项目开始时高涨,这些现象是很正常的,这就要求项目负责人把握全局,正确处理好参与人员的工作情绪,保质保量地做好收尾工作,做到项目的善始善终。

2. 编制投资项目竣工验收的工作计划

投资项目竣工验收工作计划的内容包括投资项目竣工验收的准备、投资项目的竣工验收及投资项目的交接和收尾三个阶段。每个阶段的工作都应指明工作时间、工作内容、工作标准和要求。投资项目竣工验收工作计划,一般由投资项目建设的监理工程师编制,并应事先征求投资项目的投资商或开发商、承建单位、设计单位等相关单位的意见,在协商一致后才能作为正式的竣工验收计划发出。

3. 整理汇集各种经济与技术资料

总监理工程是在项目正式验收前,应指示其所属的各专业监理工程师,按照原有的分工,对各自负责、管理和监督的项目的技术资料进行一次认真的清理。由于一个投资项目的施工期往往有一到两年或更长的时间,施工过程中发生的事情不仅很多,而且难以凭记忆记清楚。因此,必须借助以往收集、积累的资料,为监理工程师在竣工验收中提供有利的数据和情况,其中有些资料将用于对承建单位所编制的竣工技术资料的复核、确认合同责任、投资结算和投资移交。各类设计变更和隐蔽工程验收资料,对竣工验收工作非常重要,如果监理工程师不掌握这些资料就难以校核承建单位所编制的竣工图是否反映真实情况;如果不把过去停工、延期和经济技术签证作全面地整理统计，就难以确认投资是否按合同规定的工期提前完工或拖延完工，是否需要按合同规定进行奖励或惩罚，对承建单位申请的额外投资价款的调整也难以得到合理解决。

4. 拟定验收条件、验收依据和验收必备的技术资料

拟定竣工验收条件、验收依据和必备的技术资料，是投资项目竣工验收准备工作的重要内容，具体包括：

(1) 投资项目竣工验收的条件：

①合同所规定的承包范围的各项投资内容均已完成。

②各分部分项及单位工程均已有承建单位进行自检自验，隐蔽工程也已通过验收，且都符合设计和国家施工验收规范以及质量验收和评价标准、合同条款的规定等。

③各种设备、消防、空调、通信、煤气、给排水、电器等均与外线接通，并已连通试运行。测量的数据表明，投资项目已经达到设计和生产的要求，各种数据均有文字记录。

④竣工图已按有关规定如实绘制，投资验收的资料已齐备，竣工技术档案按档案部门的要求已经进行整理。

对于大型工业项目，为了尽快地发挥投资效益，也可分批、分期地组织验收和交付使用。遇到上述情况时，也认为是符合验收条件的。

(2) 投资项目竣工验收必备的技术资料。一些大中型投资项目进行正式验收时，往往是由验收机构或验收小组来验收。而验收机构或验收小组的成员经常要先审阅已进行中间验收或隐蔽工程验收的资料，以全面了解投资项目的建设情况。为此，监理工程师与承建单位应主动配合验收机构或验收小组的工作，对一些问题提出的质疑，应给予解答。向验收机构和验收小组提供的技术资料有：

①竣工图。

②分项分部工程检验评定的技术资料，如果是对一个完整的投资项目进行竣工验收，则还应有单位工程竣工验收的技术资料。

③试车运行记录。

5. 自检

项目负责人应组织项目参与人员在项目成果交付验收之前进行必要的自检自查工作，找出问题和漏洞，以尽快解决。

6. 提出验收申请，报送验收材料

项目自检合格后，项目负责人应向项目接受方提交申请验收的请求报告，并同时附送验收的相关材料，以备项目接受方组织人员验收。

(二) 验收方应做好的工作

1. 组成验收工作组或验收机构

项目业主(接受方)应会同项目经理人员、政府相关人员,如有必要还可以吸收注册会计师、律师、审核师、行业专家等人员,组成验收工作组或验收机构。项目验收班子成员应坚持公正、公平、科学、客观、负责的态度对项目进行全面验收。

2. 项目材料验收

项目验收班子对项目管理者送交的验收材料进行审查,若有缺项、不全、不合格的材料则应立即通知项目管理者,令其限期补交,以保证项目验收顺利通过。

3. 现场(实物)初步验收

项目验收班子根据项目管理者提供的验收申请报告,可组织人员对项目成果现场或项目成果进行初步检查,大体上对项目成果有个把握,如果检查不符合项目目标要求,应通知项目管理者尽快整改。

4. 正式验收

项目验收班子在对项目验收材料和项目初审合格的基础上,组织人员对项目进行全面、细致的正式验收。正式验收还可以依据项目的特点,实行单项工程验收、整体投资验收,或部分验收、全面验收等。如果验收合格,则签署验收报告;如果验收不合格,则通知项目管理者进行整改后再做验收。若在验收中发现较严重的问题,双方难以协商解决,则可诉诸法律。

5. 签发项目验收合格文件

对验收合格的项目,验收班子签发项目验收合格文件,标志着项目管理人员的工作圆满结束,项目由接受方使用,投入下一阶段的生产运营。

6. 办理固定资产形成和增列手续

对于投资性项目,当项目验收合格后,应立即办理项目移交,对形成的固定资产办理增列手续。

竣工验收的移交程序具体可见图11-1。

第四节 投资项目的移交与回访保修

投资项目移交是指全部合同收尾完工后,在政府项目监管部门或社会第三方中介组织协助下,项目业主与项目参与方进行项目所有权的转移与交付过程。

投资项目竣工验收工作结束后,标志着投资项目的投资建设也已完成,并将投入使用。此时,投资项目的投资商或开发商应努力创造生产或销售的准备条件,争取早日投入生产运营或交付使用;而承包商应抓紧处理投资项目一流的问题,以尽快将投资项目移交给投资商或开发商;而投资项目的监理工程师,则应督促双方尽快完成收

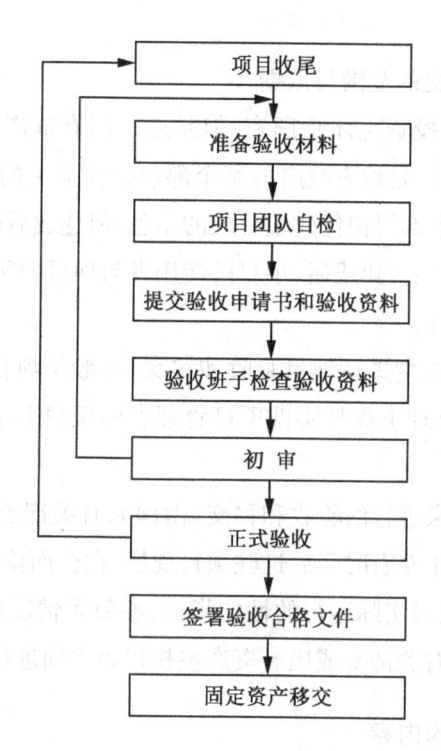

```
项目收尾
   ↓
准备验收材料
   ↓
项目团队自检
   ↓
提交验收申请书和验收资料
   ↓
验收班子检查验收资料
   ↓
初 审
   ↓
正式验收
   ↓
签署验收合格文件
   ↓
固定资产移交
```

资料来源：许成绩：《现代项目管理教程》，中国宇航出版社 2003 年版，第 496 页。

图 11—1　项目验收移交程序

尾和移交工作。

一、投资项目移交的范围与依据

对于不同行业的、不同类型的项目，国家或相应的行业主管部门出台了各类项目移交的规程和规范。下面就依据投资主体的不同，分别就个人投资项目、企事业投资项目和国家投资项目的移交范围与依据进行讨论，并且这些讨论以投资建设项目为主。

1. 个人投资项目移交的范围与依据

对于个人投资项目，一旦验收完毕，应由项目管理者与项目业主按合同进行移交，移交的范围是合同规定的项目成果、完整的项目文件、项目合格证书、项目产权证等。

2. 企事业单位投资项目移交的范围与依据

对于企事业单位投资项目，如企业利用自有资金进行技术改造项目，企事业单位为项目业主，应由企事业的法人代表出面代表项目业主进行项目移交。移交的依据是项目合同。移交的范围是合同规定的项目成果、完整的项目文件、项目合格证书、项目产权证书等。

3. 国家投资项目移交的范围与依据

对于国家投资项目，投资主体是国家，但是通过国有资产的代表实施投资行为。一般来说，对中、小型项目，是地方政府的某个部门担任业主的角色。对大型项目，通常是委托地方政府的某个部门担任建设单位的角色，但建成后的所有权属于国家。对国家投资项目而言，因为项目建成后，项目的使用者与项目的所有者分离，因而竣工验收与移交分两个层次进行。

项目管理者向项目业主进行项目验收和移交，一般是项目已竣工并通过验收班子的竣工验收之后，由监理工程师协助项目管理者向项目业主进行项目所有权的移交。

项目建设单位向国家进行的验收和移交，由国家有关部委组成验收工作小组，在项目竣工验收试运行一年左右时间后进驻项目现场，在全面检查项目的质量、档案、环保、财务、预算、安全及项目实际运行的性能指标、参数等情况后，进行项目移交手续。移交在项目法人与国家有关部委或国有资产授权代表之间进行。

二、投资项目移交的内容

(一)投资项目实体移交

在投资项目通过竣工验收后，往往还或多或少地存在一些漏项以及与投资有关的问题。因此，监理工程师要与承建方协商有关投资收尾的计划。由于投资项目的移交不能占用很长的时间，因而要求承建方在办理移交工作中，力求使投资项目的投资商或开发商简便、满意。入门的钥匙不仅数量大、型号多，稍不注意就出错，承建方需事先将每层钥匙分开并将每个门的钥匙编上号，就会给投资项目的投资商或开发商甚至用户带来很多方便。当移交清点工作结束后，监理工程师就可以签发投资项目竣工移交证书。如图11-2所示，签发的投资项目交接书一式三份，投资项目的投资商或开发商、承建方、监理单位各一份。投资项目移交结束后，承建方即应按照规定的时间，抓紧对临时设施的清除及施工人员和机械的撤离，并做好施工场地清理。

竣工移交证书

| 工程名称： | 合同号： | 编号：
监理单位： |

致建设单位_____：
　　兹证明_____号竣工报验单所报_____工程已按合同和监理工程师的指示完成，从_____开始，该工程进入保修阶段。
日　期：
附注：(工程缺陷和未完工程)
_____
_____
_____
_____

　　　　　　　　　　　　　　　_____
　　　　　　　　　　　　　　　监理工程师　　日　期

总监理工程师意见：
_____
_____

图 11-2　竣工移交证书

(二) 投资项目技术资料的移交

投资项目的主要技术资料是投资档案的重要部分。因此，在投资项目正式验收时应提供完整的投资项目技术档案。由于投资项目技术档案有严格的要求，内容又很多，因此这并非是承建单位一家的工作，所以常常只要求承建单位提供项目技术档案的核心部分，而整个投资项目档案的归整、装订，则在投资项目竣工验收结束后，由投资项目的投资商或开发商、承建方和监理工程师共同来整理投资项目的技术档案，并由投资项目的投资商或开发商与监理工程师将保存的资料交给承建方来完成。最后由监理工程师校对审阅，确认符合要求后，再由承建方按档案部门的要求装订成册，统一送当地城建档案馆验收保存。此外，在整理档案时一定要注意份数备足。

投资项目的档案资料主要有以下内容：

1. 投资项目准备及实施准备阶段的档案资料

(1) 申请报告、批准文件。

(2) 有关建设项目的决议、批示、领导讲话及会议记录。

(3) 可行性研究，方案论证资料。

(4) 征用土地、拆迁、补偿等文件。

(5)投资地质勘查报告,包括气象水文资料。

(6)概预算。

(7)承包合同、协议书、招投标文件。

(8)建筑执照及规划、消防、环保、劳动部门审核文件。

2. 投资项目实施阶段的项目资料

(1)开工报告。

(2)投资测量定位纪录。

(3)图纸会审、技术交底。

(4)施工组织设计等。

(5)基础处理、基础投资施工文件。

(6)隐蔽工程验收纪录。

(7)投资变更通知单。

(8)建筑材料、构建、设备质量保证单及材料代用单。

(9)水、电、暖、气等管线及设备安装施工记录和检验记录。

(10)投资质量事故的调查报告及所采取处理措施的纪录。

(11)沉降观测记录。

(12)垂直度观测记录。

(13)分部分项工程质量评定纪录。

(14)单位工程量检验评定及当地投资质量监督站核定的记录。

(15)其他。

(16)竣工报告。

3. 投资项目竣工验收阶段的档案资料

(1)竣工项目的验收报告。

(2)竣工决算及审核文件。

(3)竣工验收的会议文件、会议决定。

(4)竣工验收质量评价。

(5)投资建设的总结报告。

(6)投资项目施工建设中的照片、录像及领导人、名人的题词。

(7)竣工图,包括土建、设备、水电、暖、煤气、空调等的图纸。

(三)投资项目的其他移交工作

为确保投资项目在生产和使用中保持正常运行,监理工程师还应督促做好以下与投资项目有关的各项移交工作。

1. 有关设备的保养提示书

由于承建方和监理工程师已经经历了建筑安装、调试和运转几个阶段的工作,对某些先进设备、特种设备及其附件、投资材料的使用和性能已进行了一定的研究、摸索,积累了不少经验。为了使生产和使用单位以及消费者少走弯路,承建方和监理工程师应把这方面的知识编写成"使用保养提示书",以使生产和使用单位以及消费者正确操作。

2. 各类使用说明书

与投资项目有关的各类使用说明书及有关装配图纸,是生产管理者和投资项目使用者必备的技术资料。因此,承建方应在竣工验收后及时收集列表汇编,并于交工时移交给投资项目的投资商或开发商。

3. 交接附属工具零配件及备用材料

当前不少厂商都为其生产的设备提供一些专门的启动、维修工具和附属零件,并对易损件及材料提供一定数量的备品、备件。这些对今后维持正常的运行和使用都是十分重要的。监理工程师在这些设备安装开始之前,就应提醒承建方注意妥善保管,并于竣工时全部交还给投资项目的投资商或开发商。若有一时损坏,则应按合同中的规定给予赔偿。

4. 厂商及总包、分包承建方明细表

投资项目投入生产运行和使用中,生产者或使用者对许多技术问题不太清楚时,需要向总包、分包承建方及生产厂家进行咨询或购买专用的零配件。为此,在移交工作中,监理工程师应与承建单位一起将投资使用的材料、设备的生产厂家及分包商列出明细表,以使生产者和使用者能很清楚地知道找哪个单位。

5. 抄表

投资项目交接中,监理工程师还应协助投资项目的投资商或开发商与承建方做好水表、电表、煤气表及机电设备内存燃料等数据的交接,以便双方财务往来结算。

在办理投资项目移交之前,项目管理者要编制竣工结算书,以此作为向项目建设方结算最终拨付的投资价款。而竣工结算书通过监理工程师审核、确认并签字后,才能通知银行与项目管理者办理投资价款的拨付手续。

当项目的实体移交、文件资料移交和项目款项结清及其他移交完成后,项目移交方和项目接受方在项目移交报告上签字,形成项目移交报告。项目移交的报告即构成项目移交的结果。

三、移交检查表

在提供项目移交报告以前应当进行项目移交的检查工作,认真填写移交检查表。项目移交检查表应当罗列全部可交付成果的完成情况的清单,这一清单由可交付成果的成功标准和项目完成状况两部分构成,具体可见表11—2。

表11—2　　　　　　　　　　　　移交检查表

项目可交付成果的成功标准	项目完成状况
可交付成果1	
可交付成果2	
可交付成果3	
可交付成果……	
可交付成果n	

四、项目移交报告

项目移交报告包括通信和会议备忘录、项目移交的会议备忘录、项目时间报告、项目费用报告、项目质量报告、项目移交文件。项目移交表是用于记录项目管理者何时接受项目,开始项目的计划与实施和提交项目成果,确定相关文档或成果是否齐全,其具体格式见表11—3。

表11—3　　　　　　　　　　　　项目移交表

项目名称			
客户名称			
项目描述			
关键部门和客户人员			
	姓名	电话	E-mail
财务经理			
部门经理			
计划经理			
客户方项目发起人			
主要用户联系人			
主要技术联系人			
项目初始信息(提交项目管理部门)			
项目开始日期		移交日期	
项目收入		项目成本	
已签合同			是□ 否□
项目建议书附在该表			是□ 否□

续表

合同与协议附在该表	是 □ 否 □
与用户间介绍性会议已经确定	是 □ 否 □
日期： 地点：	

<table>
<tr><td colspan="4" align="center">项目收尾信息（由项目经理提交）</td></tr>
<tr><td>指标</td><td>计划</td><td>实际</td><td>偏差</td></tr>
<tr><td>项目开始日期</td><td></td><td></td><td></td></tr>
<tr><td>项目结束日期</td><td></td><td></td><td></td></tr>
<tr><td>项目收入</td><td></td><td></td><td></td></tr>
<tr><td>项目成本</td><td></td><td></td><td></td></tr>
</table>

满足合同条款	是 □ 否 □
用户满意项目结果	是 □ 否 □
正式接受协议附于该文件	是 □ 否 □
与客户完成项目收尾会议	是 □ 否 □
日期： 地点：	

五、投资项目的回访

（一）投资项目回访的目的和意义

项目验收移交后，按采购合同条款的要求和国家的有关规定，在预约的期限内由项目管理者组织项目人员主动对交付使用的竣工项目进行回访，听取业主对项目质量、功能的意见和建议。一方面，对项目运行中出现的质量问题，在项目回访报告中进行登记，及时采取措施加以解决；另一方面，对于项目实施过程中采用的新思想、新工艺、新材料、新技术、新设备等，经运行证明其性能效果是否达到预期目标，要予以总结、确认，为进一步完善、推广、积累数据创造条件。

项目回访保修的意义：

（1）有利于项目管理者重视管理，增强责任心，保证投资质量，不留隐患，树立向用户提供优质投资的良好作风。

（2）有利于及时听取用户意见，发现问题，找到投资质量的薄弱环节，不断改进工艺，总结经验，提高项目管理水平。

（3）有利于增强项目管理方同用户的联系和沟通，增强项目用户对管理者的信任感，提高项目管理方的信誉。

（二）项目回访的方式

项目移交后，项目管理者应定期向用户进行回访，特别是在保修期内，至少应回访一次。若保修期为一年,则可在前半年回访一次,保修到期时再回访一次,并填写回访卡。

对不同的项目回访的方式不同。以常见的投资项目为例,回访的方式一般有三种:一是季节性回访。大多数是雨季回访屋面、墙面的防水情况,冬季回访锅炉房及采暖系统的情况;发现问题采取有效措施,及时加以解决。二是技术性回访。主要是了解在投资施工过程中所采用的新材料、新技术、新工艺、新设备等的技术性能及使用后的效果,发现问题及时加以补救和解决;同时也便于总结经验,获取科学依据,不断改进和完善,并为进一步推广创造条件。这种回访可以定期进行也可不定期进行。三是保修期满前的回访。这种回访一般是在保修即将届满之前进行回访,既可以解决出现的问题,又标志着保修期即将结束,使建设单位注意建筑的维护和使用。

六、投资项目的保修

项目合同中一般都规定缺陷保修期,并对这段时间内所发生的质量问题以合同条款的形式规定预先处理方式,项目管理者可以按照合同要求进行保修。

在保修期内,用户发现问题,一般有如下处理方法:

(1)因施工质量原因造成的问题,应由项目管理者无偿进行保修。

(2)因项目设计造成使用问题,则可由用户提出修改方案或由原设计单位提出修改方案,经用户向项目管理者提出委托,进行处理或返修,费用原则上由用户承担。

(3)因用户在使用后有新的要求或用户使用不当需进行局部处理或返修时,由双方另行协商解决,如由原项目管理方进行处理或施工时,费用由用户承担。

(4)对无法协商解决的项目质量及其他问题,可请法律部门调解,也可提交有关仲裁部门仲裁解决。

第五节 投资项目的总结评价

投资项目的总结评价又称为投资项目的后评价,为此在后面的内容中直接用项目的后评价代替。

一、项目后评价概述

项目后评价是对已完成项目的目的、执行过程、效益、作用和影响所进行的系统的、客观的分析;通过对项目活动实践的检查总结,确定项目预期的目标是否达到,项目或规划是否合理有效,项目的主要效益指标是否实现;通过分析评价找出成败的原因，总结经验教训；并通过及时有效的信息反馈，为提高未来新项目的决策水平和管理水平提供基础；同时后评价也可为项目实施运营中出现的问题提出改进意见，从而达到提高投资效益的目的。

后评价首先是一个总结过程。后评价是在项目投资完成后，通过对项目目的、执行过程、效益、作用和影响所进行的全面、系统的分析，总结正反两方面的经验教训，使项目的决策者、管理者和建设者学习到更加科学、合理的方法和策略，提高决策、管理和建设水平。其次，后评价又是增强投资活动工作者责任心的重要手段。由于后评价具有透明性和公开性的特点，通过对投资活动成绩和失误的主、客观原因分析，可以比较公正、客观地确定投资决策者、管理者和建设者工作中实际存在的问题，从而进一步提高他们的责任心和工作水平。最后，后评价主要是为投资决策服务的。虽然后评价对完善已建项目、改进在建项目和指导待建项目有重要意义，但更重要的是为提高投资决策服务。

项目后评价通常在项目竣工以后项目运作阶段或项目结束之前进行。它的内容包括项目竣工验收、项目效益后评价和项目管理后评价。项目效益后评价是对应于项目前评价而言的实质项目竣工后对项目投资经济效果的再评价。项目管理后评价是指当项目竣工以后对前面项目管理工作的评价。

项目后评价还具有重要的监督功能。如前所述，后评价是一个向实践学习的过程，同时又是一个对投资活动的监督过程。项目后评价的监督功能与项目的前期评估、实施监督结合在一起，构成了对投资活动的监督机制。例如，世界银行对投资活动的监督，主要依靠在项目准备阶段的评估、在项目实施阶段的监督检查和在项目完成后的后评价来实现的。项目的实施监督和后评价监督还具有向银行高层及时反馈问题和意见的责任。此外，世界银行的后评价还要对整个银行的业务执行情况进行监督和评价。

项目后评价与项目前期准备阶段的评估，在评估原则和方法上没有太大的区别，采用的都是定性和定量结合的方法。但是，由于两者的评价时点不同，目的也不完全相同，因此也存在一些区别。前期评估的目的是确定项目是否可以立项后建设，它是站在项目的起点，主要应用预测技术来分析评价项目未来的效益，以确定项目投资是否可行。后评价是在项目建成以后，总结项目的准备、实施、完工和运营，并通过预测对项目的未来进行新的分析评价，其目的是为了总结经验教训，为改进决策和管理服务。所以，后评价要同时进行项目的回顾总结和前景预测。项目后评价是站在项目完工的时点上，一方面，检查总结项目的实施过程，找出问题，分析原因；另一方面，要以后评价为基点，预测项目未来的发展。前期评估的重要判别标准是投资者要获得收益率或基准收益率，而后评价的判别标准则重点是对比前期评估的结论，主要采用对比的方法,这是后评价与前评估的主要区别,可见图 11—3。

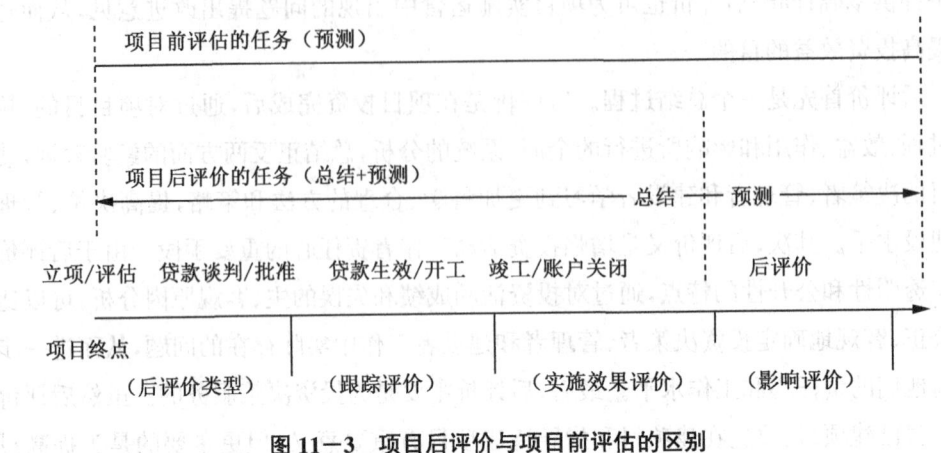

图 11—3 项目后评价与项目前评估的区别

由项目后评价的定义及项目后评价所涉及的内容可看出,项目后评价与前期评估、中期评价相比具有如下特点:

(一)现实性

项目后评价是以实际情况为基础,对项目建设、运营现实存在的情况、产生的数据进行评价,所以具有现实性的特点。这一点与项目前期评估不同,在项目前期评估中,项目可行性研究是预测性的评价,它所使用的数据为预测数据。

(二)公正性

项目后评价必须保持公正性,这也是一条重要原则。公正性表示在评价时,应持有实事求是的态度,在发现问题、分析原因和得出结论时避免出现避重就轻的情况发生,始终保持客观、负责的态度对待评价工作,客观地做出评价。公正性标志着后评价及评价者的信誉,它应贯穿于整个后评价的全过程,即从后评价项目的选定、计划的编制、任务的委托、评价者的组成、具体评估过程直到形成报告。

(三)全面性

项目后评价是对项目实践的全面评价,它是对项目立项决策、设计施工、生产运营等全过程进行的系统评价。这种评价不仅涉及项目生命周期的各阶段,而且还涉及项目的方方面面;不仅包括经济效益、社会影响、环境影响,还包括项目综合管理等,因此是比较系统、比较全面的技术经济活动。

(四)反馈性

项目后评价的结果需要反馈到决策部门,作为新项目立项和评估的基础以及调整投资计划和政策的依据,这是后评价的最终目标。因此,后评价结论的扩散和反馈机制、手段和方法便成为后评价成败的关键环节之一。一些国家建立了"项目管理信息系统",通过项目周期各阶段的信息交流和反馈,系统地为后评价提供资料和向决策机构提供后评价的反馈信息。

到 1995 年,国家开发银行、中国国际投资咨询公司和建设银行等相继成立了后评价机构。这些机构大多类似世界银行的模式,具有相对的独立性。国家一级的后评价管理机构正在酝酿之中。

一般情况下,国家发改委和国家开发银行成立的后评价机构的评价项目有以下几个方面:

(1)国家特大型项目,尤其是跨地区跨行业的项目。
(2)与国家产业政策密切相关的项目,特别是带有引导发展方向的项目。
(3)有特点的项目,如采用新技术的项目。
(4)国家亟须了解情况的项目。

二、项目后评价的主要内容

项目后评价是以项目前期所确定的目标和各方面指标与项目实施结果之间的对比为基础的。因此项目后评价的内容范围和项目分类大体上与前期评估的范围和分类相同。

基于现代项目后评价理论的发展,项目后评价应包括项目竣工验收、项目效益后评价和项目管理后评价三方面内容。由于项目竣工验收在前面已有详细介绍,因此这里只介绍后两方面。

(一)项目效益后评价

项目效益后评价是项目后评价理论的重要组成部分。它以项目投产后实际取得的效益及其隐含在其中的技术影响为基础,重新测算项目的各项经济数据,得到相关的投资效果指标,然后将它们与项目前期评估时预测的有关经济效果值、社会环境影响值进行对比,评价和分析其偏差情况及其原因,吸取经验教训,从而提高项目的投资管理水平和投资决策服务水平。项目效益后评价具体包括经济效益后评价方法、环境效益和社会效益后评价、项目可持续性后评价以及项目综合效益评价。

1. 经济效益评价

项目后评价的经济效益评价主要是指项目的财务评价和经济评价(或者国民经济评价),其主要原理与项目前期评估一样,只是评价的目的和数据取值不同。

2. 项目的环境影响评价

项目后评价的环境影响评价是指对照项目前期评估时批准的《环境影响评价》,重新审定项目环境影响的实际结果,审核项目环境管理的决策、规定、规范、参数的可靠性和实际效果。实施环境影响后评价应遵照国家环保法的规定,根据国家和地方环境质量标准、污染物排放标准以及相关产业部门的环保规定,在审核已实施的环保报告和评价环境影响现状的同时,要对未来进行预测。对有可能产生突发事件的项目,要有环境影响的风险分析。如果项目生产或使用对人类和生态危害极大的有毒产品,或是项目位于环境高度敏感的地区,或是项目已发生严重的污染事件,那么,还需要提出一份单独的项目环境影响后评价报告。环境影响后评价一般包括项目的污染控制、区域的环境质量、自然资源的利用、区域的生态平衡和环境管理能力。

3. 项目的社会影响评价

从社会发展的观点来看,项目的社会影响评价是分析项目对国家或地方发展目标的贡献和影响,包括项目本身和对周围地区社会的影响。社会影响评价一般定义为对项目的经济、社会和环境方面产生的有形和无形的效益和结果所进行的一种分析。

4. 项目的可持续性评价

项目可持续性评价的要点包括:

(1)确立项目目标、产出和投入与相关"持续性因素"之间的真实关系,即因果关系。

(2)区别在无控制条件下可能产生影响的因素,即行为因素与需执行者调整的结构因素。其中重要的一点是,一个因素对某些执行者来说是结构方面的问题而对其他人则可能是行为因素。

(3)区分在项目立项、计划、投资决策、项目运作和维持中各因素的区别。对于项目各方面的了解是很重要的,因为对同一发展项目的看法可能是不一致的,如投资者、财政部、发改委、部门、地方、银行执行单位、项目组织实施单位和当地社区的看法就可能存在差异,包括对问题的不同理解,采取的不同措施和不同目的等。

5. 项目综合评价

项目综合评价包括项目的成败分析和项目管理的各个环节的责任分析。综合评价一般采用成功度评价方法,该评价方法是依靠评价专家或专家组的经验,综合后对各项指标的评价结果,对项目的成功度作出定性的结论,也就是通常所说的打分的方法。成功度评价是以用逻辑框架法分析的项目目标的实现程度和经济效益的评价结论为基础,以项目的目标和效益为核心所进行的全面、系统的评价。

(二)项目管理后评价

项目管理后评价是以项目竣工验收和项目效益后评价为基础,结合其他相关资料对项目整个生命周期中各个阶段的管理工作进行评价。其目的是通过对项目各阶段管理工作的实际情况进行分析研究,形成项目管理情况的总体概念。通过分析、比较和评价,了解目前项目管理的水平。通过吸取经验和教训,以保证更好地完成以后的项目管理工作,促使项目预期目标更好地完成。项目管理后评价包括项目的过程后评

价、项目综合管理后评价及项目管理者评价,主要包括以下几个方面:

1. 投资者的表现

评价者要从项目立项、准备、评估、决策和监督方面来评价投资者和投资决策者在项目实施过程中的作用和表现。

2. 借款人的表现

评价者要分析评价借款者的投资环境和条件,包括执行协议能力、资格和资信,以及机构设置、管理程序和决策质量等。世界银行、亚洲开发银行贷款项目还要分析评价协议承诺兑现情况、政策环境、国内配套资金等。

3. 项目执行机构的表现

评价者要分析评价项目执行机构的管理能力和管理者的水平,包括合同管理、人员管理和培训以及与项目受益者的合作等。世界银行、亚洲开发银行贷款项目还要对项目技术援助、咨询专家使用、项目的监测评价系统等进行评价。

4. 外部因素的分析

影响到项目成果的还有许多外部的管理因素,例如,价格的变化、国际国内市场条件的变化、自然灾害、内部形式不安定等,以及项目其他相关机构的因素,例如,联合融资者、合同商和供货商等。评价者要对这些因素进行必要的分析评价。

三、项目后评估的指标

(一)项目后评估指标体系的设置

要定量地评估项目的结果,必须借助能够反映项目效果的指标。由于项目的效果有不同的表现形式,说明不同方面的内容,单独一个指标不能概括各方面的效果,因此需要设计出一系列指标体系,才能够全面地反映投资项目的效果。

在项目后评估的效果指标体系中,既要有反映经济效果的指标,又要有反映社会效果和环境效果的指标;既要有反映时间效果的指标,又要有反映质量效果和使用效果的指标;既要有反映策划、实施和运营等不同阶段的效果指标,又要有反映项目全寿命周期的效果指标。

(二)项目效果指标体系的构成和计算

一般情况下,项目后评价主要是通过以下一系列指标的计算和对比,来考察和分析项目实施后的效果。

1. 反映项目前期和实施阶段效果的后评价指标

(1)实际项目决策(设计)周期变化率:

$$项目决策(设计)周期变化率 = \frac{实际决策(设计)周期 - 预计决策(设计)周期}{预计决策(设计)周期} \times 100\%$$

该指标反映实际项目决策(设计)周期与预计项目决策(设计)周期相比的变化程度。

(2)实际建设工期变化率：

$$实际建设工期变化率 = \frac{实际建设工期 - 预计(定额)建设工期}{预计(定额)建设工期} \times 100\%$$

该指标反映实际建设工期与计划安排的工期或国家统一制定的合理工期的偏离程度。

(3)实际投资合格(优良)品率：

$$实际投资合格(优良)品率 = \frac{实际单位工程合格(优良)品数量}{验收鉴定的单位工程总数} \times 100\%$$

该指标反映项目的质量。

(4)静态(动态)总投资变化率：

$$\frac{静态(动态)}{总投资变化率} = \frac{实际静态(动态)总投资 - 预计静态(动态)总投资}{预计静态(动态)总投资} \times 100\%$$

该指标反映实际总投资于项目前评估时预计总投资的偏离程度,包括静态比较和动态比较。

(5)实际单位生产能力(或效益)投资及其变化率：

$$单位生产能力(效益)投资 = \frac{工程项目总投资}{新增生产能力(效益)} \times 100\%$$

该指标反映竣工项目每增加单位生产能力或效益所花费的投资,将投资与投资效果联系起来分析,能够反映投资的比较效果。

$$\frac{单位生产能力(效益)}{投资变化率} = \frac{\frac{实际单位生产能力}{(效益)投资} - \frac{设计单位生产能力}{(效益)投资}}{设计单位生产能力(效益)投资} \times 100\%$$

该指标反映实际单位生产能力或效益投资与设计单位生产能力或效益投资的偏离程度。

2.反映项目运营阶段效果的后评价指标

(1)实际达产年限变化率：

$$达产年限变化率 = \frac{实际达产年限 - 设计达产年限}{设计达产年限} \times 100\%$$

该指标反映实际达产年限与设计达产年限的偏离程度。

(2)实际产品价格(成本)变化率：

该指标可以衡量前评估中对产品价格或成本的预测水平,也可以部分解释实际投资效益与预期投资效益产生偏差的原因,还可以作为重新预测项目寿命周期内各个成本变化情况的依据。该指标计算分三步进行：

①计算各年各主要产品的价格(成本)变化率：

$$\text{主要产品价格(成本)变化率} = \frac{\text{该年实际产品价格(成本)} - \text{预测产品价格(成本)}}{\text{预测产品价格(成本)}} \times 100\%$$

②计算各年主要产品价格(成本)平均变化率：

$$\text{各年主要产品价格(成本)平均变化率} = \sum \text{该年产品价格(成本)变化率} \times \text{该产品产值(成本)占总产值(总成本)的比例}$$

③计算考核期内的产品价格(成本)变化率：

$$\text{产品价格(成本)变化率} = \frac{\sum \text{各年主要产品价格(成本)平均变化率}}{\text{考核期年数}}$$

(3) 实际投资利润(利税)率及其变化率：

$$\text{实际投资利润(利税)率} = \frac{\text{年实际利润(利税)}}{\text{实际总投资}} \times 100\%$$

该指标是反映项目投资效果的一个重要指标，其中，年实际利润或利税是指达到设计生产能力后的实际年利润或利税或实际平均利润或利税。

$$\text{实际投资利润(利税)变化率} = \frac{\text{实际投资利润(利税)率} - \text{预计投资利润(利税)率}}{\text{预计投资利润(利税)率}} \times 100\%$$

该指标反映实际投资利润(利税)率与预计投资利润(利税)率的偏离程度。

3. 反映投资项目全寿命期效果的后评价指标

(1) 实际净现值(RNPV)及其变动率：

$$RNPV = \sum_{t=1}^{n} (RCI - RCO)_t \cdot (1+i_k)^{-t}$$

式中，$RNPV$ 为实际净现值；RCI 为项目实际或根据实际情况重新预测的年现金流入量；RCO 为项目实际或根据实际情况重新预测的年现金流出量；i_k 为根据实际情况重新选定的行业基准投资收益率；n 为重新测定的项目寿命周期；t 为项目寿命周期中的某一年份，$t=1,2,3,\cdots,n$。

该指标反映项目寿命周期内的动态获利能力。

$$\text{净现值变化率} = \frac{RNPV - NPV}{NPV} \times 100\%$$

式中，$RNPV$ 为实际净现值；NPV 为预计净现值。

该指标反映实际净现值与预计净现值的偏离程度。

(2) 实际内部收益率(RIRR)：

$$\sum_{t=1}^{n} (RCI - RCO)_t \cdot (1+RIRR)^{-t} = 0$$

式中，$RIRR$ 为实际内部收益率；其他符号同前。

实际内部收益率($RIRR$)是项目在后评价前实际发生的各年净现金流量和核后评估后重新预测的项目寿命周期内的各年净现金流量的现值之和为零时的折现率。该指标是通过解上述方程求得的。用后评价时计算得到的实际内部收益率($RIRR$)与前评估时预测计算的内部收益率(IRR)或行业基准投资收益率(i_k)进行比较,能清楚地反映项目的实际投资效益。若$RIRR>i_k RIRR>IRR$,则说明项目的实际投资经济效益已达到或超过行业平均水平或预测的目标水平,有较好的投资经济效益。

(3)实际投资回收期:

该指标反映用项目实际生产的净收益或根据实际情况重新预测的净收益来补偿总投资所需的时间。实际投资回收期分实际静态投资回收期和实际动态投资回收期。

①实际静态投资回收期(P_{RT}):

$$\sum_{t=1}^{P_{Rt}}(RCI-RCO)_t=0$$

式中,P_{RT}为实际静态投资回收期;其他符号同前。

②实际动态投资回收期(P'_{Rt}):

$$\sum_{t=1}^{P'_{Rt}}(RCI-RCO)_t \cdot (1+i_k)^{-t}=0$$

式中,P'_{Rt}为实际动态投资回收期,其他符号同前。

(4)实际借款偿还期:

$$I_{Rd}=\sum_{t=1}^{P_{Rd}}(R_{Rp}+D_R+R_{RO}-R_{Rt})$$

式中,I_{Rd}为固定资产投资借款本金和建设期利息;P_{Rd}为实际借款偿还期;R_{Rp}为实际或重新预测的年税后利润;D_R为实际用于还款的折旧;R_{RO}为实际用于还款的其他收益;R_{Rt}为还款期内的企业留利。

该指标反映用项目实际生产的用于还款的折旧和部分税后利润来抵偿固定资产投资借款本金和建设期利息所需的时间,它反映投资项目的实际偿债能力。

(5)实际经济净现值($RENPV$)和实际经济内部收益率($REIRR$)。实际经济净现值($RENPV$)和实际经济内部收益率($REIRR$)是国民经济后评价中的两个重要指标,其计算方法与实际净现值($RNPV$)和实际内部收益率($RIRR$)相同。但在计算这两个指标时必须认真考虑以下两个问题:一是投资项目投入物和产出物的影子价格的确定;一是投资项目的间接效益和间接费用的计算。由于后评价是在投资项目竣工投产后进行的,与前评估相隔时间较长,在此期间由于经济发展、产业结构调整和汇率变化,前评估时的影子价格已不适用,必须重新估算;对于项目的间接效益和间接费用,也会随时间的推移,随其他项目建成投产等原因,使预期的间接效益随之消失,间接费用也会有所变化,因此在后评价时均应重新加以考虑,做出新的符合实际的评价。

4. 反映项目社会效益和环境效益的后评价指标

反映项目社会效益和环境效益的后评价指标有定性效益指标和定量效益指标两大类。定性指标有对资源的有效利用、先进技术扩散、生产力布局的改善、工业产业结构的调整、地区经济平衡发展的促进以及有利于生态平衡和环境保护等方面产生影响的描述。定量指标有劳动就业效益、收入分配效益和综合能耗等。

(1)劳动就业效益的后评价指标。项目的劳动就业效益,可分为直接劳动就业效益、间接劳动就业效益和总劳动就业效益三种。

$$直接劳动就业效益 = \frac{项目新增就业人数}{项目投资支出}$$

$$间接劳动就业效益 = \frac{配套项目新增就业人数}{配套项目投资支出}$$

$$总劳动就业效益 = \frac{项目新增就业人数}{项目投资支出} + \frac{配套项目新增就业人数}{配套项目投资支出}$$

劳动就业效益指标是指单位投资所创造的就业机会。在劳动力过剩、有较多失业人员存在的情况下,为了社会安定,分析项目的劳动就业机会,评价其对社会的贡献具有重要意义。但是,劳动就业效益与技术进步和劳动生产率提高是有矛盾的。项目的自动化程度越高,所需要的劳动力就越少,项目的劳动就业效益也就越低,所以劳动就业效益的评价应与项目的目标联系起来,综合考虑。

(2)收入分配效益的后评价指标。收入分配效益就是考察项目的国民收入净增值在职工、投资者、企业和国家等各利益主体之间的分配情况,并评价其公平性和合理性。

$$职工分配比重 = \frac{年职工工资收入 + 年职工福利费}{项目年国民收入净增值} \times 100\%$$

$$投资者分配比重 = \frac{年投资者分配的利润}{项目年国民收入净增值} \times 100\%$$

$$企业留用比重 = \frac{年提取法定盈余公积金和公益金 + 未分配利润}{项目年国民收入净增值} \times 100\%$$

$$国家分配比重 = \frac{年上交国家财政税金 + 保险费 + 利息}{项目年国民收入净增值} \times 100\%$$

上述四个指标之和等于1。

国民收入净增值是指从事物质资料生产的劳动者在一定时期内所创造的价值,也就是从社会总产值中扣除生产过程中消耗掉的生产资料价值后的净产值。所以,项目年国民收入净增值应等于项目物质生产部门在正常生产经营年度的职工工资、职工福利费、税金、保险费、利息和税后利润的总和。

(3) 综合能耗指标。

$$国民收入综合能耗 = \frac{年度能源消耗量}{年度国民收入净增值}$$

式中,能源消耗量是指生产时耗用的煤、油、气等折合成标准煤的吨数。该指标反映项目能源利用状况和对社会效益带来的影响。

在实际的项目后评价中,还可以视具体项目和后评价的要求,增减一些其他评价指标。通过对这项指标的计算和对比,可以寻找并发现项目实际运行情况与预期目标的偏差和偏离程度。在对这些偏差进行分析的基础上,可以对产生偏差的各种因素采取具有针对性的措施,以保证项目正常运营并取得更大效益。

四、项目后评价的程序和步骤

(一) 项目后评价的程序

项目后评价的程序一般包括选定后评价项目、制定后评价计划、确定后评价范围和选择执行项目后评价的咨询单位和专家。

1. 后评价项目的选定

选择后评价项目有两条基本原则,即特殊的项目和规划计划总结需要的项目。一般来讲,选定后评价项目有以下几条标准:

(1) 由于项目实施而引起运营中出现重大问题的项目。

(2) 一些非常规的项目,如规模过大、建设内容复杂或带有试验性的新技术项目。

(3) 发生重大变化的项目,如建设内容、外部条件、厂址布局等发生了重大变化的项目。

(4) 急迫需要了解作用和影响的项目。

(5) 可为即将实施的国家预算、宏观战略和规划原则提供信息的相关投资活动和项目。

(6) 为投资规划计划确定未来发展方向的有代表性的项目。

(7) 对开展行业部门或地区后评价研究有重要意义的项目。

跟踪评价或中期评价的项目选定属于第(1)类项目,因为这类项目评价更注重现场解决问题,其后评价报告更类似于检测诊断报告,并针对症结所在提出具体的措施建议。一般后评价计划以项目为基础,有时难以达到从宏观上总结经验教训的目的,为此不少国家和国际组织采用了"打捆"的方式,把各行业或一个地区的几个相关的项目一起列入计划,同时进行评价,以便在更高层次上总结出带有方向性的经验教训。

一般国家和国际组织均采用年度计划和 2~3 年滚动计划结合的方式来操作项目后评价。我国国家重点项目的后评价计划由有关国家计委重点建设项目协调管理司编制,以年度计划为主,按行业选择一些有代表性的项目进行后评价。

2. 项目后评价的执行

在项目后评价任务委托专家聘用后,后评价即可开始执行。如前所述,由于后评价的类型很多,要求各不相同。这里只说明实施后评价的一些基本原则和思路。

(1)资料信息的收集。项目后评价的基本资料应包括项目自身的资料、项目所在地区的资料、评价方法的有关规定和指导原则等。

项目自身的资料一般包括项目自我评价报告、项目完工报告、项目竣工验收报告;项目决算审核报告、项目概算调整报告及其批复文件;项目开工报告及其批复文件、项目初步设计及其批复文件;项目评估报告、项目可行性研究报告及其批复文件;等等。

项目所在地区资料包括国家和地区的统计资料、物价信息等。

项目后评价方法规定的资料则应根据委托者的要求进行收集。目前,已经颁布项目后评价方法指导原则或手册的国内外主要机构有联合国开发署、世界银行、亚洲开发银行、经济和合作发展组织、英国海外开发署、国家发改委、中国国际投资咨询公司、国家开发银行等。

(2)后评价现场调查。项目后评价现场调查应事先做好充分的准备,明确调查任务,制定调查提纲。调查任务一般应回答下列问题:项目的基本情况、项目实用程度及作用和影响。

(3)分析和总结。后评价项目现场调查后,应对资料进行全面、认真的分析,回答以下主要问题:总体结果、可持续性、方案比选和经验教训。

3. 项目后评价的报告

项目后评价报告是评价结果的汇总,是反馈经验教训的重要文件。后评价报告必须反映真实情况,报告的文字要准确、简练,尽可能不用过分生疏的专业化词汇;报告内容的结论、建议要和问题分析相对应,并将评价结果与将来规划和政策的制定、修改相联系。

后评价报告包括摘要、项目概况、评价内容、主要变化和问题、原因分析、经验教训、结论和建议、基础数据和评价方法说明等。

(二)项目后评价的步骤

1. 项目自评阶段

在项目自评阶段,由项目业主会同执行管理机构按照相关要求编写项目的自我评价报告,上报行业主管部门。后评价项目的自我评价是从项目业主或项目主管部门的角度对项目的实施进行全面的总结,为开展项目后评价做好准备。

项目自评的内容基本上与项目完工报告相同,侧重找出项目在实施过程中的变化,以及变化对项目效益各方面的影响,并分析变化的原因,总结经验教训。在我国,由于各部门和地方对项目后评价的目的、要求和任务不尽相同,因此项目自我评价报告的格式也有区别。

2. 行业或地方初审阶段

在行业或地方初审阶段,由行业或省级主管部门对项目自评估报告进行初步审查,找出问题,提出建议。

3. 正式后评价阶段

在正式后评价阶段,由相对独立的后评价机构组织专家对项目进行后评价,通过资料收集、现场调查和分析讨论,提出项目的后评价报告,这一阶段也称之为项目的独立后评价。项目的独立后评价要保证项目评价的客观公正性,同时要及时将评价结果报告委托单位。世界银行、亚洲开发银行的项目独立后评价由其行内专门的评价机构来完成,称这种评价为项目执行审核评价。为了达到后评价总结经验教训的目的,项目独立后评价的主要任务是:在分析项目完工报告、项目自我评价报告或项目验收竣工报告的基础上,通过实地考察和调查研究,评价项目的结果和项目的执行情况。

4. 成果反馈与应用阶段

反馈是后评价的主要特点,评价成果反馈的好坏是后评价能否达到其最终目标的关键之一。在项目后评价报告的编写过程中应广泛征求各方意见,在报告完成之后要以召开座谈会等形式进行发布。反馈与应用是后评价体系中的一个决定性环节,是一个传达和公布评价成果信息的动态过程,可以保证这些成果在新建或已有项目中以及其他开发活动中得到采纳和应用。后评价反馈系统通过提供和传送已完成项目的执行纪录,可以增强项目组织管理的责任意识,提高项目的信息透明度。反馈过程有两个要素:一是评价信息的报告和扩散,其中包含评价者的工作责任。后评价的成果和问题应该反馈到决策、规划、立项管理、评估、监督和项目实施等机构和部门。二是后评价成果和经验教训的应用,以改进和调整政府的决策程序和相关政策,这是反馈最主要的管理功能。在反馈程序里,必须在评价者及其评价成果与应用者之间建立明确的机制,以保持紧密的联系。

五、项目后评价的常用方法

国内项目后评价的方法主要参考项目前期评估的评价方法和国际上通用的后评价方法,国家发改委和国家开发银行已经颁布了有关规定,并在不断地完善。国际上通行的后评价方法有统计预测法、有无比较法、逻辑框架法、定性与定量相结合的方法。

现在以统计预测法和有无比较法为例介绍项目后评价的方法。

(一)统计预测法

项目后评价包括项目已经发生事实的总结,以及对项目未来发展的预测。因此,在项目后评价中,只有具有统计意义的数据才是可比的,后评价时点前的统计数据是评价对比的基础,后评价时点的数据是对比的对象,后评价时点以后的数据是预测分析的依据。因此,项目后评价的总结和预测是以统计学原理和预测学原理为基础的。

1. 统计法

(1)统计调查。统计是一种从数量方面认识事物的科学方法。统计工作包括统计资料的收集、整理和分析三个紧密联系的阶段。统计资料的收集,一般称为统计调查。统计调查是根据研究的目的和要求,采用科学的调查方法,有计划、有组织地收集被研究对象的原始资料的工作过程。统计调查是统计工作的基础,是统计整理和统计分析的前提。对统计调查要求实事求是,所收集的资料必须准确、及时、全面。

(2)统计资料的整理。统计资料的整理是统计工作的第二阶段。它是根据研究的任务,对统计调查阶段获得的大量原始资料进行加工汇总,使其系统化、条理化、科学化,以得出反映事物总体综合特征资料的工作过程。统计资料的整理工序有三个步骤:一是科学的统计分组,这是资料整理的前提;二是科学的汇总,这是资料整理的核心;三是编制科学的统计表,这是资料整理的结果。统计资料的汇总方式可分为逐级汇总、集中汇总和综合汇总。

(3)统计分析。统计分析是根据研究的目的和要求,采用各种分析方法,对研究的对象进行对比、分析和综合研究,以揭示事物的内在联系和发展变化的规律性。统计分析过程是揭示矛盾、找出原因、提出解决办法的过程。统计分析的步骤如下:

①根据统计分析的任务,明确分析的目的,拟定分析提纲。

②对应于分析的统计资料进行评价和辨别分析。

③将评价并肯定的资料进行比较对照分析,从而发现矛盾,并说明问题的症结。

④将分析的结果做出结论并提出建议。

进行统计分析的方法有分组法、综合指标法、动态数列法、指数法、抽样和回归分析法、投入产出法等。统计分析的综合指标包括总量指标、相对指标、平均指标和标准变动度等。

(4)统计学法在项目后评价中的应用。根据项目后评价的概念,后评价大量的基础资料是以统计数据为依据的,后评价的调查在许多方面与统计调查相同,其数据的处理和分析方法也与统计分析类似。因此,统计原理和方法完全可以应用在后评价实践中,也是后评价方法论原则之一。

2. 预测

预测是对尚未发生或目前还不明确的事物进行预先的估计和推测,是在现时对事物将要发生的结果进行探讨和研究,利用一定的方法和技术去探索和模拟不可知的、未出现的或复杂的中间过程,推测出未来的结果。

(二)有无比较法

项目后评价方法的基本原理是比较法(也可称作对比法),就是将项目投产后的实际情况、实际效果等与决策时期的目标相比较,从中找出差距、分析原因、提出改进措施和建议,进而总结经验教训。项目后评价的分析方法一般有如下四种:

1. 效益评价法

效益评价法又称指标计算法,是指通过计算反映项目准备、决策、实施和运营各阶段实际效益的指标,来衡量和分析项目投产后实际所取得的效益。效益评价法是把项目实际产生的效益或效果,与项目实际发生的费用或投入加以比较,进行盈利能力分析。在项目后评价阶段,效益指标(包括财务效益、经济效益和社会效益等)的计算完全是以统计的实际值为依据,进行统计分析,并相应地使用前评估中曾使用过的相同的经济评价参数来进行效益计算,以便在有可比性和计算口径一致的情况下判断项目的决策是否正确。

2. 影响评价法

影响评价法又称指标对比法,是通过对项目完成后产生的客观影响与立项时预期的目标进行对照,即将项目后评价指标与决策时的预测指标进行对比,以衡量项目实际效果与预测效果或其他同类项目效果之间的偏差,从差异中发现项目中存在的问题,从而判断项目决策的正确性。

3. 过程评价法

过程评价法是把项目从立项决策、设计、采购直到实施各程序环节的实际进程与事先制定好的计划、目标相比较。通过全过程的分析评估,找出主观愿望与客观实际之间的差异,并可发现导致项目成败的主要环节和原因,提出有关的建议和措施,使以后同类项目的实施计划和目标制定得更切合实际和可行。过程评价一般有工作量大、涉及面广的特点。

过程评价按投资项目建设程序可划分为四个阶段:(1)前期工作中的决策过程评价;(2)设计和施工准备过程评价;(3)建设实施到竣工验收阶段的评价;(4)投产、交付使用后生产经营和效益的评价等。

4. 系统评价法

系统评价法是指在后评价工作中将上述三种评价方法有机地结合起来,进行系统的分析和评价的一种方法。在上述三种方法中,效益评价法是从成本效益的角度来判断决策目标是否正确;影响评价法则是评价项目产生的各种影响因素,其中最大的影响因素便是项目效益;过程评价法是从各个项目建设过程来分析造成项目的产出和投入与预期目标产生差异的原因,是效益评价和影响评价的基础。另外,项目的效益又与设计、施工质量、投资进度、投资估算等密切相关,因此,需要将三者结合起来,以便得出最佳的评估结论。

总之,项目后评价的各种方法之间存在着密切的联系,只有全面理解和综合应用,才能符合项目后评价的客观、公正和科学的要求。

六、项目后评价报告的内容

一般项目后评价报告的内容包括项目背景、实施评价和效果评价等几个部分。

(一)项目背景

项目背景主要应说明以下几点:

(1)项目的目标和目的。简单描述立项时社会和经济发展对本项目的需求情况和立项的必要性,项目的宏观目标,与国家、部门或地方产业政策、布局规划和发展策略的相关性,建设项目的具体目标和目的,市场前景预测等。

(2)项目建设内容。项目可行性研究报告和评估提出主要产品、运营或服务的规模、品种、内容,项目的主要投入产出,投资总额,效益测算情况,风险分析等。

(3)项目工期。项目原计划工期,实际发生的科研批准、开工、完工、投产、竣工验收、达到设计能力以及后评价时间。

(4)资金来源与安排。项目批复时所安排的主要资金来源、贷款条件、资本金比例以及项目全投资加权综合贷款利率等。

(5)项目后评价。项目后评价的任务来源和要求,项目自我评价报告完成时间,后评价时间程序,后评价执行者,后评价的依据、方法和评价时点。

(二)项目实施评价

项目实施评价应简单说明项目实施的基本特点,对照可行性研究评估找出主要变化,分析变化对项目影响的原因,讨论和评价这些因素及影响。世界银行、亚洲开发银行项目还要就变化所引起的对其主要政策可能产生的影响进行分析,如环保、扶贫等。

1. 设计

评价设计的水平、项目选用的技术装备水平,特别是规模的合理性。对照可行性研究和评估,找出并分析项目涉及重大变更的原因及其影响,提出如何在可行性研究阶段预防这些变更的措施。

2. 合同

评价项目的招投标、合同签约、合同执行和合同管理方面的实施情况,包括投资承包商、设备材料供应商、投资咨询专家和监理工程师等。对照合同承诺条款,分析和评价实施中的变化和违约及其对项目的影响。

3. 组织管理

组织管理的评价包括对项目执行机构、借款单位和投资者三方在项目实施过程中的表现和作用的评价。如果项目执行得不好,评价要认真分析相关的组织机构、运作机制、管理信息系统、决策程序、管理人员能力、监督检查机制等因素。

4. 投资和融资

分析项目总投资的变化,找出变化的原因,分清内部原因还是外部原因,如是汇率变化、通货膨胀等政策性因素,还是项目管理的问题,以及投资变化对项目效益的影响程度。评价要认真分析项目的主要资金来源和融资成本的变化,讨论原因及影响,重新测算项目的全投资加权综合利率,作为项目实际财务效益的对比指标。如果政策性因素占主导地位,应对这些政策的变化提出意见、对策和建议。

5. 项目进度

对比项目计划工期与实际进度的差别,包括项目准备期、施工建设期和投入生产期,分析工期延误的主要原因,及其对项目总投资、财务效益、借款偿还和产品市场占有率的影响,同时还要提出今后避免进度延误的措施建议。

6. 其他

包括银行资金的到位和使用,世界银行、亚洲开发银行安排的技术援助、贷款协议的承诺和违约,借款人和担保者的资信等。

(三)效果评价

效果评价应分析项目所达到和实现的实际效果,根据项目运营和未来发展以及可能实现的效益、作用和影响,评价项目的成果和作用。

1. 项目运营和管理的后评价

根据项目评价时的运营情况,预测出未来项目的发展,包括产量、运营量等。对照可行性研究评估的目的,找出差别,分析原因。分析评价项目内部和外部条件的变化及制约条件,如市场变化、体制变化、政策变化、设备设施的维护保养、管理制度、管理者水平、技术人员和熟练工的短缺、原材料供应和产品运输。

2. 财务状况分析

根据上述项目运营及预测情况,按照财务程序和财务分析标准,分析项目的财务状况,主要应评价项目债务的偿还能力和维持日常运营的财务能力。在可能的情况下,要分析项目的资本构成、债务比例;需要投资者、政府和其他方面提供的政策和资金,如资本重组、税收优惠、增加流动资金等。

3. 财务和经济效益的重新评价

一般的项目在后评价阶段都必须对项目的财务效益和经济效益进行重新测算,要用重新测算得出的数据与项目可行性研究评估时的指标进行对比分析,找出差别和原因,还要与后评价计算的项目全投资加权综合利用率相比,确定其财务清偿能力。同时,评价根据未来市场、价格等条件,进行风险分析和敏感性分析。

4. 环境和社会效果评价

环境和社会效果及影响评价的内容、指标和方法前面已有介绍。这部分评价的一个关键是项目受益者,即项目对受益者产生了什么影响,一般应评价项目的社会经济、文化、环境影响和污染防治等,如人均收入、生活质量与水平、就业机会、移民安置、社区发展、妇女地位、卫生与健康、扶贫作用、自然资源利用、环境质量、生态平衡、污染治理、城市化进程、城市基础设施状况等。

5. 可持续发展状况

项目可持续性主要是指项目的固定资产、人力资源和组织机构在外部投入结束之后持续发展的可能性。评价应考虑以下几个方面:

(1)技术装备与当地条件的实用性。
(2)项目与当地受益者及社会文化环境的一致性。
(3)项目组织机构、管理水平、受益者参与的充分性。
(4)维持项目正常运营、资产折旧等方面的资金来源。
(5)政府为实现项目目标所承诺提供的政策措施是否得力。
(6)防止环境质量下降的管理措施和控制手段的可靠性。
(7)对项目外部地质、经济及其他不利因素防范的对策措施。

本章小结

在投资项目已按设计要求建成并具备生产、使用条件,承建单位就影响投资项目的投资商或开发商办理移交手续;一些国家投资建设的大中型项目,建设单位还需通过相关主管部门办理移交。这种投资项目交接工作的办理,就是投资项目的竣工验收。进行投资项目竣工验收必须遵循一定的依据和标准,并按一定的程序进行。

投资项目竣工验收包括验收前的准备工作,且此准备工作是投资项目竣工验收工作顺利进行的基础。投资项目竣工验收的准备工作主要包括编制竣工验收的工作计划,整理各种经济和技术资料,拟定验收条件、验收依据和验收必备的技术资料以及产生竣工验收的组织等内容。

投资项目竣工验收的完成,标志着投资项目的投资建设工作已经完成,并将投入生产使用与运营阶段。监理工程师应督促双方尽快完成投资项目的收尾和移交。投资项目移交须按一定的程序进行。投资项目的移交工作主要包括投资项目的实体移交、技术资料及信息档案等的移交。

投资项目办理移交后,投资项目的投资商或开发商必然将项目投入运营,以获取预期的效益。项目是否达到了预期目标呢?数据是最有说服力的,这种情况下,投资商或开发商将运用运行中的实际数据对项目进行后评价。投资项目后评价是指在投资项目竣工投产运营一段时间后,对投资项目从立项、准备、决策、实施直至竣工投产运营等全过程的投资活动进行的总结评价，对项目所取得的经济效益、社会效益及环境效益等进行的综合评估，以判断项目预期目标实现程度的一种方法。其基本内容包括对项目管理工作进行的评估和对投资项目本身的再评价。前者着眼于从投资项目的规划设计、前期准备、实施阶段和运营阶段对投资项目进行的评价；后者则从项目的必要性、市场可容性、技术可行性和效益方面的合理性等方面进行的评价。后评价是整个投资项目周期的最后一个阶段，通过投资项目的后评价，可以全面总结投资管理中的经验和教训，并为以后改进投资管理和制定科学的投资计划与政策反馈信息提供依据，这对提高投资项目管理水平将有重要作用。

投资项目后评价的方法多种多样，概括起来可分为定性评价和定量评价两种，这里我们主要以统计方法和对比法为例介绍了定量方法，并提供了一些主要的分析指标。通过对主要指标的比较和统计推断，我们大体可以判断出投资项目目标的实现程度。

复习思考题

一、名词解释

投资项目的竣工验收　投资项目移交　投资项目的后评价

二、简答题

1. 简述投资项目竣工验收的主要准备工作。
2. 简述投资项目竣工验收的标准。
3. 简述投资项目竣工验收的程序。
4. 简述投资项目的移交程序。
5. 简述投资项目移交工作中的资料移交。
6. 简述投资项目后评价的特点。
7. 简述投资项目后评价的步骤。
8. 简述投资项目后评价的内容。
9. 简述投资项目后评价的指标。
10. 简述投资项目后评价的四个阶段及评价报告的主要内容。

参考文献

1. 毕星:《项目管理》(第3版),清华大学出版社2017年版。
2. 张仲敏、王天锡等:《投资项目决策与业务管理全书》,新华出版社1996年版。
3. 骆珣:《项目管理教程》,机械工业出版社2010年版。
4. 成虎:《工程项目管理》,高等教育出版社2004年版。
5. 成虎、陈群:《工程项目管理》(第4版),中国建筑工业出版社2015年版。
6. 姚玲珍:《工程项目管理学》,上海财经大学出版社2003年版。
7. 梁世连:《工程项目管理学》,东北财经大学出版社2011年版。
8. [美]Harold Kerzner著,杨爱华等译:《项目管理》,电子工业出版社2004年版。
9. [美]戴维·I. 克里兰著,杨爱华等译:《项目管理——战略设计和实施》,机械工业出版社2003年版。
10. 卢向南:《项目计划与控制》,机械工业出版社2004年版。
11. 咨询工程师(投资)职业资格考试参考教材编写委员会:《工程项目组织与管理》,中国计划出版社2017年版。
12. 毕星、翟丽:《项目管理》,复旦大学出版社2000年版。
13. 刘荔娟:《现代项目管理》,上海财经大学出版社2003年版。
14. 简德三:《投资项目评估》,上海财经大学出版社2016年版。
15. [美]David. L. Olson著,李玉英、简德三译:《信息系统项目管理导论》,上海财经大学出版社2004年版。
16. [美]Chris. L. Kemerer著,李玉英等译:《信息系统项目管理导论》,上海财经大学出版社2004年版。
17. 全国咨询工程师(投资)职业资格考试参考教材编写委员会:《项目决策分析与评价》,中国计划出版社2017年版。
18. 全国咨询工程师(投资)职业资格考试参考教材编写委员会:《现代咨询方法与实务》,中国计划出版社2017年版。
19. 许成绩:《现代项目管理教程》,中国宇航出版社2003年版。